国家自然科学基金重点项目群
现代农业发展的政策研究丛书

乡村振兴时代
农业发展国家支持政策体系研究

周应恒　严斌剑　等　著

科学出版社
北　京

内 容 简 介

本书通过总结我国农业政策支持体系建设的发展历程，运用国际上成熟的农业政策支持体系框架，对我国农业支持政策结构进行定量刻画，从价格支持、生产者补贴和一般服务支持等维度把握国际发达国家农业支持政策走向，对我国农业支持政策进行国际比较与总体评价，并对部分重点政策进行深入剖析。结合新时期经济社会发展形势，以及我国现代农业发展的需要，尤其是我国实施乡村振兴战略的需要，研究我国农业支持政策发展方向、政策体系优化和政策措施的优先序，为完善我国农业政策支持体系提供政策参考。

本书适合相关专业的研究人员、教师、学生、涉农政策制定者、涉农部门工作人员、广大社会读者参考阅读。

图书在版编目（CIP）数据

乡村振兴时代农业发展国家支持政策体系研究 / 周应恒等著. —北京：科学出版社，2019.12

（现代农业发展的政策研究丛书）

ISBN 978-7-03-060592-4

Ⅰ. ①乡…　Ⅱ. ①周…　Ⅲ. ①农业发展-政策体系-研究-中国　Ⅳ. ①F323

中国版本图书馆 CIP 数据核字（2019）第 034181 号

责任编辑：郝　悦 / 责任校对：贾娜娜
责任印制：霍　兵 / 封面设计：正典设计

科 学 出 版 社 出版
北京东黄城根北街 16 号
邮政编码：100717
http://www.sciencep.com
三河市春园印刷有限公司　印刷
科学出版社发行　各地新华书店经销
*
2019 年 12 月第　一　版　开本：720 × 1000　1/16
2019 年 12 月第一次印刷　印张：26
字数：516 000

定价：260. 00 元

（如有印装质量问题，我社负责调换）

“现代农业发展的政策研究”项目指导专家组

组　长：

钟甫宁　　教　授　　南京农业大学
黄季焜　　教　授　　北京大学

成　员：

程国强　　教　授　　同济大学
宋洪远　　研究员　　农业农村部农村经济研究中心
温思美　　教　授　　华南农业大学
顾海英　　教　授　　上海交通大学
黄祖辉　　教　授　　浙江大学
罗必良　　教　授　　华南农业大学
张俊飚　　教　授　　华中农业大学
周应恒　　教　授　　江西财经大学

“新时期农业发展的国家政策支持体系研究”课题组成员

主持单位：南京农业大学

负 责 人：周应恒　　教　授

主要成员：宋洪远　　研究员
程国强　　研究员
黄延信　　研究员
耿献辉　　教　授
易福金　　教　授
田　旭　　教　授
孙顶强　　教　授
王学君　　教　授
严斌剑　　副教授
周　德　　副教授
尹　燕　　副教授
张晓恒　　博　士
胡凌啸　　博　士
刘　余　　博　士
戈　阳　　博　士

总　　序

中国农业发展取得了令世人瞩目的巨大成就。然而，要实现中国这一14亿人口国家的农业现代化，仍然面临着一系列严峻挑战。综合考虑管理学科发展的重要基础性问题与国家重大发展战略需求等因素，国家自然科学基金委员会管理科学部在“十二五”发展规划部署中，将“新农村建设中的农业与农村发展政策”列为优先发展领域之一。在优先资助领域的框架下，于2013年底启动了“现代农业发展的政策研究”重点项目群。经过5年多的努力，该项目群实施进展顺利，于2019年初组织了结题验收工作并获得良好评价。

国家自然科学基金委员会管理科学部遴选重点项目群的原则是适应管理科学基础研究的规律和特点，针对核心科学问题，在前期研究基础较好、有望形成特色或取得重要突破的领域，形成具有统一目标或方向的重点项目群，实施相对长期的多个重点项目支持，以激励创新、推动某一领域的跨越式发展。重点项目群是属于重点项目的一种资助方式，其研究既注意项目群内项目的相互联系性，又注重与其他类型资助项目的互补关系。

“现代农业发展的政策研究”重点项目群围绕农业发展中的基础性和前瞻性的重大战略问题，下设“现代农业科技发展创新体系研究”、“国家食物安全预测预警和发展战略研究”、“气候变化背景下低碳农林业发展战略及政策研究”、“农业产业组织体系与农民合作社发展”、“农村土地与相关要素市场培育与改革研究”和“新时期农业发展的国家政策支持体系研究”6个重点项目。该项目群的指导专家组汇集了国内农林经济管理领域的顶尖学者，承担单位包括国家自然科学基金委员会管理科学部支持的首批创新群体团队和国家双一流学科建设单位等七家研究机构，研究基础雄厚。五年来，项目群既鼓励协作攻关又倡导自由探索，既坚持目标导向又强调重点突破，在现代农业发展领域开展了一系列的政策研究，产生了一大批在国内外具有良好影响力的原创性成果。

本套学术丛书即是“现代农业发展的政策研究”重点项目群的创新性研究成果的集成。丛书基于中国特殊的国情与农情，重点围绕新时期农业发展所面临的新形势和新挑战，采用科学的理论与分析方法，对与现代农业发展紧密相关的现代农业科技发展政策与改革、国家粮食安全战略与管理、气候变化对农业影响与适应策略、现代农业产业组织体系、土地与相关要素市场的培育与改革、现代农业发展国家政策支持体系等重大的理论与政策问题，开展了全局性、战略性与前瞻性的研究，提出了实现农业现代化的新目标、新思路和新举措。该重点项目群的实施，一定程度上提升了农业经济管理学科的国际学术地位和影响，也为国家制定农业农村发展战略和政策提供了科学依据，并培养了一批在国内外学术界有成长性和影响力的中青年人才。

希望本套丛书的出版能够对我国管理科学尤其是农林经济管理的理论研究起到促进与深化作用，对政府有关决策部门进一步落实“乡村振兴”战略和加快现代农业发展起到政策咨询作用，同时也能对广大“三农”工作者以及所有关心中国农业现代化发展的人士有所启迪。

国家自然科学基金委员会管理科学部主任

2019 年 9 月

前　言

2013 年以来，历经五载，至 2018 年 10 月，由笔者承担的国家自然科学基金重点项目“新时期农业发展的国家政策支持体系研究”接近尾声，并以本书作为课题研究的主要成果展现出来。这 5 年，是我国农业发展经历剧烈变化的 5 年，也是我国农业支持政策进行重大调整的 5 年。从农业生产来看，我国粮食产量在 2013 年首次超过 6 万吨，2015 年达到 6.21 万吨的高峰，2016 年结束十多年的粮食连续增收，之后呈现小幅下降。

从农业支持政策来看，2013 年我国粮食最低收购价处于稳步上升期，并于 2014~2016 年维持在最高点，在产量、库存、进口三量齐增的压力下，2017 年粮食最低收购价出现小幅下降，并在 2018 年出现较大幅度下降。棉花的目标价格制度改革、玉米的差价补贴政策改革也在这段时期相继进行。农业补贴也从 2013 年以粮食直接补贴、良种补贴、农资综合补贴、农机具购置补贴为主，调整为 2018 年的以耕地地力保护和农机具购置补贴为主。农业基础设施支持、农业保险、农民培训支持、农业生态环境支持等一系列政策在 2013~2018 年相继实施，对新型农业经营主体的支持和对小农的关注同样是政策的热点。现实世界的变化给学术研究提供了丰富的素材。因此，我们的课题研究也在观察、分析这些现象中不断推进，不断修改和完善。

历时 5 年的课题研究虽然完成，但是，对农业支持政策和农业经济的研究则是一件长期的事业。农业现代化是我国现代化的短板，理解并改造农业是我国现代化急需解决的问题。

笔者于 1980 年考入南京农业大学就读农业经济管理专业，于 1990 年赴日本京都大学学习农业经济，并相继获得硕士、博士学位，2000 年回国工作后，一直从事农业经济与政策的教学与科研，曾主持教育部人文社会科学重大攻关项目研究现代农业发展战略，主持国家社会科学基金重大项目研究新型农业经营主体培育，以及主持进行本书的课题研究研究农业支持政策，从战略—主体—政策，一步步深入理解我国农业经济，并将研究成果逐步应用于政策制定之中，以期学以致用。

当然，对农业支持政策的研究离不开对农业生产、农产品消费、农业组织制度、农业科技和土地等方面的研究。得益于国家自然科学基金委员会的前瞻性，我们的课题与另外 5 个课题被作为重点项目群同时立项，并且课题组之间每年都会有正式的学术交流活动，这为我们的课题研究提供了很好的平台，发挥了课题研究的规模效用。

在此，笔者要感谢国家自然科学基金委员会管理科学部对我们的课题研究的支持，也要感谢重点项目群负责人黄季焜教授，重点项目群专家组的张晓山教授、温思美教授、钟甫宁教授、宋洪远研究员、程国强教授、陈志钢研究员等，重点项目群课题组负责人黄祖辉教授、罗必良教授、张俊飚教授和顾海英教授。

笔者还要感谢课题组成员的付出，包括宋洪远研究员、程国强教授、黄延信巡视员、耿献辉教授、易福金教授、田旭教授、王学君副教授、孙顶强副教授、严斌剑副教授、周德副教授、尹燕副教授、胡凌啸博士、张晓恒博士、刘余博士、许昭博士研究生，以及其他为课题研究做出贡献的师生。

本书农产品价格支持部分（第三章至第五章）由王学君、严斌剑撰写，农业补贴部分（第六章至第八章）由易福金、严斌剑、胡凌啸、蒋奇撰写，一般服务支持部分（第九章至第十二章）由田旭、孙顶强、胡凌啸、张晓恒、刘余撰写，国际经验部分（第十三章和第十四章）由周德、严斌剑、许昭撰写，第一章和第二章由周应恒、严斌剑、胡凌啸、许昭撰写，第十五章由周应恒、严斌剑撰写。全文统稿由周应恒和严斌剑完成。

最后，感谢我的家人对我工作的理解和支持。

周应恒

2018 年 10 月于南京

目　　录

第一章 绪 论

第一节 研究背景

改革开放以来，虽然我国农业农村发展取得了巨大成就，但我国农业现代化滞后于工业化、信息化和城镇化，农业农村已成为我国加快推进“四化同步”建设的短板。新时代，我国农业农村现代化面临新形势和新挑战。

首先，从农业要素投入的角度来看，传统要素使用成本上升，现代要素投入不足。随着城镇化进程快速推进，农业耕地面积不断减少，水资源与环境的约束不断加剧。随着我国劳动力市场进入刘易斯拐点，劳动力从无限供给转为结构性短缺，劳动力成本迅速上升。我国农村金融体系仍不够健全，大量农村金融需求得不到满足。我国农业基础设施、农业科研与技术等现代生产要素的投入仍然不足。

其次，从农业生产经营的角度，小农户与大市场矛盾突出，农业支持不足。随着农村剩余劳动力不断转移及农地流转规模的不断扩大，专业大户、家庭农场、农民合作社等新型农业经营主体数量也在不断增加，但是小规模农业经营仍是我国农业的基本格局。不仅小农户仍然长期大量存在，新型经营主体的经营规模扩大也面临基础设施落后、资源配置成本高、经营能力有限、市场风险加大、社会环境不佳等多种约束，难以充分发挥规模效益。在多种农业经营主体并存的情况下，当前农业产业经营体系与产业体系已经无法满足农业发展的需要，亟须重构和优化。从发达国家的经验来看，现代农业是高成本、高补贴的农业，虽然我国出台了粮食直接补贴、农资综合补贴、农机具购置补贴和良种补贴等政策，但是补贴的力度不够、效率不高，急需优化调整并提升。

再次，从农产品市场的角度来看，我国农产品流通效率不高，农产品价格波动加剧。与产业组织化程度较高的工业品相比，农产品流通效率较低，无法有效实现农业生产与市场之间的信息沟通，难以满足消费者食品消费多元化对农产品生产的需求。新阶段农产品价格的影响机制越发复杂，农产品价格波动日益加剧，农产品市场价格稳定机制不完善。

最后，从农产品贸易的角度来看，农产品国际竞争力下降，农产品进口对国内农业产业冲击增强。受国内资源的约束，要保障国内粮食安全就要充分利用国际市场。但近些年来，受气候变化、石油矿物能源价格、生物质能源发展政策及金融投机资本等因素的影响，国际市场波动性、不确定性和风险性加剧，同时，随着国内生产成本不断上升，国内外农业基础竞争力的差距进一步拉大，未来利用国际资源和市场来保障国内粮食安全的难度加大。面对复杂严峻的形势，要实现农业现代化，必须尽快建立一个既符合国际规则，又符合我国国情，以及具有中国特色的现代农业政策支持体系。

近十年来，中央根据“多予、少取、放活”的基本方针，出台了一系列旨在强化农业基础地位、促进农民增收和推动农村经济社会协调发展的政策，经过不断探索和实践，这些政策取得了明显成效。然而，针对我国农业面临的新形势、新挑战及新目标，中央政府需要在新时代对我国农业政策支持体系进行调整与完善。

第一，要增加支持的总量。在新时期，我国已经进入工业化中后期，工业反哺农业有了良好的财政基础。根据“入世”[加入 WTO（World Trade Organization，世界贸易组织）]承诺，我国农业支持政策还有较大的增长空间。

第二，要优化农业支持政策目标。长期以来，农业政策的基本目标不断发展变化，由单一的粮食与农产品供应保障逐步发展到粮食增产、农业增效、农民增收，再到可持续发展，目标指向已经包含了产品目标、收入目标和竞争力目标。随着新时代乡村振兴战略的确立，我国农业政策已经发展成为综合的农业农村政策，统领“三农”（农村、农业和农民）工作，政策目标开始呈现多元化趋势，包括粮食安全保障、农业与农村发展、环境保护与可持续、农业农村多功能拓展等。

第三，要优化支持结构。包括由农业偏向的支持政策向农业农村兼顾的支持政策转变，农业支持政策内部也需要结构优化。在今后相当长的时期内，农业资源对农业生产的约束日益增强，种粮比较效益持续降低，增加农民收入、调动农民生产积极性难度增加，需要在加大对农业生产、农业科技创新、农业基础设施建设支持力度的同时，加强对农业产业链全过程的支持，以支持现代农业的生产体系、经营体系与产业体系发展，特别是要向支持新型农业经营主体发展倾斜。随着农村青壮年劳动力的大量转移，农村经营主体结构发生很大变化，今后新增资金要向家庭农场、种养大户、社会化服务组织和包括新型集体经济组织在内的合作经济组织等新型经营主体倾斜。此外，现代农业发展对农村金融和农业保险的需求非常迫切，必须加大对农村政策性信贷和政策性保险服务的支持补贴。

第四，调整支持政策工具，完善支持办法。针对目前农业支持政策出现的定位不清、支持政策之间不协调的问题，政府应增强政策的针对性，协调价格支持、生产者补贴、一般服务支持等多种工具的组合运用，建立和完善调整机制，建立农业财政、金融、价格和贸易政策统筹协调机制，不断优化支持政策组合，建立农业政策绩效评估和定期评价制度，提高支持政策的绩效。

综上所述，面向今后一段时间"四化同步"这一战略任务，本书将对我国农业支持政策进行国际比较与总体评价，对部分重点政策进行深入剖析，并结合新时期经济社会发展形势，以及我国现代农业发展的需要，研究我国农业支持政策发展方向、政策体系优化和政策措施的优先序，为完善我国农业政策支持体系提供政策参考。

第二节　国内外关于农业支持保护的研究综述

一、相关农业经济理论的概念界定

关于农业支持保护政策的概念，学者的观点存在一定差异。例如，蔡昉（1993）认为农业保护政策是指政府为了把一国农产品价格维持在一个高于国际价格的水平而采取的一系列外贸壁垒和价格、收入支出等干预手段。冯海发和李溦（1994）认为农业保护的经济实质是工业的剩余回流给农业，也就是工业部门把自身的经济剩余无偿转移给农业部门，反哺农业，对农业实施补贴。吴晓华（1995）提出狭义和广义的农业保护政策，狭义的农业保护政策是政府为了把农产品价格维持在一个高于市场价格的水平而采取的一系列边境政策和价格、收入干预政策手段；广义的农业保护政策则是指一种政府产业政策，对农业在政策上给予扶持和保护，也就是为了实现国民经济稳定、社会和谐等经济社会目标而采取的对农业的一系列扶持和保护政策的总称。赵冬缓和龚春刚（1995）则从国内和国际两个角度出发，从国内角度来看，农业保护政策是政府在处理与其他农业的关系时，对农业采取的支持和保护政策措施；从国际角度来看，农业保护政策则是政府采取贸易保护政策（包括关税与非关税政策）使得国内农业免受国际市场的冲击，因此农业保护兼具农业支持与农业国际贸易保护性质。《农业投入》总课题组（1996）认为农业保护是一种政策行为，是旨在促使农业经济健康发展或者增进农业部门福利的一整套政策体系。张哲和和丕禅（2002）研究认为，农业保护和农业支持是两个既互相联系又互不相同的概念，农业保护是政府利用行政或法律的强制力量，使农民在实现农产品价值时能够得到高于由市场均衡价格所决定的收入的一种政府行为；而农业支持则是政府从改善农业生产的基本条件入手，通过对农业科技、教育、水利、环保、基础设施等公共产品的财政投资，为农业的发展夯实基础、增加后劲。在此，我们将农业支持和农业保护统称为农业支持保护，定义为政府为了保护和支持农业部门，对其采取的一系列从价格支持、补贴，到基础设施发展和农业基础研究，再到诸如关税保护等边境政策的政府干预行为。

二、农业支持保护的理论依据

（一）农业的外部性风险

农业生产作为一种自然再生产与经济再生产交织的过程，一方面依赖于人力、资金、技术等要素的投入，另一方面直接受到自然条件的影响，因此，农业的生产过程会受到自然和社会风险的威胁；与其他产业相比，农产品供求缺乏弹性，其本质又决定其利益比较低，农业生产者收入的长期增长速度低于其他产业（张忠法和李文，1996；程国强，1994）。

（二）粮食安全与国家安全

粮食安全概念包括从宏观到微观的多个层次。从国家角度而言，宏观层次的国家安全表现在这个国家在特定年份的粮食获取能力上，微观层次的粮食安全反映在家庭和个人的粮食获取能力上（马九杰等，2001）。那么，粮食安全就表示一国农业保护最主要的目标就是确保所有人在任何时候既能买得到又能买得起所需要的基本食品（顾卫平等，2005）。粮食安全是国家安全的重要组成部分，也是事关国计民生和社会政治稳定的首要问题（胡岳岷和刘元胜，2013）。因此，当一个国家过分依赖进口国外农业资源的时候，一旦发生贸易纠纷，就容易受制于人，危及粮食安全和国家安全。从宏观和微观两个角度出发，政府需要对农业进行保护支持。

（三）经济发展和结构变化

不少学者从经济发展和结构变化角度考察农业保护政策实施的原因，一个共识性的研究结论是农业保护政策与经济发展和结构变化相关，也就是在工业化初期阶段对农业征税（发展中国家），在工业化进程步入中期阶段（中等收入国家）后对农业进行补贴，补贴原因在于农民阶层相对于城市阶层收入差距扩大。而发达国家对农业进行补贴，原因在于政府要防止对农业部门资源投入过多导致农业生产过剩从而引起的农业收入下降问题（程国强，1993；杨波，1994；蔡昉，1997；速水佑次郎和神门善久，2003）。

安德森等（1996）从政治经济学角度解释农业剥削转为农业支持保护的原因，从政治领导人采取能使其执政机会最大化的某一政策假设开始，他们认为在发展中国家政府有四个理由不采取农业保护政策：①征税成本高昂；②非农产业人口居住城镇，游说政府能力更强；③工商业者数量相对农民较少，其“搭便车”行为比农民少得多；④城市集团的工人阶层工资水平与食品价格相关，农产品价格的提高意味着城市集团雇主的工资支出压力提高，因此发展中国家农产品价格远远低于国际价格。

当经济发展阶段提升后，政治市场中各种力量的相对实力改变。随着工人收入的相对提高，国家进入中等收入阶段，城乡收入差距扩大，农民阶层的不满情绪增大，从维护社会稳定出发，政府需要对农业进行保护和补贴。在发达经济体，工资收入者受食品价格变化影响程度较小，而且只有较少部分劳动力在农业部门就业，因此，对于提高农产品价格的保护政策的反对力量相对初期工业化阶段大大降低。

此外，发达经济体农业就业向非农就业转移，农村就业人员的减少意味着农场的兼并，同时，如果使务农收入与非农收入保持一致，对农业保护支持的需求就会提高，因为如果没有支持，农产品不能获得较高价格的机会成本就会提高。同时，农村基础设施改善使得农民集体行动的成本降低，提高了对农业保护支持的需求。综上，经济结构的变化使得政治经济实力转变，进而影响政府对农业支持保护政策态度的转变。

（四）农业的多功能性

农业除了提供食品、纤维等商品产出的经济功能之外，还具有与农村环境、农村农业景观、生物多样性、农村生存与就业、食品质量卫生、国家粮食安全保障、农村农业文化遗传及动物福利等非商品产出相关的环境和社会功能（陈秋珍和 Sumelius，2007）。农业多功能性是指与农业生产密切相关的一些积极的溢出效应和公共物品，它在农村地区的社会经济生活中发挥重要作用，根据经济学原理，具有外部性功能的部分需要通过政府的干预纠正其市场失灵，因此政府有理由和责任对产生这些功能的农业进行支持保护（吕耀等，2004）。

三、国内外农业支持保护政策的研究经验

（一）农业支持保护政策研究经验

国内学者基于我国国情，一方面研究分析我国不同历史阶段农业支持保护政策的内容和演进路径，另一方面将研究重点放在对国外发达国家农业支持保护政策的演进、梳理和经验借鉴上，通过对以美国、欧盟和日本为代表的发达经济体农业支持保护政策的研究和介绍，结合我国农业支持保护政策的实际需求，提出一些政策建议和启示。

1. 对我国农业支持保护政策的研究

国内关于农业支持保护的研究多集中于1990年以后，这一阶段随着我国经济的快速发展，农业对工业的资源贡献任务基本完成，学者对我国农业政策的转向做了一些研究。例如，程国强（1993）、蔡昉（1997）、扈立家等（2000）认为我国农业支持保护阶段会在21世纪初到来，应该实现从农业歧视到农业支持保护。

2001年我国加入WTO后，学者就如何在WTO框架下实现对农业的支持保护也做了许多研究。鲁德银和雷海章（2002）认为，我国农业更需要公共财政支持，也就是一般服务支持（如农业科研、病虫害控制、培训推广与咨询、检疫、市场促销、水利等基础设施服务）、食物安全目的的公共储备、国内食品援助、与生产不挂钩的收入支持、自然灾害救济支付等支持政策，而非价格干预、关税等保护政策，他们认为要考虑世界农业保护的现实，应保持必要且适度的农业保护水平。陈云燕（2003）对我国当时的农业支持保护政策体系进行梳理，主要包括农产品价格支持政策、农业生产的支持政策、农业贸易壁垒等，认为加入WTO后会造成农业支持空间减少、农产品出口竞争减弱等不利影响，认为应该合理利用《乌拉圭回合农业协议》①（以下简称《农业协议》），合理实现对农业的支持保护。

随着我国经济的快速发展，以及综合国力的提高，政府对“三农”问题进一步重视，学者也适时研究我国农业支持保护政策，提出一些具有前瞻性的政策内容。张雅光等（2006）认为，与发达国家相比，我国财政对农业支持保护还有很大差距，建议增加对农业的支持保护力度，增加财政对农业的投入。郑志冰（2007）介绍了2004年国家实施的粮食直补政策，认为该政策稳定了粮食生产，促进了农民增收，但是存在收入效应不大、政策成本高等问题，建议农

① 即WTO农业协议。

业补贴政策应该以增加农民收入和提高农业综合生产力为目标。Yi 等（2015a）考察粮食补贴（粮食直接补贴、农资综合补贴、良种补贴）政策的间接受益效应和乘数效应，发现我国农业补贴的乘数效应为 2.3，意味着间接收入效应主导粮食补贴的直接支付价值。

2007 年中央一号文件提出开发农业的多种功能，激发了学者对农业支持保护政策和农业多功能性研究的积极性。尹成杰（2007）详细分析农业的多功能性，认为发挥农业多功能性是推进现代农业建设的必然选择，是实现农业可持续发展的客观要求，应坚持从国情出发，采取合适的政策措施，不断巩固、强化和完善农业多功能性。梁世夫和姚惊波（2008）将农业多功能性理论与我国农业支持补贴政策结合起来进行研究，认为农业产业具有提供粮食产品、促进生态环境改善和农村发展、维护生物多样性、传承农耕文化等多种功能，并提出发展休闲农业、都市农业等发挥农业多功能性的政策路径，利用农业多功能性理论改进农业支持补贴政策，促进农业农村发展。周应恒等（2009）利用 GTAP（global trade analysis project，全球贸易分析模型）模型分析认为，取消农业税和四项补贴政策对农业增产、农民增收的影响明显，在财政约束条件下，单纯依靠增加直接补贴难以解决城乡收入差距问题。郭建军（2010）分析我国的农业支持保护政策体系，包括 2004 年的粮食直接补贴、良种补贴和农机具购置补贴，2006 年的农业生产资料价格补贴，2009 年增加的农资综合补贴，他认为农业支持和保护措施是我国加入 WTO 后实现粮食增产、农民增收和农村发展目标的主要政策手段。

随着以价格支持和农业补贴为代表的农业支持保护政策的长期实施，其负面影响近年来不断显现，学者开始关注这些政策的不足之处及改革调整路径。Yi 等（2015b）利用农户层面数据考察了在流通性约束背景下，我国农业补贴对粮食播种面积的影响，发现在一般意义上我国农业补贴对粮食播种面积具有积极影响，如将农业成本与农户收入之比作为农户流动性条件的指标考察，接受补贴且存在流动性约束的农户会将更多土地用于粮食生产，而不存在流动性约束的农户则受补贴影响较小。吴海峰（2016）认为农业大国的农业存在三个阶段：第一个阶段是增加产量、保障供给；第二个阶段是农产品价格支持，解决农村贫困问题；第三个阶段是调整优化农业结构、着重提高农业质量效益。他判断当前我国农业发展进入第三个阶段，并提出了一系列农业支持政策改革的建议，如提高粮食品质，扩展农业多功能，将农产品加工贸易和乡村旅游纳入农业中。

杜志雄和金书秦（2016）从农业多功能性出发，分析我国农业政策新目标的形成与实现。他们认为，随着社会经济发展，粮食的供给功能实现之后，消费者必然会对农业其他功能产生强烈需求，如对环境功能的需求，因此，除了粮食增产、农民增收的政策目标之外，还产生了农业发展的可持续性政策目标。同时，他们还提出了实现政策的路径，包括明确新政策目标、引导农业生产者采取环境友好型生产行为、健全社会化服务体系等。周应恒和胡凌啸（2016a）在中央部门农业支持管理框架的基础上，利用全国一级各部门财政决算数据分析我国财政支农情况时发现，2010~2015 年，我国总的三农支持资金增长较快且高于国家对农业的直接支持，以 2015 年为例，对一般服务的支持占三农支持资金的主要份额，此外，还包括对生态环境的资金支持。他们认为，与发达国家相比，我国对“三农”的支持力度较低，还需加大支持力度。

周应恒和刘余（2017）认为，我国农业仍面临人均资源偏紧、生态环境恶化、农产品竞争力低下等问题，他们提出要以市场化方向调整我国农业支持政策，增加对种业研发、农业科技发展、农业生产性和农村生活性基础设施建设、环境保护和生态修复方面的支持。程晓波（2017）认为，过去农业发展过度依赖资源消耗，主要满足数量的需求，农业转型要向满足质量的需求转变，追求绿色可持续发展，因此，要加快推进农业支持保护政策转型，对于农业支持政策的目标，要从农产品增产、保障数量供给调整，到与增产、保质并重，追求竞争力和可持续发展；以市场化为方向对农产品价格支持政策和补贴政策进行改革和完善，增加农村基础设施投入。叶兴庆（2017）认为我国农业处于资源方式利用（粗放到集约）、经营方式（家家保地和种田到经营权流转和适度规模经营），以及农业支持政策目标（以增产为导向到以竞争力为导向）的转型中。他分析了以增产为导向的农业支持政策产生的背景、不适宜继续实施的原因，并介绍了以竞争力为导向的农业支持政策体系的基本框架，包括激发市场机制活力、扩大经营规模、促进利益联结及加强一般服务支持力度。

2. 对美国农业保护政策的研究

国内多数学者研究并关注美国农业法案，通过分析给出一些有益于我国农业保护支持政策的启示和建议。美国耕地资源丰富，人少地多，家庭规模化经营，农业资源禀赋丰富，农业生产率增长较快，其农业政策的目标就在于控制产量过剩，确保农民收入稳定增长。美国农业保护政策主要以颁布的农业法案为主要依据，根据农业发展情况和经济环境，每 5~6 年调整一次农业法案。

李永江（1987）对美国近百年的农业政策演进进行了回顾，梳理了 1933 年罗斯福签署《农业调整法》以来美国农业保护政策的基本原则，还重点对 1985 年《食品安全法案》的特点和内容进行了较为全面的介绍，并对其影响进行了简要分析。戴军（1999）分析了美国《1996 年联邦农业完善和改革法》，认为美国以农产品价格支持和收入政策为核心的传统农业保护政策发生了重大变革和调整，该政策对农业的支持和保护功能，以及保持农业稳定、高效发展的基本目的没变，只是实现功能和达到目的的途径或形式发生了变化，更符合当时自由贸易趋势的时代背景。宋海英和周应恒（2004）对美国《2002 年农场安全与农业投资安全法案》中的直接定额补贴政策进行了经济学分析，认为该项补贴属于“黄箱”政策，有利于美国农产品提升竞争力，但是对其他生产同类农产品的国家会造成损失，不利于农业谈判。

佟福全（2002）对 2002 年美国农业法案进行分析，认为美国政府加大了对农业的保护力度，是自 1985 年以来农业自由贸易倒退的开始，也是半个多世纪以来美国农产品贸易保护政策的进一步深化。杨春华等（2017）对 2014 年美国农业法案进行研究，认为 2014 年美国农业法案继续将保障农民收入、提升农产品竞争力作为首要目标，试图采用更多元化的风险管理方法代替对农业的直接补贴，提升农业支持保护政策效能和可持续性。朱满德等（2017）研究发现，美国对农业部门的支持和补贴具有政治经济学特征，增加容易、削减困难，少许改变都可能引起重大政治反响。虽然美国农业政策逐步由挂钩补贴向半脱钩、脱钩补贴转型，但是高支持、高补贴的本质没有改变，只是方式上更加注重农业风险管理和降低对市场运行的干扰（程郁和叶兴庆，2017）。

也有少数学者研究美国农业保护政策的某一政策工具的演化和内容，如谢凤杰等（2016）对 2014 年美国出台的农业保护政策中的保险政策进行研究和分析，并介绍了这些作为 2014 年美国农业法案中重要议题的政策的主要特征、改革动向及政策意义，同时基于我国国情给出一些我国农业保险政策改革的建议。齐皓天等（2016）关注美国农产品目标价格补贴政策演进过程，揭示了美国目标价格政策不断调整背后的逻辑及政策效果，并给出一些对我国的价格支持政策改革的政策启示。

3. 对欧盟共同农业政策的研究

国内学者关于欧盟农业支持保护政策的研究主要聚焦于政策演进和梳理，结合我国实际给出欧盟农业支持保护政策的经验和启示。

欧洲共同体（简称欧共体）在 1962 年正式导入共同农业政策（Common Agriculture Policy，CAP），对农业进行全面补贴和保护（于晓华等，2017）。王军杰和申莉萍（2017）对欧盟农业支持保护政策演进进行了分析，他们认为，迄今为止，欧盟的共同农业政策共经历了三个阶段，即 1960~1990 年的价格支持阶段，1993~1999 年价格支持开始向直接支付转化阶段，2000~2012 年价格支持继续向直接支付转化阶段（这一阶段也伴随共同农业政策的持续“绿箱”化）。他们着重介绍了 2012 年开启的共同农业政策改革，认为 2012 年的共同农业政策改革延续历史惯性，继续向农业、农村可持续发展和“绿箱”化支持推进，同时兼顾粮食安全和区域平衡发展的政策目标。他们还提出了针对我国的优化补贴机制、启动亲环境型补贴项目，以及与生态、食品安全挂钩的政策建议。此外，李登旺等（2015）、董利苹等（2017）也关注欧盟的共同农业政策改革，介绍其对农业保护支持政策的演进和改革最新动向，也结合我国农业保护政策的实际提出了一些启示和政策建议。

4. 对日本、韩国农业支持保护政策的研究

日本和韩国地少人多，耕地资源相对紧缺，属于小农经营的典型国家，与我国的农业基本情况有相似性，因此，不少国内学者研究了日本和韩国的农业支持保护政策经验。

冯海发和李溦（1993）研究发现，日本农业的高程度保护是通过一系列政策手段实现的，主要包括边境保护、价格支持、投入补贴，他们认为日本农业的高程度保护造成一系列社会成本、无谓的效率损失、制度租金和贸易摩擦。钱森等（2013）对日本第二次世界大战后的农业支持保护政策进行梳理，着重介绍了日本农业多功能体系的建设，介绍了日本农业的《食品、农业和农村基本法》及农业支持保护政策同时达成的四个目标（包括农业多功能的发挥、粮食稳定供给的保障、农业可持续发展及农村发展），还具体介绍了政策支持保护手段，分析了农业多功能性对农业保护的实质作用。

苏杭和李智星（2017）分析了日本过去“防御型”农业支持保护政策造成的农业农村困境，介绍了日本政府出台的一系列改革措施，即实施农业发展的多元化、集约化、信息化和高附加值化的农业保护政策改革，并提出一些可供参考和借鉴的政策建议。胡凌啸和周应恒（2018）分析了近年来日本政府为了提升小农竞争力不断采取的政策举措，认为其政策思路主要体现在降低生产成本、促进农村产业融合发展、提升农业产业链和功能价值、强化农业基础条件、着眼开发国家市场等方面，并给出了一些针对我国实施乡村振兴战略背景的启示和政策建议。

强百发和黄天柱（2008）对第二次世界大战后韩国农业支持保护政策演进进行了梳理分析，认为根据时间和政策目标，1948 年至今，韩国农业支持保护政策经历了四个阶段的演化过程，其中 1989 年至今是农业支持保护政策的调整阶段。也就是乌拉圭回合谈判之后，韩国的农业支持保护政策目标发生了调整，一方面致力于提高农产品竞争力，另一方面致力于维持农民收入水平。曹俊杰和徐俊霞（2006）介绍了韩国 1970 年开始发起的“新村运动”，其间韩国政府投入大量财政资金支持农村的基础设施建设，完善农村的公共服务和社会保障体系，并在随后不久开展农村多功能性研究，为政府制定农业支持保护政策提供了理论依据。曹俊杰（2009）详细分析了韩国农业多功能性的研究和实践，乌拉圭回合谈判之后，WTO 规则对农业补贴和支持形成限制，而强调农业多功能性可以为农业支

持补贴提供理由和基础，因此，农业多功能性问题成为韩国推行农业支持保护政策和开放农产品市场的平衡器。

（二）国外农业支持保护政策研究经验

贸易保护主义源于西方，源远流长。从重商主义者到李斯特，再到基姆·安德森，一直到日本的速水佑次郎。学者从研究贸易保护再到研究农业支持保护，自成体系，并提出了许多具有洞见性的经济观点，包括解释为什么要对农业进行支持保护及农业保护政策的扭曲效应。此外，国外学者还对以欧美为主的发达国家的农业支持保护政策演进和内容进行分析。

西方保护主义研究较为久远，15~16 世纪，在西欧封建社会晚期，产生了以金钱为唯一财富，引导国家以追求金钱为目标的经济学说，我们称之为重商主义。贸易是实现货币积累的重要途径，因此，以英国为代表的西欧政府开始进行国家的管制和干涉，由禁止货币输出转向对国内生产的支持，可以将重商主义者强调禁止金银输出的政策和相关支持国内生产的政策视为保护主义的萌芽。而真正的贸易保护主义的创始人是德国的李斯特，他在《政治经济学的国民体系》一书中详细阐述了他的保护主义观点，认为相对落后的国家应该采取对内自由、对外贸易保护的政策。

农业支持保护政策研究的黄金时期则是 20 世纪 80 年代。农业支持保护政策研究的佼佼者是日本学者速水佑次郎和澳大利亚学者基姆·安德森，他们在《农业经济论》和《农业保护的政治经济学》中研究分析了第二次世界大战以后，以日本为代表的东亚经济体为什么在经济快速发展过程中对农业部门采用了保护支持的政策措施，同时也对国际农业政策问题进行了广泛讨论。根据分析，他们认为，第二次世界大战以后国际上存在三种农业问题：第一种是发展中国家剥夺农业为工业发展提供初始原始资本积累，同时也为城市工人阶级提供廉价农产品。第二种是中等收入国家农业相对贫困问题，也就是农业部门的生产率和工资水平与工业企业生产率和工资水平差距越来越大，从而导致的城乡收入差距过大的农业相对贫困问题，因此农业保护支持政策需求和供给同时产生，政府要采取合适的价格支持和补贴政策，一方面提供廉价农产品，另一方面防止农民收入相对减少。第三种则是发达国家农业生产率增长较快和投入要素过多导致农业生产过剩、农产品价格下降，造成农民收入下降的问题。速水佑次郎将发达国家的农业问题看成由农业与其他产业间资源错配导致的，并将其称为农业调整问题。他认为发达国家这一阶段采取的价格支持和补贴政策都是为了解决上述问题。

此外，基姆·安德森也关注国际农业支持保护政策的扭曲效应，做了不少关于农业支持保护政策的扭曲效应研究。Anderson 和 Valenzuela（2008，2013）研究得出一个基于国别的农业激励扭曲的数据库，主要数据指标为名义援助率（nominal rate of assistance，NRA），表示由政府施加的政策扭曲造成的农产品价格与在自由市场条件下的产品价格之差，在“小国”假设下，这一比率为政府施加的政策提高的农民总收益高于政府未干预时的总收益的百分比［或政府施加的政策降低的农民总收益低于政府未干预时的收益的百分比（如果 NRA<0）］。Anderson 等（2010）对农业支持保护政策造成的全球不平衡发展给予关注，认为富裕国家的政府通过进口壁垒和提供补贴支持农民，这些政策降低了全球的经济福利，抑制了经济增长，加剧了全球的不平等和贫困。此外，他们还从全球视角考察农业支持保护政策,认为 20 世纪 50 年代至 80 年代中期属于发达国家农业补贴的黄金期，之后发达国家开始减少农业补贴，补贴方式向脱钩转变，而发展中国家则减少对农业的剥削抑制政策，增加对农业的补贴保护（Anderson et al.，2014）。

国外学者也做了一些关于各国具体农业支持保护政策演进和内容的研究，研究对象主要为美国农业支持保护政策和欧盟的共同农业政策。Glauber 和 Effland（2016）对美国农业支持保护政策演变进行简要梳理和总结，按照农业支持保护政策各个时期的特点，将美国农业支持保护政策分为三个阶段，即 1929~1948 年为农产品紧急价格支持阶段，1948~1973 年为价格支持和保护主义制度化阶段，1973~2015 年为从价格支持到直接支付、补贴和风险管理阶段，此外，他们还对美国农业支持保护政策的支持效果进行了细致分析。Rausser 和 Zilberman（2014）对美国农业支持保护政策进行了简要梳理，并对其市场扭曲效应进行分析研究。Boussard 和 Trouvé（2010）认为 1962 年欧盟的共同农业政策是美国罗斯福时期农业政策的演化版本，目的是解决第二次世界大战后粮食短缺问题和构建家庭农场基础的规模化经营，鼓励人力资本转移到工业部门，但是随后造成了资源浪费、环境污染、财政负担及供给过剩等价格支持的政策负外部性问题，1992 年欧盟对共同农业政策进行了较大规模的改革，主要是为了实现让市场决定生产什么及如何生产的政策改革目标。Daugbjerg 和 Swinbank（2015）研究分析了 1962~2013 年欧盟的共同农业政策改革和演进过程，认为 1962 年版本的共同农业政策的主要工具为市场价格支持（market price support，MPS），并在 20 世纪 80 年代达到政策运用的顶峰，为了应对不断变化的环境和新出现的政策担忧，欧盟对共同农业政策不断进行改革，2013 年的改革使其更加符合市场导向。

第三节 研究目标和研究内容

一、研究目标

（一）总体目标

本书将定量刻画我国农业支持政策及其结构，评价我国主要农业支持政策效果，研究我国农业支持政策的发展方向、政策体系优化和政策措施优先序。

（二）具体目标

（1）总结我国农业政策支持体系建设的发展历程，运用国际上成熟的农业政策支持体系框架，对我国农业支持政策结构进行定量刻画。

（2）从价格支持、生产者补贴和一般服务支持等维度把握国际发达国家农业支持政策走向，对我国农业支持政策进行国际比较与总体评价，并对部分重点政策进行深入剖析。

（3）结合新时期经济社会发展形势，以及我国现代农业发展的需要，研究我国农业支持政策发展方向、政策体系优化和政策措施的优先序，为完善我国农业政策支持体系提供政策参考。

二、研究内容

（一）总体研究框架

本书综合运用农业经济学、国际贸易学、发展经济学、公共政策学等学科的基本理论、原理和方法，借鉴国外相关研究的最新成果，构建我国农业政策支持体系的系统性理论分析框架。图 1-1 中黑体字为本书重点关注的问题。

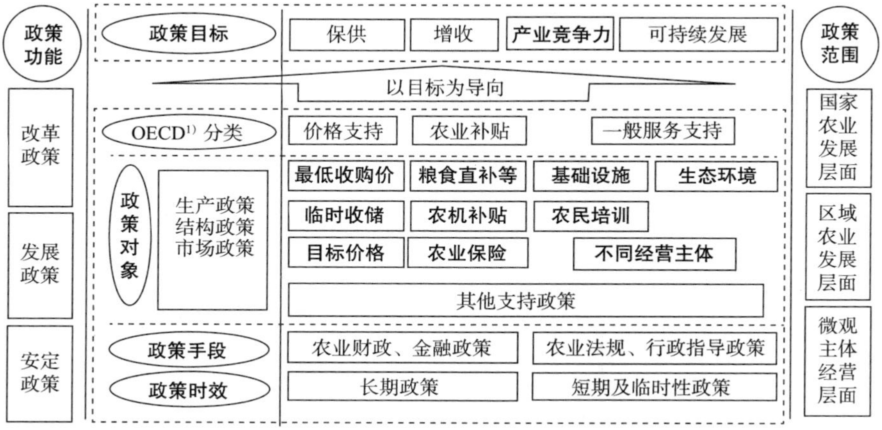

图 1-1　我国农业政策支持体系分析框架

1）OECD：Organization for Economic Cooperation and Development，经济合作与发展组织

（二）具体研究内容

1. 我国农业支持政策状况及分析框架构建

该部分涉及第一章、第二章，旨在厘清我国农业支持政策体系的发展脉络。该部门总结改革开放以来不同发展阶段我国农业支持政策的重点及其演化逻辑；梳理我国农业支持政策管理部门分工及其职能演化过程；采取 OECD 农业支持政策框架，梳理我国农业支持政策，估算我国农业支持资金规模和结构变化；构建合理的农业支持政策分析框架。

2. 农产品价格支持政策评估及优化

该部分涉及第三章至第五章，旨在评估我国农业价格支持政策实施效果、存在的问题及相应的政策优化。该部分在总结我国农产品价格支持政策演进过程的基础上，主要关注最低收购价、临时收储价格和目标价格制度改革的政策实施效果，尤其关注农产品最低收购价政策退出机制、农产品临时收储价格调整及其效应，探索农产品价格政策改革路径。

3. 农业生产者补贴政策评估及优化

该部分涉及第六章至第八章，旨在评估我国农业生产者补贴政策的实施效果、存在的问题及相应的政策优化。该部分在总结我国粮食直接补贴、良种补贴、农资综合补贴、农机具购置补贴等农业生产者补贴政策演化的基础上，主要关注粮食直接补贴、农资综合补贴、农机具购置补贴对农业生产和农民收入的影响，以及农业保险政策在实施中存在的问题，比较不同补贴政策的实施效果，并提出相应的政策优化建议。

4. 农业一般服务支持政策评估及优化

该部分涉及第九章至第十二章，旨在评估我国农业一般服务支持政策的实施效果、存在的问题及相应的政策优化。这部分在总结我国基础设施建设、农民培训、生态环境支持等一般服务支持政策演化的基础上，主要关注高标准农田建设、职业农民培训、生态环境等政策的实施效果、存在的问题及调整完善的政策优化建议。同时，该部分结合我国农业实际，按照不同规模和性质的经营主体分析其支持政策，由于这种划分并不是按照具体产业划分的，其支持对象并没有区分产业，因此，该类分析可被近似归入一般服务支持政策中。

5. 农业政策支持体系的国际经验分析

该部分涉及第十三章和第十四章，旨在总结日本、韩国、美国、欧盟等的农业政策支持体系发展经验，为我国农业支持政策优化完善提供参考。这部分从支持政策项目、农业支持政策管理部门及农业支持政策资金规模等方面进行经验总结，归纳不同资源禀赋、不同经济发展水平国家和地区的农业支持政策特征，以推演我国农业支持政策的调整与优化方向。当然，在前面章节对具体政策的分析中，也会涉及国际经验，我们将不在该部分进行专门介绍。

6. 农业支持政策设计及体系优化

该部分涉及第十五章，旨在比较不同政策的基础上，根据我国农业支持政策目标，设计出合理有效的支持政策组合，并探索当前农业支持政策体系的优化路径。这部分在对农产品价格支持政策、农业生产者补贴政策和农业一般服务支持政策效果评估的基础上进行比较分析，进而设计出最有利于实现政策目标的政策组合，并在这一前瞻性模拟研究的基础上，探索农业支持政策改革的有效路径。

三、研究的技术路线图

图 1-2 为本书研究的技术路线图。

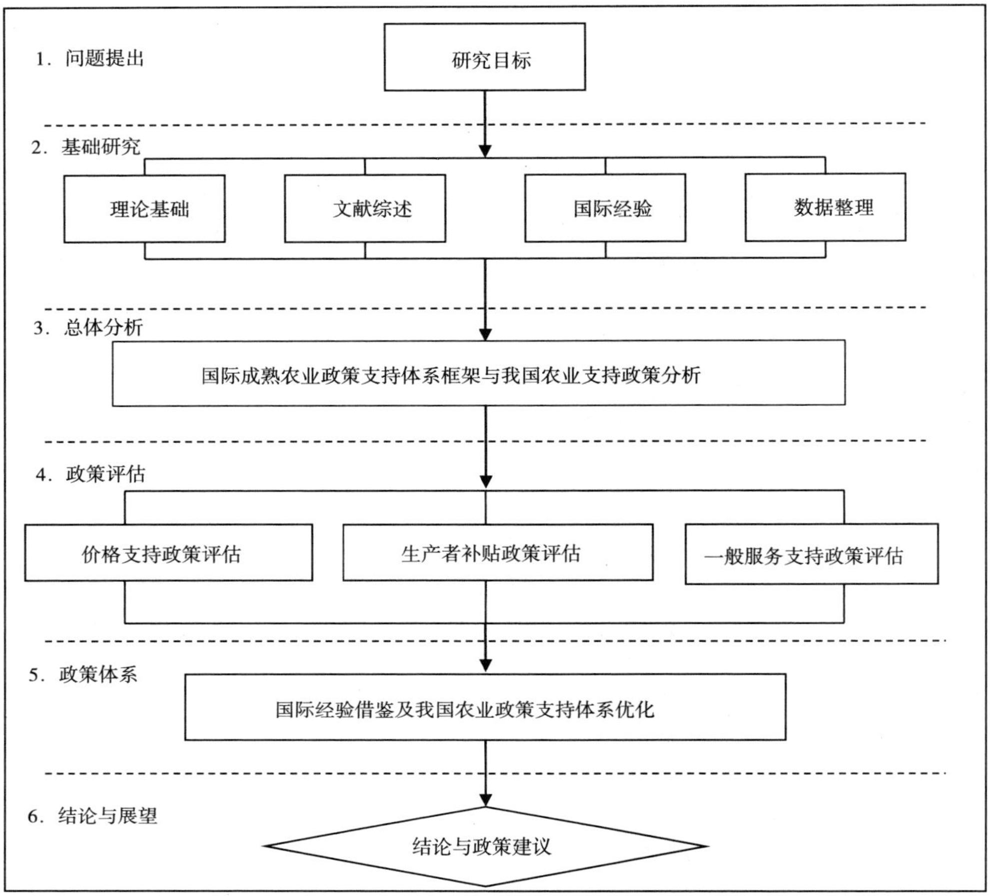

图 1-2　本书研究的技术路线图

第四节　政策分类标准与数据

国际社会评价农业政策最权威的评价体系包括两种：一是 OECD 创建的农业政策评价体系；二是 WTO 关于农业支持政策的评价体系。参考马晓春（2010），我们将对这两种权威的农业政策评价体系进行研究，为后面各章节运用相关评价指标做铺垫。

一、OECD 对农业支持政策的分类及衡量方法

（一）OECD 农业政策评价体系的产生及演变

从 20 世纪 40 年代末开始，农业生产技术的进步及 OECD 部分成员对农业生产者给予的支持政策共同促使 OECD 部分成员的农产品产量大幅增长。同时，OECD 成员之间在农产品贸易中实施的贸易壁垒措施，却阻碍了农产品的顺利出口，这进一步加剧了这些成员农产品过剩的状况。由于农产品过剩，这些国家储存农产品的成本随之大幅增加，政府为鼓励农产品出口支付的补贴费用也在增加。直到 20 世纪 80 年代初，OECD 部分成员开始意识到需要采取及时的行动改变这种困境，以促使农产品贸易顺利进行（图 1-3）。

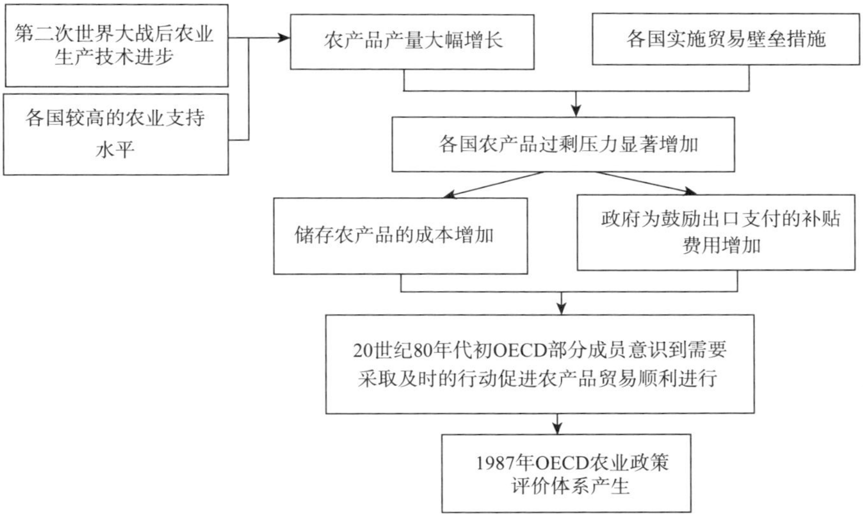

图 1-3 OECD 农业政策评价体系产生过程

1987 年，题为“国家政策和农业贸易”的一项 OECD 主要研究报告根据“国家政策和农业贸易标准”对个别 OECD 成员的农业政策进行了深入分析。这项研究确认了国内政策和贸易政策之间的联系，并得出结论：为了改善贸易环境，必须在贸易壁垒和国内政策方面采取行动。

1999 年，OECD 在 1987 年制定的农业政策评价体系的基础上，在四个方面进行了较大的修订（表 1-1）。

表 1-1　OECD 农业政策评价体系 PSE 指标含义演变表

1987 年第一版	1999 年第二版	2007 年第三版
A. 市场价格支持 B. 直接支付 C. 减少的投入成本 D. 一般服务 E. 其他服务	A. 市场价格支持 B. 基于产出的转移支付 C. 基于种植面积/牲畜数量的转移支付 D. 基于历史权利的转移支付 E. 基于投入使用的转移支付 F. 基于投入限制的转移支付 G. 其他转移支付	A. 基于商品产量的支持（市场价格支持和基于产量的转移支付） B. 基于投入使用的转移支付 C. 基于当前的种植面积/牲畜数量/收入/收益，以生产需求为基础的转移支付 D. 基于非当前的种植面积/牲畜数量/收入/收益，以生产需求为基础的转移支付 E. 基于非当前的种植面积/牲畜数量/收入/收益，不以生产需求为基础的转移支付 F. 基于非商品标准的转移支付 G. 其他转移支付

（1）PSE 的含义由过去的“生产者补贴等值”（producer subsidy equivalent）调整为“生产者支持估计值”（producer support estimate）。

（2）PSE 的具体分类由原来的五项变为七项。

（3）新建了一个衡量对农业生产者集体提供支持的指标：GSSE（general services support estimate，一般服务支持估计值）。

（4）引进了一种新的计算 PSE 的方法。

2007 年，OECD 农业政策评价体系进行了进一步的改革，以使指标能够更好地反映最近的政策发展，OECD 在 1999 年版农业政策评价体系的基础上在三方面进行了较大的调整。

（1）重新对 PSE 进行定义。

（2）对 PSE 引入标记，这些标记对农业支持政策执行标准给予了详细的说明。

（3）不再计算个别商品的 PSE，而是把一个国家总的 PSE 划分为 SCT（single commodity transfers，个别商品转移）、GCT（group commodity transfers，商品组转移）、ACT（all commodity transfers，所有商品转移）及 OCT（other commodity transfers，其他商品转移）。

2014 年版“监测和评价报告”首次采用了计算全球社会保障指数的方法。修订后的方法在 PSE 的具体分类上仍然维持 2007 年改编分类后的规定，重新澄清了 GSSE 指标的边界及其组成（表 1-2）。

表 1-2　OECD 农业政策评价体系 GSSE 指标含义演变表

1999 年第二版	2014 年第四版
H. 研究与发展	H. 农业知识与创新体系
I. 农业学校	H1. 农业知识生成
J. 检验服务	H2. 农业知识转移
K. 非农业集体的基础设施	I. 检验和控制
L. 营销与促销	I1. 农产品安全检测
M. 公共储存	I2. 病虫害监测与控制
N. 其他	I3. 输入控制
	J. 发展和维护基础设施
	J1. 水文基础设施
	J2. 储存、销售和其他有形基础设施
	J3. 体制基础设施
	J4. 农业结构调整
	K. 营销和促销
	K1. 加工和销售整体计划
	K2. 促销农产品
	L. 公共库存成本
	M. 其他

（1）GSSE 的边界被重新界定，仅限主要受益于初级农业的政策。这个定义比以前应用的定义范围更窄。例如，政府为农村服务提供资金，即使农民已经不是主要受益者，也要使初级农业服务受益。

（2）GSSE 类别重新划分并且增加了子类别，以更好地反映在政策优先事项方面的变化。

（二）OECD 农业政策评价体系指标具体分类

从 1987 年 OECD 创建农业政策评价体系以来，虽然评价农业支持政策的基本方法论没有发生改变，但是随着 OECD 成员政策的不断发展，OECD 对农业政策评价体系的分类经历了四次变革。目前，OECD 对农业政策的最新分类公布于 2014 年 OECD 出版的 OECD’s Producer Support Estimate and Related Indicators of Agricultural Support：Concepts，Calculations，Interpretation and Use 报告。OECD 将农业支持政策分为三大类，即 PSE、CSE（consumer support estimate，消费者支持估计值）和 GSSE。图 1-4 介绍了 OECD 于 2014 年对农业支持政策的分类。

Ⅰ. PSE（A~G 的总和）
A. 基于商品产量的支持
　A1. 市场价格支持
　A2. 基于产量的转移支付
B. 基于投入使用的转移支付
　B1. 可变的投入使用
　B2. 固定的资本构成
　B3. 农场服务
C. 基于当前的耕作面积/牲畜数量/收入/收益，以及生产状况的转移支付
　C1. 基于当前的收入/收益的转移支付
　C2. 基于当前的耕作面积/牲畜数量的转移支付
D. 基于非当前的耕作面积/牲畜数量/收入/收益，但以生产状况为基础的转移支付
E. 基于非当前的耕作面积/牲畜数量/收入/收益，不基于生产状况的转移支付
　E1. 可变比率
　E2. 固定比率
F. 基于非商品标准的转移支付
　F1. 长期资源休养的转移支付
　F2. 一个具体的非商品产出
　F3. 其他非商品标准
G. 其他转移支付
Ⅱ. GSSE（H~M 的总和）
H. 农业知识与创新体系
　H1. 农业知识生成
　H2. 农业知识转移
I. 检验和控制
　I1. 农产品安全检测
　I2. 病虫害监测与控制
　I3. 输入控制
J. 发展和维护基础设施
　J1. 水文基础设施
　J2. 储存、销售和其他有形基础设施
　J3. 体制基础设施
　J4. 农业结构调整
K. 营销和促销
　K1. 加工和销售整体计划
　K2. 促销农产品
L. 公共库存成本
M. 其他
Ⅲ. CSE（N~T 的总和）
N. 消费者对生产者的转移支付
O. 消费者的其他转移支付
P. 纳税人对消费者的转移支付
Q. 额外饲料成本
Ⅳ. TSE[1)]（Ⅰ+Ⅱ+P 或 R+S+T）
R. 消费者转移支付
S. 纳税人转移支付
T. 纳税人对农产品消费者的价值转移

图 1-4　OECD 对农业支持政策的分类图

1）TSE：total support estimate，总支持估计值

1. 生产者支持估计值

PSE 是指按照农户销售价格测算出来的、由农业补贴政策措施产生的、每年由消费者和纳税人转移到农业生产者的净现金转移额（用农场价格来计算）。计算该转移金额时，不考虑政策措施的性质、目标和它们对农业生产和农业收入的影响。

1）基于商品产量的支持

（1）市场价格支持：由于实施某种农产品的支持政策，该种农产品的国内市场价格与边境价格出现价差，从而国内消费者和纳税人向国内农业生产者出现转移支付（以农场价格来衡量），采取的这种政策被称为市场价格支持政策。如果转移支付的金额为正值，说明该国实行市场价格支持政策；如果转移支付的金额为负值，说明该国向农产品征收农业税。

（2）基于产量的转移支付：由纳税人转移给农业生产者的转移支付，这种转移支付以当前某种农产品的产量为基础。

2）基于投入使用的转移支付

由纳税人转移给农业生产者的转移支付。这种转移支付以农业生产者的农业投入为基础，具体包括三个子类别。

（1）可变的投入使用，为减少农场可变投入的转移支付。

（2）固定的资本构成，为减少农场的固定投入（如建设农场建筑物、购买设备、建立种植园、灌溉、修建排水设施和土壤改良等）的转移支付。

（3）农场服务，为减少农场主引进新技术、雇用会计、销售农产品、进行动植物检疫和培训等成本的转移支付。

3）基于当前的耕作面积/牲畜数量/收入/收益，以及生产状况的转移支付

由纳税人转移给农业生产者的价值。就某种特定农产品或某类特定农产品而言，这种转移支付是以当前农业生产者的种植面积、养殖牲畜的数量、收益、收入及生产状况为基础的。这种转移支付又包括两个子类别。

（1）基于当前的收入/收益的转移支付。

（2）基于当前的耕作面积/牲畜数量的转移支付。

4）基于非当前的耕作面积/牲畜数量/收入/收益，但以生产状况为基础的转移支付

由纳税人转移给农业生产者的价值。这种转移支付不以当前（如以历史的或固定的）农业生产者的种植面积、养殖牲畜的数量、收益和收入为基础，但是需要以当前某种农产品的生产为基础。

5）基于非当前的耕作面积/牲畜数量/收入/收益，不基于生产状况的转移支付

由纳税人转移给农业生产者的价值。这种转移支付不以当前（如以历史的或

固定的）生产者的种植面积、牲畜数量、收益和收入为基础，而且不需要以当前的生产状况为基础。这种转移支付具体包含两个子类别。

（1）可变比率，即随着当前的产出价格/投入价格/产量/种植面积等情况的变化，对生产者的转移支付率发生相应改变。

（2）固定比率，即对生产者的转移支付率，不根据任何参数的变化而改变。

6）基于非商品标准的转移支付

由纳税人向农业生产者的转移支付，这种转移支付不以农产品标准为基础。其具体包含三个子类别。

（1）长期资源休养的转移支付。

（2）一个具体的非商品产出，即对于那些使用农业资源生产具体的非商品产出给予的转移支付。

（3）其他非商品标准，即给予所有农户的转移支付，如固定费率或一次性支付。

7）其他转移支付

衡量其他不能分解或归类到上述项目的政策，由纳税人转移给农业生产者的价值。

2. 一般服务支持估计值

GSSE 是衡量一国政府对农业部门实施的一般性（或公共性）服务政策所引起的价值转移。GSSE 是由符合条件的私人或公共部门向农业提供的一般服务。与 PSE 和 CSE 的区别是，GSSE 不针对具体生产者或消费者。从长期来看，虽然 GSSE 可能会影响到农业生产和农产品消费，但是它不会直接对农户的收入或消费者的支出造成直接影响。

1）农业知识与创新体系

（1）农业知识生成：为与农业有关的研究和开发活动提供资金的预算转移，而不论是由哪个机构（私营机构或公共机构、部长级机构）提供资金（大学、研究中心或生产者组织）、无论其研究的性质或其目的。

（2）农业知识转移：用于资助农业职业学校和高等教育一级农业方案的预算支出、一般培训和向农民提供咨询（会计规则、农药应用），不限于个别情况转移，以及与农业生产和销售有关的数据收集和信息传播网络。

2）检验和控制

（1）农产品安全检测：为与农产品安全检测有关的活动提供资金的预算转移。这仅包括为出口商品进行一级加工和边境检查的国产商品。

（2）病虫害检测与控制：为农业投入和产出的病虫害防治（初级农业一级的控制）和公共资金提供资金的预算转移、兽医（农业部门）和植物检疫服务。

（3）输入控制：为农业提供的控制活动和工业投入（如机器、工业肥料）提供资金的机构的预算转移。

3）发展和维护基础设施

（1）水文基础设施：预算支出，为对水文基础设施（灌溉和排水网络）的公共投资提供资金。

（2）储存、销售和其他有形基础设施：预算支出，用于投资场外储存、其他与装卸和标记有关的市场基础设施。初级农产品（筒仓、港口设施、码头、电梯、批发市场、期货市场）及其他与农业有关的有形基础设施是主要受益者。

（3）体制基础设施：为建造和维持与农业部门有关的机构基础设施而进行投资的预算支出（如土地退化、机械使用）；发展农村金融网络；支持农业组织；等等。

（4）农业结构调整：与农业结构改革有关的预算支付，为进入、退出或多样化（农业以外）战略提供资金。

4）营销和促销

（1）加工和销售整体计划：为集体投资提供资金的预算支出，主要用于初级加工、销售计划和销售设施，努力改善农业营销环境。

（2）促销农产品：用于资助、援助、集体推广农产品的预算支出（如宣传活动、参加国际博览会）。

5）公共库存成本

用于农产品储存和处置的费用，以及农产品折旧的预算支出。

6）其他

为无法分类并分配给上述类别的其他一般事务提供经费的预算支出。

3. 消费者支持估计值

CSE一方面是在市场价格支持出现负值的情况下发生的，即通过降低农产品价格促使消费者消费大量农产品；另一方面是政府财政直接向消费者的转移支付，以弥补消费者在市场价格支持政策中的福利损失。CSE具体分为四类。

（1）消费者对生产者的转移支付（通过消费国内生产的农产品而造成的市场价格支持）。

（2）消费者的其他转移支付（向政府转移财政预算，或向进口商转移支付）。

（3）纳税人对消费者的转移支付（扣除任何用于弥补消费者对特定农产品市场价格支持所做出的贡献而进行的转移支付）。

（4）额外饲料成本（动物养殖中对国产饲料作物的市场价格支持）。

当CSE为正值时，意味着纳税人和农业生产者向消费者发生转移支付；当CSE为负值时，意味着政府对消费者实行隐性征税。

4. 总支持估计值

TSE 是衡量通过执行农业支持政策，每年从纳税人和农产品消费者转移到农业生产者的总价值。TSE 值由三项组成。

（1）消费者转移支付：农产品消费者转移给农业生产者的价值，扣除生产者对财政的贡献（包括在市场价格支持和 CSE 中）。

（2）纳税人转移支付：纳税人转移给农业生产者的总价值（包括在 PSE 中），纳税人为农业的一般服务提供的 GSSE。

（3）纳税人对农产品消费者的价值转移：纳税人转移给农产品消费者的总价值（包括在 CSE 中）。由于农产品消费者转移给农业生产者的价值包含在市场价格支持中，因此，TSE 由 PSE、GSSE 和纳税人对农产品消费者的价值转移组成。

（三）OECD 农业政策评价体系指标计算及方法

OECD 农业政策评价体系主要包含四个指标体系，为了方便区分和介绍，具体采用的指标在表 1-3 中可以了解到，相关的计算方法在后文进行介绍。

表 1-3　OECD 农业政策评价体系指标一览表

PSE 指标体系	CSE 指标体系	GSSE 指标体系	TSE 指标体系
PSE %PSE（PSE 百分比） producer NAC[1)]（生产者名义援助系数） producer NPC[2)]（生产者名义保护系数） %SCT（生产者特定商品转移百分比） 基于商品特殊程度的生产者支持指标 producer SCT（生产者特定商品转移） GCT（商品组转移） ACT（所有商品转移） OTP[3)]（其他转移支付）	consumer SCT（消费者个别商品转移） CSE %CSE（CSE 百分比） consumer NAC（消费者名义援助系数） consumer NPC（消费者名义保护系数）	GSSE %GSSE（GSSE 百分比）	TSE %TSE（TSE 百分比）

1）NAC：nominal aid coefficient，名义援助系数；2）NPC：nominal protection coefficient，名义保护系数；3）OTP：other transfer payments，其他转移支付

1. PSE 指标体系中各类指标的计算

PSE 指标体系包含的主要评价指标有 PSE、%PSE、producer NAC、producer NPC、%SCT、基于商品特殊程度的生产者支持指标、producer SCT、GCT、ACT、OTP 等。

（1）PSE 是指消费者和纳税人向农业生产者转移总额的年度货币价值，按农业标准计量，产生于支持农业的政策，而不论农业转移政策是什么。为计算一国的 PSE，从其他农业政策向生产者转移的价值中获得的国家（合计）市场价格支持如下：

$$\mathrm{PSE}_C = \mathrm{MPS}_C + \sum \mathrm{BOT} = \sum \mathrm{PSE}(\mathrm{sub})\mathrm{Category} \tag{1-1}$$

其中，BOT 为给予生产者的财政和其他转移支付；PSE（sub）Category 为 PSE 的子分类；C 为特定商品。

（2）%PSE 是衡量 PSE 占以农场价格水平计算的农场主生产总收益（或全部农产品产值）的百分比，该评价指标的计算公式为

$$\%\mathrm{PSE} = \frac{\mathrm{PSE}}{\mathrm{GFR}} \times 100\% = \frac{\mathrm{PSE}}{\mathrm{VP} + \mathrm{BOT}} \times 100\% \tag{1-2}$$

其中，GFR 为农场主生产总收益；VP 为生产总价值。

（3）producer NAC 是指以边境价格计算的农场总收益价值（包括支持）与总农产品收益的比率。边际价格的生产价值是通过用生产总值减去市场价格支持的值来获得的，producer NAC 在数学上是一致的，如果要用%PSE 进行计算，可替代的代数公式为

$$\text{producer NAC}_C = 1 + \frac{\%\mathrm{PSE}_C}{100\% - \%\mathrm{PSE}_C} \tag{1-3}$$

（4）producer NPC 是指在农场测量得到的平均价格（包括每吨现值产出的付款，不包括每吨现值产出的价格税）与边境价格之间的比率。

$$\text{producer NPC}_i = \frac{\mathrm{PP}_i + \dfrac{\mathrm{PO}_i}{\mathrm{QP}_i} - \dfrac{\mathrm{LVO}_i}{\mathrm{QP}_i}}{\mathrm{RP}_i} \tag{1-4}$$

其中，PP_i 为商品 i 的生产者价格；PO_i 为根据商品 i 产量的转移支付总额；QP_i 为初级商品 i 的生产量；LVO_i 为根据初级商品产量征收的价格税；RP_i 为商品 i 的参考价格。

同理，可以得到一个国家的 producer NPC 的计算公式为

$$\text{producer NPC}_C = \frac{\mathrm{VP}_C + \mathrm{PO}_C - \mathrm{LVO}_C}{\mathrm{VP}_C - \mathrm{TPC}_C - \mathrm{TPT}_C} \tag{1-5}$$

其中，VP_C 为 C 国的生产总值；PO_C 为 C 国 PSE 子类别中的转移支付总额；TPC_C 为 C 国消费者向生产者的转移支付总额；LVO_C 为根据 C 国商品产量征收的价格税；TPT_C 为 C 国纳税人向生产者的转移支付总额。

（5）%SCT 是指一国给予某种农产品生产者的总转移支付（SCT）占该种农产品生产者所得收入的比重。一国某种农产品%SCT 值越大，意味着该国对该种农产品的支持程度越高；反之，%SCT 值越小，意味着该国对该种农产品的支持

程度越低。

%SCT 的计算公式为

$$\%SCT_i = \frac{\text{producer } SCT_i}{GR_i} \times 100\% = \frac{\text{producer } SCT_i}{VP_i + \text{producer } SCT_i - MPS_i} \times 100\% \qquad (1\text{-}6)$$

个别商品的%SCT 计算公式为

$$\%SCT_C = \frac{\text{producer } SCT_C}{GR_C} \times 100\% = \frac{\text{producer } SCT_C}{VP_C + \text{producer } SCT_C - MPS_C} \times 100\% \qquad (1\text{-}7)$$

其他商品的%SCT 的计算公式为

$$\%SCT_{OC} = \frac{\text{producer } SCT_C - \sum_{i \in SMC} \text{producer } SCT_i}{GR_C - \sum_{i \in SMC} GR_i} \times 100 \qquad (1\text{-}8)$$

其中，SMC 为标准的 MPS 商品，即前述个别计算 MPS 的商品；OC 为除此之外的其他商品；SCT_{OC} 为其余商品的 SCT。

（6）producer SCT_C 是指一个国家向生产个别商品（国家给予支持政策的个别商品）的所有生产者给予的总转移支付，其计算公式为

$$\text{producer } SCT_C = MPS_C + \sum BOT_{SC} \qquad (1\text{-}9)$$

其中，$\sum BOT_{SC}$ 为财政和其他转移支付给予生产国家政策支持的个别商品（SC）的生产者的总转移支付；MPS_C 为市场价格支持。

根据类似原理，对生产者生产的个别商品的转移支付（a producer SCT）的计算公式为

$$\text{producer } SCT_i = MPS_i + \sum BOT_i \qquad (1\text{-}10)$$

其中，$\sum BOT_i$ 是指财政和其他转移支付给予生产国家政策支持的商品 i 的生产者的转移支付。

对于生产其他商品（不是标准的市场价格支持商品）的生产者的转移支付，可用一个国家给予生产者的个别商品的总转移（producer SCT_C）减去国家给予生产标准的市场价格支持（standard MPS）商品的生产者的总转移支付来计算。

$$\text{producer } SCT_{OC} = \text{producer } SCT_C - \sum_{i \in SMC} \text{producer } SCT_i \qquad (1\text{-}11)$$

其中，$\sum_{i \in SMC} \text{producer } SCT_i$ 为国家给予生产标准的市场支持价格商品的生产者的总转移支付。

（7）GCT 是指衡量纳税人和消费者每年给予生产者（生产国家给予补贴的团体商品的生产者）的价值总转移，其计算公式为

$$GCT_C = \sum BOT_{GCT} \qquad (1\text{-}12)$$

其中，$\sum BOT_{GCT}$ 为以商品组为基础，根据国家对标明的生产某种系列商品的生

产者给予补贴的政策（GCT），给予生产者的预算和其他转移支付的总和。

根据类似原理，计算某种系列商品的总转移支付的公式为

$$GCT_k = \sum BOT_k \tag{1-13}$$

其中，$\sum BOT_k$ 为根据国家对标明的 k 类商品组的生产者给予补贴的政策（GCT），具体给予生产者生产 k 类商品组的预算和其他转移支付的总和。

（8）ACT_C 是衡量一个国家对所有商品的转移支付总和，其计算公式为

$$ATC_C = \sum BOT_{AC} \tag{1-14}$$

其中，$\sum BOT_{AC}$ 为国家对农业生产者生产的所有商品 AC 给予的预算和其他转移支付的总和。

（9）OTP 是指给予生产者的其他转移支付，由 PSE 类中的 E、F、G 三类转移支付的总和计算，具体公式为

$$OTP_C = PSEcategory(E) + PSEcategory(F) + PSEcategory(G) \tag{1-15}$$

图 1-5 概述了计算 PSE 指标的流程图。首先，计算一些商品的市场价格支持（MPS_i），从中推断国家（总）市场价格支持值。其次，将它与支持单个生产者在农业生产中获得 PSE 的政策所产生的其他转移的价值相结合，从这个值导出相对指标、%PSE 和 producer NAC。

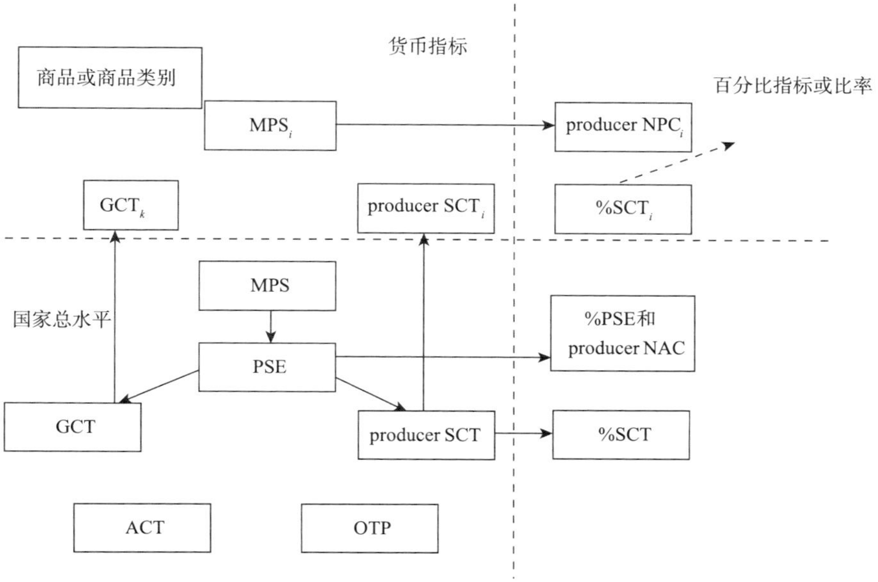

图 1-5 计算 PSE 指标的流程图

2. CSE 指标体系中各类指标的计算

CSE 指标体系包含的评价指标有 consumer SCT、CSE、%CSE、consumer NAC、consumer NPC 等。

（1）consumer SCT 是指每年向农产品消费者转移的总价值，其以农场的价格来计算。该指标来源于对生产某些个别商品的支持政策，其计算公式为

$$\text{consumer SCT}_i = \text{TCT}_i - \left(\text{TPC}_i + \text{OTC}_i\right) + \text{EFC}_i \tag{1-16}$$

其中，TCT_i 为纳税人向消费商品 i 的消费者进行的转移支付；TPC_i 为消费商品 i 的消费者向生产者进行的转移支付；OTC_i 为消费商品 i 的消费者的其他转移支付；EFC_i 为商品 i 的额外饲料成本（仅限于农作物商品）。

（2）CSE 的计算公式为

$$\text{CSE} = \text{TCT}_C - \left(\text{TPC}_C + \text{OTC}_C\right) + \text{EFC}_C \tag{1-17}$$

其中，OTC_C 为一个国家由生产者转移出去的总转移支付。国家所有纳税人给予消费者的转移支付总额 TCT_C 的计算公式为

$$\text{TCT}_C = \sum_{i\in\text{AMC}} \text{TCT}_i + \text{TCT}_{\text{XE}} \tag{1-18}$$

其中，AMC 为用于计算市场价格支持的所有商品；$\sum_{i\in\text{AMC}} \text{TCT}_i$ 为纳税人给予消费个别商品的消费者的总的转移支付；TCT_{XE} 为纳税人给予消费非市场价格支持的商品的消费者的转移支付；XE 为没有计算市场价格支持的商品。

$$\text{TPC}_C = \frac{\sum_{i\in\text{AMC}} \text{TPC}_i}{\sum_{i\in\text{AMC}} \text{VP}_i} \times \text{VP}_C \qquad \text{OTC}_C = \frac{\sum_{i\in\text{AMC}} \text{OTC}_i}{\sum_{i\in\text{AMC}} \text{VP}_i} \times \text{VP}_C \tag{1-19}$$

其中，$\sum_{i\in\text{AMC}} \text{TPC}_i$ 为以市场支持价格计算的所有商品从消费者向生产者的转移支付之和；$\sum_{i\in\text{AMC}} \text{OTC}_i$ 为来自消费所有商品 i 的其他转移支付之和；$\sum_{i\in\text{AMC}} \text{VP}_i$ 为以市场支持价格计算的所有商品的总价值。

（3）%CSE 的计算公式为

$$\%\text{CSE} = \frac{\text{CSE}}{\text{VC}_C - \text{TCT}_C} \times 100\% \tag{1-20}$$

其中，VC_C 为全国消费总价值。另外，全国消费总价值的计算公式为

$$\text{VC}_C = \frac{\sum_{i\in\text{AMC}} \text{VC}_i}{\sum_{i\in\text{MAC}} \text{VP}_i} \times \text{VP}_C = \frac{\sum_{i\in\text{AMC}} \left(\text{PP}_i \times \text{QC}_i\right)}{\sum_{i\in\text{AMC}} \text{VP}_i} \times \text{VP}_C \tag{1-21}$$

其中，$\sum_{i\in\text{AMC}} \text{VC}_i$ 为全国消费各类商品的总价值；QC 为消费产品数量。

（4）consumer NAC 的计算公式为

$$\text{consumer NAC} = \frac{VC_C}{VC_C + CSE} \qquad \text{consumer NAC} = 1 - \frac{\%CSE}{(100\% - \%CSE)} \quad (1\text{-}22)$$

（5）consumer NPC 的计算公式为

$$\text{consumer NPC}_i = \frac{PP_i}{RP_i} \quad (1\text{-}23)$$

一个国家的消费者名义保护系数的计算公式为

$$\text{consumer NPC} = \frac{VC_C}{VC_C - TPC_C - OTC_C} \quad (1\text{-}24)$$

其中，VC_C为一个国家生产商品的总价值；TPC_C为一个国家消费者向生产者进行的总的转移支付。

其他商品的 consumer NPC 的计算公式为

$$\text{consumer NPC}_{OC} = \frac{VC_C - \sum_{i \in AMC} VP_i}{\left(VC_C - \sum_{i \in SMC} VC_i\right) - \left(TPC_C - \sum_{i \in SMC} TPC_i\right) - \left(OTP_C - \sum_{i \in SMC} OTP_i\right)} \quad (1\text{-}25)$$

图 1-6 详细介绍了将相关转移支付指标集中在一起计算 CSE 指标的方法。该方法首先使用市场价格支持（MPS_i）计算的转移支付来获得单个商品（consumer SCT_i）的消费个别商品的转移支付水平。其次，用这些数据计算整个国家的 CSE。从这些名义指标可以得到消费者支持的相关指标，包括个人商品（consumer NPC_i）和一个国家的 consumer NPC，以及%CSE 和消费者名义援助系数（consumer NAC）。

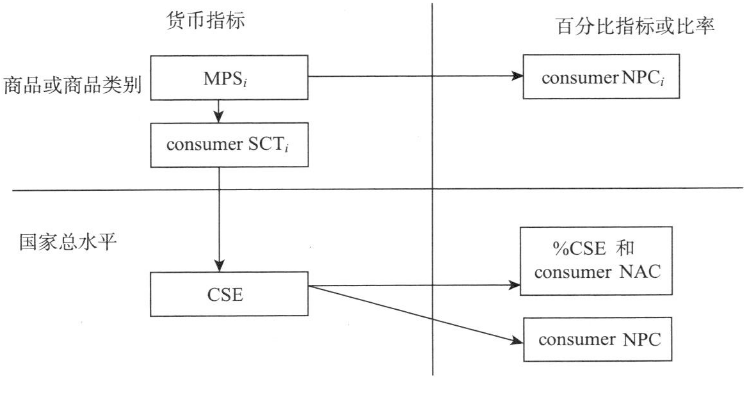

图 1-6　计算 CSE 指标流程图

3. GSSE 指标体系及 TSE 指标体系中各类指标的计算

（1）GSSE 衡量的是通过一般支持生产者而不是某个特定生产者的政策提供的转让的价值，可估算为

$$GSSE_C = \sum GSSE\ Category \qquad (1\text{-}26)$$

其中，$GSSE_C$ 为 C 国的 GSSE；GSSE Category 为 GSSE 类别转移支付的总价值（H~M）。

（2）TSE 存在两种计算方法，两者都用于确保正确计算所有支持指标。这里介绍第一种方法，根据支持接收者区分，即从生产者支持（PSE），转移到一般服务（GSSE），并从纳税人转移到消费者，即消费者补贴（TCT）：

$$TSE_C = PSE_C + GSSE_C + TCT_C \qquad (1\text{-}27)$$

（3）%GSSE 和%TSE 的计算。%GSSE 表示对农业一般服务提供的支持总价值占对农业总支持价值的比重。一国的%GSSE 值越大，意味着该国的农业支持政策对农业生产者的生产行为影响越小，对农产品贸易扭曲程度越低。%TSE 表示一国某年对农业的总体支持水平占该国当年 GDP（国内生产总值）的比重，%TSE 值越高表示该国的国内收入用于支持农业的开支越大（图 1-7）。其计算公式为

$$\%GSSE = \frac{GSSE}{TSE} \times 100\% \qquad \%TSE = \frac{TSE}{GDP} \times 100\% \qquad (1\text{-}28)$$

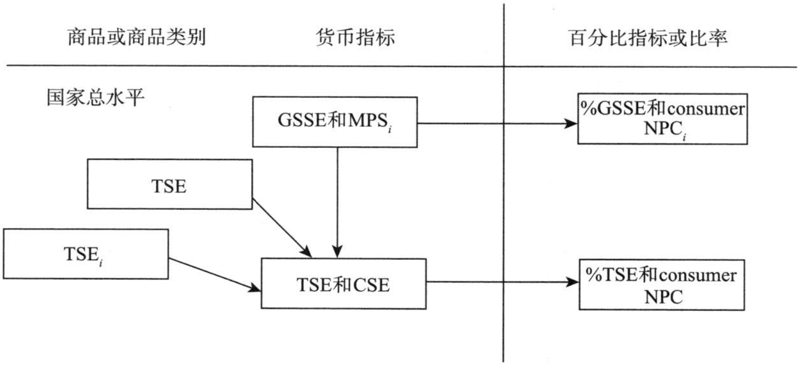

图 1-7 计算 TSE 及 GSSE 指标流程图

二、WTO 对农业支持政策的分类及衡量方法

1994 年 4 月，GATT（General Agreement on Tariffs and Trade，关税及贸易总协定）成员签署的《农业协议》将国内农业支持政策划分为“绿箱”政策（不引起贸易扭曲的政策，可免于减让承诺）、“黄箱”政策、“蓝箱”政策、特殊和

差别待遇政策（S&D 政策）与微量允许政策等内容。

（一）“绿箱”政策

根据《农业协议》，政府实施某项农业政策时产生的费用不是来自农产品消费者，而是来自纳税人；实施该项政策既不会对农业生产者的生产行为造成明显影响，也不会对农产品贸易造成扭曲。这种类型的政策被认为是“绿箱”政策，可以免于削减义务。具体的“绿箱”政策包括以下几项。

（1）政府的一般农业服务，包括农业科研、病虫害控制、农业科技人员和市场操作培训、信息推广和咨询、检验服务、市场促销服务、农业基础设施建设等。

（2）用于粮食安全目的的公共储备补贴。

（3）国内粮食援助补贴。

（4）与生产脱钩的收入补贴。

（5）保障农业生产者收入稳定的补贴。

（6）对因自然灾害受损的农业生产者给予的救济补贴。

（7）对退休的农业生产者给予的补贴。

（8）农业结构调整补贴。

（9）农业资源停用补贴。

（10）对有利于保护环境的农业生产方式给予的补贴。

（11）对农业生产条件落后地区给予的地区援助补贴。

（二）“黄箱”政策

“黄箱”政策主要指容易对农业生产者的生产行为造成影响，对农产品贸易造成扭曲的农业政策。《农业协议》定义的“黄箱”政策包括农产品市场价格支持政策、种植面积补贴、饲养牲畜数量补贴、农业生产资料补贴等内容。

AMS（aggregate measurement of support，综合支持量）是衡量“黄箱”政策补贴水平的指标。根据《农业协议》，AMS 指“对生产某项特定农产品的农业生产者给予支持，或者对全体农业生产者生产非特定的农产品给予货币支持”。《农业协议》明确规定了 WTO 各成员 AMS 的最高值，并且要求各成员在 AMS 承诺的最高值约束下逐步削减国内的“黄箱”政策。

WTO 各成员支持削减承诺的基期为 1986~1988 年。具体的承诺内容如下：自 WTO 成立以来，发达国家在 6 年内逐步削减 20%的 AMS，发展中国家在 10 年内逐步削减 13%的 AMS。《农业协议》还要求各成员在执行期间每年的总 AMS 均不能超过协议规定的 AMS 的约束水平。

（三）“蓝箱”政策

针对美国和欧盟对休耕农场主给予的补贴政策，《农业协议》规定了“蓝箱”政策。所有与限制农产品产量、牲畜饲养数量等政策相关的内容均被纳入“蓝箱”政策。“蓝箱”政策具体可分为：为限制农作物生产，基于固定耕地面积和产量的转移支付；为限制畜牧生产，基于固定牲畜数量的转移支付；为限制农产品产量，基于基期生产能力85%以下给予的转移支付。“蓝箱”政策支持水平虽然列在总AMS中，但是免于削减承诺，不受《农业协议》的约束和限制。

（四）特殊和差别待遇政策：S&D政策

由于发展中国家农业的发展状况总体落后于发达国家，《农业协议》在WTO各成员支持削减承诺中，对发展中国家的部分农业支持政策给予特殊和差别对待，具体内容包括：①发展中国家只需削减13%的AMS，且实行削减的期限为10年；②发展中国家的部分“黄箱”政策被列入免予削减的范围，这些政策包括农业投资补贴、对低收入或资源贫乏地区生产者提供的农业投入品补贴、鼓励生产者不生产违禁麻醉作物而提供的支持。

（五）微量允许政策

《农业协议》规定，如果对某一农产品的AMS不到该产品生产总值的5%（发展中国家为10%），则不必计入AMS中，该特定农产品可免除减让。1995年1月1日《农业协议》生效后，WTO各成员需要履行的承诺义务涉及四方面。

（1）在市场准入方面，规定各成员必须取消非关税壁垒，实现关税化，且削减现有农产品的关税水平。

（2）在出口补贴方面，要求WTO各成员从承诺削减补贴农产品出口的数量与预算开始。具体内容如下：以1986~1990年为基期，发达国家在6年内将有补贴的农产品出口数量减少21%，出口补贴预算开支削减36%；发展中国家在10年内将有补贴的农产品出口数量减少14%，出口补贴预算开支削减24%；对于在基期没有出口补贴的农产品，则禁止在今后对该种农产品实施出口补贴。

（3）在国内支持方面，规定加入WTO的各成员仍可对农产品给予一定的支持，但是对支持的范围及支持水平进行了明确限制。其中，特别对各成员“黄箱”政策的削减幅度提出明确要求。

（4）在卫生及动植物检疫方面，允许WTO各成员采取正常的以保护人类健康、动植物生命安全及其生长为目的的措施，但这些措施不应构成不公正的歧视，从而造成隐蔽的对农产品国际贸易的限制；所采取的检验措施和依据原则应以估计标准、准则和建议为基础。

三、WTO 与 OECD 分类的对应关系

WTO 主要的指标是 AMS，AMS 包括市场价格支持和政府预算支出，但这里的市场价格支持与 OECD 支持估计值中的市场价格支持不同。政府预算支出包括特定产品和非特定产品的 AMS，均属于 OECD 定义的支持估计值。

"绿箱"支出包括一般的农业服务（研发、病虫害防治、培训、推广和咨询、基础设施建设、营销和促销及其他的一般服务）、为粮食安全进行的公共储备、国内粮食援助、对生产者直接付款、脱钩的收入支持、政府财政参与收入保险和安全计划、自然灾害救济、通过生产者退休计划和资源休耕计划提供的结构调整援助、对环境计划的支付、对地区援助计划的补贴和其他补贴。其中，一般的农业服务和为粮食安全进行的公共储备属于 OECD 的 GSSE 范畴，其余均属于 OECD 的 PSE 范畴。

"蓝箱"支出包括基于固定面积和产量、基期生产水平的 85%以下、基于固定牲畜数量的限制生产付款，均包含于 OECD 的 PSE 中。

微量支出也属于 OECD 的 PSE 范畴；特殊和差别待遇（包括鼓励作为发展中国家发展计划组成部分的农业和乡村发展的措施）、发展中国家一般供农业使用的投资补贴、供发展中国家低收入或资源匮乏的生产者使用的农业投入补贴等支持均属于 OECD 的 PSE 范畴。

TDS（total level of domestic support，国内支持总水平）的衡量包括上述各种类型的支持和补贴，与 OECD 的农业 TSE 相比，两者有很大的交叉，但是在总量上，WTO 计算的 TDS 要比 OECD 计算的 TSE 小。

四、两种衡量方法的比较

（一）市场价格支持计算方法的比较

市场价格支持在 PSE 和 AMS 中都占有较大的比重，但两者的计算方法有很大差异（侯军岐和李平，2006）。

（1）在 PSE 中，市场价格支持包括所有政策措施导致的某种特定农产品在国内市场价格与边境价格之间的差异，以农场价格计量。而在 AMS 中，市场价格支持不测定单个商品的实际价格支持，只有当国内支持的管理价格存在时，才

计算支持价格。这意味着，若没有明确的国内管理支持价格，仅仅通过边境措施提供的市场价格支持政策将被排除在外。

（2）在 PSE 中，使用实际观察到的国内价格和外部价格来测定价差，而 AMS 使用管理价格和固定的外部参考价。管理价格是指政府采购活动或者目标价格的干预价格。固定的外部参考价，是一个净出口国的相关产品在基期的平均 FOB（free on board，离岸价），或者进口国在基期的 CIF（cost insurance and freight，到岸价），在必要时可按品质差异对固定的外部参考价进行调整。因此，与 PSE 相反，AMS 中的市场价格支持量不随国内实际市场价和世界价格的变化而变化，在世界价格发生改变的情况下，照此计算的支持量可能会高估或低估真实的价格支持量。

（3）在 PSE 中，市场价格支持量是以价差乘以总的生产量，而在 AMS 中，是用管理价格和固定的外部参考价之差乘以符合获得应用管理价格的生产量。

（二）政策覆盖面的比较

总的来说，OECD 比 WTO 测算的农业支持水平更为全面，WTO 的国内支持政策不包括边境措施引起的补贴。

PSE 的计算范围非常广泛，部分 AMS（AMS 中的市场价格支持和 PSE 中的市场价格支持计算范围和口径不一致）及免于减让的一部分“绿箱”政策、“蓝箱”政策、最低减让标准、特殊和差别待遇都属于 OECD 中 PSE 的计算范围。WTO 中的一部分“绿箱”政策也超越了 OECD 中 GSSE 的范围，而落在了 PSE 或 CSE 范围内。

由于措施的分类和政策的覆盖面不同，两者相近的指标会存在很大差异，如两者的市场价格支持、WTO 的国内支持总量与 OECD 的国内财政支持总量、WTO 中要求减让的重要指标 AMS 与 OECD 的 PSE、WTO 中的“绿箱”政策与 OECD 中的 GSSE 等都存在较大差异。

第二章　中国农业支持政策变迁制度分析

第一节　中国农业支持政策变迁历程

农业支持政策受农业因素和非农因素的影响。农业因素包括农业生产力与经营制度、农产品供求关系与市场制度等；非农因素包括经济发展水平、工农利益关系、国家发展观念、国家经济体制等。因此，对农业支持政策演变的考察，可以从这些因素出发。在这个思想指导下，我们可以把已有代表性的文献分为以下三类。

第一类可以概括为利益与发展观念阶段论。朱四海（2005）认为，中华人民共和国成立以来的农业政策演变有两个基本线索，一是围绕国家利益与农民利益关系进行演变，农业政策的演变过程是一个利益的调整过程；二是透过政策调整、利益调整这一表象的执政者的发展理念和发展观，农业政策的演变史是一个发展观的演变史。相应地，中华人民共和国成立后到2005年的农业政策演变可以分为三个时期［指传统时期、改革时期（分改革前期、改革后期两个阶段）、新时期］、四个阶段。一是传统时期（1953~1978年）：实行以"工农产品剪刀差"为主要特征的农业政策，奉行的是以工业化为中心、重工业优先发展的传统发展观。二是改革前期（1979~1993年）：实行以对城市居民价格补贴为主要内容的粮食补贴政策，奉行让一部分人、一部分地区先富起来，轻工业优先发展的非均衡发展观。三是改革后期（1994~2002年）：实行以农业保护为主要特征的农业政策，奉行经济社会共同进步、人与自然和谐共处的协调发展观。四是新时期（2003年开始至今）：实行以"取消农业税、反哺农业"为主要内容的农业政策，奉行以人为本，全面、协调、可持续的科学发展观。

第二类可以概况为经济体制阶段论。刘合光（2012）总结了中华人民共和国成立以来农业支持政策的演变，按照对应的经济体制将农业支持政策演变分为三个阶段，分别是“适应计划体制”阶段、“适应市场体制”阶段、“适应 WTO 规则”阶段，相应的时间节点是 1978 年改革开放和 2001 年我国加入 WTO。不同的阶段，农业支持政策目标、内容、效果存在很大区别。在“适应计划体制”阶段，农业支持政策是为农村公有制经济的建立和发展服务的，农业服务于社会主义改造、社会主义建设、工业化积累和赶超型经济发展战略，具有计划性、被动性特点。在“适应市场体制”阶段，农业支持政策具有市场化、辅助性特点。政府对农业的支持投入有限，对农业的“取”大于“予”。在“适应 WTO 规则”阶段，农业支持政策具有反哺性、主导性、制度化特点，农业支持政策渐成体系。

第三类可以概况为农业发展阶段论。万宝瑞（2018）把改革开放 40 年的农业政策演变分为四个阶段，其中，以 1992 年社会主义市场经济体制目标确立、1999 年国家开始给农民减负、2012 年党的十八大召开为节点。1978~1991 年为从计划经济向市场经济转型期；1992~1998 年为农村基本经营制度、农产品市场体系确立期；1999~2012 年的农业政策以保护农业生产、支持农民增收、减轻农民负担和促进农业发展为主要特征；自 2012 年党的十八大召开以来，我国进入农业农村全面改革和支持时期。

从涉农中央一号文件的内容变化可以看出我国农业支持政策的变迁。表 2-1 是 1982~1986 年中央一号文件的主要内容。从表 2-1 中可以看出，20 世纪 80 年代的中央一号文件主要聚焦于农业生产，通过包产到户、家庭联产承包责任制等创新农业生产经营方式解放生产力，通过土地制度安排稳定农业生产，通过取消农产品统购、派购放活农产品市场，并意识到农业产前与产后环节的重要性。随着农村生产力的恢复和改革重心向城市转移，农业和农村政策不再出现在中央一号文件内容中。

表 2-1　1982~1986 年中央一号文件的主要内容

年份	关键词
1982	包产到户、包干到户或大包干
1983	家庭联产承包责任制
1984	土地承包期一般应在 15 年以上
1985	取消了 30 年来农副产品统购、派购的制度
1986	肯定改革政策；组织产前产后服务

资料来源：笔者整理

表 2-2 是 2004~2018 年中央一号文件的主要内容。从表 2-2 可以看出，21 世纪以来的中央一号文件再度长时间持续关注农业农村问题。从重点来看，2004 年关注农民，2006 年、2010 年、2018 年关注农村，2011 年关注水利，其余 10 年均关注农业。对农业的政策重点，从农业综合生产能力、现代农业转向农业基础设施和农业科技创新，再转向新型农业经营主体，以及农产品价格体制改革和农业

发展方式转变、农业供给侧结构性改革和培育农业农村发展新动能。当然，“三农”（农业、农村、农民）之间的关系密切，无法分开。

表 2-2　2004~2018 年中央一号文件的主要内容

年份	关键词
2004	促进农民增加收入
2005	提高农业综合生产能力
2006	社会主义新农村建设
2007	发展现代农业
2008	加强农业基础设施建设
2009	促进农业稳定发展、农民持续增收
2010	加大统筹城乡力度
2011	加快水利改革
2012	加快推进农业科技创新，持续增强农产品供给保障能力
2013	新型农业经营主体
2014	“目标价格”试点
2015	促进农业发展方式转变
2016	发展新理念加快农业现代化，推进农业供给侧结构性改革
2017	深入推进农业供给侧结构性改革，加快培育农业农村发展新动能
2018	乡村振兴，产业兴旺

资料来源：笔者整理

基于上述分析，本书根据政策环境、政策目标、政策工具等政策体制分析要素，将我国改革开放以来的农业支持政策演变划分为三个阶段。

第一阶段是 1978~2003 年，政策环境是农产品总体面临供不应求状况，政策目标是以“保供”（保障农产品供应）为主。在政策工具中，价格支持政策主要是一系列主要农产品的计划价格管制；生产者补贴政策是以农业税为主的负面支持；一般服务支持政策是以农业综合开发、农业研发、检验检疫等为主的财政支持。

第二阶段是 2004~2012 年，政策环境是农民收入增长滞后，城乡收入差距较大，政策目标是兼顾“保供、增收”。在政策工具中，价格支持政策主要是主要农产品的最低收购价和临时收储政策；生产者补贴政策一方面包括取消农业税，另一方面包括陆续出台粮食直接补贴、良种补贴、农资综合补贴、农机购置补贴等正面支持；一般服务支持政策更加丰富，涵盖良种推广示范、农技推广体系改革与建设示范县项目、大型灌溉区连续配套建设与节水改造项目等。

第三阶段是 2013 年以来至今，政策环境是农产品供求结构性不平衡、农业竞争力不强、城乡差距仍然较大、生态环境压力大，政策目标为“保供、提效、增质、增收、可持续”。在政策工具中，价格支持政策由目标价格制度逐步代替临时收储政策，并通过降低最低收购价来减少市场扭曲带来的负面效应；生产者补贴政策不断调整，以农业支持保护补贴或者耕地地力补贴代替粮食直接补贴、良种补贴、农资综合补贴，并定向补贴新型农业经营主体；一般服务支持政策则以整合强化为主，并向农田基础设施、职业农民培训等领域倾斜。

第二节　中国农业支持政策的特征

不同于欧美等国家或地区，我国经济社会取得的飞速发展与农业关系密切，这也决定了我国农业本身具有较强的特殊性，而农业的本质特征也决定了我国农业支持政策的本质特征。

一、中国农业支持是生计型支持

我国农业支持的目标对象是6.7亿生计型农业人口，而不是商业化的农场主。许多政策目标直接指向增加农民收入和改善农民生计（倪洪兴，2013）。2010年，我国的人均补贴水平还比较低，农民人均获得的财政转移性收入为453元，仅为当年农民年均纯收入的7.7%。此外，我国农业支持主要针对大宗农产品，目的是确保粮食安全和生计安全。目前，我国特定产品支持仅针对关系粮食安全和农民生计的重要产品。而美国特定产品支持除用于乳品、糖、小麦、大豆、牲畜、棉花和玉米外，2009年还新增加葵花籽、菜籽油，以及果园、葡萄园和苗圃等果蔬类共计25种产品，范围非常广泛。

二、中国农业支持是一种补偿性支持

我国二元经济结构特征显著，农业承担着大量的社会环境功能，这种多功能性具有正外部性和公益性，是以牺牲效率为代价的。因此，现阶段我国农业支持政策具有补偿性质，是对农业在二元结构下和特定阶段中为城镇化和工业化进程所做的贡献和所牺牲的效率的弥补。

三、中国农业支持不对国际贸易造成扭曲作用

这主要表现为两方面。一方面是从政策性质来看，我国农业支持政策主要是"绿箱"政策和微量允许政策，对贸易没有或只有轻微扭曲作用；政策支持对象

是生计型农民，按 WTO 6.2 条款界定，我国的许多“黄箱”政策也不具有扭曲作用。另一方面是从实际效果来看，我国农业支持政策重点是大宗农产品，而不是我国具有比较优势的蔬菜、水果等产品。近年来，我国在增加大宗农产品生产的同时，也逐步增加了大宗农产品进口，2011 年，我国三大谷物全面净进口。加入 WTO 以来，我国由农产品净出口国转变为农产品净进口国，贸易逆差额由 2005 年的 11.8 亿美元上升至 2010 年的 231.4 亿美元，增加 18.6 倍[①]。

第三节 中国农业支持政策管理框架

我国农业支持政策庞杂且缺乏系统统计。本书作者认为核算政府支持农业财政资金总量的逻辑起点在于明确我国有哪些部门涉及对农业的支持（周应恒和胡凌啸，2016a）。在了解我国农业支持政策管理架构的基础上，找到支持政策的源头，才能够全面准确地统计财政支农的资金总量。

2018 年机构改革之前，中央农村工作领导小组是中共中央领导农村工作、农业经济工作的议事协调机构，负责对农村、农业经济工作领域的重大问题做出决策，因此它是我国“三农”领域的最高决策机构，而政策的具体实施和财政资金的使用则由国务院政府机构完成。

2013 年，我国进行了改革开放以来的第 6 次国务院政府机构改革，根据该次改革后的部门设置[②]，本书对中央层面的涉农机构及相应职能进行整理，形成了我国农业支持政策管理框架（图 2-1）。2018 年之前，我国共有 15 个中央部门直接涉及对农业的支持，其中包括 11 个国务院组成部门［国家发展和改革委员会（以下简称发改委）、财政部、农业部、教育部、科学技术部（以下简称科技部）、人力资源和社会保障部、国土资源部、环境保护部、水利部、商务部和国家卫生和计划生育委员会］，3 个国务院直属机构（国家质量监督检验检疫总局、国家食品药品监督管理总局和国家林业局）和 1 个部委管理的国家局（国家粮食局，由发改委管理）[③]。围绕图 2-1，本书对各部门和农业支持相关的职能做进一步的阐述。

---

① 数据来源于《中国统计年鉴》。

② 具体的部门设置请参考《国务院关于机构设置的通知》（国发〔2013〕14 号）及《国务院关于部委管理的国家局设置的通知》（国发〔2013〕15 号）。

③ 根据 2018 年中共中央印发的《深化党和国家机构改革方案》，组建自然资源部，不再保留国土资源部；组建生态环境部，不再保留环境保护部；组建农业农村部，不再保留农业部；组建国家市场监督管理总局，不再保留国家质量监督检验检疫总局、国家食品药品监督管理总局；组建国家粮食和物资储备局，不再保留国家粮食局；组建国家林业和草原局，不再保留国家林业局。

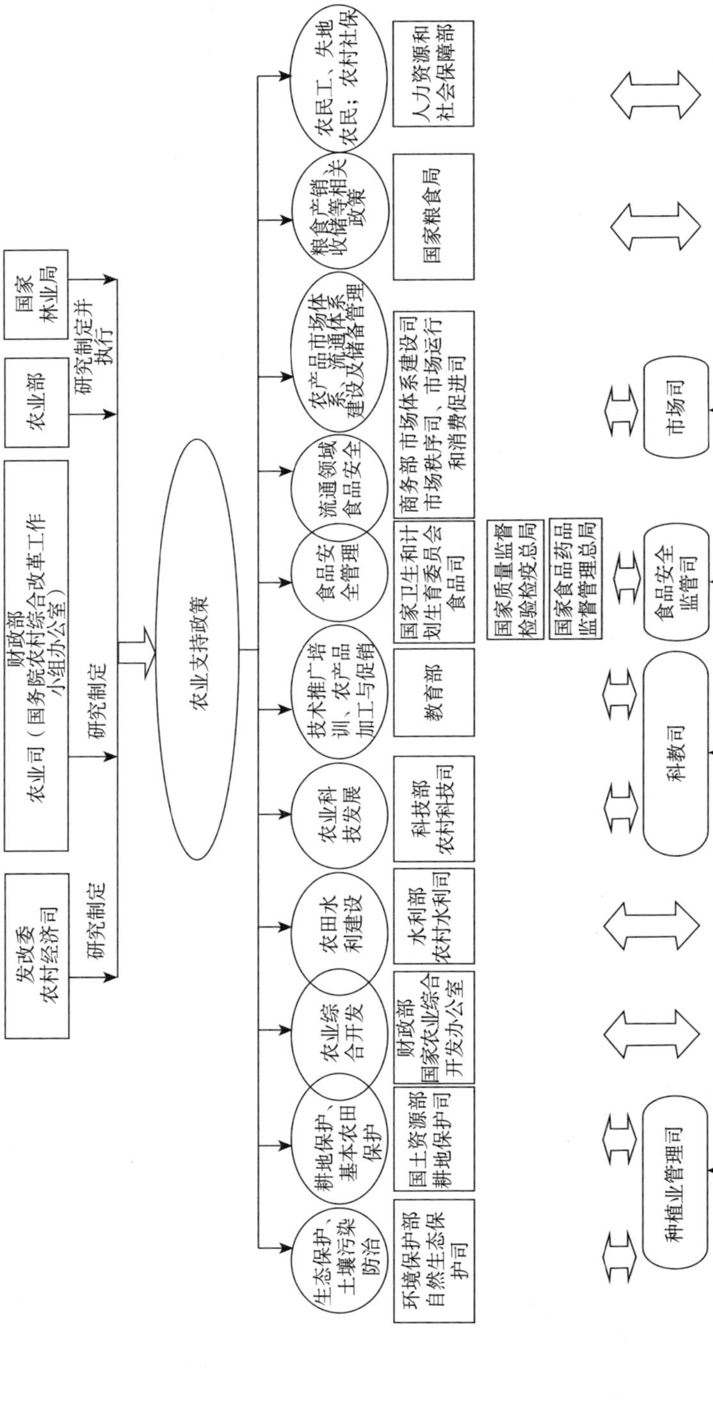

图2-1　我国农业支持政策管理框架

资料来源：笔者整理

广义的农业涉及农林牧渔四个方面，我国有 4 个机构全面负责农业支持政策的研究制定和落实工作。其中农业部负责种植业、养殖业和渔业发展的支持政策，其政策覆盖范围很广；国家林业局主要负责林业发展的支持政策。除这两个完全是以农口为主的部门外，发改委的农村经济司及财政部的农业司（国务院农村综合改革工作小组办公室）也直接负责农业支持政策的制定。前者偏重组织编制农业和农村经济发展等方面的中长期规划和年度指导性计划，重视农业的制度性建设；后者在财政支农资金管理和分配上具有较大的话语权。

对于其他 11 个部门，其职能更多是针对农业支持政策的某一个或几个方面，但有些部门之间的职能存在重合，不过各有侧重。

（1）环境保护部的自然生态保护司，负责生态保护、生物多样性、农村环境综合整治和农村土壤污染防治，制定生态保护和农村土壤污染防治政策、规划、法律、行政法规、部门规章、标准。

（2）国土资源部的耕地保护司、财政部的国家农业综合开发办公室、水利部的农村水利司都针对我国农业基础设施建设和农业综合开发有相应的支持政策，只不过各有侧重；国土资源部侧重耕地保护和基本农田保护、财政部侧重中低产田改造和高标准农田建设，而水利部侧重农田水利建设和农田灌溉排水工作，但对我国开展农业基础设施建设而言三部委之间的工作相辅相成，缺一不可。

（3）科技部的农村科技司专门研究制定农业科技发展的相关支持政策，同时指导农业科技园区的有关工作。

（4）教育部并没有直接分管农业相关工作的部门，但在教育部的财政支出中，农业技术推广培训及农产品加工与促销是重要的组成部分。

（5）商务部的市场体系建设司、市场运行和消费促进司分别在农产品市场、流通体系建设及重要农产品储备管理上予以支持。国家粮食局作为发改委管理的国家局，负责全国粮食的宏观调控，执行国家粮食产销、收储政策。

（6）国家对农业的支持不仅仅体现在对农业本身，还体现在对农民的保障方面。人力资源和社会保障部针对农民工和失地农民有专门的政策，并重点关注农村养老保险政策。

（7）在食品安全管理方面，涉及的机构最多，分别有国家卫生和计划生育委员会的食品司、国家质量监督检验检疫总局、国家食品药品监督管理总局及商务部的市场秩序司，合计 4 个司局。国家卫生和计划生育委员会偏向食品安全标准的制定，国家质量监督检验检疫总局侧重出入境动植物检疫、进出口食品安全和认证认可、标准化等工作，国家食品药品监督管理总局侧重制定食品安全监督管理的法律法规并切实负责食品安全监管，而商务部主要负责食品流通过程中的安全工作尤其是追溯体系建设。

从各部门的支农职能不难看出，我国的支农内容不仅仅局限于农业本身，还涉及农村事务、农民生活、食品安全等多方面，这有可能导致如果宽口径地谈论支农资金，就会夸大对农业本身的支持。

从政府职能上看，以上 11 个部委或国家局农业支持政策的职能设定和农业部相关司局的职能有相似之处。例如，农业部种植业管理司的职能与环境保护部、国土资源部在农业支持方面的职能有所对应；农业部科教司的职能和科技部、教育部在农业支持方面的职能有所对应；农业部农产品质量安全监管司同样负责食品安全监管，不过其重点在初级农产品上；农业部市场与信息化司同样负责农产品的市场建设；等等。在某项具体政策的实施过程中，各部门之间是形成合力，还是各自为政、多头管理还很难说清，但已有学者研究发现我国财政支农资金的管理体制并不完善。

2018 年的国务院机构改革，加强了对农业支持政策的相关部门合并。国家成立的农业农村部，把原农业部除渔船检验和监管整理职责之外的部门都并入农业农村部，同时，把发改委的农业投资项目、财政部的农业综合开发项目、原国土资源部的农田整治项目、水利部的农田水利建设项目，也并入农业农村部，并且农业农村部部长担任中央农村工作领导小组办公室主任，对涉农部门进行空前的合并，大大加强了农业农村部对农业支持政策的集中程度。

第四节　中国农业支持政策的量化方法

我国农业的特征决定了我国农业与农民生计和农村发展密不可分，农业支持政策与粮食安全、农村社会文化事业及农村基础设施建设等政策密不可分。我国用于“三农”的财政支出被统称为“财政支农”。“财政支农”政策涵盖的范围非常广泛，既包括对农业生产的支持和对农民收入的补贴，也包括用于农村科学、教育、文化、卫生等社会事业发展的支出，还包括部分对大江大河的治理支出及对农村道路、林网、饮用水等基础设施建设的支出。在理论上可以比较容易地把《农业协议》界定的农业国内支持政策与其他“三农”政策严格区分开来，但在实践上比较困难，因为在“三农”政策类目下，许多政策和项目具有多种功能，许多综合支出也难以在不同政策类别间进行精准分摊。把“三农”支持政策等同于农业支持政策，将大大高估我国的农业支持水平。

一、中国农业支持政策总体水平

我国农业为工业化和城镇化的发展做出了巨大贡献，不同的历史发展阶段，国家对农业的支持态度也不同。农业税被取消后，我国农业尤其是粮食生产取得了辉煌的成就，国家对农业的支持政策发挥了至关重要的作用。但是近年来，我国农业发展面临新的挑战，主要表现为农产品阶段性供过于求和供给不足并存，过去长期实行城市化、工业化优先战略，我国农业生产经营仍然面临小农生产方式的基本现实，虽然新型农业经营主体取得了较大发展，但还面临很多困难。长期以来，只追求农产品数量增长，忽视对乡村生态环境的重视，使得我国农村生态环境问题日益突出，过度依靠资源投入的农业发展方式使得资源约束日益加剧。过去农业支持保护政策往往以问题为导向，忽视以目标为导向解决农业农村发展长期战略问题，我国农业保护支持政策体系仍在探索调整之中，仍缺乏完整的顶层设计。“三农”问题的解决离不开财政支持，财政支农也是促进农业现代化的必要手段。

2015~2017 年，根据 OECD 的统计报告，我国农业政策支持水平较高，农业 TSE 占 GDP 的比重（%TSE，% of GDP）为 2.3%，是 OECD 国家平均水平的两倍，排在菲律宾的后面，居世界第二位（图 2-2）。

在 PSE 方面，2017 年我国 PSE 占农民总收入的比重（%PSE）些许低于 OECD 国家平均水平，高于 10 个新兴经济体的 PSE 水平，我国当年为 14.02%（图 2-3）。

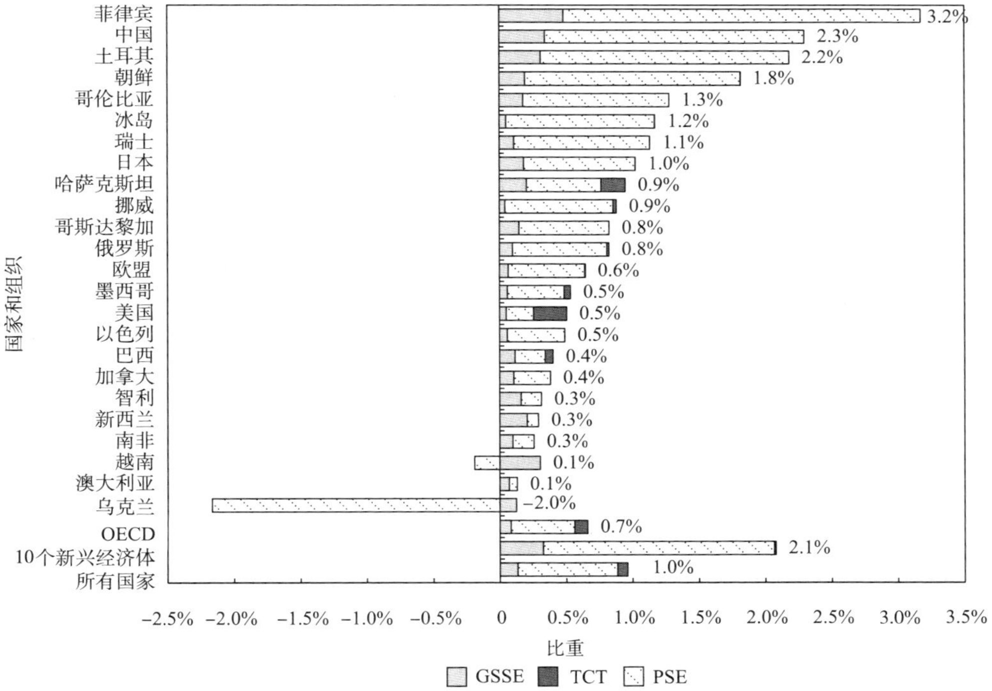

图 2-2　2015~2017 年主要国家和组织 TSE 占 GDP 比重（%TSE）平均变化图

资料来源：OECD 农业支持数据库

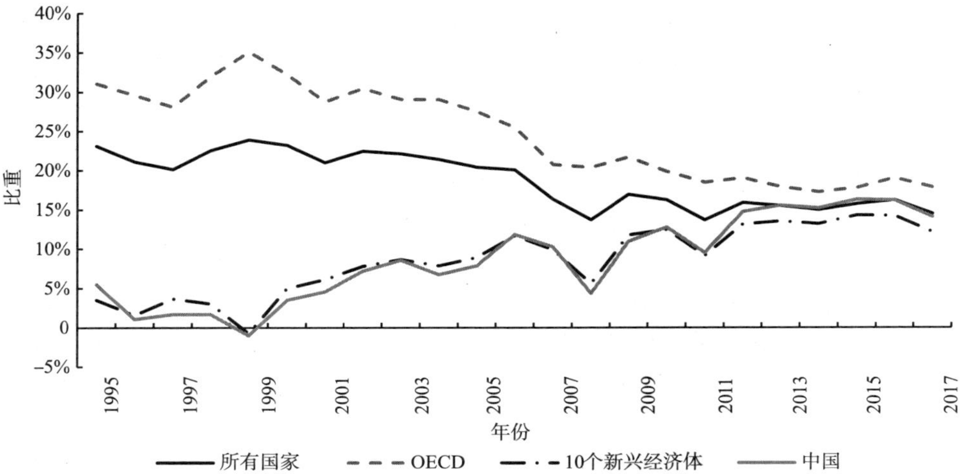

图 2-3　1995~2017 年主要国家和组织 PSE 占农业总收入比重（%PSE）变化图

资料来源：OECD 农业支持数据库

在不同农产品之间，我国农业政策支持水平存在较大差异。图 2-4 显示，市场价格支持依然占据 TSE 的主要内容，是 SCT 的主要政策选择。2014 年以来，基于产量的补贴持续增长，尤其是对棉花、大豆和玉米的补贴。除了鸡蛋生产者，其他农产品生产者均受益于高昂的价值转移和价格支持，其他农产品占商品收入的 12%~52%。而 2015~2017 年，我国对棉花产品的价格支持水平占棉花产品收入的比重最高，超过了 52%，糖类作物、奶类次之，其中糖类作物占 51%，奶类占 40%左右；羊肉、禽肉、猪肉、牛肉和小牛肉的价格支持水平分别为 14.1%、13.3%、11.6%和 13.0%，价格支持水平较高；油菜籽、大豆、水稻、玉米和小麦等种植作物价格支持水平分别为 39.9%、21.4%、30.6%、25.4%和 38.8%，种植作物支持水平相比肉类更高。而果蔬产品的价格支持水平相对较低，其中对进口果蔬的价格支持水平为 12.9%。

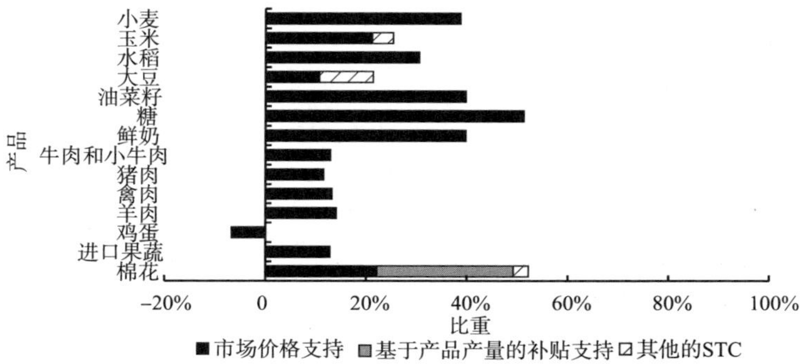

图 2-4　2015~2017 年我国不同品种市场价格支持占农业总收入比重图

资料来源：OECD 农业支持数据库

近年来，在我国农业支持政策细分中，市场价格支持依然是主要支持手段，但是呈持续下降趋势。相反，2014 年以来，基于种植面积补贴保持持续增长，在 GSSE 中，公共库存成本、发展和维护基础设施、农业知识与创新体系占据主要内容（表 2-3）。

表 2-3　我国农业支持估计　　单位：亿美元

类型	1995~1997 年	2015~2017 年	2015 年	2016 年	2017 年
农产品价值	2 395.11	13 858.14	13 911.03	13 693.69	13 969.71
市场价格支持产品价值所占份额	90.7%	76.0%	77.0%	76.6%	74.4%
农产品消费价值	2 428.35	14 432.45	14209.69	14 397.18	14 690.48
PSE	64.73	2 241.71	2 360.57	2 321.80	2 042.77
基于商品产量的支持	20.13	1 675.09	1 802.40	1 721.16	1 501.72
市场价格支持	20.13	1 630.29	1 758.62	1 678.01	1 454.25
基于产量的转移支付	0	44.80	43.78	43.15	47.47
基于投入使用的转移支付	38.31	233.36	255.66	233.75	210.65
基于可变投入要素使用的补贴	20.55	34.27	39.07	39.52	24.21
存在投入约束	0	0	0	0	0
基于固定资本形成	12.97	164.72	178.67	160.76	154.73
存在投入约束	0	0	0	0	0
基于农场服务	4.79	34.37	37.92	33.47	31.71
存在投入约束	0	0	0	0	0
基于当前的 A/AN/R/I[1)]，生产所需的付款	4.64	267.91	241.93	284.41	277.38
基于收入/收益	4.64	30.14	20.35	35.66	34.40
根据耕作面积/牧畜数量	0	237.77	221.58	248.75	242.98
存在投入约束	0	0	0	0	0
基于非 A/AN/R/I 的付款，生产所需	0	0	0	0	0
基于非 A/AN/R/I，不需要生产的付款	1.64	41.64	34.39	55.76	34.77
可变比率	0	0	0	0	0
商品例外	0	0	0	0	0
固定比率	1.64	41.64	34.39	55.76	34.77
商品例外	0	0	0	0	0
基于非商品标准的转移支付	0	23.72	26.18	26.72	18.25
基于长期资源休养的转移支付	0	23.72	26.18	26.72	18.25
基于特定的非商品产出	0	0	0	0	0
基于其他非商品标准	0	0	0	0	0

续表

类型	1995~1997 年	2015~2017 年	2015 年	2016 年	2017 年
其他转移支付	0	0	0	0	0
%PSE	2.7%	15.5%	16.3%	16.2%	14.0%
producer NPC（系数）	1.00	1.14	1.15	1.14	1.11
producer NAC（系数）	1.03	1.18	1.19	1.19	1.16
GSSE	55.30	393.65	453.18	377.37	350.37
农业知识与创新体系	4.50	84.44	90.23	83.72	79.36
检验和控制	2.65	19.84	22.12	19.78	17.62
发展和维护基础设施	12.92	101.62	110.20	99.49	95.16
营销和促销	0	5.36	6.32	4.57	5.18
公共库存成本	35.23	182.39	224.31	169.81	153.05
其他	0	0	0	0	0
%GSSE（% of TSE）	45.1%	14.9%	16.1%	14.0%	14.6%
CSE	−21.92	−1 598.96	−1 726.08	−1 668.81	−1 402.01
消费者转移给生产者	−5.26	−1 512.82	−1 657.40	−1 589.45	−1 291.62
其他消费者转移	−11.91	−179.96	−202.56	−189.19	−148.13
由纳税人转移给消费者	2.52	0	0	0	0
额外饲料成本	−7.27	93.82	133.88	109.83	37.74
%CSE	−0.9%	−11.1%	−12.1%	−11.6%	−9.5%
consumer NPC（系数）	1.01%	1.13%	1.15%	1.14%	1.11%
consumer NAC（系数）	1.01%	1.12%	1.14%	1.13%	1.11%
TSE	122.54	2 635.36	2 813.76	2 699.18	2 393.14
消费者转移支付	17.17	1 692.78	1 859.97	1 778.64	1 439.74
纳税人转移支付	117.28	1 122.54	1 156.35	1 109.73	1 101.53
预算收入	−11.91	−179.96	−202.56	−189.19	−148.13
%TSE（% of GDP）	1.4%	2.3%	2.6%	2.4%	2.0%
GDP 平减指数（1995~1997 年=100）	100%	182%	178%	180%	187%
汇率（相比美元的汇率）	8.34	6.56	6.28	6.64	6.76

1）A/AN/R/I：area/animal number/receipts/income，面积/动物数量/收益/收入

资料来源：OECD 农业政策数据库

二、中国农业支持政策种类及结构

21 世纪以来，在取消农业税、农业特产税、牧业税、屠宰税的基础上，并在加强一般性公共服务的同时，我国逐步建立和完善了以四项补贴政策为核心的强农惠农政策，先后出台了稻谷、小麦的最低收购价制度，以及玉米、大豆、油菜

籽等产品的临时收储政策，形成了与我国“入世”承诺和 WTO 规则保持一致的农业支持政策体系。但是，随着这一体系持续运行，近年来我国农业发展面临产品品质不高、农业经营规模不大、环境与生态压力大、支持政策效率不高等方面的问题，我国农业支持政策面临新的转型压力。党的十八大以来，政府在原有农业支持政策体系基础上对农业支持政策进行调整和改革，包括改革和调整农业补贴政策、建立以市场为导向的农产品价格形成机制、改革收储政策等。

（一）四项补贴政策

（1）粮食直接补贴政策。该政策于 2004 年开始实施，采取直接支付的方式，大多数省（区、市）按照农村税费改革时核定的计税土地面积发放，与粮食实际种植面积等并无关联。2008 年以来，补贴总额和补贴标准几乎不再调整，补贴总额一直维持在 151 亿元的水平。从实际操作看，粮食直接补贴政策属于“绿箱”政策中脱钩的直接支付措施。

（2）农资综合补贴政策。该政策实施的目的是减少农资涨价对农民的影响，给予农民购买柴油、化肥、农药和农膜等农业生产资料补贴。在实际操作中，各地在核定标准的基础上，采取银行卡直接支付的方式。2006~2010 年，农资综合补贴资金分别为 120 亿元、276 亿元、716 亿元、795 亿元和 835 亿元。在 2014 年向 WTO 的通报中，农资综合补贴列为非特定产品 AMS 支持，但实际上演化为脱钩的收入支持。

（3）农机具购置补贴政策。该政策总体上继续执行 30%的补贴比例。单机补贴最高不超过 5 万元,个别机械最高补贴可达 12 万元。补贴方式采用差价补贴，农民在购机时，交纳扣除补贴金额后的差价款即可提货，补贴资金由财政部门统一与供货方结算。2004~2009 年，中央财政累计安排农机具购置补贴资金达 199.7 亿元，带动地方投入 71.9 亿元；2010 年预算安排 154.9 亿元。农机具购置补贴是投入品补贴措施，属于“黄箱”政策支持中的非特定产品 AMS 支持。

（4）农作物良种补贴政策。该政策的支付方式有直接补贴和差价购买两种。自 2009 年起，水稻、小麦、玉米、棉花在我国（不含港澳台地区）实行良种补贴全覆盖；大豆在辽宁、吉林、黑龙江和内蒙古等 4 省（区）实行良种补贴全覆盖；油菜籽在江苏、浙江、安徽等 10 个主产省及河南信阳、陕西汉中和安康地区实行全覆盖；青稞在四川、云南、西藏、甘肃和青海等省（区）的藏区实行全覆盖。农作物良种补贴 2009 年为 192 亿元，2010 年预算安排达 194 亿元。在 WTO 年度通报中，农作物良种补贴政策属于“黄箱”政策支持中的特定产品 AMS 支持。但部分专家认为，农作物良种补贴政策鼓励农民使用优良农作物品种，加快优质良种推广步伐，具有农技推广性质，可归入“绿箱”政策。

2016 年 5 月，财政部、农业部印发了《关于全面推开农业“三项补贴”改革工作的通知》，将粮食直接补贴、农作物良种补贴和农资综合补贴合并为“农业支持保护补贴”，改革的目的是支持耕地地力保护和粮食适度规模经营。一是支持耕地地力保护。三项补贴的对象原则上为拥有耕地承包权的种地农民。鼓励各地创新方式和方法，以绿色生态为导向，提高农作物秸秆综合利用水平，引导农民采取秸秆还田、深松整地、减少化肥农药用量、施用有机肥等措施，切实加强农业生态资源保护，自觉提升耕地地力。二是支持粮食适度规模经营。补贴支持对象重点向种粮大户、家庭农场、农民合作社和农业社会化服务组织等新型经营主体倾斜，体现“谁多种粮食，就优先支持谁”的原则。

（二）粮食最低收购价政策

为保护种粮农民利益、保证粮食市场供应和保障国家粮食安全，国家对稻谷和小麦实施最低收购价政策。在最低收购价适用期间（一般为收获期），当粮食市场价格低于最低收购价时，政策执行单位在相关产区按照最低收购价挂牌收购农民交售的新粮；当市场价格高于最低收购价时，则不启动或及时退出最低收购价政策。2005 年，国家首次在南方籼稻产区启动该政策，截至 2010 年 12 月 10 日，累计收购 3 617 万吨。2006~2010 年，国家已经连续 5 年在小麦主产区实施最低收购价收购，累计收购 17 491 万吨。该政策对农产品市场价格进行干预，因此是市场价格支持措施，属于“黄箱”政策支持中的特定产品 AMS 支持。

2014 年 11 月，财政部印发《关于大豆目标价格补贴的指导意见》，实施大豆目标价格改革，政府启动东北三省（辽宁、吉林、黑龙江）和内蒙古大豆目标价格改革试点。大豆目标价格支持政策是在市场形成农产品价格的基础上，通过差价补贴保护生产者利益的农业支持政策，当采价期内（采价期为当年 10 月至次年 3 月）平均市场价格低于目标价格时，国家根据目标价格与市场价格的差价，同时考虑种植面积、产量或销售量等因素，政府给予大豆实际种植者一定的保障其收益的补贴，当市场价格高于目标价格时，不实施补贴。2017 年 3 月，政府在东北三省和内蒙古调整大豆目标价格政策，实行市场化收购加补贴机制，按照“市场化收购+生产者补贴”对大豆实际种植者进行支持。

（三）临时收储政策

临时收储政策始于 2008 年，目的是在农产品价格大幅波动的情况下，避免价格过低对农民收入和市场稳定造成严重影响。该政策与粮食安全储备相配合，覆盖稻谷、玉米、大豆、油菜籽、食糖、猪肉等 6 种产品。由于这些产品中有的产品市场开放度高、进口量大，有的产品相对于产量的收储能力有限，临时收储政策实际的价格干预作用微小，主要起到粮食安全储备作用。

（1）粮油产品临时收储政策。我国从 2008 年开始对一些大宗农产品实施临时收储政策，目的是保障国内市场稳定和有效供给。2008~2009 年，国家累计临时收储稻谷 1 366 万吨、玉米 4 066 万吨、大豆 533 万吨、油菜籽 556 万吨。国家委托部分中央直属企业和地方企业，按照不低于国家确定的临时收储价格进行收购，企业自行销售、自负盈亏。粮油产品临时收储价格由国家根据市场价格确定，由执行主体负责收购和销售，中央仅支付国家粮油储备利息费用及差价补贴，因此，粮油产品临时收储政策是具有“绿箱”政策属性的以食物安全为目的的公共储备措施。

（2）食糖临时收储政策。食粮临时收储的主要目的是确保国内食糖市场稳定和有效供给。2005 年以后，我国多次通过公开竞价方式收购白砂糖。2008 年食糖的临时收储价格为 3 500 元/吨，第 1 批和第 2 批收储数量分别为 30 万吨和 20 万吨；2009 年食糖的临时收储价格为 3 300 元/吨，第 1 批和第 2 批收储数量分别为 50 万吨和 30 万吨。我国收储食糖的价格是当时的市场实际价格，且中央仅支付国家储备糖利息费用补贴。食糖收储政策是具有“绿箱”政策属性的以食物安全为目的的公共储备措施。

（3）猪肉临时收储政策。2008 年，国内生猪价格大幅下跌，使得养猪农户利益受到损失，引起社会广泛关注。由于中央全部的储备能力不到 100 万吨，中央寄希望于地方商业收储发挥更大作用。政府采取银行贷款、财政贴息等方式鼓励企业进行收储。中央猪肉储备由政府制定和下达储备计划，猪肉商业储备由储备企业自负盈亏，财政负责贷款利息费用补贴等，因此，猪肉临时收储政策属于以供应安全为目的的公共储备政策，具有“绿箱”政策属性。

2015 年 10 月，政府出台《中共中央 国务院关于推进价格机制改革的若干意见》，提出完善农产品价格形成机制，充分发挥市场决定价格作用，改革完善玉米收储制度。2016 年，政府在内蒙古和东北三省按照“市场定价、价补分离”的原则，将以往的玉米临时收储政策调整为“市场化收购+补贴”的新机制。玉米价格由市场形成，供求关系依靠市场调节，生产者随行就市出售玉米，政府鼓励各类市场主体自主入市收购。同时，政府实施玉米生产者补贴制度，对玉米生产者给予一定的直接补贴，保障玉米生产者的基本收益。

（四）广义的农业支持政策

除了对农业的直接支持，我国广义的农业支持政策中仍有较大部分是对农村和农民的支持，虽然该部分和农业并不直接相关，但“三农”之间的联动性使得这项支出对我国农业的发展也有重要的意义。我国目前对农村、农民的财政支出包括八大项，主要涉及教育、社会保障、医疗、节能环保、农、林、水、住房保障等方面。其中，对农、林、水、农村社保（“新农保”）和农村医疗（“新农合”）的财政支出是最多的，2010~2015年，五项支出合计占全国对农村和农民财政支持总量的比重一直在80%以上，至2015年已接近90%。在农、林、水支出方面，农村综合改革的财政支出分量最重，2010~2015年6年的时间翻了一番多，2015年超过了1 400亿元，此外，国家在农村扶贫上也有较大的投入。在农、林、水支出中对农村和农民的财政支持总量占全国对农村和农民财政支持总量的比重始终在30%以上。“新农合”应该是单项支出最大的子项目，6年时间增加了近2倍，2015年已超过3 000亿元；“新农保”的资金总量虽然没有“新农合”多，但其增长速度较快，6年翻了近6番，这足以看出国家对农村社保和农村医疗的重视程度。除这五项主要的支出外，国家对农村教育、农村电网建设、环境保护、住房等方面投入也较多，且后两项的支出总量呈现明显的上升趋势。在所有的支出项目中，只有农村电网建设的资金投入以中央本级为主，占全部资金投入的80%以上。

三、基于财政部门、WTO和OECD框架下的农业支持水平测度

前文我们虽然采用OECD框架下的统计口径分析了我国农业支持水平及其结构变化特征，但是，我们应该注意到，农业支持水平的测量并不是一件容易的事情，之所以采用OECD的口径，是因为这个口径是迄今为止国与国之间最可比较的测量方法。除了OECD框架下的统计口径，还有WTO的统计口径和各国财政部门的统计口径。表2-4为各国财政部门、WTO和OECD框架下的农业支持水平比较。

表2-4 各国财政部门、WTO和OECD框架下的农业支持水平比较

统计口径	优点	缺点	关系
各国财政部门	数据权威可靠；数据公布较快	难以进行跨国比较；难以判断对农业的实际支持；难以区分对资源配置的扭曲	为OECD和WTO数据中的农业补贴和GSSE、“绿箱”政策数据提供基础数据
OECD	可以进行跨国比较；可以估计政策及非政策因素对农业的综合支持结果，以及对资源扭曲的综合效应；数据更新快	严格的“一价定律”假设；政策与非政策因素难以区分；外推法的局限	财政部门数据+农产品国内外差价与产量数据
WTO	可以进行跨国比较；可以判断政策带来的资源配置扭曲程度	计算方法并不统一；政策属性认定存在争议；数据更新慢	财政部门数据+有实际价格干预农产品的国内价格与基准价格、产量与收购量数据

资料来源：笔者整理

从表 2-4 可以看出，各国财政部门数据是 OECD 和 WTO 数据的基础数据，如果没有各国财政部门公布的数据，就无法统计 OECD 和 WTO 数据，只能估计；但是，由于各国的经济活动和财政制度的差异，各国财政部门的统计口径差别很大，因此，各国财政部门数据是难以用于国际比较的。同时，由于财政部门数据仅能反映财政支出，不能反映其支出的影响，因此，也无法用于政策效应比较，尤其是对经济活动可能影响的判断。WTO 数据会直接影响到各国农业政策评价，关系到一国是否遵守 WTO 规则，因此，这个数据容易受到政治因素的影响，其中对“绿箱”政策、“黄箱”政策的界定也存在争议。相比之下，OECD 数据虽然有国际影响，但是对农业政策并没有直接约束作用，且数据由第三方提供，在国际农业支持政策比较中具有一定的现实意义。

不过，我们也要清楚 OECD 数据存在的一些局限性。本书把 OECD 框架对农业支持政策估计方法存在的问题归结为以下六个脱离现实的假定，分别是不考虑国内外交易成本、不考虑国际交易成本、不考虑产品品质、不考虑货币因素、不考虑净进口关税、不考虑突发事件的影响。

下面将分析现实中这些因素的影响及其在 OECD 数据中可能存在的误导。一是国内外交易成本效应，即国内外交易成本的波动都会影响国内外农产品价差（这是影响市场价格支持的重要因素），因此可能存在的误导是对农业基础设施的改善引起的交易成本下降，这应该是对农业的支持，但是在 OECD 数据中则表现为在国内价格高于国际价格的情况下，国内外价差的减少，降低了农业支持水平。二是国际交易成本效应，即国际海运成本会影响农产品运输成本和边境价格，进而影响国内外价差，这样导致可能存在的误导是，虽然一项农业支持政策没有变化，但是，国际油价下跌引起的边境价格下降，在 OECD 数据中也会表现为农业支持水平的提高。三是产品品质效应，即国内产品和进口产品品质有差异，会影响国内外价差，因此，进口更高品质且更高价的农产品，在 OECD 数据中会表现为农业支持水平的下降。四是货币因素效应，即国内货币供应量变化引起的物价和汇率的变化会影响国内外价差，因此，一个国家本币升值会降低以本币计算的边境价格，在 OECD 数据中会表现为农业支持水平的提高。五是净进口关税效应，即产品从净出口变为净进口，使得进口关税发挥作用，会影响国内外价格，因此，某些农产品由净进口变为净出口，在 OECD 数据中会表现为农业支持水平的提高。六是突发事件效应，即战争、灾害、经济危机等突发事件引起的农产品国际价格大幅波动，会影响国内外价差变化，因此，即使一国农业政策不发生任何变化，突发事件引起的国际农产品价格下跌，会导致在 OECD 数据中显示农业支持水平提高。综上分析可以发现，国内外价差对 OECD 数据的影响很大，影响国际农产品价格的非农业政策因素都会引起农业支持水平的变化。

WTO 框架下的农业支持水平统计则避免了 OECD 数据存在的上述问题。

WTO 数据中，国内外价差是以本币标价的当年价格与参考价格之差，而参考价格是在一国加入 WTO 时就确定的，且以本币标价，并且只考虑有实际价格支持政策的品种。因此，汇率变动并不影响价差，但会影响进口规模，进而影响国内保护价格收购量。突发事件引起的国际农产品价格波动并不影响价差，但是也会影响进口规模。从净出口国变为净进口国，外部参考价格由基期 FOB 价格转变为基期 CIF 价格，外部参考价格上升。产品品质效应、国内交易成本效应和国际交易成本效应也不存在。但是，WTO 框架存在对市场价格支持产品选取、补贴政策属性判断等方面的争议，且公布时间严重滞后。作为国家之间的法律效应指标，WTO 数据应该是政策制定者最为关注的。

根据 Klaus 和 Josling（2014）的比较分析框架，本书利用我国 2010 年 OECD 数据和 WTO 数据进行对比，见表 2-5。

表 2-5 WTO 与 OECD 框架比较：以我国 2010 年数据为例

政策分类	OECD/WTO	综合支持量（AMS）		"绿箱"政策支持	WTO 与 OECD 差异	合计
		市场价格支持	非豁免直接补贴			
A1	市场价格支持	14.33			6 800.57	6 814.90
A2	产出补贴					0
B1	可变投入品使用		111.88			111.88
B2	固定资本形成		167.36	412.04		579.40
B3	农场服务			182.67		182.67
C	当前 A/An/R/I，生产要求		938.62	239.08		1 177.70
D	非当前 A/An/R/I，生产要求					0
E	非当前 A/An/R/I，无生产要求			102.05		102.05
F	非商品标准			236.99		236.99
G	其他补贴					0
H	研发支持			196.33		196.33
I	农业教育			229.98		229.98
J	检验检疫			105.07		105.07
K	基础设施建设与维护			435.25		435.25
L	市场营销与促销			33.59		33.59
M	公共储备成本			466.43		466.43
N	其他一般服务支持					0
Q1	从纳税者向消费者的商品转移支付					0
Q2	从纳税者向消费者的非商品转移支付					0
两者差异			–650	2 706.86		
WTO 数据合计		14.33	1 211.36	5 346.32	6 800.57	10 672.22

资料来源：OECD 和 WTO

表 2-5 显示，OECD 和 WTO 框架下的市场价格支持数据只有 14.33 亿元是一致的，OECD 框架下另外 6 814.90 亿元的市场价格支持在 WTO 框架下并不存在，而这个数据恰恰是导致按照 OECD 口径计算的我国农业支持水平提高的主要原因。WTO 框架下的“绿箱”政策支持数据中，有近一半（2 706.86 亿元）在 OECD 框架下并不存在，这里面主要包括促进农民增收等一系列与农业没有直接关系的指标。由于对生产者的补贴归属“绿箱”还是“黄箱”的判断存在差异，WTO 框架下的非豁免直接补贴与 OECD 框架下的生产者补贴数据并不完全一致，这是 OECD 数据与 WTO 数据不能直接比较的另外一个重要原因。因此，Mittenzwei 和 Josling（2014）指出，在进行比较分析时，一定要理解具体政策的实际内容，而不能仅仅从名称进行判断。

第三章　农产品价格支持政策的理论与实践

第一节　农产品价格支持政策理论

农产品价格支持政策，包括国内价格政策和边境政策。国内价格政策主要是对国内市场农产品的价格管理，既可以是最低价格支持，也可以是最高价格限制。边境政策是指国家通过关税、进口配额等方式影响国内农产品供给，进而影响农产品价格的政策。

按照主流经济学的观点，在不存在市场失灵的条件下，农产品价格不需要政府干预。同时，在市场整合情况下，农产品价格满足一价法则，即同一商品在不同地区的价格是一样的，或者价格变动趋势是一致的。但是，农产品具有特殊性，市场失灵经常出现，使得农产品价格支持政策普遍存在。农产品的第一个特殊性是农产品生产容易受技术、气候等因素的影响，而其需求则相对稳定，导致农产品价格容易大起大落。农产品价格暴涨会损害消费者利益，尤其是危害低收入群体的福利；农产品价格暴跌则会挫伤生产者的积极性。因此，为了稳定农产品市场价格，农产品价格支持政策应运而生。农产品的第二个特殊性是其产品是人类生存的食物来源，一个国家需要具备能够满足其国民生存需要的农产品生产能力，即国家的粮食安全保障。如果农产品价格下跌导致农产品产量下降，威胁到国家的粮食安全，就会带来极大风险。因此，为了保障国家粮食安全，农产品价格支持政策备受关注。农产品的第三个特殊性是生产要素的难以流动性，作为这些生产要素拥有者的农民的收入对农产品价格敏感，农民却无法有效应对农产品价格下跌带来的风险。因此，在城乡居民收入已有较大差距的当下，为了保障农民收入，农产品价格支持政策应运而生。

但是，农产品价格支持政策是把双刃剑。农产品价格支持政策要利用农产品供求市场规律，如果价格政策严重背离农产品供求状况，就会损害资源配置效率和消费者利益，也会浪费国家财政资金。

第二节　中国农产品价格管理和支持政策的发展轨迹与改革历程

本节回顾自中华人民共和国成立以来，我国主要农产品价格管理和支持政策的发展轨迹和改革历程。从整体来看，我国农产品价格管理和支持政策可分为粮食统购统销、低价收购阶段（1953~1984 年），粮食合同订购、价格保护阶段（1985~2003 年），粮食收购放开、价格支持阶段（2004 年至今）三个价格发展阶段。本节将主要分析三个价格发展阶段相应的价格政策形成背景和成因，并探讨不同阶段的主要政策措施及政策实施中出现的问题，从而为相对系统、全面地理解我国农产品价格管理和支持政策的发展轨迹及后续的改革需求提供理论基础。

一、粮食统购统销、低价收购阶段：1953~1984 年

（一）政策形成原因

1. 直接原因：粮食供求形势严峻

中华人民共和国成立初期，国家顺利完成了国民经济恢复任务，1952 年底我国工农业生产达到历史最高水平。随着温饱问题的逐步解决和第一个五年计划的实施，城镇人口迅速增长。1953 年城镇人口比 1950 年增加了 1 657 万人，增长了近 27%，吃商品粮的人数增长迅速。粮食紧缺的态势从 1952 年下半年开始显现，全国许多地区出现了抢购粮食的现象，1953 年粮食购销矛盾进一步加剧。如表 3-1 所示，1949~1953 年粮食、油料、棉花等商品的产量均呈上升趋势，粮食抢购现象并不是一时的粮食供给短缺造成的，而是当时粮食产量的增长无法从根本上缓解供给紧张的情况造成的。中华人民共和国成立初期粮食紧张的原因有多方面，但大致原因有以下几点。

其一，由于外国经济封锁，进口供给粮食的途径被切断。为了遏制新生的社会主义国家，在中华人民共和国成立初期，部分西方资本主义国家在经济上对新

中国实行封锁和禁运，在政治上对新中国进行孤立和打压。1949年11月，美国联合其他14个资本主义国家成立巴黎统筹委员会，对社会主义国家封锁和禁运；1951年12月至1953年，参加封锁禁运的国家越来越多，而中美贸易则完全中断；到1953年3月，参加对我国禁运的国家达到45个（周四成，2002）。由于进口粮源断绝，我国粮食供给只能依赖于小农经济的国内农村。

表3-1　1949~1953年粮食、棉花等产量　　单位：万吨

农产品	1949年	1950年	1951年	1952年	1953年
粮食	11 318.4	13 212.9	14 368.9	16 393.1	16 684.1
棉花	44.5	69.3	102.9	130.4	117.6
油料	256.44	294	350.16	419.38	381.62
花生	126.83	173.94	209.57	231.58	212.73
油菜籽	73.41	68.27	77.79	93.21	87.87

资料来源：中华人民共和国统计局年度数据

其二，由于粮食投机活动的存在，自由市场不能妥善解决粮食供求紧张的问题。中华人民共和国成立初期，粮食市场自由购销，虽然自由市场能够在一定程度上满足市场对粮食的需求，但由于投机活动的存在，物价波动频繁。中华人民共和国成立之初，社会主义改造尚未完成，我国商业批发和零售领域国营商业、国家资本主义、合作化商业及私营商业并存，私营商业在批发和零售领域占据重要地位。1952年，私营商业占全国商品批发额的36.3%和零售额的57.2%。自1951年秋季起，许多地区出现了粮食市价高于牌价[①]的情况，牌价与市价相脱节成为此后很长一段时间粮食市场的基本形势。面对如此情形，加之中华人民共和国成立之初国家财政困难，收购资金有限，国营公司陷入苦于收购、难以控制粮源的境地（徐建青，2002）。粮食市场的投机活动影响物价稳定，既不利于国家财政，也不利于后续的社会主义经济建设。

其三，由于恶劣天气的影响和粮价的波动，农民惜售，从而粮食收购减少。由前述可知，由于自由市场下国营商业和私营商业并存，牌价和市价脱节的情况时有发生，而农民会根据市场情况在种粮、储粮和售粮之间抉择。当粮食市价低于牌价时，农民往往会选择存储待价，不愿出售。恶劣天气也会使农民由于备荒而产生惜售思想。1953年春，河北、山西、山东、安徽、陕西部分地区遭受霜灾，农民由于受灾而惜售，粮食商品率进一步下降。

其四，人民群众对粮食的需求和购买力的增长导致粮食供不应求。一方面，中华人民共和国成立初期土地改革后，农民拥有了自己的土地，使得农民的农业

---

① 牌价是国营商业执行的、用挂牌方式公布的国家计划价格。

生产积极性提高的同时对粮食的消费量也有了显著提高。另一方面，随着 1952 年底国民经济恢复工作的结束，全国转入大规模经济建设，城市工矿区的粮食供应面迅速扩大。据陈云当时的估计，1953 年粮食部门购销两项相比，可能会出现 87 亿斤[①]的缺口，他还预期，“粮食不充足，是我国较长时期内的一个基本情况”[②]。

2. 深层原因：发展社会主义工业化的客观要求

工业化是国家实现从贫困到富强的主要途径。1953 年，国家在提出过渡时期总路线的同时开始实施第一个五年计划，其中，工业化是过渡时期总路线和第一个五年计划的主体内容。但实现工业化必须要有一个资本积累的过程。在中华人民共和国成立初期，资本积累只能来自传统经济部门，即传统农业的剩余。

由于当时粮食市场自由购销，多种性质商业主体并存，私营粮商在粮食市场与国家争夺粮源，粮食价格波动频繁。政府通过统购统销、低价收购的政策达到稳定粮价的目的，进而为国家工业发展积累资产。为稳定农产品价格，保证国家对粮源的绝对控制以保障社会主义经济建设，粮食统购统销政策应运而生。同时，粮食统购统销政策也是学习苏联余粮征集制和高度集中的计划经济体制的结果之一。

（二）粮食统购统销政策的沿革

参照张培刚和廖丹青（2002）对粮食统购统销流通体制的划分，本书将粮食统购统销政策的沿革分为建立与制度化阶段（1953~1957 年）、巩固和强化阶段（1958~1978 年）、松动与变革阶段（1979~1984 年）。不同时期粮食统购统销政策的发展与调整，有助于我们了解粮食统购统销政策的具体内容和运行情况。

1. 粮食统购统销政策的建立与制度化阶段：1953~1957 年

在筹措工业化资本与缓解国内粮食供给紧张的双重目标下，陈云于 1953 年 10 月 10 日正式提出要实行粮食统购统销政策。陈云认为，根据当时我国的实际情况，只有在农村实行粮食的计划征收（统购），在城市实行粮食的计划供应（统销），才能解决严峻的粮食供给问题，这为统购统销政策的正式出台做了思想上和理论上的准备（杨乙丹，2006）。

1953 年 10 月和 11 月，中共中央和政务院分别颁布了《关于实行粮食的计划收购与计划供应的决议》（以下简称《决议》）和《政务院关于实行粮食的计划

① 1 斤=0.5 千克。

② 详见：中共中央文献研究室. 陈云文稿选编. 北京：人民出版社，1982.

收购和计划供应的命令》（以下简称《命令》），标志着粮食统购统销政策正式出台。《决议》指出，实行统购统销需采取四项政策，即计划收购政策、计划供应政策、国家严格控制粮食市场政策和国家对粮食实行统一管理政策。

具体来说，计划收购就是国家对农村余粮户实行粮食计划收购，要求农民以国家规定的收购价格、品种及数量将粮食交售给国家。根据《命令》和《决议》，中共中央要求以合理、固定的价格对农民余粮的80%~90%进行收购，农民在完成统购任务后可以自由储存和使用余粮，可见政府在进行计划收购时充分考虑了农民的利益。计划供应就是国家对城市人口和农场缺粮人口进行计划供应。由于当时国家农业基础薄弱，粮食供需紧张，国家在进行计划供应时既强调品种调剂又强调粮食节约。国家严格控制粮食市场意味着粮食由国家进行购销，严禁私营粮商经营粮食，但私营粮商被允许在国家的监督和管理下从事代销、代加工等经营活动。国家对粮食实行统一管理具体是指“所有方针政策的确定，所有收购量与供应量，收购标准和供应标准，收购价格和供应价格等，都必须由中央统一规定或经中央批准”。地方政府听从国家的统一管理、调度和指挥，因地制宜，分工负责。

为了进一步把粮食统购统销政策系统化，1955年8月，国务院通过了《农村粮食统购统销暂行办法》，以法令的形式规定在农村实行“定产、定购、定销”，对统购统销政策的实行做了更加清晰明确的安排，使粮食统购统销政策迈上了制度化的台阶，获得了农民的拥护。

2. 粮食统购统销政策的巩固和强化阶段：1958~1978年

1958年“大跃进”和人民公社化运动掀起的高指标、浮夸风及1966年后“文化大革命”，使得这一阶段的粮食工作受到严重影响，为了保障粮食供需平衡及工业化进程的有序展开，粮食统购统销政策进一步强化。

在粮食统购方面，这一时期存在的粮食产量逐级虚报的现象导致粮食的高征购，许多地方征购起“过头粮”。1959~1961年的三年困难时期，使得粮食平均产量比1957年减少了413.8亿千克，但平均每年征购的粮食比1957年增加了47.9亿千克，粮食征购占总产量的比例三年平均高达34.4%，“统购”政策开始与设计之初考虑农民利益的方向背离，农民负担加重。1960年之后，国家开始通过提升粮食价格，实行奖售和换购等方式鼓励农业生产，在农村实行“少购少销”的方针，以及通过开放农村粮食集市、实行议购议销等调动农民的生产积极性。1965年国家决定实行粮食征购“一定三年”，规定粮食征购数字三年不变，为减轻农民负担，1971年粮食征购基数改为“一定五年”。

在粮食统销方面，由于当时粮食产量不高，国家主要通过降低城市人口口粮标准、动员城市人口下乡，以及在农村实行粮食借销来压缩粮食销售。1972年，中共中央转发国务院的《关于粮食问题的报告》，要求严格控制非农业人口，控制粮食的销量。

在粮食管理体制方面，1953~1958 年我国粮食管理体制一直由国家集中统一管理，但是在第二个五年计划实施之际，为了调动地方政府的积极性，我国将集中统一的管理体制设为“购销差额管理，调拨包干”，旨在向地方政府放权。然而，随着 1959 年之后粮食生产大幅下降，粮食配给越发困难，国家于 1960 年、1962 年、1972 年先后做出强化粮食流通管理，逐渐将征购、销售、调拨及库存等权力高度集中于国家的规定，进一步强化了粮食统购统销政策。

3. 粮食统购统销政策的松动与变革阶段：1979~1984 年

1978 年 12 月党中央召开的十一届三中全会重新确立了马克思主义实事求是的思想路线。十一届三中全会明确指出我国要开始走对内改革、对外开放的中国特色社会主义道路，这为粮食统购统销政策的调整和终结提供了条件。

这一时期普遍推行家庭联产承包责任制，农民种粮积极性提高，国家粮食收购大幅增加，销售基本稳定。在此情况下，高度集中的粮食政策逐渐放宽，粮食统购统销政策适当宽松。自 1979 年夏粮上市起，政府就开始提高粮食统购价格和超购的加价幅度，同时经过几次调整，逐渐减少粮食征购的基数，农民收入增加，负担减少。这一时期粮食统购统销政策调整的基本思路是：在不触动计划经济体制的前提下，引入部分市场因素，缩小统一派购品种范围和提高农产品价格。在“文化大革命”时期一度中断的粮食集市和粮食部门的议购议价业务开始恢复，到 1984 年底全国农贸市场已发展到超过 5.65 万个，其间议购议价对于平抑粮价起到了重要作用（刘传江，2000）。粮食调拨由原来的国家统一管理，过渡到国家对地方实行购销调拨包干，地方政府的积极性被调动起来。

为配合下一步市场化经济改革的需要，高度集中的国家粮食流通体制逐渐放开，带有计划经济色彩的粮食统购统销政策逐渐松动，1985 年粮食统购派购政策正式终结。

二、粮食合同订购、价格保护阶段：1985~2003 年

1985 年国家取消粮食统购后，以合同保护价对粮食进行收购，粮食市场和议购议价重新恢复，我国粮食购销制度进入了由计划调节与市场调节并存的“双轨制”时期。1985~1997 年，粮食价格“双轨制”在取消和恢复间徘徊，行政化体制仍占主导。1998 年后，粮食购销制度改革向市场化方向深化。到 2004 年，国家完全放开粮食收购，标志着粮食全面市场化改革正式启动。

本书将这一阶段以 1998 年为界分为两个时期，分别进行说明。1985~1997 年

为粮食购销制度市场化改革的探索时期，这一时期市场机制尚处于补充、辅助阶段，其基础作用远未形成。1998~2003 年为粮食购销制度市场化改革深化时期，制度改革的市场化取向明晰。

（一）粮食购销制度市场化改革探索时期：1985~1997 年

1. 政策形成背景

1）家庭联产承包责任制普遍推行

1978 年秋到 1983 年春，家庭联产承包责任制通过不断发展和完善最终定型。家庭联产承包责任制是农民以家庭为单位，承包集体所有的土地等生产资料和生产任务的农业生产责任制形式。农户可以在完成国家税收和统购、派购任务及上交集体提成后，获得剩余的全部收入。

对于农户来说，家庭联产承包责任制将农村土地所有权和经营权分离，使得农民能够自主经营，能够对家庭成员的劳动力，在农业劳动和非农业劳动之间进行分配。进一步地，农民开始拥有对自己劳动产品的占有权和支配权。对于整个农村经济来说，家庭联产承包责任制的普遍推行，不仅带动了农村产业结构向多样化调整，农村加工业、第三产业的兴起和发展，使得农村涌现出大量专业农户，也加速了农业剩余劳动力向非农行业的转移。这些变化，根本性地动摇了粮食统购统销的经济基础，为其市场化改革创造了有利条件（张培刚和廖丹青，2002）。

2）粮食供求关系发生根本性变化

实行家庭联产承包责任制后，农村劳动生产率大幅提高。1978~1988 年这 11 年间劳动生产率提高的幅度，大于 1949~1978 年的 30 年。1983 年，粮食商品率达到 31.7%，彻底扭转了 20 世纪 70 年代粮食商品率在 21%上下波动的局面。同年，国家收购粮食达 9 500 万吨，比 1982 年多征购 2 500 万吨，其超征购量相当于城市人口两年的消费量。1978 年之前粮食供不应求的状况开始向供过于求转变，“卖粮难”取代“粮食紧缺”成为全国普遍的问题；1984 年粮食产量为 40 730.5 万吨，比 1983 年增产了 2 003.0 万吨，达到中华人民共和国成立以来粮食产量的历史高点（张培刚和廖丹青，2002）。

农业生产经营方式的转变，极大地提升了农业劳动生产效率的水平，导致粮食供求关系发生了根本性变化，这为改革以缓解“粮食供求紧张”为目的的粮食统购统销政策提供了物质条件。同时，粮食过剩引致的“卖粮难”及“仓容爆满”等问题，也意味着粮食统购统销政策在新的历史阶段必须做出改变。

3）农产品统购派购制度开始改革

1953 年，国家逐渐对粮食、棉花、油料进行统购，对其他农产品进行派购。

1983 年之后，随着农村劳动生产率的大幅提高，市场上出售的剩余农产品越来越多，在统购统销时期被切断的农民与市场的联系得到了恢复。农民和消费者可以通过市场进行农产品交换，实现农产品的价值和使用价值，统购派购体制的意义已乏善可陈。截至 1984 年底，统购、派购品种只剩下三十余种。随着粮食议购议价的恢复及粮食贸易市场中心、粮食批发市场的建立，市场调节作用逐步扩大，粮食统购派购政策进一步改革的时机日益成熟。

2. 政策主要内容

1）取消粮食统购，实行合同定购

农村劳动生产效率的提高从根本上改变了统购政策存在的客观条件，在粮食市场复苏的前提下，为突破传统集中计划经济体制，国家着手对统购政策进行改革。

1985 年，中共中央、国务院正式出台改革文件，决定取消粮食统购，改为合同定购，由商业部门在播种季节前与农民协商，签订定购合同。国家按“倒三七”比例（即三成按统购价，七成按原超购价）对定购的粮食进行计价，定购外的粮食可以自由上市；如果市场粮价低于原统购价，国家仍按原统购价敞开收购（陈锡文，1993）。由此，粮食价格的双轨制度正式形成。粮食商品总量中的一部分商品数量、价格由政府决定，而总量中的另一部分商品数量、价格则由市场决定。

由于“倒三七”比例加价小于超购加价对农户生产行为的刺激，其实质是“限产压价”的政策，农民生产积极性降低，1985 年粮食产量进入徘徊期；为扭转粮食生产下滑趋势，国家重新加强了对粮食生产和流通领域的干预，1990 年，合同定购改为国家定购（王德文和黄季焜，2001）。

2）取消粮食统销，实行“保量放价”

国家于 1985 年取消了粮食统购派购政策，但未取消统销政策。1985 年粮食减产后，国家提高了粮食收购价，但为了维持统销政策，国家依旧保证对城镇居民进行平价粮的供应，粮食购销价格倒挂（即收购价高于销售价）使得国家财政负担越来越重。为解决粮食购销政策不对称带来的问题，国家要求在保证完成国家定购任务的情况下，对粮食实行长年放开经营政策。1993 年底，全国 98%以上的市、县都放开了粮食价格和经营，市场机制的调节作用增强。同年，国务院下发了《国务院关于加快粮食流通体制改革的通知》，决定从 1994 年起，政府的粮食收购全部实行“保量放价”，即保留粮食定购数量，价格随行就市（周章跃和陈良彪，1995）。粮食价格的双轨制逐渐向市场单轨制转变。

3）回归双轨制，实行“粮袋子”省长负责制

1993 年底，我国部分地区出现粮食供应紧张情况，导致粮食抢购和囤积现象出现，市场粮价随之持续上涨。加之 1994 年我国又出现了严重的通货膨胀，

国家立即在粮食流通领域采取了行政干预的办法，以“保量放价”为主要形式的改革搁浅。

1994年5月，国务院发布《国务院关于深化粮食购销体制改革的通知》，明确规定应当继续坚持政府定购；同年6月起，为提高农民种粮积极性，国家大幅提高粮食定购和销售价格，同时从收购到批发恢复国有粮食部门的统一经营，确保国有粮食部门掌握70%~80%的商品粮；定购任务以外的粮食价格随行就市。这实际又恢复了粮食流通的“双轨制”（刘传江，2000）。

为了进一步稳定粮食市场，抑制通货膨胀，1995年国家提出“米袋子”省长负责制，规定各省（区、市）的行政首长要对本省（区、市）范围内粮食供需平衡和粮食市场的稳定负全面责任。

（二）粮食购销制度市场化改革深化时期：1998~2003年

1. 政策形成背景

1）粮食价格下跌，农民利益受损

为稳定粮食生产，国家曾于1994年和1996年两次大幅提高粮食定购价格，两次提价幅度均在40%以上，政策干预等因素使得粮食产量猛增。1996年，我国粮食获得大丰收，粮食总产量、夏粮产量、秋粮产量、小麦产量、玉米产量均超历史纪录。粮食的大丰收加上不适当的粮食进出口政策，自1996年起粮食开始供过于求，再加上1997年粮食丰收，市场粮价开始下跌，农民利益受损。国家试图通过保护价政策收购余粮，以及通过建立粮食风险基金来填补政策运作中的各项成本，但执行效果并不理想（叶兴庆，1998）。

2）国有粮食企业亏损严重，国家财政负担沉重

我国的国有粮食企业自经济体制改革以来,既需要完成宏观调控的行政任务，又需要进行商业性经营活动。但自1996年以来粮价开始下跌，巨额的收购款缺口造成国有粮食企业的新增亏损和挂账。1996年，国家粮食企业新增亏损和挂账为197亿元，1997年达480亿元，1998年仅第一季度就已达270亿元。当时国有企业存在的经营管理上的混乱及人浮于事等问题也是造成亏损和挂账的重要原因。逐渐上升的亏损和挂账成为国家财政沉重的负担，也在一定程度上限制了国家财政用于其他方面的能力。

3）利益驱使下的逆向调节问题突出

我国实行两级粮食储备体制，由中央负责整体调控，省级政府负责本地区调控。但有些地方政府往往会从自身利益出发，违背中央的调控目标。在粮食过剩的情况下，国家虽然做出了敞开收购的指示，但有些地方政府为了减轻对存粮的

补贴负担而少收粮食，有些甚至通过市场投机赚取利润（刘颖，2006）。有的国有企业也在利益的驱使下将调控政策弃之不顾，最突出的表现是有些国有企业不仅不按国家政策进行顺向调节，反而为牟取暴利进行逆向调节。这些都给国家宏观调控的效果造成了严重的负面影响。

2. 政策主要内容

1）出台“三项政策，一项改革”

针对粮食流通领域存在的问题，1998 年 5 月，国务院下发《国务院关于进一步深化粮食流通体制改革的决定》，深化粮食流通体制的改革，明确要求粮食改革要坚持“四分开一完善”的原则，即实行政企分开、中央与地方责任分开、储备与经营分开、新老财务账目分开，完善粮食价格机制更好地保护农民的生产积极性和消费者的利益，真正建立起适应社会主义市场经济要求，符合我国国情的粮食流通体制。“四分开一完善”的改革思路，既是出于保护农民利益的考虑，也是为了提高国有企业及地方政府的执行效率，减轻国家财政的沉重负担。

1998 年 6 月，国家进一步推进粮食流通体制改革，国务院出台了“三项政策、一项改革”。其中，“三项政策”即按照保护价敞开收购农民余粮、国有粮食收储企业实行顺价销售与粮食收购资金封闭运行，“一项改革”即推进粮食收储企业的改革。“按照保护价敞开收购农民余粮”，实际上是重申了 1997 年保护价敞开收购政策，如果国有粮食企业能够真正做到按保护价收购，农民就不会因低价出售给私营粮商而受损，国家也会由此进一步垄断粮源，从而更好地对市场粮价进行宏观调控。“实行顺价销售”，要求国有粮食企业以原粮收购价为基础，加上当期合理费用和最低利润形成的销售价格销售粮食。这意味着国有粮食企业绝不能低价亏本售粮，应当加快自身建设，提升自身竞争力。“粮食收购资金封闭运行”主要是防止收购粮食的贷款被挤占和挪用。“资金封闭运行”就是指在粮食销售后，贷款必须如数归还，资金必须在一个封闭环境中运行。“加快国有企业改革”就是要实行政企分开，改变经营机制，减员增效。

2）确立“放开销区、保护产区、省长负责、加强调控”的改革思路

21 世纪初，我国即将加入 WTO，粮食生产和流通面临更激烈的国际竞争，但粮食流通领域依然存在着一些问题，如一些地方没有完全做到按保护价敞开收购农民余粮，“粮袋子”省长负责制没有完全落实，有些产区的粮食风险基金不能及时足额到位，国有粮食购销企业改革滞后，国家储备粮规模、结构和管理方式还不能完全适应国家宏观调控的需要。

鉴于以上问题，考虑到我国面临的新形势，国务院在听取各方意见的基础上制定了粮食流通体制改革的基本思路，可以概括为“放开销区、保护产区、省长负责、加强调控”。“放开销区”就是推进主销区粮食购销市场改革，在国家宏

观调控下放开粮食收购、粮食市场和粮食价格；“保护产区”就是保护主产区粮食生产能力和经济利益，保护农民的生产积极性；“省长负责”就是要切实落实和完善省长负责制，明确地方政府对本区粮食生产和流通的责任；“加强调控”就是要增强国家对粮食调控的能力，健全机制，提高水平。

三、粮食收购放开、价格支持阶段：2004年至今

2004年5月，《国务院关于进一步深化粮食流通体制改革的意见》明确要求，从2004年开始全面放开粮食收购市场，实行“放开购销市场，直接补贴粮农，转换企业机制，维护市场秩序，加强宏观调控”的政策（王双正，2008）。随着粮食收购市场的全面放开，为保护农民利益不受市场经济波动的影响，2004年我国开始陆续出台一系列农业价格支持政策以替代保护价收购政策。

目前，我国绝大多数农产品的价格形成遵循市场机制，政府主要对小麦、水稻、玉米、大豆、棉花和食糖等进行价格干预，价格支持政策主要包括最低收购价政策、临时收储政策及目标价格制度等。自2004年开始，在粮食购销市场和价格全面放开以后，国家逐渐对主产区小麦和水稻实行最低收购价政策，并自2008年起逐步对东北三省和内蒙古的玉米，以及东北三省的大豆、新疆的棉花实行临时收储政策，其后部分农产品的临时收储政策逐渐被目标价格政策和市场化收购加补贴政策替代，价格支持政策面临新一轮的调整改革。

（一）最低收购价政策

1. 政策形成背景

1）保护价敞开收购政策难以为继

1997~2003年的七年间，粮食保护价收购政策作为国家推进粮食购销体制改革的一项重要政策，在保护农民利益和促进农业生产积极性方面曾起到过一定的积极作用，但也在执行过程中面临一系列问题。虽然农民“卖粮难”问题得以解决，但是粮食保护价收购政策对市场价格机制造成了一定程度的扭曲，同时也导致粮食企业购销倒挂、国家财政严重亏损等一系列问题，使其与推进粮食流通体制市场化改革的初衷背道而驰。

粮食保护价收购政策难以为继是粮食最低收购价政策出台的主要原因。粮食最低收购价政策作为粮食保护价收购政策的替代政策，在遵循保护农民利益的使命的同时，比粮食保护价收购政策更能适应市场化的需求。

2）粮食产量下滑，城乡收入差距扩大

1995~2003 年稻谷和小麦净利润下降，稻谷种植净收益从 1994 年的 0.73 元/千克下降至 2002 年的 0.09 元/千克，小麦也从 1995 年的 0.48 元/千克大幅下降，1998~2003 年小麦净利润一直为负值。净利润的下降必然影响农民的种粮积极性，自 2000 年起稻谷和小麦的产量出现不同程度的下降，受主要粮食作物产量波动的影响，粮食总产量也呈现下降趋势（图 3-1）。在此情形下，国家必须采取措施保障农民收益，提高其种粮积极性。另外，虽然从 1998 年起农民人均收入呈增长趋势，但城乡居民收入差距仍在不断扩大，城乡收入比从 1996 年的 1.72 上升到 2003 年的 2.36，2003 年城镇居民人均收入是农村居民人均收入的 2.5 倍，城乡收入差距的扩大既不利于农民增产增收，也不利于社会稳定。为保护农民利益，实现农民增产增收，粮食最低收购价政策得以出台。

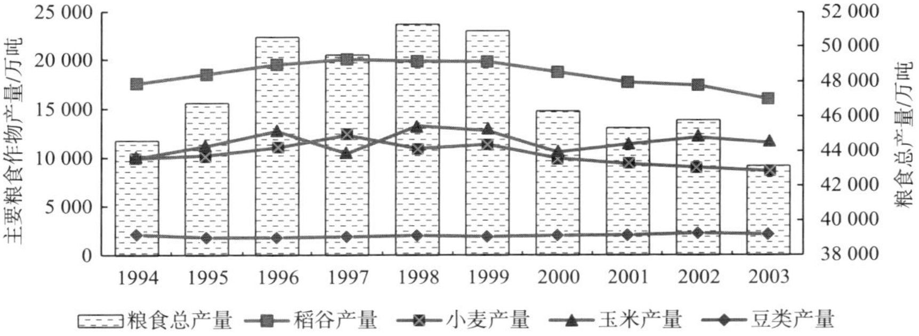

图 3-1　1994~2003 年主要粮食作物产量及粮食总产量变化

资料来源：中华人民共和国统计局年度数据

2. 政策主要内容

由前文可知，粮食最低收购价政策的设计初衷是保护农民利益，提高农民种粮积极性，从而促进粮食产量稳定，保障国家安全。因此，我国于 2004 年和 2006 年分别对稻谷和小麦实施最低收购价政策。

根据现行的粮食最低收购价政策的安排，国家每年在粮食播种期前公布当期最低收购价格，其最低收购价格由国家在粮食平均生产成本的基础上加上一定幅度（一般为 15%~20%）的利润水平确定。在粮食上市前，国家有关部门［发改委、财政部、农业部（现农业农村部）、国家粮食和物资储备局、中国农业发展银行、中国储备粮管理总公司］会发布不同粮食品种的最低收购价执行预案，预案内容主要包括执行地区、收购价格、执行时间区间、政策执行企业、启动条件、粮食存储方式等。预案执行时，当处于最低收购价执行时段时，以县为单位，当粮食市场价格连续三天低于最低收购价时，经核实并报请批准备案后，可在相关的县或全省范围内启动预案挂牌收购（刘斌，2013）。

粮食最低收购价政策具有“四特”的特点：一是特定的情形，只在粮食供求发生重大变化时才实行，一般情形下不实行；二是特定的品种，只有短缺的重点粮食品种才实行，一般粮食品种不实行；三是特定的地区，只有粮食主产区才实行，一般地区不实行；四是特定的时段，只在预案规定的时间实行，其他时间不实行（叶兴庆，2017）。

（二）临时收储政策

1. 政策形成背景：粮食危机导致粮食价格剧烈波动

临时收储政策出台的主要背景是 2007~2008 年国际金融危机导致的粮食危机，受危机影响，大宗农产品价格剧烈波动。国内农产品，尤其是受国际价格影响较大的大豆、棉花、油菜籽等，价格出现大幅度下跌，给生产者造成严重损失。以玉米为例，从 2006 年 9 月到 2008 年 6 月，国际市场价格上涨 149%，达到历史最高水平，此后价格迅速回落，2008 年底回落到 2006 年 10 月价格上涨前水平。国内玉米也经历了较大幅度的上涨和回落。2009 年 2 月开始，国内玉米价格持续上升，2009 年 8 月现货价格比 2008 年 12 月现货价格上涨幅度超过 20%（徐志刚等，2010）。

由于玉米、大豆和棉花等重要农产品未列入最低保护价政策的品种范围，为了稳定市场，避免谷贱伤农，临时收储政策变成针对这些农产品的主要宏观调控方式。2007 年、2008 年及 2009 年，国家先后对东北主产区的玉米、大豆，以及湖北、安徽等地的油菜籽实行临时收储政策。自 2010 年开始，由于国内、国外棉花价格经历了同步的剧烈波动，2011~2013 年，国家连续 3 年对全国棉花主产区的棉花实行了临时收储政策。从 2011/2012 年到 2012/2013 年，国家连续两个榨季[①]对全国糖料主产区的食糖实行临时收储政策。

2. 政策主要内容

粮食临时收储政策是在粮食危机背景下出台的，也是为了适应新形势下经济体制而设定的，执行粮食临时收储政策所需的资金由中央财政和中国农业发展银行承担，政策设定的初衷是保护农民利益，稳定粮食生产和粮食价格。国家通过临时收储政策对棉花、玉米、大豆、油菜籽及糖料等产业链较长的非主粮产品进行宏观调控。

---

① 榨季是指一个生产期，甜菜糖的榨季指当年的 9 月至次年的 3 月；蔗糖的榨季指当年的 10 月至次年的 4 月。

执行国家粮食临时收储政策的主体为中国储备粮管理总公司，但近年来国家有关部门将中粮集团有限公司、中国中纺集团公司及中国航空工业集团有限公司也列入了辅助主体范围。承担收储任务的粮食收购库点由执行主体和辅助执行主体确定，报国家相关部门备案。库点必须满足相应条件且库点布局根据每年生产和仓容情况的不同而有所调整。国家粮食临时收储政策执行期在粮食集中上市期间，根据粮食品种和收获周期的不同有不同的规定。收购水平的确定不仅要考虑当时粮食市场价格水平，而且必须保证种粮农民能够获得基本收益（刘妍杉，2016）。

临时收储政策虽然在一定时间内起到过积极作用，但是之后逐渐偏离了“临时”的初衷，逐渐成为刺激农产品生产的政策工具。2009 年后，大豆、玉米、油菜籽等农产品的临时收储价不断攀升，对粮食市场价格造成了极大的扭曲，因此，2014 年针对大豆、棉花的临时收储政策被目标价格制度替代，针对油菜籽、食糖等的临时收储政策在 2015 年被取消，针对玉米的临时收储政策也于 2016 年停用。

（三）目标价格政策

1. 政策形成背景

1）主要农产品产销形势变化

实施最低收购价政策和临时收储政策的背景，是主要粮食产量下滑，价格上涨或波动剧烈。这些政策出台之初都是为了提高农民的生产积极性，防止“谷贱伤农”“米贵伤民”等，起到了正向作用。但是，随着农业生产的发展，主要农产品产量不断增加，2004~2013 年我国粮食产量达成“十连增”。粮食生产量、进口量的增长逐渐超过同期消费量的增长，导致我国生产量、进口量、库存量“三量齐增”的局面。主要农产品产销形势发生巨大变化，以增产为导向的最低收购价政策和临时收储政策逐渐失去现实必要性。

2）国内外粮价倒挂严重

最低收购价政策、临时收储政策都由行政确定，而不断提升的“托市”价格导致国内粮食价格不断冲破国内外粮价倒挂的拐点。

根据关税不同，国际价格有两层“天花板”。第一层是由配额内低关税计算的进口到岸税后价，我国大米和小麦分别于 2013 年 6 月和 7 月开始出现持续性价格倒挂；第二层是由单一关税和配额外高关税计算的进口到岸税后价。2016 年，我国玉米已持续性突破第一层“天花板”，部分时点也已经突破第二层“天花板”，而大豆、棉花和食糖已持续性突破第二层“天花板”（叶兴庆，2016）。若国内农产品价格继续上涨，国内外价格倒挂现象可能进一步扩大，不仅不利于国内粮食市场的良性发展，从长远来看，也不利于我国农业国际竞争力的提升和国家粮食安全的保障。

2. 政策主要内容

鉴于最低收购价政策和临时收储政策带来的弊端，2014 年，中央一号文件提出“坚持市场定价原则，探索推进农产品价格形成机制与政府补贴脱钩的改革，逐步建立农产品目标价格制度”，决定先期对东北三省和内蒙古的大豆、新疆的棉花进行目标价格补贴试点。同年 6 月，国务院常务会议再次明确了“在保护农民利益前提下，推动最低收购价、临时收储和农业补贴政策逐步向农产品目标价格制度转变”的改革方向。

我国现行的目标价格政策，在价格水平方面，采取“生产成本+基本收益”的方法确定各省（区、市）统一价，每年确定一次，在作物播种前公布，向农民和市场释放明确信号，引导农民合理种植、有序安排和及时调整。棉花市场价格采用轧花厂收购的籽棉折皮棉价格，采价期为当年的 9~11 月；大豆市场价格采用大豆采集粮食收储企业、大豆加工企业收购大豆的价格，采价期为当年 10 月至次年 3 月。各省（区、市）的平均价格水平由发改委、农业部、国家粮食和物资储备局、中国供销合作总社等部门共同监测。采价期结束后，如果市场价格低于当期公布的目标价格，中央财政按照两者差价和国家统计局公布的大豆、棉花产量计算补贴资金总额，核定试点省补贴价格，将补贴资金下发到试点省财政，然后各级财政再将补贴资金逐级下发。大豆试点将补贴款一次性支付给农户，而棉花试点建立了预补贴机制，全部补贴一共安排两次兑付，补贴发放的依据是受补农产品种植面积或交售量（田聪颖和肖海峰，2016）。

可见，目标价格政策并不直接干预市场价格，而是在农产品市场价格形成的基础上，通过释放价格信号，引导市场预期。这种“价补分离”的方式，既能有效保障农民的基本收益，又能通过间接影响减少市场扭曲，更加符合市场经济的基本要求。

第三节　现阶段我国农产品价格支持政策效果评价

本节基于已有研究对现阶段我国主要农产品价格支持政策的实施效果，从生产、农户收入等角度加以客观评价。

一、最低收购价政策的实施效果

最低收购价政策要求在政策适用区域和适用时间内，当适用农产品的市场价格低于国家事先公布的最低收购价时启动。中国储备粮管理集团有限公司作为最低收购价政策执行主体,按照预案要求确定委托收储库点收购农民交售的农产品;相反，当市场价格高于国家事先公布的最低收购价时，则不启动最低收购价政策，由农户与各类企业按照市场价格展开交易。最低收购价政策的设计初衷是实现保障粮食产量和增加农民收入的双重目标。一方面，通过最低收购价政策保护农民种粮积极性，稳定粮食生产；另一方面，通过高于生产成本的收购价格，保护农民的种粮收益。最低收购价政策自 2004 年实施以来经过多年实践，其政策效果也受到研究的关注，以下将从其对于生产、农户收入及市场三个层面对已有研究加以总结梳理。

（一）生产层面

最低收购价政策的增产效果在已有研究中得到了充分证实。最低收购价政策的实施，有效保护了粮农利益，调动了农民种粮生产积极性，促进了粮食增产（张爽，2013；潘烜等，2017）。张建杰（2013）以小麦为例，将国家层面上划定的河北、江苏、安徽、山东、河南、湖北六省作为小麦最低收购价的执行区与其他地区进行对比。根据《中国统计年鉴》的数据，执行区在产量及产值方面增幅及稳定性均优于其他地区。其中，产量的增加是由于单产的提高和种植面积的增加，实施最低收购价政策后，单产和种植面积合力发挥作用，而未实行最低收购价政策的地区则是单产发挥主导作用，因此最低收购价政策的实行有助于提高粮食种植面积。产值的提高取决于产量和价格，实施最低收购价政策后，粮食价格的提高会影响整个市场，而不仅仅是执行区，粮食价格对产值的贡献要大于产量对产值的贡献。由此可见，最低收购价政策对产量、产值、种植面积均产生了正向影响。李波（2016）基于 2005~2014 年省级面板数据，以早籼稻、中籼稻、晚籼稻、粳稻和小麦等五种主要粮食作物为研究对象，发现最低收购价政策存在明显的异质性，但总体上对重点粮食品种的种植面积起到了正向作用，且随着政策的逐年推行，政策对于扩大粮食种植面积的作用越来越明显。最低收购价政策通过传导、辐射及溢出效应，加快了生产区域化布局基础上的规模优势分化，规模报酬递增优势及其要素边际产出贡献率相对稳定，使得种植效率提高，规模优势逐渐提升（张建杰，2013）。

（二）农户收入层面

一方面，最低收购价政策的实施提高了粮价，稳定了农民种粮增收的心理预期，激发了农民的种植积极性。秦炳涛和陶玉（2017）以稻谷为例，建立粮食收购价评价体系，采用PCA（principal component analysis，主成分分析）法计算各省（区、市）每年粮食最低收购价执行效果得分，从横向、纵向角度比较分析粮食最低收购价政策的执行效果。研究结果显示，最低收购价政策可以有效激发农民的种植积极性，对保障粮食安全和稳定农民收入具有正向作用。张爽（2013）依据农户供给行为理论和价格预期理论建立粮食主产区早籼稻和混合麦两个主要粮食品种的粮农供给行为模型，采用幼稚性与适应性两种农户价格预期方式模拟最低收购价政策影响粮食供给的途径和主产区粮农在最低收购价政策下的供给行为，实证结果表明，最低收购价政策通过引导粮农的价格预期从而对他们的粮食供给行为起导向作用。兰录平（2013）指出最低收购价政策还对粮食主产区农户的粮食供给存在显著的正向影响，使农户能在预期价格的指导下调整粮食生产和供给行为。

另一方面，最低收购价政策对于农户行为的影响在不同规模农户间存在差异。张改清（2014）利用2012年对河南农户营粮行为的问卷调查研究发现，大规模营粮户对最低收购价政策的认知程度较高。在小麦托市收购政策下，大规模营粮户倾向于扩大产能与提高储量，获利性动机处于主导地位，而中小规模营粮户储量水平较低，部分依托市场调剂消化余缺。

此外，李邦熹和王雅鹏（2016）通过建立供给需求方程分别测度小麦的需求价格弹性、供给价格弹性和收入弹性，在此基础上，对农户的长短期消费者福利效应和生产者福利效应进行有效测度，并比较最低收购价政策实施之前与实施之后存在的差异。研究发现，农户福利明显受到小麦最低收购价政策的影响，该政策的实施有效促进了农户福利的增加；具体而言，最低收购价政策带给农户的福利变化以生产者福利为主，且其福利变化的长期效应与短期效应基本一致。

（三）市场层面

一方面，最低收购价政策的托市效应在已有研究中得到充分验证。王士海和李先德（2012）利用双差分模型和面板数据模型对小麦、早籼稻、晚籼稻、粳稻、黄玉米、油脂业用大豆和食品业用大豆等七种粮食产品2002~2011年近十年以周为单位的周度价格数据研究国内粮食价格上涨与最低收购价政策的关系。他们通过双重差分模型分析，基本证实了政策对大部分粮食价格存在明显的政策效应。同时，他们考虑到双重差分分析方法并不能明确表明市场的差异是由政策引起的，故又用面板数据对模型进行了检验。结果发现，最低收购价政策对大部分粮食品种存在托市效应，其中小麦的政策效果最为明显，而对于外贸依存度较高的大豆，尤其是油脂业用大豆而言，政策效果并不明显。贺伟（2010）认为国家托市以后，政策对收购粮食的质量提出了明确要求，并适当拉大不同质量级别粮食之间的价格差距，调动了农民种、售优质粮的积极性。国家掌握的粮源为实施粮食宏观调控奠定了坚实的物质基础，保证了国内市场供应和价格的基本稳定。

另一方面，在最低收购价政策的实际运行中，稻谷和小麦最低收购价政策逐步偏离了严重供大于求时才进行托市的初衷，演变为刺激农民增加生产的政策工具。临时收储政策在实际运行中也逐步偏离了"临时"的初衷，演变为刺激相关农产品生产的政策工具。连年托市导致粮食库存过高的问题日益突出。郑风田和普莫喆（2015）指出 2015 年我国粮食库存消费比超过 40%，已经远远超过了国际公认的 17%~18%的安全水平。仅托市收购小麦一项，最少的一年财政支出也要近 200 亿元，多数年份达到 500 亿元，这导致财政负担加重、仓容紧张、出清困难。过高的收购量大大限制了国有粮食购销企业托市收购的执行能力，再加上国内外粮食价格倒挂导致国外质高价低粮食大量涌入，对国内粮食市场造成巨大冲击，因此，2013 年以来粮食最低收购价政策托底效应弱化（黄青青和胡亚光，2016）。

此外，大量新粮以最低收购价被收入国有粮库，市场上流通粮源明显减少，因此，粮食加工业的原料成本上升较快，形成"稻强米弱"和"麦强面弱"的局面，不利于加工企业发展。国内有的粮食加工企业已经连续多年亏损，生存发展困难（贺伟，2010）。在粮食最低收购价政策的实施过程中，中国储备粮管理集团有限公司及其他地方储备粮管理公司依法成为执行最低收购价政策的主体。在托市收购过程中，由于最低收购价高于市场价格，最低收购价实际变成市场价格的决定标准，扰乱了市场调节价格功能，市场机制难以发挥作用。中国储备粮管理集团有限公司将当年生产的大部分粮食纳入自己的粮库，形成了实质上的市场垄断和不公平竞争，不利于多元化市场主体的培育和发展（施勇杰，2007）。

二、临时收储政策的实施效果

2007~2008 年国际金融危机引发的粮食危机，使得国际大宗农产品价格剧烈波动。我国出于稳定市场价格和有效供给、保护农民利益和种粮积极性的目的，对部分农产品实施临时收储政策。临时收储的产品包括：一是对稳定市场供应具有重要影响的农产品，如玉米等饲料粮和猪肉；二是对进口比较敏感的农产品，包括大豆、棉花、油菜籽和食糖。临时收储政策在提升市场价格、保护农民收益、保障粮食安全等方面起到了积极作用，但其过度干预市场同样也引发了诸多问题，

2015年起大部分临时收储政策逐步被取消或面临改革。现有研究对临时收储政策的实施效果已有丰富的研究结论。

（一）生产和价格层面

一方面，临时收储政策在一定程度上提高了市场价格，起到了托市的效果，激发了生产者积极性，促进了生产。吴学兵和乔娟（2016）认为，临时收储政策的实施阻止了市场价格下跌，促进了市场价格明显回升，有效解决了农民卖粮难且效益低下的状况，促进了农民收入的持续增长，调动了农民的种粮积极性，2007~2014年，玉米产量增幅超过40%。进一步地，郭丽等（2017）利用1992~2014年的各类公开的玉米数据建模进行实证分析发现，临时收储政策自实施以来，对国内玉米产量及国内玉米价格产生了显著影响，且影响程度较大，对我国玉米播种面积有显著的正向影响，促使玉米国内产量每年平均增加4.28%，国内玉米价格每年平均提高10.36%。

另一方面，临时收储政策起到了稳定市场、降低市场价格波动的作用。姚志和谢云（2016）研究发现，实行临时收储政策期间，与国际市场相较而言，国内市场价格波动幅度明显减小，价格趋于稳定，临时收储政策有效地调节了市场，对稳定市场价格起到了积极作用。冷博峰等（2017）整理了2008~2014年油菜临时收储政策实施期间的数据，发现油菜种植户的平均出售价格未发生大幅低于临时收储价格的情况，临时收储政策有一定的价格托底作用，保护了农民收益和生产积极性。

（二）负面影响层面

一方面，临时收储政策的托市做法，强化了政府在粮食市场中的功能，弱化了市场在价格形成过程中的作用，不利于国有粮食企业的改革和粮食相关产业的发展（牛松，2013）。临时收储政策实施后，出现了产区与销区价格倒挂严重、南北地区价格倒挂严重及库存严重等现象（徐志刚等，2010）。程国强（2012）认为，我国价格调控政策执行过程中形成了巨量的临时性储备，原本用于调控市场的临时性储备实际起到了支配作用，导致市场价格被托市价格绑架。郑风田（2015）认为，政府托市价格造成国内外价格倒挂加剧，用粮企业成本不断攀升，扰乱了国内市场。由于国内外市场价格倒挂，进口替代品大幅增多，影响企业对国产产品的收购意愿，从而库存积压严重。虽然临时收储政策执行规则中严禁收购进口产品，但进口产品价格与临时收储价格相差较大时，将其销入临时收储库中存在较丰厚的利润，政策存在一定的寻租空间，容易产生寻租行为（冷博峰等，

2017）。在临时收储政策下，为保护自身利益，农民更愿意将产品卖给国家，各地储备粮库充足，而市场上的贸易企业、加工企业等市场主体能够获得的有效供给严重不足，市场粮源比较紧张，市场有效供给与总体供给的矛盾突出（张莹莹，2016）。同时，国家库存很高，增加了国家的财政负担（吴学兵和乔娟，2016）。叶兴庆（2017）认为，收储成本过高，政府储备顺价销售难度大，这进一步导致了国家库存积压。维持较高的库存水平给政府带来了沉重的财政负担。更为严重的是，临时收储政策渐渐演变为刺激相关产品种植的政策工具，偏离了"临时"的初衷。

另一方面，临时收储政策还会误导农民生产。临时收储政策真正发挥托市作用是在政策实施后，农民只能依据往年经验安排生产，这制约了农民从临时收储政策中获益，且收储政策的细则不完善，收储企业单方面操作空间大，容易利用收储指标赚取差价，获得超额利润。尽管临时收储政策的初衷是保护农民利益，但市场普遍认为国家临时收储政策的最大受益者是得到收储指标的粮库和相关的粮商。临时收储政策提高产品价格的行为抬高了加工业的生产成本，导致加工企业经营困难局面进一步加剧（徐志刚等，2010）。临时收储价格取代市场价格后，生产、流通、加工各类市场主体正常经营积极性下降，交易储备物资成为唯一目标，形成了国家的统购统销，影响了市场机制的发挥，扭曲了市场价格，不利于产业链健康发展（何梁和刘维忠，2015）。

三、目标价格制度的实施效果

为缓解收储压力，完善农产品价格形成机制，中央尝试取消托市收购，发挥市场调节生产结构的作用，试点脱钩的价格改革，启动目标价格制度。

目标价格制度，是指政府从扶持农业生产和保护农民利益出发，根据农产品生产成本和收益水平及市场供求状况等因素确定的农产品预期价格水平。在目标价格制度下，农民完全按照市场价格从事农产品生产和销售，如果农民所产农产品的实际销售价格高于政府确定的目标价格，则政府不启动补贴手段，不给农民发放补贴；如果实际销售价格低于政府确定的目标价格，则政府启动补贴手段，给农民发放补贴。

目标价格制度是在市场形成价格的基础上，释放价格信号引导市场预期，通过补贴保护生产者基本收益的一项农业支持政策，是现阶段农业支持保护政策的一个重要方向。相对于临时收储政策扭曲价格关系，目标价格制度无疑是一个进步。然而，目标价格制度仍然存在弊端，相比临时收储政策，尽管目标价格制度成本仍然处于可控范围内，但是，如果仅仅从显性成本分析，财政成本仍然偏高（陈锡文，2017）。另外，目标价格制度在操作中与当年的种植面积或交易量挂钩，仍未脱离保收益和保产量的双重目标。2017 年，国家进一步取消大豆和玉米的目标价格政策，建立起市场化收购加补贴的政策，充分发挥价格对生产的调节和引导作用。现有文献关于目标价格制度实施效果的研究如下。

（一）生产层面

王长春（2017）研究东北地区黑龙江、吉林两省的大豆种植数据发现，原本种植面积在逐渐减少的大豆在实施目标价格制度后，大豆种植户获得了良好的收入预期，因此扩大了大豆的种植面积，调整了种植结构。在新疆棉花目标价格制度的试点中，由于国家补贴的针对性，特别是对非法开荒不予补贴，推动了一批不宜种棉区域、次宜棉区和低产棉区调整农业结构和转变发展方式，为实施“退地减水”政策、加强生态环境保护提供了重要支撑（秦中春，2016）。

另外，目标价格制度实施以来，在“优质优价”的市场竞争作用下，农产品质量也得以有效提升。临时收储政策实施期间，棉农在追求收益的目标驱使下，更多关注棉花产量而非棉花质量，致使新疆棉花质量明显下降；加工企业为了增加交易储备物资量，把部分低等级棉与高等级棉掺在一起，从而拉低了高等级棉的品质，提高了纺织企业的纺纱成本。目标价格政策实施以来，在“优质优价”的市场竞争作用下，棉农尤其是加工企业、销售企业在生产、加工、销售棉花的过程中更注重棉花品质，有意识地将棉花分等级处理，以提高市场效益，使棉花质量有所提升（张杰和杜珉，2016）。

（二）农户层面

目标价格由生产成本加基本收益构成，因而减少了生产者对于亏本问题的担忧，理论上目标价格制度可以激励种植积极性。王长春（2017）认为，由于种植结构得到调整，种植面积增加，农民净收入增加，目标价格制度的实施对粮户种粮净收入的提高有正效应。张杰和杜珉（2016）通过对新疆棉花目标价格制度补贴实施效果进行调查研究认为，目标价格制度有效保证了棉农的基本收入。也有其他研究对于目标价格制度对于农户生产积极性的影响持不同观点。徐雪高和王兴华（2016）与武舜臣等（2017）认为农户的种植面积增加不完全来自生产积极性，还来自资源禀赋的限制；入户调研发现，目标价格制度是否对农户生产积极性产生正向影响还有待验证，因为目标价格制度实施后，部分农户的生产积极性反而下降。

此外，张巍和佟丹丹（2017）认为，目标价格等级区分不明显，既没有根据市场供求关系调整，也没有考虑质量问题，使得农产品无法拉开等级和价格，混收的局面让很多农户觉得种优质品种与种一般品种的收益相差不多，容易使他们只追求产量而不追求质量，农产品的竞争力下降，使得优质农产品的推广遭遇障碍，与保护农民合法收益的初衷不相符合。

（三）市场层面

大多数研究认为，目标价格制度保障了价格由市场供求形成，政府不再干预市场价格。冯海发（2014）认为，目标价格制度实施后，政府对农业的价格支持措施并不对市场形成价格的内在机制造成影响，农产品市场价格水平是农产品市场供求关系状况的真实反映，市场价格不会再如最低收购价政策下那样扭曲。目标价格制度主要通过给予生产者价格信号，间接影响农产品市场，更加符合市场经济的基本要求，有利于农产品市场价格机制的形成，有效减少托市政策造成的市场扭曲（詹琳和蒋和平，2015）。黄季焜等（2015）对实施棉花目标价格制度的县进行了抽样调查，调查显示目标价格制度的实施缩小了国内外价差，完善了棉花市场价格形成机制。柯炳生（2015）主张，新疆地区棉花的目标价格制度可以通过与土地面积挂钩的农业补贴进行，以土地确权登记的面积为准，在土地补贴之上再加上目标价格补贴，简单易行且政策不会干扰市场价格。徐雪高等（2016）研究了 2014 年启动东北和内蒙古大豆目标价格补贴试点后的大豆市场发现，试点地区的大豆价格出现连续大幅下跌，与国外大豆价格走势保持一致，国内外市场联系更加紧密，市场机制作用得到更好发挥。

另外，朱满德（2014）认为，目标价格制度会产生高昂的经济成本：扭曲市场价格信号，使较多的资源流向实施价格支持的产品，资源配置难以达到“帕累托最优”，引起效率损失。

（四）政府层面

目标价格制度对于政府的影响主要集中在政府支出成本和补贴效率两个方面。徐雪高等（2016）认为，实施目标价格制度减少了政府储备环节，降低了政府收储压力，中央财政支出减少，但地方财政支出增加。地方财政支出主要用于制度执行中产生的实地测量成本、农户等待成本、各级干部的交通和住宿费用、物资购买及宣传等成本。还有观点认为，目前目标价格制度覆盖的是全部粮食生产，该数量远远超过托市收购数量，且制度施行成本较高，可能会导致财政支出不降反增（武舜臣等，2017），也容易滋生腐败现象（黄季焜等，2015）。

在补贴效率上，由于目标价格制度主要实施于农产品流通环节，补贴的依据是农民的种植面积、作物产量，补贴的对象也是农民，避免了流通环节对补贴的占用，提高了财政补贴的针对性，财政资金使用效率大幅提高（张巍和佟丹丹，2017）。李光泗和郑毓盛（2014）认为，从总的社会福利上看，目标价格制度在无执行成本的情况下会使社会福利增加，而现实中目标价格制度的执行会产生很多成本，制度成本增长可能使生产者与消费者获得的额外福利消失殆尽，甚至出现社会福利减少的情况。张杰和杜珉（2016）根据新疆棉花目标价格制度实施效果的调查研究，认为目标价格制度的实施中还存在数据（自治区核定数据与国家统计部门数据）统计差距大、补贴资金足额到位难、补贴程序（棉花种植面积核实、实际产量统计、棉花公检等环节）复杂、制度落实成本较高等操作困难。

第四章　粮食价格支持政策分析

第一节　当前粮食最低收购价政策改革背景

2004年以来，以粮食最低收购价和重要农产品临时收储为主要内容的农产品价格支持政策，是我国国内农业支持保护政策的重要组成部分。自2014年开始，部分农产品的临时收储政策逐渐被目标价格制度和市场化收购加补贴政策替代。国内价格支持是农业保护政策中最为直接的手段，也曾是美国和欧盟等发达国家和地区保护农业最常用的手段。其目的在于通过补贴支持农业收入和价格，确保农产品的稳定供应，解决农产品过剩及价格下跌问题，保护农产品生产者的收益。

国内价格支持政策的实施在促进粮食产量持续增长和农民收入稳步增加方面取得效果的同时，随着政策实施环境发生变化，也出现了一系列新的问题：国内粮价持续上升导致国内外粮价倒挂，农业生产成本上涨挤压农民增收空间，优质农产品供给不足，农业资源开发强度过大，农业面源污染日益突出，等等。

一、产量、进口量和库存量“三量齐增”

（一）产量持续增加

受政府托市政策影响，农民种粮收益预期向好，种粮积极性提高，国内粮食产量持续增加。2003~2015年我国粮食播种面积年均增长1.1%，其间粮食播种面积由14.9亿亩[①]增长到约17亿亩。同时，粮食单产能力也在逐步提升，由2003年的288.8千克/亩起步，以每年2.0%的速度增长到2015年的365.5千克/亩。在耕地面积与单产能力同步增长的共同作用下，我国粮食产量实现了“十二连增”，

① 1亩=666.67平方米。

粮食产量由 2003 年的 4.3 亿吨增长至 2015 年的 6.2 亿吨，年均增长 3.1%（如图 4-1）。2016 年粮食种植面积与单产同时下降，合力拉动粮食总产量下降了 520.1 万吨。即便如此，我国粮食也实现了连续 10 年维持高位供给水平，极大地提高了国内粮食安全水平，并为世界粮食生产供应提供了可靠保障。

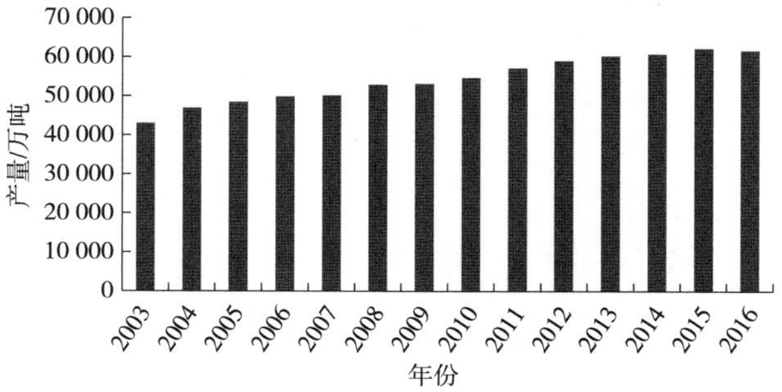

图 4-1　2003~2016 年我国粮食产量变化

资料来源：历年《中国农村统计年鉴》

与粮食作物略有不同，2003~2016 年棉花种植面积呈现显著下降趋势，由 2003 年的 0.77 亿亩，下降到 2016 年的 0.50 亿亩，年均下降 3.3%。然而，随着农业科学技术水平的提高，棉花单产能力不断上升。据统计，棉花单产能力由 2000 年的 72.9 千克/亩增长至 2015 年的 98.4 千克/亩，年均增长 2.0%，到了 2016 年棉花单产能力已经达到 105.6 千克/亩，同比增长 7.3%。在棉花单产能力显著增长的影响下，棉花产量由 2003 年的 486 万吨增长到 2016 年的 534 万吨（图 4-2）。

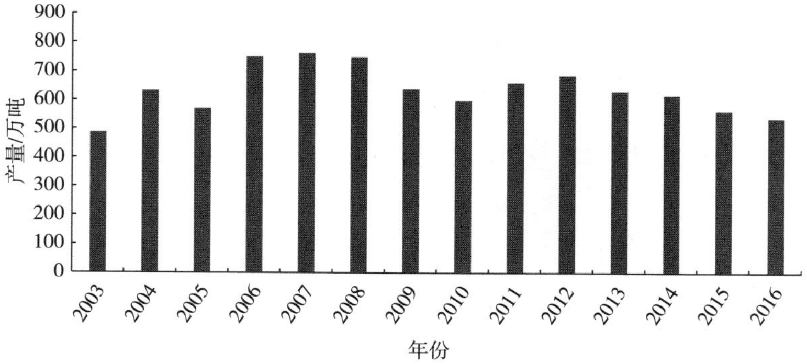

图 4-2　2003~2016 年我国棉花产量变化

资料来源：中国棉花协会

（二）进口量连年增长

国内粮棉受国内市场供求关系、托市政策和生产成本等因素的影响，价格持续上扬，国内产量持续增长的同时，粮棉类产品进口量也在同步增加。

2003年以来，我国小麦、稻谷和玉米三大主粮的进口量迅速增加，已完全由净出口国转变为净进口国。如表4-1所示，我国三大主粮进口量由2003年的756.13万吨急剧上升至2016年的1 613.59万吨，进口量增加了一倍多，粮食进口的年均增长速度超过了6.0%。与之相对，出口量则显著下滑，三大主粮出口量由2003年的2 122.78万吨急剧缩减到可以忽略不计的程度，2016年的出口量仅为58.31万吨，贸易逆差呈逐年扩大的趋势。大豆与三大主粮的进口量的增长态势相同，2016年大豆的进口量达到8 638.34万吨。棉花的进口情况略有不同，2003~2012年棉花的进口量呈现上升趋势，由2003年的118.76万吨增长到2012年的538.02万吨，2013年以后呈下滑趋势，但仍然维持超过100万吨的进口量。

表4-1 2003~2016年我国主要粮食作物的进出口量 单位：万吨

年份	稻谷		小麦		玉米		大豆		棉花	
	进口量	出口量	进口量	出口量	进口量	出口量	进口量	出口量	进口量	出口量
2003	75.25	259.08	165.78	223.75	515.10	1 639.95	2 322.87	28.17	118.76	12.02
2004	126.76	89.16	833.16	78.40	494.25	231.82	2 229.02	34.77	219.76	1.94
2005	93.30	66.67	480.15	26.04	507.85	861.10	2 907.06	40.93	292.17	1.88
2006	116.84	122.71	157.65	111.41	524.48	307.07	3 069.01	39.16	400.40	3.73
2007	97.16	131.28	143.39	233.72	458.09	491.68	3 318.54	46.73	273.96	4.36
2008	72.99	96.31	101.57	12.60	426.12	25.27	3 956.31	47.40	231.17	2.80
2009	78.33	77.39	213.47	0.84	470.53	12.96	4 495.13	35.76	180.41	3.50
2010	87.51	61.00	236.11	0.01	661.24	12.74	5 737.99	17.53	312.34	5.76
2011	105.93	50.11	261.23	3.98	593.01	13.61	5 483.44	21.91	357.63	4.80
2012	280.12	28.05	505.75	0	958.75	25.74	6 076.55	33.08	538.02	4.22
2013	271.81	46.64	683.07	0.26	734.08	7.77	6 555.48	22.11	443.69	4.81
2014	303.17	41.16	426.56	0.10	682.58	2.02	7 381.18	21.75	264.07	2.93
2015	382.73	33.54	431.02	0.53	895.40	1.25	8 441.03	14.60	166.28	3.02
2016	400.50	56.04	472.5	1.05	740.59	1.22	8 638.34	13.99	103.82	0.87

资料来源：联合国粮农组织数据库

在国内生产量显著增长的同时，进口量不断上升说明我国粮棉产品相对于国际农产品缺乏竞争力，国内供给对于国外粮棉产品依赖程度逐年上涨。2003年我国棉花进口量仅是当年世界棉花总进口量的19.23%，然而我国棉花进口量在2005年所占比例已达35.23%，到2013年更是增长至47.17%，至2016年该比例有所降低，但也有14.07%。粮食方面，2003年我国玉米进口量占世界总进口量的5.74%，2009年进一步下降到4.70%，2013年上涨至6.11%，2016年稳定在4.75%左右；我国大豆进口量历年来位居世界第一，且进口量所占比例从2003年的35.30%增长了近30个百分点，到2013年已达63.64%，至2016年我国大豆进口量占世界大豆总进口量的比例依然高达 39.36%。

虽然我国消费者通过国际贸易享受了更多的消费者剩余，但是不可忽略的是，粮棉产品连年大量进口将会造成短期和长期等诸多方面的不利影响。从短期看，大量进口冲击国内市场，影响农民增收，国家收储压力增大，库存产品滞销还可能造成损失和浪费；从长期看，大量进口粮棉产品冲击农业收益，造成务农人口老龄化问题突出、农田搁荒现象蔓延，农业生产能力受到损害，进而威胁到我国的粮食安全。

（三）库存量持续扩大

政策性粮食库存是维护国家粮食安全的重要物质基础，维持一定规模的粮食储备对保障国内粮食稳定、安全供给具有重要的战略意义。21 世纪初期，我国稻谷、小麦和玉米的库存消费比多在 25%~40%浮动。然而，如表 4-2 所示，2012~2016 年来我国粮食作物的总供给量均大幅超出总消费量，年末库存量多呈连年上升态势。特别地，2016 年末玉米库存量为 25 768 万吨，为 2012~2016 年玉米年末库存量最高值，该库存量是当年国内玉米消费量的 1.22 倍，库存消费比达 122.08%。稻谷、小麦、棉花库存量同样位于高位，2016 年末库存量分别达到了 10 691 万吨、4 684 万吨、4 842 万吨，库存消费比分别为 53.74%、40.31%、128.91%，均远超出国际公认的 17%~18%的合理水平。主要粮棉作物中仅有大豆库存消费比基本维持在合理范围内，但 2016 年也达到了 21.85%。

表 4-2　2012~2016 年中国主要粮棉作物的供需及库存情况

品种	年份	总供给量	总消费量	年末库存量	库存消费比
稻谷/万吨	2012	27 588	19 641	7 948	40.47%
	2013	28 545	19 909	8 635	43.37%
	2014	29 590	20 005	9 586	47.92%
	2015	30 740	19 885	10 855	54.59%
	2016	30 586	19 895	10 691	53.74%
小麦/万吨	2012	16 827	12 070	4 757	39.42%
	2013	16 476	11 848	4 628	39.06%
	2014	16 627	11 890	4 737	39.84%
	2015	16 267	11 330	4 937	43.58%
	2016	16 302	11 618	4 684	40.31%
玉米/万吨	2012	26 957	19 518	7 439	38.11%
	2013	30 662	18 763	11 900	63.42%
	2014	35 193	17 761	17 432	98.15%
	2015	42 749	18 620	24 129	129.58%
	2016	46 875	21 108	25 768	122.08%

续表

品种	年份	总供给量	总消费量	年末库存量	库存消费比
大豆/万吨	2012	8 186	7 251	935	12.90%
	2013	8 931	7 862	1 070	13.60%
	2014	9 825	8 519	1 305	15.30%
	2015	10 595	8 923	1 672	18.74%
	2016	12 021	9 865	2 156	21.85%
棉花/万包	2012	8 641	3 605	5 036	140.00%
	2013	9 723	3 453	6 271	181.62%
	2014	10 099	3 407	6 692	196.41%
	2015	9 333	3 513	5 820	165.67%
	2016	8 598	3 756	4 842	128.91%

资料来源：布瑞克农业数据库

粮棉作物过高的国内库存在一定程度上反映了国内主要粮棉作物产量持续上升的事实，但不可忽略的是，与此同时粮棉作物的进口量也在持续攀升，这主要是因为我国粮食产品价格相对世界市场价格而言缺乏竞争力。因此，国产粮棉只能被积压在库里，这就形成了所谓的“洋货入市，国货入库”的现象。长此以往，库存粮食滞销不仅会造成资源浪费，政府要维持如此高的库存水平必然还要承担更重的财政负担，国家每年需要支付大量粮食收购费用和露天储量设施搭建补助费用，还要投资建设大量仓储设施及支付仓储保管费用等，并且政策成本可能会随着产量的增加而不断增加，同时还面临着在市场价格低迷阶段，难以实现顺价销售的风险。

二、生产成本和国际价格“两板挤压”

（一）国内生产成本上升

农业生产成本对农民收益、市场竞争能力、农业生产经营方式变革等至关重要。由于农产品品质差异不明显且产品市场细分存在局限，市场竞争实质上是价格竞争。近年来，在国内劳动力成本和物价成本上涨的同时，国内促进土地流转、扩大土地经营规模的政策使得地租成本显性化，农业生产成本的提高大于规模化效益节省的成本，一系列因素促使国内粮油生产成本呈现不断上升的趋势。

2003~2016 年，稻谷生产成本由 0.97 元/千克上涨到 2.45 元/千克，涨幅近 152.6%，年均增长率约为 7.4%（表 4-3）。其他几种粮棉油作物在同时期的涨幅也相当大，小麦、玉米、大豆、棉花生产成本分别以每年增长 5.3%、7.0%、7.9%、5.9%的速度向上攀升。上升速度最快的是 2009~2013 年，各品种年均涨幅均超过 11%，特别是棉花生产成本 2013 年一度达到 19.93 元/千克，年均增长近 19%。

2013年后，玉米、大豆生产成本的增长速度略有下降，稻谷、小麦、棉花生产成本一度下降，但至2016年各品种生产成本相对于竞争对手国家（如美国[①]）差距依然悬殊。过高的生产成本严重影响了国内粮棉作物的市场竞争能力，不利于国内粮棉作物出口，农业收益微薄也打击了农民的种粮积极性，生产成本“地板”持续抬升对国家粮食安全是一种潜在威胁。

表4-3　2003~2016年我国粮棉作物成本变化　　单位：元/千克

年份	稻谷	小麦	玉米	大豆	棉花
2003	0.97	1.24	0.89	2.05	8.89
2004	0.98	1.01	0.85	1.88	8.39
2005	1.12	1.15	0.89	1.97	9.21
2006	1.16	1.11	0.94	2.01	8.75
2007	1.21	1.18	1.03	2.59	9.35
2008	1.40	1.24	1.11	2.44	10.61
2009	1.45	1.46	1.24	2.87	10.45
2010	1.68	1.63	1.36	2.85	14.21
2011	1.90	1.78	1.58	3.27	16.00
2012	2.17	2.11	1.83	3.87	18.01
2013	2.41	2.39	2.02	4.45	20.72
2014	2.40	2.21	2.08	4.56	19.07
2015	2.41	2.29	2.15	4.78	19.93
2016	2.45	2.43	2.14	5.51	18.73

资料来源：2007~2017年《全国农产品成本收益资料汇编》

（二）国际价格下降

随着我国粮棉油产品贸易程度的不断增强，其竞争力先天不足的劣势逐渐显现。特别是近年来受到全球金融危机的持续影响，世界经济出现通胀紧缩且复苏缓慢、原油价格下行、世界粮食供需关系逐渐宽松等一系列因素促使国际粮食价格逐步下行。与之相对，国内粮棉油产品成本结构扭曲程度日益加剧、总成本不降反升。为了缓解成本快速上涨对粮棉生产造成的压力、维护农民收益、提高农民种粮积极性，我国政府对稻谷、小麦、大豆、玉米和棉花等实施了不同的托市收购政策，使得国产粮棉产品市场价格居高不下，2013年我国主要粮棉产品的国内外价格出现倒挂现象。

① 《全国农产品成本收益资料汇编》收录了相关的中国、美国农产品成本价格数据，本书梳理2010~2016年资料并整合相关数据，将粮棉成本价格单位统一为元/千克，摆脱中美土地面积计量差异对最终农产品盈利状况判断的限制，实现两国成本总量及价格的年度序列可比性。

2017 年，我国粮棉主要农产品价格已经到“天花板”。由稻谷、小麦、玉米、大豆和棉花市场的进口到岸价格、平均进口价格和国内产品出售价格相比可知，我国稻谷与进口稻谷相比有一定的价格竞争优势，然而这种优势在逐渐减弱；我国小麦、玉米、大豆、棉花 2010 年后价格竞争优势不再，且与平均进口到岸价格差距逐渐扩大，本土农产品难以在价格层面与进口的国外农产品进行比拼，往往被竞争对手排挤，丧失竞争优势（图 4-3）。

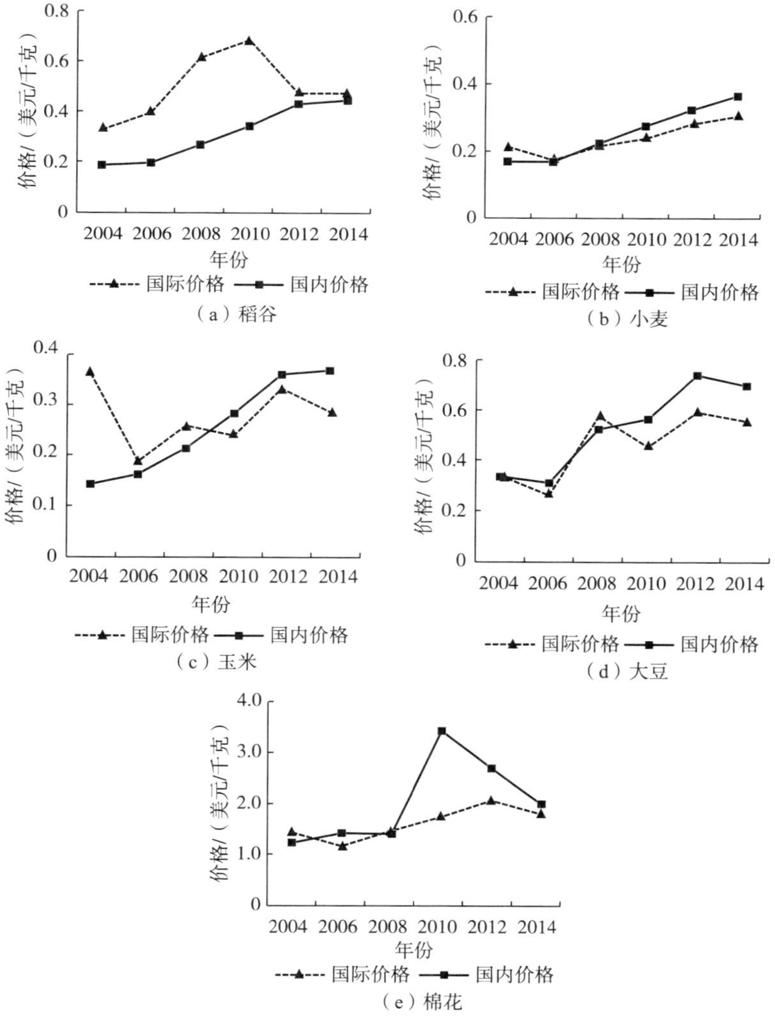

图 4-3　我国与国际市场主要粮棉产品价格比较（2004~2014 年）

资料来源：国际价格数据由联合国商品贸易统计数据库计算得到；
我国价格数据来自 2010~2016 年《全国农产品成本收益资料汇编》

三、农业资源和环境的"双紧约束"

（一）农业资源紧张

市场价格支持政策在保障国内粮食生产供应和国家粮食安全方面发挥了巨大的作用，但也引发了资源负荷超载、生态环境恶化、粮食进口过度等一系列问题。粮棉持续增产给我国有限的水土资源带来巨大压力，与世界农业大国相比，我国水土资源总量尚算可观，但由于人口基数大，人均水土资源占有量相比之下就显得严重匮乏。据统计，2017 年我国人均耕地面积仅相当于世界平均水平的 40%、美国的 17%、澳大利亚的 4%，而人均水资源占有量则不足世界平均水平的 30%、巴西的 10%、加拿大的 3%。随着我国经济的快速发展，工业化、城市化进程加快，用地、用水的需求也在增大，耕地资源及水资源的数量和质量却在不断下降。在 2005~2014 年过去的十多年间，我国耕地面积正在以每年约 1%的速度下降，截至 2015 年末，共有耕地 13 499.87 万公顷，其中较适宜进行农业生产的优等地及高等地仅占总耕地面积的 29.4%[①]。农业用水量占全国总用水量的比例居高不下，2016 年全国总用水量为 6 040.2 亿立方米，其中农业用水量为 3 768.0 亿立方米，占总用水量的 62.4%[②]。在水土资源有限的情况下，高强度的水土开发利用愈加捉襟见肘、难以为继，加之水土资源本身的空间分布不均匀，今后的粮食生产只会面临更为严峻的水土约束。

（二）环境问题凸显

在水土资源有限的情况下，我国只能尽可能地提高土地资源的产出水平以维持粮食增产，而人们往往简单粗暴地依靠大量使用化肥来提高亩产量，这不仅危害生态环境且加速土地贫瘠化，还会使得粮食生产成本越来越高，形成一系列的恶性循环。随着化学品的持续投入，农业开发强度接近极限，对生态环境的破坏也越来越严重（黎东升和曾靖，2015）。根据联合国粮农组织数据库提供的数据，2010 年我国化肥施用总量占世界的 35%，亩均化肥施用量达到 21.2 千克，化肥施用量虽多但是施用效率很低，单季利用率仅为 30%，比发达国家低 20 个百分点以上。化肥、农药大量施用导致耕地质量退化、环境问题加剧。相关数据显示，

---

① 中华人民共和国国土资源部. 中国国土资源公报（2016）. http://www.mnr.gov.cn/sj/tjgb/201807/P020180704391918680508.pdf.

② 中华人民共和国水利部. 2016 年中国水资源公报. http://www.mwr.gov.cn/sj/tjgb/szygb/201707/t20170711_955305.html，2016-07-11.

2015 年全国耕地污染超标率已经达到 19.4%，超标面积在 3.5 亿亩以上（程国强，2015），生态环境与资源条件不容乐观，并将严重制约我国农业的可持续发展。从追求农业可持续发展和保障长期粮食安全的角度出发，应当调整农业支持政策指向和国家粮食安全保障目标。

四、国际规则约束趋紧

开放市场条件下农业国内补贴会影响农业生产成本，进而影响世界贸易格局，因而受到国际规则的制约与限制。《农业协议》规定采用 AMS[①]测算一国农业国内支持水平，各成员任一年份非特定农产品（即整个农业部门）AMS 或特定农产品 AMS 超过其“入世”承诺水平均被视为违反 WTO 规则。近年来，我国对于粮食主产区的小麦、稻谷等主粮逐步形成以价格支持为主的国内支持保护政策，受到国内生产成本上升及国际粮价下降的双向影响，国内农业支持水平呈上升趋势。在国内支农财政负担加大的同时，我国对于农产品的国内支持政策在国际范围内也开始日益受到关注。2016 年 9 月，美国通过 WTO 起诉我国粮食补贴超标，违反《农业协议》。

第二节　粮食价格形成机制急需改革

当前，国际粮食价格下跌对国内市场价格带来下行压力，这对国内粮食市场与相关主体带来较大冲击。

从政府角度来看，最低收购价政策实施成本剧增。截至 2017 年 11 月底，我国小麦和大米的平均价格比进口到岸完税成本价分别高出 40%和 35%，致使入库小麦和稻谷难以顺价销售。稻谷的期末库存从 2012 年的 8 635 万吨，增加到 2016 年的 11 456 万吨，库存消费比从 43.4%增加到 57.8%。小麦的期末库存从 2012 年的 4 628 万吨，增加到 2016 年的 4 654 万吨，库存消费比从 39.1%增加到 41.1%，变化不大。

从收储财政支出来看，2012~2016 年用于粮食安全保障的公共仓储费用分别为 389 亿元、552 亿元、762 亿元、1410 亿元和 780 亿元。从政策性银行对粮食

① AMS 是指有利于农业和农业生产者的所有国内支持的总和，包括所有特定农产品的 AMS、所有非特定农产品的 AMS 及所有特定农产品支持等值。

收购的资金贷款来看，2016 年我国农业发展银行发放粮棉油贷款 5 703 亿元，贷款余额 20 353 亿元，其中，粮棉油收储贷款 4 547 亿元（由于玉米价格改革，收储贷款额度低于 2015 年 5 738 亿元的水平），支持收储粮油 2 137 亿千克、棉花 4 508 万担[①]。

从市场角度来看，最低收购价对农民粮食销售价格影响弱化。从官方统计数据来看，2015 年农民的小麦销售价格比国家的小麦最低收购价格低 17.3%，湖北比国家最低收购价低 10.15%，安徽比国家最低收购价低 6.6%，江苏比国家最低收购价低 4.5%。而从农户调查数据来看，2015 年江苏一些收储库粳稻收购价仅 2.60~2.70 元/千克（甚至一度跌到 2.20 元/千克），比粳稻最低收购价 3.10 元/千克低 13%~16%（一度下跌近 30%），再加上很多农户在自家田头就把粮食以更低价格卖给粮贩，因此，农民实际销售价格比最低收购价格低 20%以上。2015 年，安徽的小麦销售价格也不乐观，再加上天气对小麦品质带来的负面影响，大部分小麦不完善粒超过 15%，达不到中国储备粮管理总公司的收购质量，不完善粒在 13%~15%的小麦，农民的销售价为 1.60 元/千克，而同期 8%不完善粒小麦的最低收购价格为 2.36 元/千克，即使按相同质量调整，农民实际销售价也比最低收购价格低 20%左右。

从农民角度来看，卖粮难影响农民的种粮积极性。2015 年以来，农民卖粮难问题日益突出。一方面，部分地区由于气候原因，粮食品质没能达到最低收购品质要求，难以销售；另一方面，各收储点的库存不断增加，导致有价无市情形出现，农民卖粮困难。

第三节　不同粮价改革政策比较分析

2017 年初，中央农村工作领导小组办公室、国家粮食局（现国家粮食和物资储备局）提出要防止出现大面积的“卖粮难”，并提出改革粮食价格形成机制。2017 年 11 月，发改委、国家粮食局和财政部等联合发布《国家发展改革委 国家粮食局 财政部关于进一步做好 2017 年秋粮收购工作有关问题的紧急通知》，防止农民“卖粮难”和霉粮坏粮。但是，专家对于如何改革仍存在争议，有专家认为应该取消最低收购价格，以对农民的收入补贴来替代，也有专家认为保留最低收购价格，但是要降低价格水平。

---

① 1 担=50 千克。

从棉花目标价格改革与玉米价补分离改革经验来看，市场定价对于整合市场与去库存有较好的效果，并且也没有出现价格下跌导致的社会不稳定问题，但是对农民的补贴方式与补贴水平仍存在争论。从发达国家经验来看，粮食价格支持政策都是特定时期的政策手段，都对增产带来显著效果，但是也都导致粮食生产过剩且财政负担加重，从而政策被取消。取而代之的是农民收入补贴、价格与收入保险等一系列手段，使粮食在市场定价的同时，保障了粮农的利益。

如果仍保留最低收购价格，那么最低收购价格的确定就非常重要。以往国家确定最低收购价格时会考虑粮食生产成本，在此基础上按一定利润加成。以 2015 年为例，小麦的最低收购价格为 2.36 元/千克，比成本高 0.08 元/千克；粳稻的最低收购价格为 3.10 元/千克，比成本高 0.68 元/千克；早籼稻的最低收购价格为 2.70 元/千克，比成本高 0.12 元/千克；中籼稻的最低收购价格为 2.76 元/千克，比成本高 0.56 元/千克；晚籼稻的最低收购价格为 2.76 元/千克，比成本高 0.26 元/千克。可以看到，粳稻与中籼稻的成本加成部分是比较高的，而小麦与早籼稻的成本加成部分则比较低。因此，不同粮食的最低收购价格的降价空间有所差异。考虑到国家粮食安全和农民利益，最低收购价格至少应该高于其成本。

如果以收入补贴替代最低收购价格，那么补贴标准的确定就非常重要。保障农民利益是粮食价格改革的一个重要原则，因此，我们需要计算保障农民粮食收入不变所需要的补贴水平（即补贴额度为农民实际粮食销售价格与进口到岸完税成本价之差，乘以粮食产量）。通过计算，我们得到 2013~2015 年小麦的补贴资金分别为 824 亿元、1 032 亿元和 1 092 亿元，稻谷的补贴资金分别为 1 763 亿元、1 852 亿元和 2 108 亿元。如果以让农民种植粮食不亏损为标准（即补贴额度为粮食种植成本与进口到岸完税成本价之差，乘以粮食产量）计算收入补贴，我们可以计算得到，2013~2015 年小麦的补贴资金分别为 865 亿元、778 亿元和 1 039 亿元，稻谷的补贴资金分别为 1 218 亿元、1 043 亿元和 1 457 亿元。如果让小麦、稻谷每千克有 0.1 元的收益，以提高农民的种粮积极性，那么 2013~2015 年小麦补贴额度分别为 987 亿元、904 亿元和 1 169 亿元，稻谷补贴额度分别为 1 356 亿元、1 183 亿元和 1 598 亿元。

通过比较，上述两种改革方案各有利弊。降低最低收购价政策的好处是政府不需要拿出大量财政资金补贴农民，而是通过粮食收储的顺价销售，让消费者承担这部分成本。但是，如何确定合理的最低收购价格水平并不容易，这会造成对市场的扭曲，并且由于最低收购价格降低，农民收入下降。而采用收入补贴政策替代最低收购价政策，则可以充分发挥市场定价机制，解决粮食生产中的产量高、库存高、进口量高的问题。同时，可以让农民得到直接好处。但是，采用收入补贴政策后政府财政负担会增加，而且农民的种粮积极性会下降。市场价格支持政策的取消，会降低生产者的种粮积极性，国内生产会受到影响，国内库存压力会得到很大程度的缓解。但是，如果小麦进口关税配额制度完全实施透明化管理，小麦进口量不可避免地会大幅增加，进而使得小麦净进口依存度超过 7%，这一数值略高于我国粮食自给率设定的目标，这或许是实施小麦市场化改革中需要考虑的一个方面。

第四节 粮食价格改革的关键因素分析

粮食价格改革难度受国内外粮食价差影响。价差越大，改革难度越高。国内外粮食价差受到国际粮食价格、国际能源价格、人民币汇率、国内粮食生产成本等因素的影响。

从国际粮食价格变化趋势来看，国内外粮食价差 2017 年仍处于较低点。根据 USDA（United States Department of Agriculture，美国农业部）2017 年 11 月的研究分析，2018 年全球小麦与稻谷产量相比 2017 年会有小幅下降，而全球需求仍在上升，因此，2018 年全球小麦和稻谷价格会温和上涨。国际小麦和稻谷价格上涨有利于降低粮食价格改革成本。从国际能源价格变化趋势来看，2016~2018 年国际原油价格有所回升。根据国际能源署等国际机构 2017 年的判断，2018 年国际原油价格将进一步提高，这将推高国际粮食价格，并通过增加运输成本从而提高粮食进口到岸完税成本，进而缩小国内外粮食价差。在美国经济复苏和一系列产业支持政策刺激及美国联邦储备系统加息政策预期下，美元将进一步升值。这将在客观上缩小国内外粮食价差。国内粮食生产在农地适度规模经营、农业机械化应用、农业社会化服务建设和农业科技推广共同作用下，粮食生产的物质与服务成本在下降。但是，随着土地流转带来的土地租金显性化，以及劳动雇佣引起的劳动力成本显性化，粮食生产成本不降反升。非农土地价格和非农劳动报酬的上升，进一步增加了粮食生产的机会成本。

综上所述，我国粮食价格改革的外部条件不断改善，内部条件则需要通过加快新型农业经营体系构建等措施降低粮食生产成本，提高粮食生产竞争力。

第五节 粮食价格改革的政策建议

相比玉米加工的多样性，小麦和稻谷的加工途径相对有限，去库存难度比玉米大，其价格改革也不能一蹴而就。针对我国当前的粮食产销形势，我们认为要以“逐步退出、量能分治、市场定价、价补分离、脱钩补贴”的思路理顺粮食价格形成机制。

第一，粮食最低收购价政策改革应该采取两步走策略，逐步减少市场扭曲作用。第一步，在国内外粮食价差仍较大的情况下，逐步降低粮食最低收购价格，同时，提高对农业经营者的收入补贴，并加快新型农业经营体系构建。第二步，当国内外粮食价格基本趋于一致时，中止粮食最低收购价政策，但是保留粮食最低收购价政策工具，完善农业经营者收入保险与粮食价格保险体系。

第二，要以补贴产能替代补贴产量。在农地“三权分置”改革下，要以经营权作为补贴对象，而不是承包权。这个改变对于土地非流转户没有影响。对于土地转入户，接受补贴既可以享受到国家的优惠政策，也有激励去保护产能。由于农地租金对补贴对象变化有反应，这对土地流出户利益影响不大。

第三，逐步提高耕地地力保护补贴水平。建议把之前用于粮食最低收购价政策的财政资金，扣除最优粮食储备经费之后，全部用于增加耕地地力保护补贴方面。

第六节　美国对中国粮食补贴起诉问题的思考

针对 2016 年 9 月 13 日美国在 WTO 起诉中国对大米、小麦和玉米非法补贴问题，本书课题组通过对美国相关资料和 WTO 协议下中国粮食农业支持政策的分析，认为美国公开的所谓中国粮食支持水平的数据是强加给中国的，完全不考虑 WTO 协议下各国在确定国内粮食支持水平计算方案中可允许的自主权；美国对中国粮食支持政策的指责是不负责任的，无视中国政府在优化农业支持政策中做出的努力。在此基础上，本书建议中国政府从亮数据、促对话、谋共识三方面提出应诉。

一、美国起诉缘由

2016 年 9 月 13 日，美国政府向 WTO 起诉中国对大米、小麦和玉米的“非法”补贴。根据美国前总统奥巴马的讲话和官方新闻报道，这已经是奥巴马在任期内第 14 次通过 WTO 起诉中国。金融危机以来，中国为应对金融危机采取了不少临时性产业干预措施，以及渐进式改革与加入 WTO 时做出较大妥协之间的不一致，使美国公开声称前 13 次起诉都赢了，并且这次也有信心赢。美国这次起诉的目的是希望中国停止对这三种粮食的补贴，移除针对美国粮食进口的阻碍，让美国农民跟中国农民公平竞争。美国政府认为，过去数年，通过让中国降低关税和移除贸易壁垒，美国对中国的出口已经从最初的20亿美元增长到2016年的200亿美元以上。但是这还不够，美国觉得中国应该遵守加入WTO时的承诺。美国公开声称：从2012年以来，中国对小麦、大米、玉米的国内支持水平都超过了中国加入WTO时8.5%的承诺门槛，并且，这一支持水平在2015年已经比WTO承诺门槛超出了1 000亿美元。美国认为，这一方面导致中国粮食生产过度，另一方面导致美国粮食出口中国受阻，使美国农民处于劣势，对美国农业造成负面影响。

但是，中国向WTO提交的国内支持水平数据显示，2010年中国大米、小麦和玉米的AMS所占比例为1.69%、2.46%、1.98%。国内专家估算的结果也显示，2011~2013年大米、小麦和玉米的AMS所占比例为1.1%~4.44%[①]，远低于8.5%的WTO承诺门槛。为什么美国却向WTO起诉，并公开声称中国的大米、小麦、玉米在2012~2015年都超过向WTO承诺的8.5%的水平呢？美国驻WTO代表所说的中国对大米、小麦、玉米的补贴在2015年已经超过WTO承诺的1000亿美元这个数据又是怎么计算出来的呢？为什么中国与美国的数据差别这么大？中国政府应该怎么应对这一起诉？

二、美国起诉依据和内容是站不住脚的

美国公开的所谓中国粮食支持水平的数据是强加给中国的，完全不考虑WTO协议下各国在确定国内支持水平计算方案中可允许的自主权。本书课题组按照中国一贯的计算方案，根据美国提供的数据，中国大米和小麦的国内支持水平随着近年来国内最低收购价格和收储量的提高而增加，但仍在WTO承诺门槛之内，并没有违反WTO协议，不存在美国所谓的“非法”补贴，也不存在美国所谓的超过1 000多亿美元的国内支持水平。

从WTO公开档案系统中看到，美国的起诉文本都是对中国近年来农业支持政策的罗列，并没有给出具体的支持水平数据，但仍可以从USDA新闻网的报道和美国国会农业委员会在2015年关于国外农业补贴政策的两场听证会的材料中看到起诉的数据依据。通过对听证会材料的分析，本书课题组找到了美国政府所公开声称数据的依据。在主题为“外国农业补贴评论”的听证会上，DTB联合公司（DTB Associates LLC）[②]的合伙人克雷格·索恩（Craig Thorn）的证

---

① 数据来自WTO文档库，国内专家数据来自朱满德和程国强（2015）。

② DTB联合公司是美国华盛顿特区一家为客户提供移除国际贸易壁垒或解决国际贸易纠纷等相关服务的企业。

词及其研究报告专门分析了中国在内的几个主要发展中国家的农业国内支持政策。与中国采取的以实际收购量计算市场价格支持不同，克雷格·索恩采用实际产量计算，这隐含的假设是中国政府按粮食最低收购价格收购了所有的粮食，但忽视了中国主要粮食相当一部分是农民自给自足消费的现实，也没有考虑市场主体对粮食的非政策性收购。这两种算法在 WTO 中都是被允许的，采用实际产量的结果显然比收购量要大得多。中国向 WTO 提交的 2010 年以前的国内支持水平估计数据都是按照收购量计算的，并没有引起争议。事实上，2002 年美国农业法案实施以后，美国向 WTO 提交的糖的国内支持水平也不是按照产量作为支持数量，而是采用规模小得多的数量指标①。同时，克雷格·索恩把属于非特定农产品补贴的农资综合补贴、属于脱钩收入支持的粮食直接补贴按比例归到了大米、小麦和玉米的特定产品补贴中，这是错误的。表 4-4 是中美双方对中国粮食 AMS 计算方法的比较，可以看出，双方在参考价格的确定上没有分歧，但是在支持数量的确定，以及粮食直接补贴和投入品补贴的归属上存在较大分歧。

表 4-4　中美双方对中国粮食 AMS 计算方法的比较

内容	中国	美国
参考价格	1996~1998 年基准价格	1996~1998 年基准价格
支持数量	收购量	产量
粮食直接补贴	脱钩收入支持	按比例归入特定农产品支持
投入品补贴	非特定农产品支持	按比例归入特定农产品支持

资料来源：笔者整理

表 4-5 给出了美国所谓的超过 WTO 承诺门槛 1 000 亿美元的来源。按照克雷格·索恩的计算，2014/2015 年度中国大米、小麦和玉米的 AMS 总额达到 1 027 亿美元。按照同样的计算方法，2012 年以来中国大米、小麦和玉米的 AMS 总额都超过了中国加入 WTO 的承诺门槛。克雷格·索恩的分析报告中虽然也考虑到中国对玉米和小麦的托市收购只在主产区实施，但在计算中仍选择这些主产区的粮食产量作为支持数量，结果仍比按实际收购量计算要大。

① 资料来自艾弗兰德（Effland）于 2011 年在 USDA 发表的研究报告《世界贸易组织和经济合作与发展组织体系对农业支持分类和衡量的差异分析》（*Classifying and Measuring Agricultural Support Identifying Differences Between the WTO and OECD Systems*）。

表 4-5　中美双方对中国粮食 AMS 的估计结果比较（2014/2015[1]年度）

内容	大米	小麦	玉米	合计
市场价格支持/亿美元	236（38.3）	133（30.1）	471（138.2）	840
支持价格/（美元/吨）	471.54	383.74	361.21	
参考价格/（美元/吨）	320.49	276.10	194.30	
支持数量/万吨	15 620（2 807）	12 360（2 534）	28 220（8 280）	
直接补贴/亿美元	8（0）	6（0）	9（0）	23
投入品补贴/亿美元	55（0）	45（0）	64（0）	164
AMS/亿美元	299（38.3）	184（30.1）	544（138.2）	1 027
WTO 承诺门槛/亿美元	82.0	43.0	67.0	

注：数据部分的括号内为按中国方法计算的结果。支持价格和参考价格的美元兑人民币汇率都按 6.14 元/美元换算

资料来源：根据克雷格·索恩证词中提到的报告[2]，经笔者整理得到

目前还没有官方或权威学者计算中国 2014/2015 年度中国大米、小麦和玉米的 AMS 水平。本书课题组基于克雷格·索恩的研究报告中的数据，根据 2014/2015 年度中国政策性收购玉米量 8 280 万吨，小麦收储量 2 534 万吨，大米收储量 2 807 万吨[3]，采用中国的 AMS 计算方法，结果见表 4-5 中数据部分的括号内内容。计算结果显示：2014/2015 年度的小麦市场价格支持水平为 30.1 亿美元，大米市场价格支持水平为 38.3 亿美元，玉米市场价格支持水平为 138.2 亿美元。考虑到粮食直接补贴为脱钩收入支持，投入品补贴应该属于非特定农产品补贴，小麦和大米的 AMS 分别为 30.1 亿美元和 38.3 亿美元，这一水平因为国内最低收购价格和收购量的增长而高于中国官方和国内专家计算的 2013 年以前的数据，但是其规模低于 WTO 承诺门槛的 82.0 亿美元和 43.0 亿美元。玉米的 AMS 为 138.2 亿美元，高于 WTO 承诺门槛的 67.0 亿美元。

美国对中国粮食支持政策的指责是不负责任的，无视中国政府在优化农业支持政策中做出的努力。中国政府已经对玉米国内支持政策进行了改革，并对大米和小麦国内支持政策进行了优化，以履行中国对 WTO 协议的承诺。

2015 年以来，中国政府已经主动调整粮食支持政策，农业领域的供给侧改革也在推进。虽然 2014/2015 年度小麦和大米的 AMS 水平并没有超过 WTO 承诺门槛，但中国政府已经意识到这一政策带来的负面影响。因此，中国政府并没有像往年一样提高小麦和玉米的最低收购价格，而是把 2015/2016 年度最低收购价格保持在 2014/2015 年度的水平。由于意识到 2014/2015 年度玉米的国内支持水平

① 由于粮食价格支持政策的跨年度属性，故采取跨年度时间表示。

② DTB 联合公司于 2015 年发布的研究报告《主要发展中国家的农业补贴：2014 年 11 月更新》（*Agricultural Subsidies in Key Developing Countries：November 2014 Update*）。

③ 2014/2015 年度收储量数据来自官方公开报道。

超过了 WTO 承诺门槛，所以中国政府在 2015/2016 年度中把玉米收购价格下调了 10%，并把玉米临时收储政策调整为“市场定价、价补分离”的新机制。

三、针对美国起诉的应对措施

根据 WTO 争端解决机制，自美国起诉之日起，若两个月内中美双方不能通过磋商解决问题，则需要成立专家小组调查并提交给 WTO 仲裁委员会解决。通过上述分析，本书课题组认为可以从以下三个方面应对美国的起诉。

第一，亮数据，以纠正美国对中国过去农业支持政策的计算结果。2016 年中国官方向 WTO 提交的数据只更新到 2010 年，这给美国对 2010 年之后的数据夸大有了可乘之机。要坚持中国以往向 WTO 提交的 AMS 数据中所采用的计算方法，并组织相关部门更新 2011 年以来的 AMS 数据，尤其是大米、小麦和玉米的分品种 AMS 数据，及时向 WTO 提交中国农业国内支持水平数据，以纠正美国的计算结果，化解由此带来的负面冲击。

第二，促对话，以消除美国对中国当前农业支持政策的误解。美国在起诉文本中提到了大量中国农业支持政策，但是缺乏对政策性质的了解，把很多属于“绿箱”政策的举措归为“黄箱”政策，导致 AMS 被高估。要加强与美国的农业政策对话，让包括美国在内的有关国家了解中国农业支持政策的改革动态，尤其是农业可持续发展战略和农业供给侧改革的一系列将“黄箱”政策调整为“绿箱”政策的举措，以消除美国对中国当前农业支持政策的误解。

第三，谋共识，以消除美国对中国未来农业支持政策的顾虑。研究中国未来农业支持政策及其对 AMS 的可能影响，确保遵守 WTO 规则，以占据磋商谈判中的主动权，让美国对中国农业支持政策的未来影响有一个合理的预期，谋求中美双方形成共识，以消除美国对中国未来农业支持政策的顾虑。

第五章　主要农产品价格改革的情景分析

第一节　玉米临时收储政策改革的情景分析①

2016 年秋后，我国开始推行玉米生产者补贴制度，以替代自 2008 年以来实行的临时收储政策。这次改革旨在降低玉米库存量、减少财政支出及推动种植结构调整。在此背景下，本书对中国玉米供需进行分析和预测，并且评估该项改革的政策效果。研究结果显示，玉米生产者补贴制度对于维持农民种植意愿具有较为显著的作用，价补分离的直接收入补贴会大幅减少玉米总供给。伴随着未来玉米深加工和饲用需求继续保持增长的趋势，玉米支持政策改革将导致供需缺口迅速扩大。因此，本书建议政府选择玉米生产者补贴制度，每年根据上年情况微调补贴额，这样既能确保一定数量的种植面积和大幅减少财政支出，又可以在降低玉米库存的前提下，有效防止供需缺口迅速扩大的危害。

一、改革背景

继棉花和大豆的临时收储政策改革后，2016 年 8 月财政部下发《财政部关于建立玉米生产者补贴制度的实施意见》，宣布将推行玉米生产者补贴制度以替代临时收储政策，旨在降低玉米库存量、减少财政支出及推动种植结构调整。这次改革是解决玉米供需矛盾的必然结果。2011 年以后玉米的国际市场价格持续下跌，而政策规定的玉米收储价格却逐年升高，这导致滞销的国产玉米不断涌进仓库。玉米种植户受临时收储政策激励仍在扩大玉米种植面积，因此用于收储玉米

① 本节内容部分来自彭乙申和易福金（2017）。

的财政支出急剧攀升。另外，中国对玉米的需求预期不断增加。玉米是中国最重要的饲用主粮，饲用玉米占玉米总消费量的三分之二，随着肉类消费数量的增加，饲用玉米需求量会继续增加。与经济发达国家相比，截至 2014 年，中国人均淀粉消费量仍然远低于美国，中国玉米深加工业对玉米原料的需求仍会增加。因此，如何通过这次的玉米生产者补贴制度改革保障我国未来玉米市场的供需平衡和稳定，需要尽早做出相应的前期研究，分析潜在的不同后续影响，权衡利弊。

然而，现有政策文件尚未详细介绍后续措施，学界也没有针对该改革能否达成政策目标而做的具体研究。特别是针对生产者补贴的补贴强度变化及其他替代方案是否能够同样或者更好地达成政策目标，鲜有研究进行深层次分析。因此，本书通过模拟改革的不同政策选项，分别预测其对中国玉米市场未来供需的影响，以此判断该次改革能否达到其政策目标，并为后续改革措施的实施提供优化参考意见。

针对玉米未来的长期供求关系，绝大多数研究（表 5-1）认为玉米消费将因为深加工和饲料业的需求增长而快速增长，而未来存在的玉米供需缺口只能通过进口解决。但是诸多研究的预测结论差别很大：仇焕广等（2013）预测 2020 年玉米总供给量将达到约 2.3 亿吨，陈永福（2005）、陆文聪等（2013）分别预测 2020 年玉米总供给量约为 1.4 亿吨、1.9 亿吨。总体而言，各研究在预测玉米供需预测时出现偏差的原因有：一是原始数据的偏差，如不同模型设定的饲料转化率存在差异，可能高估畜产品的产量，这些假设将导致高估玉米的需求[陈永福等（2016），陈永福和韩昕儒（2016）]；二是历史数据的遗漏或者不同数据来源的误差。中国玉米进口量相对较小，这导致现有模型难以精确模拟中国玉米供求对国际玉米市场及玉米替代品市场的影响；三是现有调查中往往没有区分食用、种用和饲用三种玉米需求量。本书通过建立相应的模型刻画玉米市场的需求与供给，以"中国知网"和"中华粮网"的统计数据为基础，根据 2017 年中国的发展规划，预测中国未来的玉米供给与需求。初步研究结果认为，实行生产者补贴将能有效降低库存，但未来可能出现较大的供需缺口，需要进口玉米维持国内玉米供需平衡。

表 5-1　中国玉米供求预测总结　　单位：万吨

文献来源	假设条件	预测期	总供给量	总需求量	深加工用需求量	饲用需求量	进口量
仇焕广等（2013）	—	2020 年	23 057	24 802	8 045	15 313	—
	—	2030 年	25 463	30 272	10 202	18 791	—
陈永福（2005）	—	2020 年	14 000	16 800	—	—	2 471
陆文聪等（2013）	全球生物燃料需求增长	2020 年	19 441	21 509	—	—	—
	粮食直接补贴增长	2020 年	19 895	21 789	—	—	—
徐志刚（2011）	—	2020 年	20 500	22 000	5 800	15 100	1 700

续表

文献来源	假设条件	预测期	总供给量	总需求量	深加工用需求量	饲用需求量	进口量
黄季焜等（2012），黄季焜和杨军（2014）	—	2020 年	21 000	23 000	—	—	2 000
杨艳涛和吴敬学（2014）	—	2025 年	21 000	26 800	11 000	13 000	1 258
USDA（2015）	—	2020 年	—	—	—	—	490
OECD 和 FAO（2015）	—	2020 年	24 883	24 694	—	—	1 611
陈永福等（2016），陈永福和韩昕儒（2016）	经济低速发展，不限制加工业	2035 年	24 979	34 352	—	—	9 373

资料来源：笔者整理

本书将在下文介绍供求模型分析、外生数据预测依据及政策模拟方案的基本设定、预测结果与讨论、结论与政策建议。

二、供求模型分析

本书首先构建中国玉米市场局部均衡模型，模拟政策因素对玉米种植面积、供给和价格的影响。2007~2016 年近 10 年中国几乎不出口玉米，无法有效构建玉米出口函数，因此以下分析假定未来出口量仍保持为零。该模型主要分为供给、需求、价格及进口等几个部分。总供给量由玉米播种面积和单产等因素决定；总需求量包括深加工用、饲用、食用和种用需求量；价格由需求决定；进口量由国内外玉米市场价格决定；供需和库存量变化满足市场出清原则。

（一）模型构建

各变量说明见表 5-2 和表 5-3。式（5-1）为玉米播种面积函数，上一期的玉米价格和替代作物的价格是重要的影响因素，上一期的播种面积可以部分代表农户的种植习惯和生产经验，进而影响本期的播种面积，上一期的政策价格和亩均补贴额也会影响种植玉米的收入预期；式（5-2）为单产函数，农药、化肥投入和自然灾害率影响单产；式（5-3）为玉米总供给量函数，是在本年玉米播种面积乘以玉米单产的前提下，再考虑玉米综合损耗率计算得出的。

表 5-2　模型变量说明

变量	说明
供给变量	玉米播种面积（CRD_t）、玉米价格（CRP_t）、小麦价格（WP_t）、大豆价格（SOP_t）、政策价格（TRP_t）、亩均玉米补贴额（SUB_t）、玉米进口价格（MQP_t）；玉米单产（YC_t）、化肥投入（FER_t）、时间趋势变量（TREND）、全国耕地受灾比例（RDL_t）、农药投入（$PEST_t$）；国内总供给量（TY_t）
需求变量	国内总需求量（QD_t）、食用玉米需求量（QF_t）、种用玉米需求量（QL_t）、深加工用玉米需求量（QI_t）、饲用玉米需求量（QR_t）、人均可支配收入（RI_t）

表 5-3　其他变量解释

其他变量	解释
虚拟变量（DM_{1997}）	1997 年洪灾对单产的影响
综合损耗率（AR_t）	何安华等（2013）的研究表明中国谷物综合产后损耗率为 10.8%~14.5%，因此本书采用的玉米年损耗率为 11%
虚拟变量（DM_{policy}）	包括 2006 年对玉米深加工企业提供的财政拨款，以及 2009 年财政部对临时收储玉米的定向加工补贴这两种补贴对深加工用需求量的影响
虚拟变量（DM_{2014}）	2014 年生猪养殖业巨额亏损对当年饲用玉米需求量的影响
当年政策净收储量（YTS_t）	实施临时收储政策期间，临时收储纳入仓库的量减去拍卖出库的量；取消临时收储政策后，当年净临时收储量的值为 0
虚拟变量（DM_{1995}）	在 1995 年农业政策调整以前，1994 年工业部门占用农业部门过多资金和耕地导致当年玉米产量骤降对 1995 年玉米价格的影响
玉米进口量（MQ_t）	玉米进口存在 720 万吨的配额，配额内关税为 1%，配额外关税为 65%，超过配额的玉米税后进口价格远高于国内价格，继续进口的可能性极低
年末国内玉米总库存（S_t）	通过临时收储和其他形式收储的库存玉米，若供给大于需求，总库存量增加，若需求大于供给，总库存量减少
ε	随机误差项

注：变量（–1）表示该变量滞后一期数值

$$
\begin{cases}
\begin{aligned}
\mathrm{LnCRD}_t = a^{\mathrm{CRD}} + b_0^{\mathrm{CRD}}\,\mathrm{LnCRP}_{t-1} + b_1^{\mathrm{CRD}}\,\mathrm{LnWP}_{t-1} + b_2^{\mathrm{CRD}}\,\mathrm{LnCRD}_{t-1} \\
+ b_3^{\mathrm{CRD}}\,\mathrm{LnSOP}_{t-1} + b_4^{\mathrm{CRD}}\,\mathrm{LnTRP}_{t-1} + b_5^{\mathrm{CRD}}\,\mathrm{LnSUB}_{t-1}
\end{aligned} & (5\text{-}1) \\
\begin{aligned}
\mathrm{LnYC}_t = a^{\mathrm{YC}} + b_0^{\mathrm{YC}}\mathrm{LnFER}_t + b_1^{\mathrm{YC}}\mathrm{TREND} + b_2^{\mathrm{YC}}\mathrm{LnRDL}_t \\
+ b_3^{\mathrm{YC}}\mathrm{LnPEST}_t + b_4^{\mathrm{YC}}\mathrm{DM}_{1997}
\end{aligned} & (5\text{-}2) \\
\mathrm{TY}_t = \mathrm{CRD}_t \times \mathrm{YC}_t \times (1 - \mathrm{AR}_t) & (5\text{-}3) \\
\mathrm{LnQI}_t = a^{\mathrm{QI}} + b_0^{\mathrm{QI}}\mathrm{LnCRP}_t + b_1^{\mathrm{QI}}\mathrm{LnQI}_{t-1} + b_2^{\mathrm{QI}}\mathrm{LnRI}_t + b_3^{\mathrm{QI}}\mathrm{DM}_{\mathrm{policy}} & (5\text{-}4) \\
\mathrm{LnQR}_t = a^{\mathrm{QR}} + b_0^{\mathrm{QR}}\mathrm{LnCRP}_t + b_1^{\mathrm{QR}}\mathrm{LnQR}_{t-1} + b_2^{\mathrm{QR}}\mathrm{LnRI}_t + \mathrm{DM}_{2014} & (5\text{-}5) \\
\mathrm{QD}_t = \mathrm{QF}_t + \mathrm{QL}_t + \mathrm{QI}_t + \mathrm{QR}_t + \mathrm{YTS}_t & (5\text{-}6) \\
\begin{aligned}
\mathrm{LnCRP}_t = a^{\mathrm{CRP}} + b_0^{\mathrm{CRP}}\mathrm{LnTRP}_t + b_1^{\mathrm{CRP}}\mathrm{LnQD}_t + b_2^{\mathrm{CRP}}\mathrm{LnCRP}_{t-1} \\
+ b_3^{\mathrm{CRP}}\mathrm{LnMQP}_t + b_4^{\mathrm{CRP}}\mathrm{DM}_{1994}
\end{aligned} & (5\text{-}7) \\
\mathrm{LnMQ}_t = a^{\mathrm{MQ}} + b_0^{\mathrm{MQ}}\mathrm{LnCRP}_{t-1} + b_1^{\mathrm{MQ}}\mathrm{LnMQP}_{t-1} & (5\text{-}8) \\
\mathrm{TY}_t + \mathrm{MQ}_t + \mathrm{S}_{t-1} = \mathrm{QD}_t + \mathrm{S}_t & (5\text{-}9)
\end{cases}
$$

其中，a、b 为普通系数。

式（5-6）是玉米需求函数，是种用、食用、深加工用和饲用这四种需求量之和。随着经济增长，中国城乡居民对肉类和玉米深加工产品的需求呈现刚性增长，因此式（5-4）（深加工用玉米需求函数）和式（5-5）（饲用玉米需求函数）中都采用人均可支配收入这个因素，以反映收入增长带来的消费结构变化对玉米需求的影响。由于食用、种用需求量占玉米总消费量的比重较低，本书仅对深加工用和饲用需求量的影响因素进行分析。

式（5-7）是玉米价格函数。其中，玉米总需求决定玉米价格，并且玉米临时收储政策确定的价格是玉米市场价格的影响因素。由于目前进口玉米主要用于玉米深加工企业，多是长期订单，通常企业在上一年申报本年用量，所以式（5-8）（进口量需求函数）中玉米进口量假定受上一期国内外玉米价格影响。式（5-9）是市场出清函数，是年初的库存量加上本年玉米总供给量和进口量，扣除本年玉米总需求量，得到年末玉米库存量。

本书选取的样本区间为1990~2014年。玉米播种面积、单产、人均可支配收入等变量取自《中国统计年鉴》；玉米进口到岸价格根据《中国粮食年鉴》提供的进口额除以进口量并乘以相应汇率得到；玉米临时收储价格来自“中国农业信息网”和现有文献总结；玉米价格、化肥投入、农药投入数据来自《全国农产品成本收益资料汇编》；玉米需求量来自“中华粮网”的玉米供需平衡表及 Gale 等（2009）。2010年前的玉米库存数据来自徐志刚等（2010）和“中华粮网”的供需平衡表，2010年之后的库存数据根据中央农村工作领导小组原副组长陈锡文在2016年8月11日召开的“2016中国粮油财富论坛·查干湖夏季峰会”上的讲话整理，其提到当时的玉米总库存量近2 500亿千克，因此假设2015年末玉米总库存为2.5亿吨并向前倒推。

（二）模型回归结果

参数估计结果见附表5-1。从式（5-1）可以看出，玉米播种面积的价格弹性系数及小麦、大豆的播种面积价格弹性系数均符合预期。其中，上一期玉米市场价格存在显著影响，短期价格弹性系数为0.376，在1%的统计水平上显著；而小麦和大豆价格对玉米播种面积的价格弹性系数分别是–0.261 和–0.202，对玉米播种面积存在负向影响；上一期政策价格每提升10%，播种面积增加0.32%；亩均玉米补贴的影响系数是0.077，在5%的统计水平上显著。

从式（5-2）来看，化肥投入每增加10%，单产提高2.74%；农药投入和时间趋势变量的影响并不显著；全国耕地受灾比例对单产存在负向影响，在10%的统计性水平上显著。从式（5-8）来看，上一期进口价格每增长 10%，进口量减少

90.19%；上一期国内市场价格增长 10%，本期进口量增加 87.03%。由于中国进口玉米主要用于深加工行业，且多是长期订单，受到政策的严格限制，所以进口量方程的拟合程度不高。

从式（5-4）来看，上一期加工需求量对本期需求量的影响不显著；人均可支配收入每提高 10%，深加工用玉米需求量增加 11.07%，在 1%的统计水平上显著，这说明中国经济发展会促进对玉米深加工产品的需求；代表扶持政策的虚拟变量系数为 0.483，在 1%的统计水平上显著，说明目前玉米深加工业发展受政策的影响较大。从式（5-5）来看，上一期饲用玉米需求量存在正向影响，但是并不显著；饲用玉米需求量对市场价格的需求弹性是–0.209，在 10%的统计水平上显著；人均可支配收入每增长 10%，饲用玉米需求量增加 4.76%，在 1%统计水平上显著。从式（5-7）来看，玉米政策价格每提高 10%，市场价格提高 0.32%，这说明以临时收储政策价格为代表的政策价格会扭曲市场；国内总需求量每提高 10%，市场价格提高 2.64%；本期进口价格的影响不显著，可能的原因是现实中进口大户是玉米深加工企业，进口存在配额限制，难以直接冲击国内市场。

三、外生数据预测依据及政策模拟方案的基本设定

（一）外生数据的预测依据

外生数据的预测依据根据涉及的变量性质分成三类，分别是针对价格、供给和需求方程的三类外生变量的依据。2017~2027 年①的具体外生数据预测结果见附表 5-2。

（1）价格相关外生变量的预测依据：CPI（consumer price index，居民消费价格指数）根据吴强和付永利（2013）的预测，保持 2%的年增长率；大豆价格和小麦价格按照粮油信息中心的预测保持稳定的逐年波动；玉米进口价格由国际市场价格乘以当时的汇率，以美元计价的国际市场价格来源于美国食品及农业政策研究所的预测；汇率按照瑞士信贷银行股份有限公司等机构的预测，人民币在 2017 年及之后保持 3%的速率贬值。

（2）供给相关外生变量的预测依据：化肥投入和农药投入通过二次指数平滑法计算；耕地受灾面积所占比例继续按照 2014 年的 18.44%；综合损耗率拟定为 11%（收获和运输损耗率为 4%，加工损耗率为 2%，粮库储藏损耗率为 5%）；同时，假定政策实施成本可以忽略不计，并且从 2017 年开始取消扶持玉米深加工业的政策。

① 2017 年和 2019 年数据具有代表性，保留其预测结果。

（3）需求相关外生变量的预测依据：食用玉米需求量由总人口乘以人均需求量确定，总人口根据《2015 年全球人口发展报告》假定年均增长率 0.188 8%（即 2030 年达 14.15 亿人），由于 2014 年人均玉米食用量为 8.19 千克，在假定城市和农村人均食用需求量均保持不变的前提下，预测期内的人均食用需求量会按照当时的城镇化率调整；种用玉米需求量由亩均种子用量乘以当年播种面积得到，亩均玉米种子用量按照《全国农产品成本收益资料汇编（2014）》数据（31.95 千克/亩）；人均可支配收入由城乡居民人均可支配收入加权计算得到，按照《国家新型城镇化规划（2014—2020 年）》，到 2020 年城镇化率达到 60%，年均增长率为 1.53%，按照这个增长率到 2027 年的城镇化率为 68.7%；城乡人均可支配收入增长率参照世界银行对中国 GDP 增长率的预测，2016~2020 年城镇和乡村人均可支配收入年增长率为 6%~9%，2021~2027 年增长率为 5%~7.5%。

（二）政策模拟方案的基本设定

本书主要从玉米总库存量和财政支出变化的角度，审视玉米不同生产支持政策的实施效果和存在的问题。为了排除其他因素对玉米库存的影响，假定玉米轮换全部采用同品种等量轮换，在当期总储备规模不变的前提下实现轮换。

玉米财政支出分为农户补贴支出、仓储支出和陈粮处理损益三部分。农户补贴支出包括玉米良种补贴支出和亩均玉米生产者补贴支出；仓储支出由本年总库存量乘以单位收储成本获得，根据国务院发展研究中心原研究员程国强的报告，中国玉米平均单位收储成本为 252 元/吨，包括收购手续费 50 元/吨，做囤费 70 元/吨，保管费 92 元/吨，资金利息 40 元/吨；陈粮处理损益由陈粮轮换和陈化粮处理过程中，过去收储价格和当前销售价格的价差产生（若过去收储价格较高，价差为正值，产生损失；若过去收储价格较低，价差为负值，产生盈利）。除此以外，本书模拟了三种不同的改革政策，分别预测在不同政策影响下未来玉米供求量、总库存量和财政支出的变化，从而评价其政策效果。具体政策设定如下。

（1）恒定玉米生产者补贴方案（以下简称方案一）。进口存在 720 万吨[①]的配额限制，一旦年末玉米总库存量低于总需求量的 14%~18%（联合国粮食及农业组织标准），则下一年不再对配额外玉米征收高额关税，用进口量解决下一年供给不足的问题；本书选取国家粮油信息中心的数据，其根据 2016 年 8 月 9 日中央财政拨付的玉米生产者补贴资金，其中内蒙古自治区 66.251 5 亿元、辽宁省 45.778 8 亿元、吉林省 72.630 6 亿元、黑龙江省 115.725 1 亿元。2016 年东北地区及内蒙古地区玉米播种面积为 1 423.5 万公顷，在扣除 10%的统筹资金后，计算

① 数据来源于国务院关税税则委员会。

得到四省（区）的实际补贴平均为 126 元/亩，加上 10 元/亩的玉米良种补贴，合计为 136 元/亩。同时，假定补贴政策对全国玉米种植产生同样的影响。

（2）递减玉米生产者补贴方案（以下简称方案二）。根据《财政部关于建立玉米生产者补贴制度的实施意见》，实际生产者补贴标准会根据上一年的种粮收益和种植面积进行微调，以达到减轻财政负担、抛去财政包袱和调整种植结构的目标。由于实际文件中并未提及如何调整补贴标准，因此方案二假设 2016 年的补贴标准为 136 元/亩，之后每亩补贴标准逐年减少 10 元，直到 2027 年实际补贴标准降为 26 元/亩。其他假设与方案一相同。

（3）直接收入补贴方案（以下简称方案三）。尽管临时收储政策的改革细则已经出台，但是生产者补贴和直接收入补贴的作用机制不完全相同，直接收入补贴重点是补偿调整种植结构地区的所有农户，生产者补贴重点是补偿种玉米的农户。而且，根据张照新和陈金强（2007）的研究结果，甄别非目标农户会增加政策的操作成本。因此，方案三假设自 2017 年开始实行彻底价补分离的直接收入补贴，保持每年投入 300 亿元不变，财政支出不再和玉米价格挂钩。其他假设与方案一相同。

四、预测结果与讨论

本书将模型参数及设定的外生数据值代入模型进行预测，并根据三个方案的供给、需求、供需关系和库存变化、市场价格和进口、财政支出等五个部分进行综合比较。

（一）供给

方案一的预测结果如附表 5-3 所示。方案一到 2027 年玉米播种面积可能比 2014 年增加 91.4 万公顷，玉米单产在自然灾害维持正常频率的情形下，由于生产投入、科技要素投入的增加及玉米低产田减少的影响，单产仍会有 10.24%的增长。整体上，2027 年中国将比 2014 年增产 1 836 万吨玉米。《“镰刀弯”地区玉米结构调整规划（2016—2020 年）》提出，到 2020 年减少 5 000 万亩玉米种植面积，即 333.3 万公顷，折合减少玉米产量 2 100 万吨，方案一的玉米种植面积减少幅度达不到改革预期。

方案二的预测结果如附表 5-4 所示。方案二到 2027 年玉米播种面积为 2014 年总播种面积的 93.41%，将减少 306.5 万公顷，调整种植结构的政策目的基本达到；玉米单产变动幅度和方案一类似，因此，2027 年玉米总供给量将比方案一少 2 200 万吨。

方案三的预测结果如附表 5-5 所示。由于 2016 年施行生产者补贴方案，完全价补分离的直接收入补贴方案在 2017 年实行，而农民生产决策又受前一年市场的影响，因此，在 2017 年玉米播种面积减少的前提下，2018 年玉米播种面积又会大幅下降，到 2027 年玉米播种面积仍然比 2014 年少 663.2 万公顷，玉米国内总供给量比方案一少 4 173 万吨。

（二）需求

在方案一的预测中，中国玉米总需求量将持续增长，2027 年玉米总消费量比 2014 年增加 8 898 万吨：食用玉米需求量减少 201 万吨；种用玉米需求量增加 3 万吨；深加工用玉米需求量增长 3 055 万吨，是增长最快的需求途径；饲用玉米需求量增长 6 041 万吨，是最主要的需求途径。本书的预测需求量低于现有预测，主要是本书假设的国民经济、城市化增长速率更低，这导致加工业、饲料业玉米需求量的增长幅度低于现有预测。由于设定的政策只影响玉米供给，而种用玉米需求量占总需求量的比例较低，三个方案对需求量的预测结果接近一致。

（三）供需关系和库存变化

按照方案一的预测，2021 年之前中国玉米总需求量持续低于总供给量。尽管受到进口和抛售国家库存的影响，国家玉米总库存量仍然持续增加，收储压力逐年上升，到 2020 年底总库存量将达到历史最高，之后收储压力逐年下降。预测到 2027 年末总库存量为 16 540 万吨，仅为 2015 年末 2.5 亿吨库存量的 66%，部分实现“去库存”目标。但是在玉米深加工和饲用玉米产业不断发展的背景下，2027 年之后的中国玉米市场将维持供给小于需求（图 5-1）。

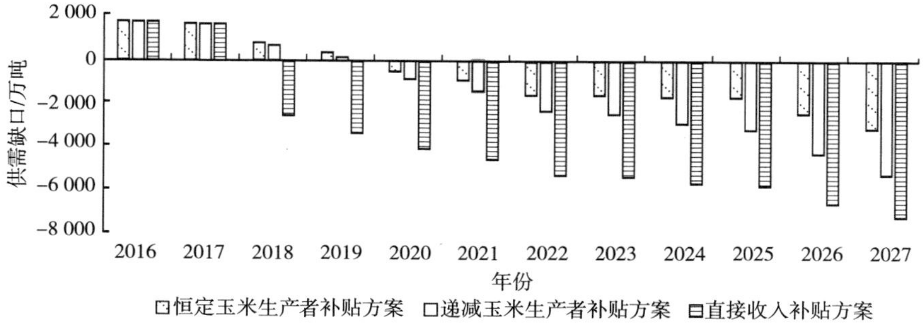

图 5-1　不同政策的供需缺口对比（2016~2027 年）

按照方案二的预测，自 2020 年起，玉米总需求量开始超过当年国内总供给量，之后国家玉米总库存量逐年下降。到 2027 年底总库存降为 6 930 万吨，不足 2015

年 2.5 亿吨库存量的 28%，将完成“去库存”的政策目标，仓储和粮食物流压力也将得到缓解。但是，如果不加以限制玉米深加工和饲用玉米产业的发展，2027 年之后的中国玉米市场将维持供给小于需求的局面，未来玉米自给率将难以维持在 95%以上（图 5-2）。

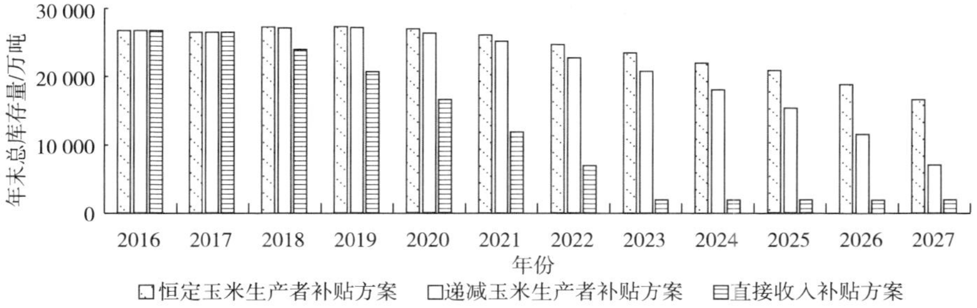

图 5-2　不同政策的年末总库存量对比（2016~2027 年）

按照方案三的预测，2018 年开始国内玉米总需求大于总供给，供需缺口逐年扩大，玉米总库存量不断减少。到 2024 年末总库存量仅有 1 498 万吨，不足当年需求量的 18%。如果不减少需求，只能通过增加进口以填补供需缺口。在方案三下，2024 年玉米进口量可能会达到 5 775 万吨，2027 年玉米进口量甚至可能达到 7 324 万吨，中国粮食自给率将降为 76%，大量进口玉米不仅影响世界玉米市场，还会影响中国粮食市场稳定和粮食安全。

由于本书以玉米总供给量持续增长时期为基础进行计算，模型参数在预测玉米总需求量时可能不能较好地反映总供给量下降的影响，存在高估未来玉米总需求量的可能性。尽管三个方案都可以实现“去库存”目标，但是方案三会产生严重的供需缺口，使中国玉米产业严重依赖国际市场。而 2027 年末方案一和方案二的玉米年末总库存量分别为当年总需求量的 68%和 48%，如果要达到 40%的美国粮食储备标准，方案二可能更适合。

（四）市场价格和进口

在方案一的预测中，失去了临时收储价格的托市作用，玉米市场价格会在 2016 年、2017 年降至 1 600 元/吨左右，低于当时 1 800 元/吨的国际市场价格。届时低价玉米可能刺激玉米深加工和饲料产业迅速扩张，大量增加的玉米需求量将导致玉米市场价格在 2018 年开始返升，到 2021 年国内市场价格又开始高于国际市场价格，2026 年国内市场价格将重新回到 2 000 元/吨的高位。方案二和方案三对玉米价格的预测结果与方案一类似。

根据方案一的预测结果，深加工业由于盈利需要，会逐年增加进口量，2026

年中国玉米进口量将达到 565 万吨，超过 2015 年的 473 万吨，到 2027 年国内外价格差距扩大，中国玉米进口量将达到 720 万吨的配额上限。如果未来玉米市场价格继续保持高价，进口量将继续维持高位。而在方案三的预测中，2023 年的玉米进口量还是 191 万吨，到 2024 年由于严重的供需缺口，玉米进口量将骤增到 5 775 万吨，并将继续保持高速增长。

（五）财政支出

按照方案一，2016 年的财政负担达到 2 201 亿元。其中，对农户补贴支出仅为 413 亿元，到 2027 年生产者补贴支出为 417 亿元；仓储支出完全取决于当年的玉米总库存量，2016 年仓储支出 675 亿元，到 2027 年降至 447 亿元；陈粮处理损益在 2016 年和 2017 年必须用当年产出的低价玉米置换过去高价收储的玉米库存，会产生 1 072 亿元和 693 亿元的财政损失，但在之后的 10 年里，轮换、销售库存玉米将存在盈利。总体而言，由于出售、轮换陈粮的盈利及收储压力减小，到 2027 年中国玉米财政支出将降至 757 亿元，低于 2015 年的 2 823 亿元和 2016 年的 2 201 亿元，实现减轻财政负担的目标。

按照方案二，到 2027 年农户补贴支出为 92 亿元；仓储支出不断下降，到 2026 年减少为 233 亿元；陈粮处理损益受制于更少的库存量，在同样的预测期内产生的总盈利不如方案一。总体而言，到 2027 年中国玉米财政支出降至 269 亿元，远远低于 2015 年和 2016 年的财政支出，国家财政允许进行下一步调整。

按照方案三，2027 年中国玉米财政支出减少到 345 亿元，其中 300 亿元是恒定的农户补贴支出；由于几乎没有玉米库存，仓储支出到 2027 年快速减少到 37.77 亿元，陈粮处理损益接近为 0。如果不考虑恒定的 300 亿元农户补贴支出，到 2027 年中国玉米财政支出只有 74 亿元。但是，进口玉米数量日益增加，成本必将转嫁给普通消费者。

中国实施任何农产品补贴政策都需要符合 WTO 规定。现阶段，中国对玉米的“黄箱”支持水平不能超过玉米总产值的 8.5%，在实际操作过程中，生产者补贴额度将占用“黄箱”额度，直接收入补贴额度不占用“黄箱”额度。例如，2013 年中国玉米产值为 5 559 亿元，当年中国对玉米的“黄箱”支持水平上限为 472.55 亿元，其中良种补贴支出占用 78.63 亿元，价格支持政策占用 76.54 亿元，合计占用 155.17 亿元的“黄箱”额度，与上限相比仍有 317.38 亿元的额度没有使用，朱满德和程国强（2015）因此认为中国“黄箱”支持水平远未达到 WTO 规定的上限。一旦按照本书设定的方案实施玉米收储改革，方案一每年占用的“黄箱”额度维持在 400 亿元左右；方案二每年占用的“黄箱”额度会从 2017 年的 359 亿元骤降至 2027 年的 92 亿元；方案三中仅玉米良种补贴每年就会占用“黄箱”额度

45 亿元左右。三个方案的预测结果均从侧面显示，未来中国玉米产值会逐年上升，据此判定占用的“黄箱”额度均低于 WTO 的配额上限，符合规定。

三个方案的总财政支出差距如表 5-4 所示。方案一与方案二相比，总财政支出多 2 076 亿元，农户补贴支出多 1 617 亿元，仓储支出多 615 亿元，陈粮处理损益少 156 亿元。在玉米价格稳步回升的背景下，每年销售、轮换陈粮的盈利额取决于库存量。但是这些盈利不用以弥补仓储支出、农户补贴支出的增加，所以方案二的财政负担更低。方案三与方案二相比，每年要恒定支出 300 亿元与玉米种植无关的农户补贴支出，总财政支出比方案二少支出 682 亿元，其中农户补贴支出比方案二多 1 160 亿元，仓储支出比方案二少 2 446 亿元，陈粮处理损益比方案二多 604 亿元。如果单纯比较玉米相关的总财政支出，在不考虑其他政策实施成本的情况下，方案三财政负担最低。但是，本书的模型无法全面衡量大量进口玉米对国民经济造成的损失，因此实施方案二或许是减少财政负担比较稳妥的选择。

表 5-4　不同方案 12 年间总财政支出对比（2016~2027 年）　单位：亿元

方案	总财政支出	农户补贴支出	仓储支出	陈粮处理损益
方案一	11 502	4 238	6 718	545
方案二	9 426	2 621	6 103	701
方案三	8 744	3 781	3 657	1 305

注：以上数据已经换算到 2016 年的价格水平；陈粮处理损益如果为负值，说明存在盈利

五、结论与政策建议

从玉米供给角度看，临时收储政策和玉米生产者补贴制度对维持种植面积的作用较为显著。因此，实施生产者补贴制度后，难以在短期内实现“去库存、缓解财政负担”的政策目标，如果实施价补分离的直接收入政策，虽然可以大幅减少种植面积，并有效“去库存”，但是代价则是供需缺口的迅速扩大，极有可能危害粮食安全。现阶段，中国玉米过剩是政策激励过度所致，中长期供需仍然是紧平衡状态，不可能既降低玉米库存，又保证供需缺口不会迅速扩大。综上所述，国家选择补贴标准逐年调整的玉米生产者补贴方案，既是为了实现“去库存、缓解财政负担”的目标，也是为了避免玉米供需缺口迅速扩大带来的危害，给后续改革留下空间。

针对上述对中国玉米供需变化及发展趋势的判断，本书提出以下相关政策建议。首先，要从重视种植面积转为重视总供给。在改革过程中应根据市场供需形势不断调整补贴标准，保护农民的收入和生产积极性，引导农民的种植行为，维

持玉米优势产区的种植面积，并提前公布政策使农民、市场中介、饲料和加工企业等市场主体有一个明确的政策预期，优化玉米市场，加速玉米的流通速度；加大农业科技创新和推广投入，完善农业基础设施，提高玉米单产，推进玉米全程机械化并降低机械化成本，推广新型技术以减少在收获、运输、仓储、加工过程中的综合损耗率。其次，从重视主粮种植转向重视主粮加工。玉米产业需要适应城镇化率提高导致的家庭食物消费结构的改变，适应未来玉米加工和饲料产业大发展的趋势，国家调控产业政策应坚持市场化改革方向，让市场调整玉米种植产区、调整玉米加工和饲料产业的布局。最后，从维持粮食安全转向提高玉米产业竞争力。未来玉米产业发展的关键是降低生产成本，一方面，可以积极利用国际资源，适当进口畜禽产品，鼓励和支持种粮企业在东南亚和非洲地区发展海外农业增加粮食来源，同时鼓励和支持有条件的玉米深加工企业和饲料产业企业走出国门，开发境外农业资源，提高本国玉米加工和饲料产业的综合竞争力；另一方面，可以积极参与国际合作，推动建立全球和区域粮食储备体系，建立和完善与玉米主要生产国的贸易伙伴关系，在平等互惠的基础上签订长期粮食贸易协议。

第二节　小麦价格政策改革的情景分析

本节以小麦市场为例，运用局部均衡模型的计量经济方法建立中国小麦供求局部均衡模型，并利用建立的模型模拟分析取消小麦最低收购价政策对小麦生产、消费及国内价格等方面的经济影响。这里选择小麦作为研究对象的原因是，自 2014 年起大豆、玉米等农产品价格支持政策逐渐被目标价格政策和市场化收购加补贴政策替代，2018 年只有小麦和稻谷市场仍然保留市场价格支持政策。小麦和稻谷是中国最为重要的主粮，其稳定的生产对于国家粮食安全战略的实施至关重要。那么，取消小麦和稻谷最低收购价政策后，两大主粮是否会出现生产的大幅下滑？本节以小麦为例，对最低收购价政策产生的影响进行模拟分析，以期为农产品价格支持政策改革提供借鉴与参考。

一、研究方法

小麦生产和消费函数形式和市场出清恒等式如式（5-10）~式（5-18）所示。式（5-10）~式（5-18）中各变量符号和变量名称说明见表 5-5。为了区分各式中待估参数，用各式对应因变量作为上标加以区分，如式（5-10）中$\alpha_0 \sim \alpha_4$用AA作为上标与式（5-11）和式（5-13）的待估参数区分，式（5-14）中$\beta_0 \sim \beta_3$用FD作为上标与式（5-15）~式（5-17）的待估参数区分。

表 5-5　各变量符号及变量名称说明

变量符号	变量名称	变量符号	变量名称
AA	收获面积	IM	净进口量
YY	单产	FD	食用小麦需求量
T	时间趋势	FED	饲用小麦需求量
P^{wheat}	小麦国内价格	OD	其他小麦需求量
P^{rice}	水稻国内价格	ES	期末库存量
P^{maize}	玉米国内价格	GDP^{CHN}	中国的 GDP
P^{soybean}	大豆国内价格	$\text{GDP}^{\text{other}}$	中国以外其他国家的GDP
PP	小麦最低收购价格	PD	政府干预价格

（一）供给侧

1. 收获面积函数

$$\text{AA}_t = \alpha_0^{\text{AA}} + \alpha_1^{\text{AA}} P_{t-1}^{\text{wheat}} + \alpha_2^{\text{AA}} P_{t-1}^{\text{corn}} + \alpha_3^{\text{AA}} P_{t-1}^{\text{soybean}} + \alpha_4^{\text{AA}} \text{AA}_{t-1} + \varepsilon_t^{\text{AA}} \quad (5\text{-}10)$$

2. 单产函数

$$\text{YY}_t = \alpha_0^{\text{YY}} + \alpha_1^{\text{YY}} T + \varepsilon_t^{\text{YY}} \quad (5\text{-}11)$$

3. 产量函数

$$\text{PD}_t = \text{YY}_t \times \text{AA}_t \quad (5\text{-}12)$$

4. 净进口函数

$$\text{IM}_t = \min\left\{964, \left(\alpha_0^{\text{IM}} + \alpha_1^{\text{IM}} P_t^{\text{wheat}} + \alpha_3^{\text{IM}} \text{GDP}_t^{\text{CHN}} + \alpha_4^{\text{IM}} \text{GDP}_t^{\text{other}} + \alpha_5^{\text{IM}} \text{PD}_t + \varepsilon_t^{\text{IM}}\right)\right\} \quad (5\text{-}13)$$

其中，964（万吨）为进口限额。

（二）需求侧

1. 食用小麦需求量函数

$$\text{FD}_t = \beta_0^{\text{FD}} + \beta_1^{\text{FD}} P_t^{\text{wheat}} + \beta_2^{\text{FD}} P_t^{\text{rice}} + \beta_3^{\text{FD}} \text{GDP}_t + \mu_t^{\text{FD}} \quad (5\text{-}14)$$

2. 饲用小麦需求量函数

$$\mathrm{FED}_t = \beta_0^{\mathrm{FED}} + \beta_1^{\mathrm{FED}} P_t^{\mathrm{wheat}} + \beta_2^{\mathrm{FED}} P_t^{\mathrm{maize}} + \beta_3^{\mathrm{FED}} P_t^{\mathrm{soybean}} + \beta_4^{\mathrm{FED}} \mathrm{GDP}_t + \mu_t^{\mathrm{FED}} \quad (5\text{-}15)$$

3. 其他小麦需求量函数

$$\mathrm{OD}_t = \beta_0^{\mathrm{OD}} + \beta_1^{\mathrm{OD}} P_t^{\mathrm{wheat}} + \beta_2^{\mathrm{OD}} \mathrm{OD}_{t-1} + \beta_3^{\mathrm{OD}} \mathrm{GDP}_t + \beta_4^{\mathrm{OD}} T + \mu_t^{\mathrm{OD}} \quad (5\text{-}16)$$

4. 期末库存函数

$$\mathrm{ES}_t = \beta_0^{\mathrm{ES}} + \beta_1^{\mathrm{ES}} P_t^{\mathrm{wheat}} + \beta_2^{\mathrm{ES}} \max\left\{0, \left(\mathrm{PP}_t - P_t^{\mathrm{wheat}}\right)\right\} + \beta_3^{\mathrm{ES}} \mathrm{GDP}_t + \beta_4^{\mathrm{ES}} T + \mu_t^{\mathrm{ES}} \quad (5\text{-}17)$$

（三）市场出清恒等式

生产+期初库存量（期末库存量滞后一期）+净进口量=食用小麦需求量+饲用小麦需求量+其他小麦需求量+期末库存量

$$\mathrm{PD}_t + \mathrm{ES}_{t-1} + \mathrm{IM}_t = \mathrm{FD}_t + \mathrm{FED}_t + \mathrm{OD}_t + \mathrm{ES}_t \quad (5\text{-}18)$$

（四）关于最低收购价格引入的说明

式（5-17）利用最低收购价格与期末库存量的关系引入最低收购价政策对市场的影响，通过利用 max 函数引入最低收购价政策。$\max\left\{0, \left(\mathrm{PP}_t - P_t^{\mathrm{wheat}}\right)\right\}$ 这个公式反映了最低收购价政策的运行机制，当最低收购价格高于市场价格时，该公式取值为零，即最低收购价格对小麦市场没有影响；当最低收购价格高于市场价格时，该公式取值为正数，最低收购价格作用于期末库存，即最低收购价格通过提高库存量增加市场需求进而影响小麦市场。需要说明的是，小麦最低收购价政策在主产区实施，但由于库存数据的可获得性及技术上的可行性，我们假设该政策适用于全部小麦产地，考虑到小麦主产区产量占全国总产量接近 80%，以及主产区市场价格对于非主产区市场价格具有传导性，这里的假设具有一定的合理性。

（五）关于关税配额制度的引入说明

中国对进口小麦实施的是关税配额管理制度，进口关税配额量是 964 万吨，配额之内的进口关税为 1%，超过配额部分的进口关税为 65%。由此可知，小麦进口关税相当于分段函数，直接导入模型比较烦琐，本书把小麦的进口关税配额量看成进口限额，即最大进口量不能高于 964 万吨。这样处理基于两个事实，其一，2017 年，我国小麦的国内价格高于国际价格的程度大致在 20%~30%，而关税配额外的进口关税是 65%，远高于关税配额内的进口关税税率，除非中国小麦生产成本大幅提升，否则征收 65%进口关税后仍有进口量的情况不会发生；其二，小麦进口配额的国营贸易比例是 90%，政府在其中的可控余地很大，从这一方面可知小麦进口量超过 964 万吨进口关税配额量的可能性不大。经过处理之后，我们对式（5-13）利用最小函数 min 来决定净进口量，这里净进口函数设定取决于小麦国内价格、小麦国内产量及用 GDP 代表的国内外市场的收入水平。当净进口函数计算进口量低于 964 万吨时，进口量由净进口函数决定；当净进口函数计算进口量高于 964 万吨时，进口量为 964 万吨。

二、数据来源

本书利用 1990~2017 年数据估计式（5-10）~式（5-18）。其中，小麦种植面积数据、单产数据来自《中国农业年鉴》；小麦国内价格及小麦种植替代品玉米、大豆国内价格数据来自《全国农产品成本收益资料汇编》，利用 50 千克农产品价格计算得到；最低收购价格数据来自发改委网站公布的信息，这里采用国标三等的白小麦、红小麦、混合麦最低收购价格的平均值；为消除通货膨胀因素对价格的影响，农产品价格数据均采用农产品价格指数进行平减，农产品生产价格指数来自历年的《中国统计年鉴》；小麦进出口数据，食用小麦需求量、饲用小麦需求量、其他小麦需求量数据及期末库存量数据均来自 USDA 数据库；GDP 及中国以外其他国家 GDP 数据来自国际货币基金组织数据库。小麦供求模型中各变量的统计描述（1990~2017 年）见表 5-6。

表 5-6　小麦供求模型中各变量的统计描述（1990~2017 年）

变量符号	变量名	最小值	最大值	均值	标准差
AA	收获面积/万公顷	2 162.60	3 094.80	2603.14	305.67
YY	单产/（吨/公顷）	3.10	5.39	4.25	0.71
T	时间趋势	—	—	—	—
P^{wheat}	小麦国内价格/（元/吨）	1460.17	501.20	599.20	2225.78
P^{rice}	水稻国内价格/（元/吨）	569.00	2837.56	1691.41	759.84
P^{maize}	玉米国内价格/（元/吨）	421.00	2291.54	1303.96	564.04
$P^{soybean}$	大豆国内价格/（元/吨）	1171.20	4483.36	2900.19	1012.77
PP	小麦最低收购价格/（元/吨）	0	2360.00	834.64	1012.34

续表

变量符号	变量名	最小值	最大值	均值	标准差
IM	净进口量/万吨	−268.50	1 524.50	323.31	428.99
FD	食用小麦需求量/万吨	8 650.00	9 500.00	9 048.72	290.81
FED	饲用小麦需求量/万吨	40.00	2 100.00	696.61	611.24
OD	其他小麦需求量/万吨	883.00	2 636.56	1 401.41	423.48
ES	期末库存量/万吨	4 638.12	11 261.60	6 995.48	2 025.28
GDP^{CHN}	中国的 GDP/亿元	19 067.0	812 038.0	266 749.1	249 976.5
GDP^{other}	中国以外其他国家的 GDP/亿元	1 104 858.0	4 584 393.0	3 154 441.0	1 035 631.0

三、模拟方案说明

以下是关于模拟取消小麦最低收购价政策对于小麦生产、消费等方面影响的模拟方案说明。前文构建的小麦供求局部均衡模型中外生变量包括小麦最低收购价格，水稻、玉米和大豆国内价格，中国的 GDP，中国以外其他国家的 GDP 总值。这里假定 2018~2030 年小麦最低收购价格及水稻、玉米和大豆国内价格保持不变，中国的 GDP 增长速度为 6.5%，中国以外其他国家的 GDP 增长速度为 5%，取中国的 CPI 年均增长率为 2%，并以据此估计的 2018~2030 年小麦市场的供求状况作为基准方案。然后，在取消最低收购价政策模拟情景中，假定中国自 2018 年开始取消小麦最低收购价政策［即 2018~2030 年（小麦）最低收购价格（PP）取值为零］，同时保持其他外生变量的假设与基准方案（所有政策保持不变的情形）相同。将取消最低收购价政策情景的模拟结果与基准方案模拟结果进行比较，可知中国取消小麦最低收购价政策对于 2018~2030 年中国小麦市场供求变动的影响。

此外，需要补充说明的是，模拟过程中我们还假定当小麦的国际价格加上 1%的进口关税后低于小麦的国内价格时，进口量为 960 万吨。这样处理的原因是，小麦国内价格虽然与国际价格存在 20%~30%的价差，但小麦进口配额并没有完成。如果按照进口历史数据直接处理，最低收购价格被取消后，市场价格下降，小麦的进口量出现明显下降。然而，实际上最低收购价格被取消后小麦的国内价格并未低于国际价格，小麦进口量大幅下降显然是脱离现实的。此外，中国农产品进口关税制度在国际上备受质疑，更为透明化的管理势在必行，因此，这里做出关于进口配额与国内外价格关系的以上假定。在以上假定下，本节模拟估计结果可以看作取消小麦最低收购价政策后对中国市场供求的最大限度的影响。

四、模拟结果分析

依据上述模拟方案设定，利用本节构建的小麦供求局部均衡模型，中国取消小麦最低收购价政策的模拟结果如表 5-7 和 5-8 所示，表 5-7 是取消小麦最低收购价政策后小麦总需求量和总供给量及市场价格等的变动值，表 5-8 是相较于基准结果（维持小麦最低收购价格）的各指标的变动值。此外，出于直观性考虑，本书选取部分具有代表性的供求变量绘制图形，显示小麦最低收购价格对于小麦供求的影响。

表 5-7 中国取消小麦最低收购价政策模拟分析结果（变动值）

年份	2018	2019	2020	2021	2022	2023	2024
总供给量/万吨	340.2	−825.1	−1 450.5	−1 687.6	−1 619.0	−1 456.6	−1 353.2
生产量/万吨	−354.3	−1 060.8	−1 294.2	−1 169.1	−947.6	−817.5	−817.6
收获面积/万公顷	0	−162.1	−226.0	−210.9	−168.0	−137.0	−130.1
净进口量/万吨	694.5	694.5	694.5	694.5	694.5	694.5	694.5
期初库存量/万吨	0	−458.8	−850.8	−1 213.0	−1 366.0	−1 333.7	−1 230.2
总需求量/万吨	0.257	0.219	0.004	−0.245	−0.419	−0.496	−0.516
食用小麦需求量/万吨	36.6	−86.8	−144.9	−136.0	−96.6	−61.9	−45.6
饲用小麦需求量/万吨	328.4	112.0	−63.8	−129.6	−111.4	−69.0	−44.5
其他小麦需求量/万吨	18.1	0.5	−28.8	−55.9	−77.2	−95.5	−114.7
期末库存量/万吨	−458.7	−850.8	−1 213.0	−1 366.0	−1 333.7	−1 230.2	−1 148.4
市场价格/（元/吨）	−323	−283	−51	0	0	−41	−99
年份	2025	2026	2027	2028	2029	2030	
总供给量/万吨	−1 349.0	−1 409.6	−1 483.4	−1 539.6	−1 575.3	−1 602.7	
生产量/万吨	−895.2	−984.2	−1 047.9	−1 084.4	−1 110.2	−1 141.3	
收获面积/万公顷	−139.9	−153.8	−163.7	−168.4	−170.3	−172.6	
净进口量/万吨	694.5	694.5	694.5	694.5	694.5	694.5	
期初库存量/万吨	−1148.4	−1 119.9	−1 130.0	−1 149.8	−1 159.6	−1 155.9	
总需求量/万吨	−0.532	−0.580	−0.667	−0.782	−0.906	−1.027	
食用小麦需求量/万吨	−43.7	−46.1	−45.3	−39.1	−29.2	−18.4	
饲用小麦需求量/万吨	−48.1	−69.8	−95.0	−115.4	−130.4	−143.7	
其他小麦需求量/万吨	−137.4	−163.9	−193.4	−225.3	−259.2	−295.3	
期末库存量/万吨	−1 119.9	−1 130.0	−1 149.8	−1 159.6	−1 155.9	−1 144.7	
市场价格/（元/吨）	−121	−116	−103	−97	−101	−112	

表 5-8　中国取消小麦最低收购价政策模拟分析结果（变动比例）

年份	2018	2019	2020	2021	2022	2023	2024
总供给量	1.61%	−3.95%	−6.97%	−8.06%	−7.65%	−6.80%	−6.25%
生产量	−2.82%	−8.55%	−10.37%	−9.23%	−7.36%	−6.26%	−6.19%
收获面积	0	−0.07%	−0.10%	−0.09%	−0.07%	−0.06%	−0.06%
净进口量	261.63%	261.63%	261.63%	261.63%	261.63%	261.63%	261.63%
期初库存量	0	−5.60%	−10.55%	−15.17%	−17.04%	−16.46%	−15.01%
总需求量	−0.36%	−3.95%	−6.97%	−8.06%	−7.65%	−6.80%	−6.25%
食用小麦需求量	0.42%	−1.00%	−1.69%	−1.59%	−1.13%	−0.73%	−0.54%
饲用小麦需求量	19.77%	6.96%	−3.98%	−7.88%	−6.48%	−3.83%	−2.36%
其他小麦需求量	0.72%	0.02%	−1.11%	−2.09%	−2.77%	−3.29%	−3.79%
期末库存量	−5.60%	−10.55%	−15.17%	−17.04%	−16.46%	−15.01%	−13.88%
市场价格	−15.96%	−13.15%	−2.30%	0	0	−1.85%	−4.48%
年份	2025	2026	2027	2028	2029	2030	
总供给量	−6.17%	−6.39%	−6.66%	−6.84%	−6.92%	−6.96%	
生产量	−6.72%	−7.30%	−7.68%	−7.83%	−7.90%	−8.00%	
收获面积	−0.06%	−0.07%	−0.07%	−0.07%	−0.08%	−0.08%	
净进口量	261.63%	261.63%	261.63%	261.63%	261.63%	261.63%	
期初库存量	−13.88%	−13.44%	−13.5%	−13.67%	−13.72%	−13.61%	
总需求量	−6.17%	−6.39%	−6.66%	−6.84%	−6.92%	−6.96%	
食用小麦需求量	−0.52%	−0.55%	−0.55%	−0.47%	−0.36%	−0.23%	
饲用小麦需求量	−2.47%	−3.45%	−4.52%	−5.28%	−5.73%	−6.05%	
其他小麦需求量	−4.35%	−4.96%	−5.59%	−6.22%	−6.83%	−7.41%	
期末库存量	−13.44%	−13.5%	−13.67%	−13.72%	−13.61%	−13.42%	
市场价格	−5.46%	−5.18%	−4.57%	−4.28%	−4.45%	−4.88%	

从生产方面来看，取消小麦最低收购价政策后，小麦收获面积与基期相比出现一定程度的下降，自 2019 年开始，小麦收获面积大致下降 0.06%~0.1%（表 5-8 和图 5-3）。相应地，小麦生产量相较基期也出现较为明显的下降，2020 年变动最大，小麦生产量相比不取消小麦最低收购价政策的情形下降了 10.37%，其后大致维持在 6%~9%（表 5-8 和图 5-4）。模拟结果表明，取消小麦最低收购价政策会明显降低小麦生产者的种植意愿，考虑到在最低收购价政策实施期间，由于政府实施的价格兜底政策，缺乏效率的边际土地也进行小麦生产，种植意愿的降低可能更有利于土地资源的有效配置。

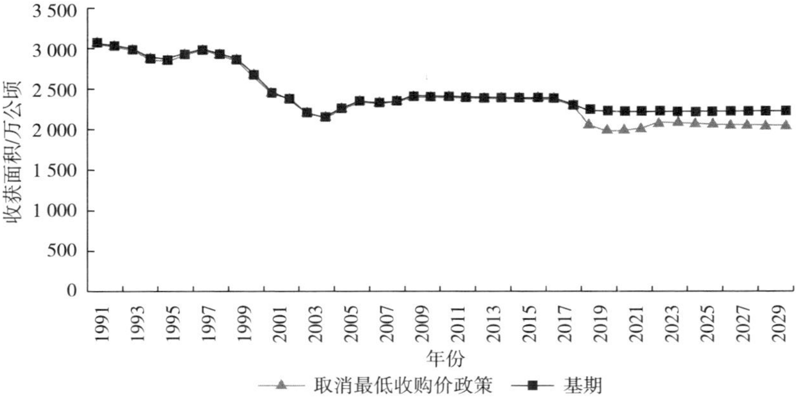

图 5-3 不同方案下 1991~2030 年中国小麦收获面积模拟结果

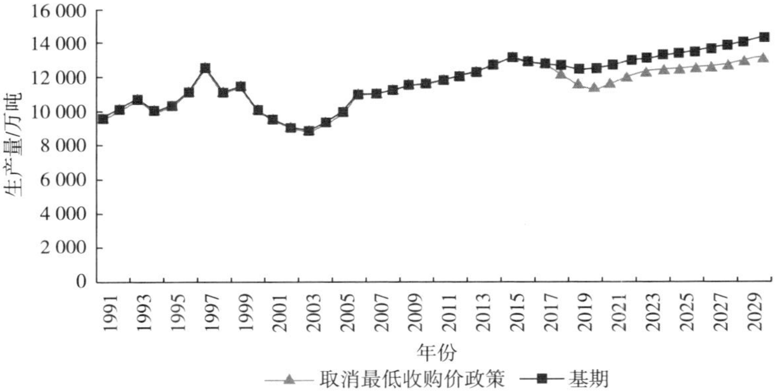

图 5-4 不同方案下 1991~2030 年中国小麦生产量模拟结果

从期末库存量来看，取消小麦最低收购价政策后，小麦的期末库存量有较大幅度的下降，自 2019 年开始，与基期相比，期末库存量下降幅度维持在 10%以上，其中部分年份下降幅度超过 15%（表 5-8 和图 5-5）。由此可见，取消小麦最低收购价政策以后，可以有效缓解小麦库存压力，减轻政府财政压力。

从小麦市场价格来看，取消小麦最低收购价政策后，小麦市场价格在 2018 年和 2019 年出现较大幅度下降，随后下降幅度逐渐缩小，基本维持在 4%~5%的水平（表 5-8 和图 5-6）。短期来看，取消小麦最低收购价政策会挫伤市场价格，使得国内生产者种植收益出现大幅下降，但从较长时间来看，小麦市场价格会逐步回升，并不会出现严重的损失。

从净进口依存度来看，取消小麦最低收购价政策后，小麦净进口量会出现大幅增加，导致净进口依存度由 2%上升到 7%~8%（图 5-7）。这里净进口依存度等于净进口量除以表观消费量计算得到，其中表观消费量是净进口量和国内生产

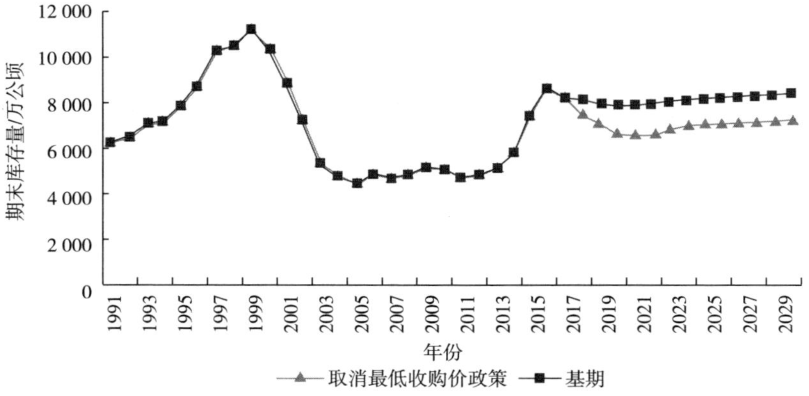

图 5-5　不同方案下 1991~2030 年中国小麦期末库存量模拟结果

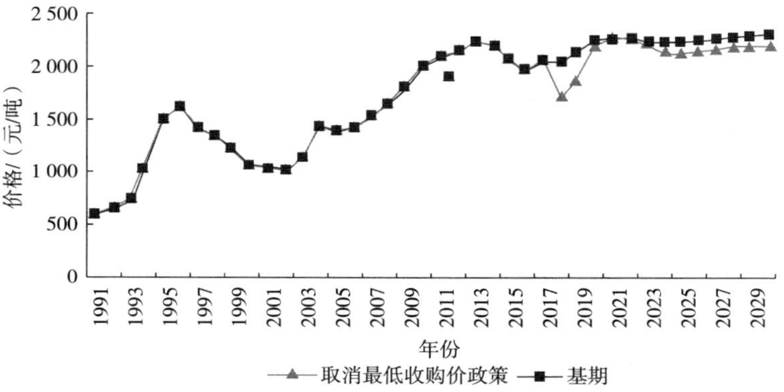

图 5-6　不同方案下 1991~2030 年中国小麦市场价格模拟结果

量的合计值。取消小麦最低收购价政策后的小麦净进口依存度略高于中国粮食自给率 95%水平的目标。

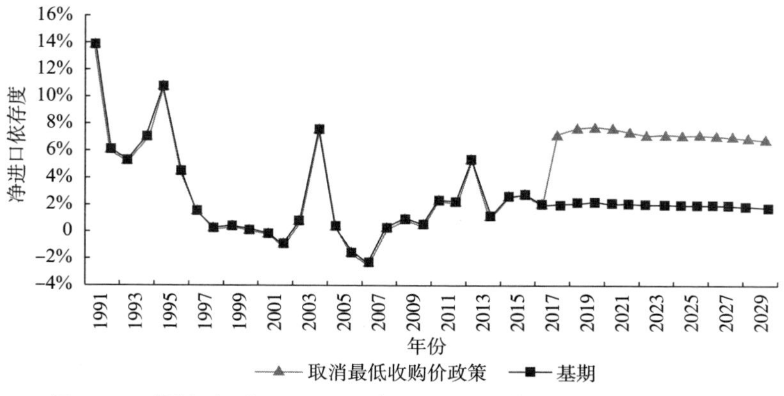

图 5-7　不同方案下 1991~2030 年中国小麦净进口依存度模拟结果

综合以上的模拟结果，取消小麦最低收购价政策的影响基本符合预期，市场价格支持政策的取消，一方面会降低生产者的种粮积极性，国内生产会受到影响；另一方面，国内库存压力会得到很大程度的缓解。此外，需要注意的是，取消小麦最低收购价政策后，如果小麦进口关税配额制度完全实施透明化管理，小麦进口量不可避免地会大幅增加，进而使得小麦净进口依存度超过 7%，这一数值略高于中国粮食自给率设定的目标，这或许是实施小麦市场化改革中需要考虑的一个方面。

本 章 附 表

附表 5-1 联立计量方程组的参数估计结果

被解释变量	R^2	解释变量						
玉米播种面积	0.893	常数项	滞后一期玉米价格	滞后一期小麦价格	滞后一期大豆价格	滞后一期播种面积	滞后一期政策价格	亩均玉米补贴
		10.006*** （0.055 7）	0.376*** （0.087 9）	−0.261*** （0.096 7）	−0.202** （0.095 3）	0.092 （0.060 9）	0.032*** （0.005 4）	0.077** （0.031 9）
玉米单产	0.898	常数项	农药投入	化肥投入	全国耕地受灾比例	时间趋势变量	虚拟变量（DM_{1997}）	
		1.032*** （0.300 0）	−0.076 （0.072 5）	0.274*** （0.072 4）	−0.066* （0.035 6）	0.004 （0.003 9）	−0.128*** （0.026 8）	
深加工用玉米需求量	0.970	常数项	玉米价格	滞后一期深加工用玉米需求量	人均可支配收入	虚拟变量（DM_{policy}）		
		−0.701 （1.292 0）	−0.259 （0.203 0）	0.043 （0.030 8）	1.107*** （0.106 0）	0.483*** （0.113 0）		
饲用玉米需求量	0.914	常数项	玉米价格	滞后一期饲用玉米需求量	人均可支配收入	虚拟变量（DM_{2014}）		
		6.345*** （0.519 0）	−0.209* （0.109 0）	0.009 （0.010 1）	0.476*** （0.039 3）	−0.059 （0.081 4）		
玉米价格	0.762	常数项	滞后一期玉米价格	玉米进口价格	政策价格	国内总需求	虚拟变量（DM_{1995}）	
		2.913* （1.575 0）	0.020 （0.020 0）	0.106 （0.114 0）	0.032** （0.012 9）	0.264** （0.122 0）	0.365*** （0.102 0）	
进口量	0.489	常数项	滞后一期玉米价格	滞后一期玉米进口价格				
		6.273** （2.308 0）	8.703*** （1.439 0）	−9.019*** （1.416 0）				

*、**和***分别表示在 10%、5%和 1%的水平上显著

注：括号内的数值为标准误；以上数据涉及价格的，均通过 1989 年为基期的 CPI 指数调整

附表 5-2　外生数据预测结果（2017~2027 年）

年份	2017	2019	2021	2023	2025	2027
CPI（1989 年=100）	298	310	322	335	349	363
进口玉米价格/（元/吨）	1 826	1 736	1 668	1 622	1 573	1 520
小麦价格/（元/吨）	2 448	2 436	2 424	2 412	2 400	2 389
大豆价格/（元/吨）	3 455	3 809	4 199	3 477	3 322	3 663
亩均化肥投入/元	158	176	195	213	231	250
亩均农药投入/元	17	18	20	21	22	24
人均玉米食用量/（克/年）	7 833	7 598	7 340	7 062	6 794	6 536
中国总人口/万人	138 129	138 650	139 174	139 699	140 227	140 756
人均可支配收入/元	25 890	29 875	34 156	38 686	43 777	49 489

附表 5-3　恒定玉米生产者补贴方案结果（2017~2027 年）

年份	2017	2019	2021	2023	2025	2027
市场价格/（元/吨）	1 613	1 695	1 782	1 879	1 979	2 070
播种面积/万公顷	3 518.9	3 449.5	3 455.1	3 560.2	3 799.1	3 803.8
玉米单产/（吨/公顷）	6 015	6 120	6 210	6 285	6 345	6 405
损耗量/万吨	2 331	2 323	2 360	2 460	2 652	2 599
国内总供给量/万吨	18 860	18 796	19 091	19 907	21 459	21 031
进口量/万吨	22	38	87	192	399	720
食用玉米需求量/万吨	1 082	1 054	1 022	987	953	920
种用玉米需求量/万吨	1 090	107	107	111	118	118
深加工用玉米需求量/万吨	3 311	3 815	4 444	5 114	5 880	7 175
饲用玉米需求量/万吨	12 692	13 568	14 438	15 285	16 179	15 991
国内总需求量/万吨	17 194	18 544	20 010	21 496	23 130	24 204
自给率	99%	99%	99%	99.11%	98%	97%
“黄箱”支持水平/亿元	385	378	378	390	416	417
年末总库存量/万吨	26 688	27 762	26 530	23 638	20 904	16 540

附表 5-4　递减玉米生产者补贴方案结果（2017~2027 年）

年份	2017	2019	2021	2023	2025	2027
市场价格/（元/吨）	1 613	1 695	1 782	1 879	1 979	2 070
播种面积/万公顷	3 518.9	3 405.9	3 357.9	3 393.2	3 529.9	3 405.8
玉米单产/（吨/公顷）	6 015	6 120	6 210	6 285	6 345	6 405

续表

年份	2017	2019	2021	2023	2025	2027
损耗量/万吨	2 331	2 294	2 293	2 345	2 464	2 327
国内总供给量/万吨	18 860	18 559	18 554	18 974	19 939	18 831
“黄箱”支持水平/亿元	359	296	242	193	148	92
年末总库存量/万吨	26 689	27 420	25 277	20 753	15 320	6 930

附表 5-5 直接收入补贴方案结果（2017~2027 年）

年份	2017	2019	2021	2023	2025	2027
市场价格/（元/吨）	1 613	1 694	1 782	1 878	1 978	2 069
播种面积/万公顷	3 518.9	2 772.9	2 772.3	2 856.6	3 048.2	3 049.1
玉米单产/（吨/公顷）	6 015	612	621	6 285	6 345	6 405
损耗量/万吨	2 330	1 867	1 893	1 974	2 128	2 083
国内总供给量/万吨	18 859	15 109	15 318	15 972	17 218	16 858
进口量/万吨	22	38	87	191	5 890	7 324
自给率	99%	99%	99%	99%	79%	76%
“黄箱”支持水平/亿元	53	42	42	43	46	46
年末总库存量/万吨	26 688	20 746	12 059	1 498	1 498	1 498

第六章　粮食补贴政策效果评估[①]

第一节　引　　言

2004 年以来，中央政府先后出台了对种粮农民的粮食直接补贴、良种补贴、农资综合补贴、农机具购置补贴等以扶持粮食生产为目的的政策。在“多予、少取、放活”的方针引领下，国家逐年加大对种粮农民的补贴力度。其中，中央财政从 2004 年的 145.2 亿元已经连续 11 年增加了以上四项补贴的财政资金预算，到 2015 年增加为 1 652 亿元。粮食补贴政策的核心目标包括两方面。一方面，提高粮食产量，促进农民增收。就粮食生产而言，2015 年全年粮食产量达到 62 143.5 万吨，实现中华人民共和国成立以来的首次十二连增[②]。另一方面，农民收入在 2004~2013 年补贴政策实施十年以来也将近翻了两番。在这样的大背景下，粮食补贴政策在保障粮食生产和农民增收过程中所起的作用无疑是政府非常关心的问题，同时也是该项政策可持续性的重要判断依据。

目前，国内外学者对粮食补贴政策的效果持截然相反的意见，从政策研究角度来说，两者的分歧亟待进一步解决。在粮食补贴政策与农民收入的相关研究中，现有文献主要局限在理论上的定性讨论和基于描述性的定量分析（韩喜平和蔺荔 2007；赵昕，2013；张慧琴等，2016），且定量分析多为使用某个局部地区的调研数据，存在一定的局限性，缺乏利用全国层面的大样本数据的计量经济学方法的实证研究。关于粮食补贴政策对粮食供给或粮食生产的影响，一些学者认为，现行的粮食补贴政策的补贴数额太小，且不与粮食生产直接挂钩，因此这一政策对农户的粮食生产没有影响（Huang et al.，2011a）。另一些学者的研究结论却表明，粮食补贴政策对农户的粮食种植面积、要素投入均产生了显著的促进作用（Yu and Jensen，2010；刘克春，2010；王欧和杨进，2014；钱加荣和赵芝俊，2015）。

---

① 本章内容部分来自 Yi（2015b）、易福金等（2018）。

② 资料来源：中华人民共和国农业部网站（http://www.moa.gov.cn/）。

然而，相关文献忽视了粮食补贴政策是否会对农户的生产决策和收入产生影响的重要前提条件——流动性约束。当农户面临完全的信贷市场时，收入补贴不会对农户生产有任何影响，因为他们的资金需求原本就可以通过信贷市场得到满足。但当农户存在流动性约束时，一定量的收入补贴会让他们优化既有的生产决策，包括种植面积的调整等。因此，对粮食补贴政策效果的评价有必要对流动性约束条件是否成立进行检验，这也是现有的研究结论出现矛盾的重要原因。

本书将根据粮食补贴政策的实施状况和相关文献忽视的重要问题，针对提高农民收入与保障国家粮食安全这两个政策目标，从农户存在的流动性约束角度对粮食补贴政策的效果进行全面评估。具体来说，本书利用农业部农村经济研究中心农村固定观察点全国粮食主产区 19 个省（区、市）的调查数据，对粮食补贴政策对农户收入及粮食生产决策的影响进行实证研究。首先，本书通过测算补贴的收入乘数效应来判断现行的农业补贴政策对农户收入提升的综合效果。其次，本书进一步按照流动性约束水平将农户进行分类，探讨粮食补贴政策对不同流动性约束农户的影响。最后，本书分析粮食补贴政策对粮食种植面积、化肥投入和劳动力投入的影响。

第二节 政策实施状况及理论框架

目前，粮食直接补贴、农资综合补贴和良种补贴主要通过“一卡通”[①]（或“一折通”）直接发放给农户，农户可以对这笔资金自由支配；而农机具购置补贴只有购买农业机械的农户才能享受，且购置补贴并不直接发放给农户，而是从农机的售价中给予折扣，因此农户对该补贴无法自由支配。不同的发放方式决定着补贴对农户影响的作用机制不尽相同，同时，前三种补贴数额之和占总补贴金额的 90%左右（2014 年为 86%），本书以下的“粮食补贴”主要是指粮食直接补贴、农资综合补贴和良种补贴这三项补贴之和。另外，在评价粮食补贴的政策效果时，明确粮食补贴实际发放标准的依据是重中之重。财政部在 2007 年规定了以承包地面积或实际播种面积或应税常产这三项指标作为补贴依据，然而，大量的调研表明，承包地面积是最常用的标准（田建民和孟俊杰，2010；甄霖等，2017）。因此，从补贴的发放方式和发放标准来看，我们可以认为农户通过“一卡通”形式得到的粮食补贴已经异化为收入补贴。本书的理论分析框架主要针对这三项补

① 这里所指的一卡通即农户的银行账户。

贴展开，对其政策效应进行评价。

本书从粮食补贴转变为收入补贴的本质出发，讨论粮食补贴影响农户生产决策的机制。从国内的研究来看，仅有的理论分析来自王欧和杨进（2014）的研究，他们的分析基础是假设粮食补贴通过提高粮食市场价格进而影响农户的生产决策，即将粮食补贴视为一种价格补贴。但是，这和当前大量以农户调查为基础的文献对粮食补贴标准制定的基本共识不一致。另外，Huang 等（2011b）的调查结果强调粮食补贴通常在农民播种前发放，这已经排除了粮食补贴变为价格补贴的可能性。即使当地政府采用了与粮食播种面积挂钩的补贴方式，在播种前统计的农民粮食播种面积意愿并不表明实际种植行为一定发生。不同于王欧和杨进（2014）的理论框架，我们强调粮食补贴实际为收入补贴，并据此给出理论框架，探讨其对农户农业生产决策的影响。

根据农户决策理论（Taylor and Adelman，2003），以收入补贴为主要形式的粮食补贴对农户的生产经营决策和农户收入产生影响需要满足几个基本条件。首先，农村存在不完善的信贷市场。在信贷市场完善的前提下，农户可以较为容易地通过信贷市场获取生产所需的资金以达到生产资料最优化配置。此时，收入补贴理论上不应对农户的生产决策产生影响。然而，我国的农村信贷市场效率低下，农户信贷配给问题突出，李庆海等（2012）的研究表明，有 64.5%的农户受到了不同程度的信贷配给。因此，农村信贷市场的不完善性使粮食补贴对农户的生产决策产生作用提供了可能的空间。其次，农户存在流动性约束问题。在农户存在流动性约束的情况下，粮食补贴增加的现金收入可能会优化农户的生产决策，提高生产资料的使用效率，进而促进农户的生产经营并提高农户的收入水平（Sadoulet et al.，2001；Gertler et al.，2012）。事实上，大量的研究表明我国农户存在着流动性约束问题（Dong et al.，2012；Zhao et al.，2014）。因此，在不完善的农村信贷市场下实行的粮食补贴从理论上存在通过缓解农户流动性约束影响农户生产决策的可能性。

但是，粮食补贴带来的流动性缓解并不必然导致粮食增产和农民增收，它仍然有待于被进一步实证检验。根据农户决策理论，在市场不完善的前提下，农户的生产决策和消费活动往往是不可分离的。存在流动性约束的农户在获得部分流动性的情况下，生产和消费都有可能发生变化，而不仅仅是生产决策的变化。当然，变化程度取决于流动性约束的缓解对生产和消费影子价格影响的相对大小，如面临生存压力的农民会首先使用转移支付购买基本的生存资料，而不是调整生产。因此，本书对流动性约束的缓解是否增加粮食生产和促进农民增收进行验证。

综上所述，当前粮食补贴对农户生产决策的潜在影响必须以农户存在流动性约束为前提条件。以上理论分析及其相关结论在粮食补贴政策效果评价的实证研究中至少有两方面的意义。第一，在实证分析中，需要采用某种方法来识别不同农户的流动性状况。如果不加以区分，在存在流动性约束的农户数量较少甚至样本缺失的情况下，混合在一起的农户数据极有可能掩盖粮食补贴政策潜在的影响效果。王欧和杨进（2014）在这方面做了有益的尝试，即通过查看农户是否在贫困县来识别农户是否存在流动性约束。但是，这种划分方法没有达到微观农户决策的基本层面,况且我国农村的经济发展在地区间和地区内部存在不平衡的状况，农村内部的贫富差距也较大，不能很有效地对真正存在流动性约束的农户进行识别。从理论上来说，如果一个划分标准能够有效识别存在流动性约束的农户，那么实证结果也应当表现为只有存在流动性约束的农户会对粮食补贴产生反应。第二，对存在流动性约束的农户而言，粮食补贴政策并不必然促进粮食生产和提高农民收入，仅仅存在着理论上的可能性，甚至有可能降低农户生产的积极性，导致生产经营的萎缩。因此，本书将对以上分析进行检验：首先关注粮食补贴政策对农户收入的乘数效应，其次探讨其对促进粮食生产的潜在影响。

第三节　研究方法与数据

一、研究方法

（一）粮食补贴的收入乘数效应

一般而言，农户的收入水平由家庭特征和资本禀赋状况决定（Sadoulet et al.，2001；Xu et al.，2012），那么，农户 i 在第 t 年的收入可表示为

$$y_{i,t} = Z_{i,t}\beta_t + T_{i,t}\gamma_t + \alpha_i + \varepsilon_{i,t} \quad (6\text{-}1)$$

其中，$y_{i,t}$ 为农户的家庭总收入水平；$Z_{i,t}$ 为农户可观测的家庭特征、资本禀赋状况及市场条件；$T_{i,t}$ 为农户的补贴收入；α_i 为影响农户收入且不随时间变化的一些不可观测因素，通常包括农户的管理水平、风险偏好和土地质量等；$\varepsilon_{i,t}$ 为随机扰动项；β_t 和 γ_t 为模型的待估计参数，γ_t 为粮食补贴对农户收入 $y_{i,t}$ 的影响，即本书着重关注的“收入乘数”，β_t 为家庭特征、资本禀赋和外部市场条件等控制变量对农户收入的影响。

在对上述模型（6-1）进行估计时，农户的补贴收入水平可能与非观测的个体效应相关，因此，如果忽视了农户获得补贴的内生性问题，所估计出来的结果必

定有偏。为了控制可能存在的估计偏误，本书对模型（6-1）进行一阶差分，建立如下一阶差分模型：

$$y_{i,t} - y_{i,t-1} = (Z_{i,t}\beta_t - Z_{i,t-1}\beta_{t-1}) + (T_{i,t}\gamma_t - T_{i,t-1}\gamma_{t-1}) + (\varepsilon_{i,t} - \varepsilon_{i,t-1}) \qquad (6\text{-}2)$$

在式（6-2）中，不随时间变化的非观测个体效应 α_i 可以通过差分的方式被消除。另外，不同于 Huang 等（2011b）和 Sadoulet 等（2001）的研究，我们并没有假设变量前的待估参数（ β_t 和 β_{t-1}， γ_t 和 γ_{t-1} ）在不同年份之间是一样的。相反，我们允许估计的参数在不同年份间可以不同，以进一步提高估计的灵活性。在具体操作中，首先对 β_t 和 β_{t-1}、γ_t 和 γ_{t-1} 进行 Wald 检验，如果不存在统计意义上的显著差异，再将不同年份的该变量的系数进行合并。当然，从较长时间来看，补贴收入也会对随时间变化的不可观测的个体效应（诸如决策者能力的改善）产生影响。但是，考虑到本书使用连续两年的平衡面板数据，进一步假定农户的管理能力、生产习惯和风险偏好等因素在短期内不会改变是比较合理的。为了考察收入变动的来源，本书同样采用上述方法，分析粮食补贴对种植业收入、非农收入和畜牧业收入的影响。

就本书使用的数据而言，不同特征农户之间收入水平可能存在极大差别，导致数据中存在少量的异常值（Zhao et al.，2014），因此需要在估计中考虑这些异常值造成的影响。从表 6-1 主要变量的描述性统计中可以看出，畜牧业收入和总收入的标准差较大，因此这两个因变量有可能存在异常值。然而，简单地将异常值剔除的方法会降低估计的有效性。因此，在估计总收入方程和畜牧业收入方程时，本书采用了最小绝对值离差估计（least absolute deviation estimator，LAD）的中位数回归方法，该方法较普通最小二乘法（ordinary least square，OLS）而言，对存在离群值的数据估计结果更为稳健，而且本书的 4 573 个样本的平衡面板数据也满足中位数回归对于大样本的需求。对于农业收入和非农收入而言，本书则采用稳健回归的方法控制样本的异方差问题。

表 6-1　主要变量的描述性统计

变量名称	变量说明	2009 年		2010 年	
		平均值	标准差	平均值	标准差
Total_Inc	总收入/万元	2.536 2	2.740 0	2.909 1	2.950 6
Farm_Inc	种植业收入/万元	0.722 9	0.863 5	0.878 8	1.102 1
Live_Inc	畜牧业收入/万元	0.344 1	1.963 4	0.348 5	2.088 1
Nonfarm_Inc	非农收入/万元	1.388 1	1.785 8	1.588 3	1.892 3
Other_Inc	其他收入/万元	0.041 9	0.172 9	0.052 4	0.200 2
Sub_Inc	补贴收入/万元	0.039 4	0.049 2	0.041 1	0.050 5
Age	户主年龄/岁	50.89 8	9.430	51.89 0	9.439
Edu	家庭成员平均受教育年限/年	8.125	3.022	8.091	2.949
Labor	家庭劳动力人数/人	2.914	1.121	2.897	1.127

续表

变量名称	变量说明	2009 年		2010 年	
		平均值	标准差	平均值	标准差
Pig	生猪出栏数量/头	1.967	16.383	1.650	12.600
Grain_Area	粮食播种面积/公顷	0.352	0.442	0.364	0.483
Grain_Price	粮食作物平均价格/（元/千克）	2.842	0.722	3.126	0.696
Fertilizer_Price	化肥价格/（元/千克）	1.572	1.770	1.547	0.586
Farm_Area	耕地面积/公顷	0.481	1.018	0.467	0.708
Farm_Rev	种植收益/（万元/公顷）	1.065 0	1.266 0	1.311 0	1.966 5
Grain_Rev	粮食收益/（万元/公顷）	0.948 0	0.399 0	1.048 5	0.403 5
Farm_Cost	种植成本/（万元/公顷）	0.337 5	0.381 0	0.381 0	0.654 0
Grain_Cost	粮食成本/（万元/公顷）	0.195 0	0.111 0	0.250 5	0.180 0
Land_Rent	土地租金/（万元/公顷）	0.504 0	0.525 0	0.475 5	0.456 0
Labor_Price	劳动力雇工价格/（万元/工）	0.004 0	0.002 3	0.005 3	0.006 8
Nonfarm_Per	家庭成员非农就业时间占总劳动时间比例	60.413%	57.953%	64.290%	60.007%
Liquid	流动性资产价值/万元	2.518 3	6.617 1	2.658 7	5.813 0
Social_Cap	社会资本/万元	0.075	0.264	0.073	0.259

注：考虑到我国农村老年人参与劳动的普遍性，本书将年龄大于 16 周岁的在籍人员均定义为家庭劳动力；社会资本变量为是否有家庭成员为村镇干部，其中 1 代表有，0 代表没有

（二）粮食补贴对粮食生产的影响

本书的理论框架部分提到，对农户而言，粮食补贴并不必然促进粮食生产，农户存在流动性约束是粮食补贴能起效果的前提条件。总体样本中存在流动性约束农户的分布状况将会对结果起到至关重要的影响。在这种情况下，粮食补贴的政策效应有赖于从总体样本中对存在流动性约束农户的识别，以及在对农户按照流动性约束条件分类后的实证检验。相关讨论将放在第四节。

为了结果的可比性，本书借鉴粮食补贴政策效果评价通常的做法（王欧和杨进，2014），采用面板数据固定效应方法分析粮食补贴对农户粮食播种面积、化肥投入和劳动力投入的影响。对上述粮食种植三种要素投入的估计模型可以表示如下：

$$q_{i,t} = z_{i,t}\beta_t + T_{i,t}\gamma_t + A_i + \varepsilon_{i,t} \tag{6-3}$$

其中，$q_{i,t}$ 表示农户的粮食播种面积、每公顷化肥费用、每公顷劳动力用工量这三个要素投入变量；$z_{i,t}$ 表示农户可观测的家庭特征及市场条件；β_t 为系数；$T_{i,t}$ 为农户的补贴收入；γ_t 为粮食补贴对其要素投入的影响；A_i 为个体效应；$\varepsilon_{i,t}$ 为随机扰动项。

模型（6-3）的估计结果能够从保障粮食安全的角度进一步完善对粮食补贴政策的评估。同时，对于粮食主产区的农户而言，种粮收入是样本农户农业收入的主要来源，对粮食生产投入的分析也能为农户粮食补贴的收入乘数的结果提供相应的佐证。

（三）流动性约束农户的识别

为了分析粮食补贴政策对农户收入增加的促进作用和对农户生产决策的影响，我们将进一步区分在不同流动性条件下的粮食补贴政策效果，这将有利于验证前文中关于粮食补贴政策缓解流动性约束以提高农户收入、改变农户生产决策的基本假设。对于农户流动性约束的划分标准，学者根据自身的数据情况设置了不同的判定条件：Sun 等（2013）将流动性约束情况用特定时间点前是否需要偿还贷款来表示；Uchida 等（2009）用家庭流动性资产的价值来衡量农户家庭存在流动性约束的可能性。

本书根据数据的可获得性，参照 Uchida 等（2009）的方法，用家庭流动性资产的价值来衡量农户的流动性状况，并将农户样本划分为存在流动性约束农户和不存在流动性约束农户两类。本书的流动性资产主要包含生产性资产、现金、储蓄和应收账款。本书在流动性资产的计算中没有包括家庭耐用消费品的信息，主要原因是农村固定观察点的数据只提供了耐用消费品的数量，并不包含相关价格信息。本书以家庭流动性资产是否大于 1 万元作为衡量农户是否存在流动性约束的标准：将家庭流动性资产小于等于 1 万元的农户定义为存在流动性约束农户，反之则为不存在流动性约束农户。在此标准下，存在流动性约束农户的生活开支和农业生产投入费用加总接近其家庭总收入水平，而对于不存在流动性约束农户，两项之和仅为总收入的 71%。因此，我们有理由相信这样的分类标准能够有效地识别农户的流动性状况。为了进一步验证结论的可靠性，本书同时以家庭流动性资产价值是否大于 1.5 万元作为判定标准的结果用作结论的稳健性检验。另外，家庭流动性资产的中位数水平正好落在流动性资产 1 万~1.5 万元标准，笔者认为这个标准可以很好地对存在不同流动性状况的农户进行区分。

在粮食补贴对农户生产决策的讨论上，我们在模型（6-3）中加入流动性条件的虚拟变量以识别其对不同农户生产决策的作用。根据以上的划分方法，分别生成存在流动性约束农户（Liquid_constrained）和不存在流动性约束农户（Liquid_unconstrained）两个虚拟变量，并且将补贴收入与这两个虚拟变量相乘生成两个交互项以分析补贴收入对存在不同流动性状况下的农户粮食生产投入的影响。

二、数据来源与处理

本书所用数据来源于农业部农村经济研究中心农村固定观察点。农村固定观察点于 1986 年由中共中央书记处农村政策研究室牵头建立，目前样本分布于我国（不含港澳台地区）的 31 个省（区、市），每年调查农户达 2 万户以上，具有很好的代表性。就本书分析的粮食补贴而言，由于绝大多数的粮食补贴预算分配给粮食主产区，因此，本书选取我国粮食主产区的 19 个省（区、市）的农户作为分析对象（Zhao et al.，2014）。由于统计口径等问题，农村固定观察点提供的 2009 年以前的粮食补贴数据与其他转移支付收入混在一起无法区分，而不同类别粮食补贴的分类数据信息只在 2009 年以后的调查年份才涉及；考虑数据的可获得性及为了建立一个标准的差分方程，必须保证农户样本的连续性。因此，本书只选取了 2009 年、2010 年两年的平衡面板数据进行分析，共得到 4 573 个农户样本。从实证研究的一般范式来看，尽管笔者无法获得最新的调研数据，但是如果以上粮食补贴影响农户生产决策的假说可以被验证，数据的新与旧就不应该成为问题。

从补贴的平均水平来看，农户的粮食补贴收入分别占农户总收入和种植业收入的 2%和 6%。虽然补贴收入所占比例很小，但对于我国为数众多的小农户而言，这部分转移收入依然不容忽视。另外，尽管 2009 年、2010 年的补贴收入平均值看上去较为接近，但数据显示 88%的农户补贴收入存在不同程度的变动，且农户层面的 t 检验在 5%的统计水平上也拒绝了两年补贴收入相等的假设（表 6-1）。

第四节　实 证 结 果

一、收入乘数效应

粮食补贴具有显著的收入乘数效应。表 6-2 报告了无约束方程的回归结果，即允许控制变量前的待估参数在不同年份有差异。从表 6-2 可以看出，2009 年和 2010 年两年的收入乘数都在 2.3 左右，且在统计意义上并没有显著差异。两年的收入乘数均显著大于 1，表明农户的收入除了受到粮食补贴的直接影响外（即补贴收入额），粮食补贴还会对农户的收入产生间接影响。粮食补贴的间接影响在于补贴收入放松了对农户的流动性约束，农户可以增加对农业生产的投资和要素投入，以实现农户收入的增长；或者可能在于国家的支农政策很有可能改变了农户对农业生产的认识，提高了农户农业生产的积极性（徐翠萍等，2009）。除此以外，农户的耕地面积对总收入也存在显著的正向影响，且 2010 年的系数显著大于 2009 年的系数。养猪是我国传统农户经济的重要组成部分，本书选取年内“生猪出栏数量”作为畜牧业收入来源的一个代理变量。实证结果发现，“生猪出栏数量”这一变量在 2009 年和 2010 年两年都是显著的，且两年之间的系数亦存在显著差异。另外，考虑到非农就业对农户生计的重要性及非农工资水平数据的不完整性，本书采用家庭成员非农就业时间占总劳动时间比例来衡量非农活动对总收入的影响。结果显示，2010 年的家庭成员非农就业时间对总收入的影响要显著大于 2009 年家庭成员非农就业时间的影响，这从侧面反映了当今非农活动对中国农户的重要性在逐渐加强。

表 6-2　总体收入乘数的估计（无约束方程）

变量	中位数回归		两年系数差异的 t 检验（P 值）
	2009 年	2010 年	
Sub_Inc	2.258***（0.403）	2.472***（0.402）	0.557
Farm_Rev	0.142***（0.011）	0.167***（0.009）	0.018
Farm_Cost	−0.148***（0.011）	−0.140***（0.026）	0.841
Nonfarm_Per	7.977***（0.221）	8.782***（0.213）	0
Labor	2.549***（0.154）	2.796***（0.153）	0.006
Edu	0.005（0.056）	−0.015（0.058）	0.572
Liquid	0.006**（0.002）	0.006***（0.002）	0.750
Farm_Area	0.480***（0.12）	1.395***（0.225）	0
Social_Cap	0.243（0.675）	0.147（0.687）	0.794
Pig	0.070***（0.007）	0.038***（0.009）	0
地区哑变量			
南部地区	0.264（0.429）		
中部地区	−0.436（0.288）		
北部地区	−0.638（0.359）		
西北地区	0.451（0.317）		
西南地区	−0.204（0.300）		
东北地区	−0.093（0.352）		
年龄	−0.008（0.010）		
常数	0.026（0.739）		
观测值 R^2	4 573 0.116		

和*分别表示在 5%和 1%的水平上显著

注：括号内为标准误。地区虚拟变量以华东地区为参照组

表 6-2 的结果显示部分变量的系数在 2009 年和 2010 年没有显著差异，我们可以施加一定的约束以简化模型估计：假定这些变量的系数在不同年份是一样的，则式（6-2）可以进一步写成：

$$y_{i,t}-y_{i,t-1}=(Z_{i,t}-Z_{i,t-1})\beta+(T_{i,t}-T_{i,t-1})\gamma+(\varepsilon_{i,t}-\varepsilon_{i,t-1}) \quad (6\text{-}4)$$

对于那些 2009 年和 2010 年系数存在显著差异的变量，我们保留其原有形式。表 6-3 报告了施加上述约束条件后的回归结果。从表 6-3 第（1）列可以看出（Δ表示前后两年变量的差分，但系数的解释相同），粮食补贴对农户收入产生了显著的正向影响，增加 1 元的补贴收入使得总收入增加了 2.318 元，其中 1.3 元的收入增长来自补贴的间接效应，即由粮食补贴带来的农户收入的增加要大于单纯粮食补贴的数额。总体而言，粮食补贴使得农户家庭收入提高了 4.1%。与产量不挂钩的粮食补贴同样可以被看作一种转移支付，同本书的研究结论相类似，很多学者发现转移支付除了直接提高农户收入外，还通过间接效应提升农户收入。例如，Xu 等（2012）分析了中国税费减免政策对农户收入的影响，其研究结果表明税费减免除了直接增加农户收入以外，还使得农户增加了劳动投入，扩大了种植面积，农户的平均收入也相应增加了 10%左右。

表 6-3 粮食补贴对不同收入的影响（约束方程）

变量	总收入（1）	农业收入（2）	非农收入（3）	畜牧业收入（4）
	中位数回归	稳健性回归	稳健性回归	中位数回归
ΔSub_Inc	2.318*** （0.446）	1.668** （0.576）	0.452 （0.561）	0.126 （0.111）
$Farm\_Rev_{2009}$	0.143*** （0.011）	—	—	—
ΔFarm_Rev	—	0.158*** （0.025）	—	—
ΔFarm_Cost	−0.140*** （0.022）	−0.248*** （0.069）	—	—
$Nonfarm\_Per_{2009}$	8.004*** （0.218）	0.291 （0.156）	10.020*** （0.702）	−0.191* （0.076）
$Nonfarm\_Per_{2010}$	8.806*** （0.210）	−0.302* （0.143）	11.470*** （0.678）	0.096 （0.069）
$Labor_{2009}$	2.521*** （0.151）	0.066 （0.100）	—	—
$Labor_{2010}$	2.786*** （0.151）	0.264** （0.098）	—	—

续表

变量	总收入（1）	农业收入（2）	非农收入（3）	畜牧业收入（4）
	中位数回归	稳健性回归	稳健性回归	中位数回归
ΔLabor	—	—	3.603***（0.319）	0.025（0.044）
ΔEdu	−0.004（0.053）	0.025（0.047）	0.041（0.083）	−0.011（0.017）
$Liquid_{2009}$	—	—	−0.014（0.012）	—
$Liquid_{2010}$	—	—	0.027*（0.013）	—
ΔLiquid	0.006**（0.002）	0.004**（0.002）	—	0.001（0.001）
$Farm\_Area_{2009}$	0.510**（0.150）	—	—	—
$Farm\_Area_{2010}$	1.545***（0.225）	—	—	—
ΔFarm_Area	—	0.795（0.51）	—	—
Pig_{2009}	0.073***（0.005）	—	—	0.074（0.039）
Pig_{2010}	0.042***（0.006）	—	—	0.081*（0.036）
ΔPig_price	—	—	—	0.300（0.897）
$Social\_Cap_{2009}$	—	—	—	0.452*（0.214）
$Social\_Cap_{2009}$	—	—	—	0.210（0.215）
ΔSocial_Cap	0.191（0.648）	0.564（0.434）	−0.403（1.082）	—
Regional dummy	控制	控制	控制	控制
年龄	−0.003（0.010）	−0.025**（0.008）	−0.020（0.014）	−0.003（0.003）
常数	−0.397（0.577）	1.892***（0.447）	0.578（1.005）	0.197（0.179）
观测值 R^2	4 573（0.016）	4 573（0.168）	4 573（0.242）	1 778（0.023）

*、**和***分别表示在 10%、5%和 1%的水平上显著

注：括号内为标准误

为进一步考察粮食补贴带来的总收入增长来源，本书以农业收入、非农收入和畜牧业收入为被解释变量分别进行计量分析，结果见表 6-3。实证结果显示，粮食补贴对农户的农业收入存在显著的正向影响；而粮食补贴对农户的非农收入和畜牧业收入并没有显著影响。因为在收入分类研究中，补贴收入并没有体现在农业收入、非农业收入和畜牧业收入等计算中，所以农业收入模型中粮食补贴的系数小于 2.318。

二、流动性约束与收入乘数

从上述分析中我们发现，粮食补贴确实对农户收入产生了正向影响，但是，我们更关注的是粮食补贴是否会通过缓解农户存在的流动性约束从而提高农户的收入水平。根据研究方法中对流动性约束划分标准的讨论，我们将农户按照家庭流动性资产价值是否大于 1 万元（或 1.5 万元）分成两类，并分别估计粮食补贴对农户收入的影响。由于学术界对于如何划分农户存在的流动性约束一直存在争议，在回归之前，本书比较了两类农户在化肥投入、劳动力投入和其他可变投入上的差异，检验结果表明，流动性约束农户的化肥投入和其他可变投入水平要显著低于不存在流动性约束农户，而劳动力投入的差异却不显著，这样的结果表明上述分类方法在一定程度上是可行的。表 6-4 的回归结果显示，对于存在流动性约束农户而言，收入乘数为 3.372，且在统计水平上显著大于 1；而对于不存在流动性约束农户而言，收入乘数为 1.362，且在统计意义上与 1 并没有显著差异。换句话说，粮食补贴对于存在流动性约束农户而言，其收入除了受到粮食补贴的直接影响外（即补贴收入额），粮食补贴对农户收入产生了很强的间接效应；而粮食补贴对不存在流动性约束农户没有乘数效应。从估计的稳健性角度，表 6-4 同时给出了以 1.5 万元作为流动性约束划分标准的结果。在新的分类标准下，存在流动性约束农户的数量超过了不存在流动性约束农户的数量，得到的结果与上述分析基本类似，这也解释了表 6-3 中总体收入乘数效应的显著性。

表 6-4 粮食补贴对存在不同流动性约束农户收入的影响

变量	将样本以 1 万元的标准划分		将样本以 1.5 万元的标准划分	
	≤1 万元	>1 万元	≤1.5 万元	>1.5 万元
ΔSub_Inc	3.372*** (0.906)	1.362* (0.535)	2.730*** (0.615)	1.338* (0.650)
$Farm\_Rev_{2009}$	0.104*** (0.018)	—	0.109*** (0.016)	—

续表

变量	将样本以 1 万元的标准划分		将样本以 1.5 万元的标准划分	
	≤1 万元	>1 万元	≤1.5 万元	>1.5 万元
$Farm\_Rev_{2010}$	0.160*** (0.015)	—	0.175*** (0.013)	—
$\Delta Farm\_Rev$	—	0.196*** (0.011)	—	0.197** (0.012)
$\Delta Farm\_Cost$	−0.065 (0.034)	−0.199*** (0.034)	−0.169*** (0.031)	−0.120*** (0.040)
$Nonfarm\_Per_{2009}$	—	7.985*** (0.294)	—	7.836*** (0.325)
$Nonfarm\_Per_{2010}$	—	9.184*** (0.284)	—	9.180*** (0.319)
$\Delta Nonfarm\_Per$	8.602*** (0.311)	—	8.512*** (0.274)	—
$Labor_{2009}$	1.713*** (0.239)	—	2.160*** (0.209)	—
$Labor_{2010}$	2.238*** (0.238)	—	2.646*** (0.207)	—
$\Delta Labor$	—	3.4504*** (0.196)	—	3.283*** (0.223)
ΔEdu	−0.070 (0.079)	−0.043 (0.078)	−0.059 (0.069)	−0.026 (0.091)
$\Delta Liquid$	0.018** (0.007)	0.006** (0.002)	0.016** (0.006)	0.006** (0.002)
$Farm\_Area_{2009}$	—	0.810*** (0.165)	—	0.750*** (0.165)
$Farm\_Area_{2010}$	—	2.250*** (0.270)	—	2.130*** (0.285)
$\Delta Farm\_Area$	−0.060 (0.645)	—	0.105 (0.555)	—
Pig_{2009}	—	0.052*** (0.007)	0.006 (0.008)	—
Pig_{2010}	—	0.007 (0.011)	0.022 (0.011)	—
ΔPig	0.329*** (0.015)	—	—	0.244*** (0.019)
$\Delta Social\_Cap$	1.445 (1.114)	−0.201 (0.838)	−0.223 (0.934)	−0.128 (0.947)
Regional dummy	控制	控制	控制	控制
年龄	−0.020 (0.015)	0 (0.013)	0.011 (0.013)	−0 (0.015)

续表

变量	将样本以 1 万元的标准划分		将样本以 1.5 万元的标准划分	
	≤1 万元	>1 万元	≤1.5 万元	>1.5 万元
常数	0.122 （0.917）	−0.024 （0.743）	−0.389 （0.799）	−0.035 （0.845）
观测值 R^2	2 058 （0.131）	2 515 （0.114）	2 543 （0.122）	2 030 （0.120）

*、**和***分别表示在 10%、5%和 1%的水平上显著

注：括号内为标准误

三、流动性约束与粮食生产

粮食补贴总体上促进了粮食生产，对存在流动性约束农户的影响效果尤其明显。从农户决策理论出发，粮食补贴会以收入补贴的形式缓解农户存在的流动性约束，进而改变农户的生产决策，对农户的农业收入产生影响。但是，这样的理论推演需要进一步的实证检验。当不区分流动性约束时，表 6-5 中模型（1）的回归结果显示，粮食补贴促进了粮食播种面积的增加，即当户均增加 1 000 元补贴时，粮食播种面积增加 0.09 公顷。

表 6-5　粮食补贴对要素投入的影响（固定效应模型）

变量	（1）	（2）	（3）	（4）
	粮食播种面积	粮食播种面积	每公顷化肥投入费用	每公顷劳动力投入
Sub_Inc	0.089* （0.044）	—	—	—
Sub_Inc×Liquid_constrained	—	0.235** （0.072）	180.030* （82.350）	15.075 （16.845）
Sub_Inc×Liquid_unconstrained	—	0.038 （0.045）	90.555 （52.335）	9.795 （12.105）
Grain_Price	0.010** （0.004）	0.010* （0.004）	45.615 （18.630）	6.525 （6.420）
Grain_Rev	−0.001 （0.001）	−0.001 （0.001）	—	—
Grain_Cost	−0.002 （0.001）	−0.002 （0.001）	—	—
Nonfarm_Per	0.005 （0.008）	0.005 （0.007）	−72.150* （29.880）	−9.630 （6.015）
Farm_Area	0.029 （0.025）	0.029 （0.025）	12.600 （9.920）	−14.850 （5.175）
Labor	0.015** （0.006）	0.015** （0.056）	−8.655 （18.660）	7.545* （3.21）

续表

变量	(1)	(2)	(3)	(4)
	粮食播种面积	粮食播种面积	每公顷化肥投入费用	每公顷劳动力投入
Edu	0.001 (0.003)	0.001 (0.003)	−8.580 (5.640)	−2.460* (1.201)
Land_Rent	−0.0001 (0.0004)	−0.001 (0.0004)	—	—
Fertilizer_Price	—	—	5.985 (3.840)	—
Labor_Price	—	—	—	−36.390*** (9.060)
常数	0.261 (0.036)	0.254*** (0.035)	1047.375*** (81.210)	124.340*** (17.760)
观测值 R^2	9 146 (0.293)	9 146 (0.150)	9 146 (0.014)	9 146 (0.040)

*、**和***分别表示在 10%、5%和 1%的水平上显著

注：括号内为标准误

然而，粮食补贴主要是对存在流动性约束农户的生产资料投入产生了显著影响，对未存在流动性约束农户则没有显著影响。表 6-5 中的模型（2）~模型（4）分别报告了区分是否存在流动性约束农户的相关结果。对于存在流动性约束的农户而言，粮食补贴收入每增加 1 000 元，播种面积相应增加 0.235 公顷，每公顷化肥投入费用相应增加约 180 元。对于每公顷劳动力投入而言，粮食补贴与表征流动性约束的两个虚变量的交互项在统计上均不显著。我国农业生产的劳动力投入主要依靠自家劳动力或者“换工”的形式提供，通过劳动力市场雇佣劳动力并不是一个普遍现象，所以这种流动性约束的缓解对粮食生产的劳动力投入并没有作用。综上所述，针对存在流动性约束农户而言，粮食补贴主要通过影响粮食播种面积和化肥使用量两种途径对农业生产产生影响，这与刘克春（2010）、吴连翠和谭俊美（2013）等研究一致；而不存在流动性约束农户在粮食生产上不会做出调整。

此外，我们对粮食补贴促进粮食生产的估计在准确性上有所提高。与之相对应的王欧和杨进（2014）的研究结果表明，每公顷粮食补贴增加 1%时，粮食播种面积增加 0.019 公顷。按照该研究的描述性统计结果，对一个播种面积为 0.57 公顷的代表性农户而言，粮食补贴促进粮食播种面积增加的弹性为 3.3。而对于贫困县来说，这一弹性更是高达 14.0。显然该研究结果存在明显的高估倾向。根据本书的估计，这一弹性仅为 0.07，即使是存在流动性约束的农户，这一弹性也仅在 0.2 左右，这与农户层面种植结构较稳定的现象是一致的。

第五节 结论与政策建议

本书从农户可能存在流动性约束的角度出发，利用农业部农村经济研究中心农村固定观察点的面板数据分析了粮食补贴对农户收入和粮食生产的影响。研究表明，粮食补贴对农户收入具有显著的乘数效应，不仅使农户得到了补贴收入，还通过优化农业生产间接拉动总收入水平的提高。另外，粮食补贴能够显著增加存在流动性约束农户的粮食播种面积和每公顷要素投入，这表明粮食补贴政策还能在一定程度上有助于粮食安全这一政策目标的实现。因此，尽管粮食补贴在实施过程中存在与粮食种植脱钩的问题，但是对大量存在流动性约束农户而言，粮食补贴产生了既能够促进粮食生产，又能够增加农户收入的积极效果。

本书的结论同时也解释了当前针对粮食补贴政策效果的研究结论不一致的状况。笔者论证了农户存在流动性约束是否会对粮食补贴产生的生产决策调整存在差异，而这种差异往往来自研究样本选择的代表性和可靠性。在计量分析中，如果存在流动性约束农户所占比例较大，总体的研究容易得出粮食补贴政策具有正向效果的结论；反之则反。这很好地回答了当前研究对粮食补贴政策的效果存在截然相反两种观点的问题。同时，这在某种程度上也提醒农业政策研究者需要认识到中国农业部门经济转型中相应的农业政策需要通过仔细的市场完善性甄别来判断相关政策的整体有效性，不能搞“一刀切”。

研究结果同时也给了我们三点政策启示。第一，虽然补贴收入占农户收入的比重较低，但应当承认粮食补贴对促进农民增收、保障粮食安全存在着一定的作用。因此，可以提高现行粮食补贴的额度，充分发挥粮食补贴的收入乘数效应并且促进粮食生产。第二，粮食补贴在一定程度上减轻了中国农户存在的流动性约束，并对存在流动性约束农户产生了收入乘数效应。因此，对不同类别农户、不同地区农户采用不同的补贴金额进行目标瞄准的补贴方式（如加大对贫困农户、西部地区农户的补贴力度）可以有效提升农民增收的效果。第三，粮食补贴发生作用的机制也提醒市场管理者，进一步完善农村信贷市场（如小额贷款）以缓解农户存在的流动性约束亦是相关部门亟须解决的问题之一。

本书受制于数据局限性，存在一定的不足。受限于数据的可获得性，本书使用 2009 年、2010 年的面板数据，在数据时效性方面存在一定局限性：随着时间推移，农户存在的流动性约束可能越来越小，粮食补贴政策对农户收入及粮食生产的影响可能越来越低。未来进行相关研究时，需要补充相关的最新数据，才能更好地评价近期粮食补贴政策的效果，弥补数据陈旧造成的适用局限性问题。

第七章　农机购置补贴政策分析[1]

第一节　农机购置补贴的政策实施状况及其效果分析

2004 年，我国颁布了《中华人民共和国农业机械化促进法》，力图通过立法形式促进我国的机械化发展。同年，农机购置补贴政策开始实施，目标在于提高农业技术装备水平、改善装备结构和增强农业综合生产能力，促进农业节本增效、农民增产增收。最初，补贴政策只是在 16 个省（区、市）实施，随后推广到全国。政策延续至今，为我国的农业机械化做出了重要贡献。

一、农机购置补贴政策实施状况

（一）补贴资金总量不断扩大

自农机购置补贴政策开展以来，农机购置补贴资金逐年增加（图 7-1），中央资金的大量投入同样引发了地方财政对农机购置的补贴。2012 年，中央财政安排的农机购置补贴资金首次超过 200 亿元，达到 215 亿元；2014 年，中央财政安排的农机购置补贴资金超过了 230 亿元。2004~2014 年中央财政共安排农机购置补贴资金 1 200 亿元，成为我国各类农机需求主体购买农机的重要资金来源。

（二）补贴对象范围不断放宽

补贴对象主要发生了以下变化：一是由农民扩展到农牧渔民，由农机服务

① 本章部分内容来自胡凌啸和周应恒（2016）、周应恒等（2016）。

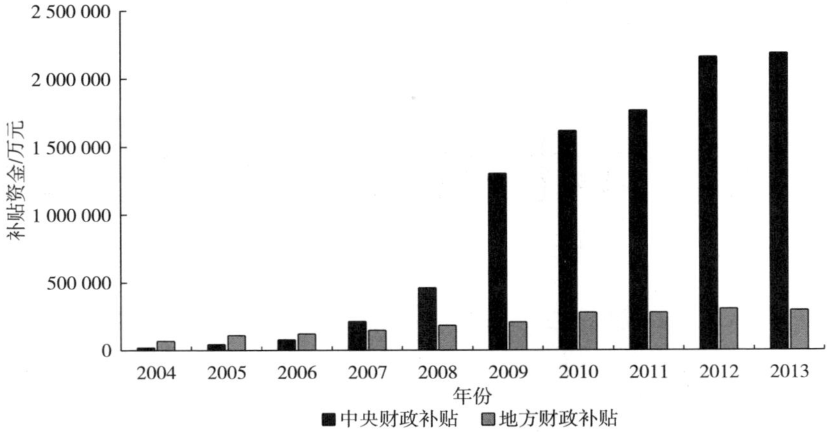

图 7-1　2004~2013 年我国中央和地方农机购置补贴资金

资料来源：历年《中国农业机械工业年鉴》

组织扩大到农业生产经营组织，范围从小农业扩展到大农业；二是紧密结合国家经济社会发展目标和实际，重点增加部分实施主体（2009~2010 年的奶业生产主体）；三是顺应我国构建新型农业经营主体的需要，将农民合作社等纳入补贴范围。补贴对象范围不断放宽，使得更多农业经营者对农机的需要得到满足，享受到政策红利（表 7-1）。

表 7-1　2004~2014 年农机购置补贴对象

时间	补贴对象
2004 年	农民个人和直接从事农业生产的农机合作经济组织
2005~2007 年	纳入实施范围并符合补贴条件的农民（含地方农场职工）和直接从事农业生产的农机服务组织
2008 年	纳入实施范围并符合补贴条件的农牧渔民（含地方农场职工）和直接从事农业生产的农民专业合作组织
2009 年	纳入实施范围并符合补贴条件的农牧渔民（含农场职工）、直接从事农机作业的农业生产经营组织，以及取得当地工商登记的奶农专业合作社、奶畜养殖场所办生鲜乳收购站和乳品生产企业参股经营的生鲜乳收购站
2010 年	纳入实施范围并符合补贴条件的农牧渔民、农场（林场）职工、直接从事农机作业的农业生产经营组织、取得当地工商登记的奶农专业合作社、奶畜养殖场所办生鲜乳收购站和乳品生产企业参股经营的生鲜乳收购站
2011~2013 年	纳入实施范围并符合补贴条件的农牧渔民、农场（林场）职工、直接从事农机作业的农业生产经营组织
2014 年	纳入实施范围并符合补贴条件的农牧渔民、农场（林场）职工、农民合作社和从事农机作业的农业生产经营组织

资料来源：2004~2011 年《农机购置补贴实施方案》，2012~2014 年《农业机械购置补贴实施方案指导意见》

（三）补贴机具种类日益全面

经过 11 年的时间，补贴机具种类从 2004 年的 6 大类扩大到 2014 年的 12 大类、46个小类、175个品目，逐渐向关键领域延伸，基本覆盖了粮食生产急需的农业机械种类，并且从种植业延伸到养殖业、畜牧业、水产业及农产品加工业等领域。为加快丘陵山区和血防区的农机化发展，补贴政策增加了适用于该类区域的小型机械品种；为保证奶业产品的质量安全，国家增加了奶业机械补贴机具。补贴机具种类的调整，在不断满足农业生产需要的同时，加强了补贴的针对性，使得效益最大化，补贴政策成为推动农机化事业发展的重要保障（表7-2）。

表7-2　2004~2014年全国农机购置补贴机具种类

年份	2004	2005	2006	2007	2008	2009	2010	2011	2012	2013	2014
大类	6	6	6	7	9	12	12	12	12	12	12
小类	—	18	19	24	33	38	45	46	46	46	46
品目	—	—	—	—	—	128	180	180	180	175	175

资料来源：笔者整理

（四）补贴实施方案日益合理

2011年前农机购置补贴政策一直实行“差价购机，省级结算”，目的是减轻农民筹款压力，同时也防止资金下拨到市（县）后被挤占、挪用。但是，对供货企业来讲，差价购机资金回笼缓慢，增加了企业垫资压力，影响企业资金周转，不利于组织再生产。2012年，农业部、财政部鼓励各地在保证资金安全、让农民得实惠、给企业创造公平竞争环境的前提下，开展补贴资金结算级次下放、农民全价购机、选择部分机具敞开补贴等完善农机购置补贴操作方式试点，2015年我国大多数省（区、市）已经推行“全价购机、县级结算、直补到卡”。2008年开始，为便于操作，防止企业为获取高额补贴而高价销售农机，中央财政农机购置补贴资金实行定额补贴，即同一种类、同一档次农业机械在省域内实行统一的补贴标准。“定额补贴、全价购机、县级结算、直补到卡”成为我国目前农机购置补贴的主流方式。

二、农机购置补贴政策实施效果

（一）农机保有量提高

自农机购置补贴政策实施以来，我国农业机械化迎来跨越式发展的“黄金十年”。2004~2014年，补贴购置的各类农机具超过3 500万台（套），2014年全国农业机械总动力超过10亿千瓦。农机装备结构向大马力、多功能、高性能方向发展，大中型拖拉机、联合收获机、水稻插秧机保有量分别超过 558 万台、152 万台和 66 万台，分别是 2004 年的 5.0 倍、3.7 倍和 9.8 倍。经济作物、畜牧水产养殖、林果业及农产品初加工机械保有量快速增长（图 7-2）。

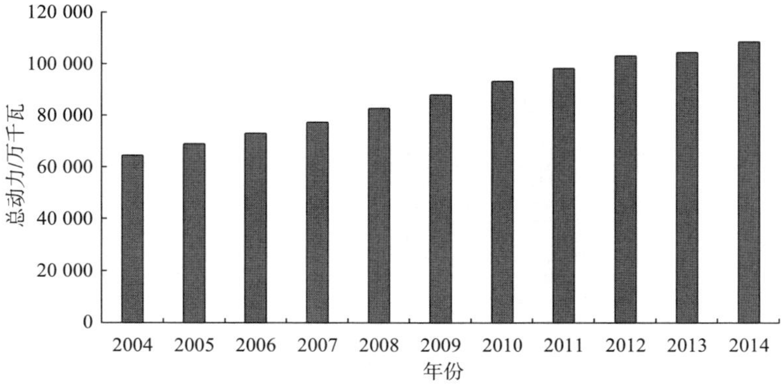

图 7-2 2004~2014 年我国农业机械总动力

资料来源：历年《中国农业机械工业年鉴》

（二）农业机械化水平提高

农机购置补贴政策的效果不仅表现在促进农机存量的增长上，还表现在推动农机在实际生产的应用上。我国主要农作物机耕、机播、机收面积自 2004 年以来均快速增长。其中，2014 年机耕面积相对 2004 年增长 85%，机播面积增长 90%，而机收面积变化最快，11 年的时间增幅达到 173%。2014 年全国农作物耕种收综合机械化水平超过 61%，比 2004 年提高近 30 个百分点。三大粮食作物耕种收综合机械化水平均超过 75%，小麦生产基本实现全过程机械化。水稻机械种植、收获水平分别从 2004 年的 6%、27%，提高到 2014 年的 38%、81%，玉米机收水平从 2%提高到 55%（表 7- 3）。

表 7-3 2004~2014 年我国农业机械化耕种收面积 单位：万公顷

年份	2004	2005	2006	2007	2008	2009	2010	2011	2012	2013	2014
机耕面积	6 359	6 522	6 760	7 172	9 115	9 572	10 060	10 688	11 028	11 376	11 742
机播面积	4 428	4 705	5 024	5 278	5 897	6 509	6 916	7 292	7 679	8 031	8 396
机收面积	3 045	3 414	3 853	4 222	4 748	5 341	5 985	6 601	7 117	7 742	8 327

资料来源：历年《中国农业机械工业年鉴》

三、农机购置补贴政策效率分析

持续增长的农机购置财政投入提高了我国农业机械装备水平，加速了我国农业机械化的步伐。但是，随着政府财政支出的不断加大，掌握资金的使用效率及实现资金的高效使用显得尤为重要。衡量政策效率有两种不同的视角：一是基于政策的成本和收益展开；二是基于政策投入产出转化率展开。目前学界尚缺乏对农机购置补贴政策效率的科学评价，本章选取效率评价的第二个视角测度农机购置补贴政策的投入产出转化率。

（一）农机购置补贴政策效率的测算

1. 相关研究综述

对地方政府财政支出效率进行核算，并分析其影响因素是财政研究领域的热点之一。而评价模型和方法的发展，成为促进该问题研究深化的重要推动力。自Charnes 等（1978）创立 DEA（data envelopment analysis，数据包络分析）方法以来，DEA 模型成为测度政策效率的重要手段。在国外，利用 DEA 等非参数方法测度财政支出效率的研究已经比较普遍，Herrera 和 Pang（2005）测算了发展中国家政府部门在健康和教育领域内的财政支出效率；Afonso 等（2010）对 OECD 国家 1995~2000 年公共财政支出在减少收入差距方面的效率进行了计算和分析；Ahmad 和 Ubaidill（2013）测算了 81 个国家的政府在健康和教育领域的支出对改善人类发展方面的效率；Hsu（2013）选择欧洲和中亚的 41 个国家为研究对象，计算了以上国家在健康领域财政支出的效率变化。其他类似的研究也主要集中在健康和教育领域（Philippe et al.，1993；Andrew，2000；Prieto and Zofio，2001；Gupta and Verhoeven，2001；Afonso et al.，2005；Afonso and Fernandes，2006）。在国内，学者利用 DEA 模型对财政支出效率的测算最初集中在对地方政府全部财政支出的效率（陈诗一和张军，2008）和支出结构配置效率（李永友，2010）等的研究上。后来，学者对财政支出效率的研究更加细化，逐渐针对某一特定领域的财政支出展开探讨，并结合 DEA 模型和其计算结果的特点，将财政支出效率纳入 Tobit 模型测算效率的影响因素。关于义务教育和医疗卫生方面财政支出效率的研究居多（韩华为和苗艳青，2010；金荣学和宋弦，2012；龚锋和卢洪友，2013；张仲芳，2013），也有学者对地方政府环境保护支出的效率展开研究（朱浩等，2014）。在农业财政领域，李燕凌和欧阳万福（2011）测算了湖南省的 14 个市（州）所属县（市）政府财政支农的效率及影响因素；俞雅乖（2013）分析了我国农田水利财政支出效率的省际差异。

2. 方法选择和变量选取

DEA-Tobit 模型在核算财政支出效率、探讨效率影响因素方面展示出强大的适应性和生命力，成为当前分析财政支出效率的主流方法。因此，本章采用该模型对农机购置补贴政策的效率和影响因素进行探讨是相对科学合理的。在对购置补贴效率进行简要分析的基础上，本章着重讨论农业综合开发和农机推广培训等因素对农机购置补贴政策效率的影响。

DEA 方法运用线性规划方法构建观测数据的非参数分段曲面（或前沿面），然后相对于这个前沿面来计算效率（科埃利等，2008）。DEA 方法在 30 多年的发展中演化出许多不同形式的模型，目前使用相对普遍的是 CCR①模型及 BCC②模型。CCR 模型假定规模报酬不变，而 BCC 模型则假定规模报酬可变，并将通过 CCR 模型测算出来的综合技术效率（technical efficiency，TE）分解为纯技术效率（pure technical efficiency，PTE）和规模效率（scale efficiency，SE）。综合技术效率反映决策单元的总体效率情况；纯技术效率反映的是在最优规模运营条件下，决策单元投入要素的效率情况，它受到管理、技术等因素的影响，用来衡量决策单元的综合无效率受纯技术无效率影响的程度；规模效率是生产边界的产出量和最优规模下产出量的比值，反映实际规模与最优规模的差距（张仲芳，2013），三者之间的关系是综合技术效率=纯技术效率×规模效率。

关于 DEA 方法的介绍已经十分成熟，本章不再用大量篇幅对该方法进行具体解释。但需要说明的是，无论是 CCR 模型还是 BBC 模型，都可以从投入和产出两个导向进行效率测算，投入导向反映的是在产出既定的条件下，各投入可以缩减的程度；产出导向反映的是在投入既定的条件下，产出可以增加的程度。在规模报酬不变的假设下，投入导向和产出导向的测算结果是相同的，但如果规模报酬可变，则需要进行区分。本章假设农机购置补贴政策财政投入的规模报酬是变化的；就政府支出效率而言，我们往往更关注如何在财政投入既定的条件下增加产出，因此选择产出导向的 BCC 模型测算农机购置补贴政策的效率。

本章的研究对象是 30 个省级政府③，农机购置补贴政策实施的时间是 2004 年，因此选择的研究时期为 2004~2012 年。投入变量是农机购置补贴政策的财政投入，既包括中央财政，也包括地方财政；产出变量是机耕、机播（种）、机收、秸秆还田四项农机作业面积。选择上述四项农机作业面积作为产出变量，有两方面的原因。一方面是农机购置补贴政策的最终目标是促进农业机械的使用，同时对于农业生产而言有意义的是农机作业量，而不是农机数量，因此，选择农机作业面积作为产出变量，而不是选择与农机数量相关的变量，就可以直接衡量农机购置补贴政策财政投入转化为农业机械作业的效率；另一方面是农机购置补贴政

① CCR 模型由三位著名运筹学家 Charnes、Cooper 和 Rhodes 提出。

② BCC 模型由 Banker、Charnes 和 Cooper 提出。

③ 不包括港澳台地区，同时由于对西藏自治区的统计存在很多缺失，也不包括西藏自治区。

策主要围绕保障国家“粮食安全”的目标展开，其补贴机具的重点也是粮食耕种收和秸秆还田方面的机具，因此选择这四项农机作业面积作为产出变量具有合理性。农机购置补贴政策财政投入的数据来源于历年的《中国农业机械工业年鉴》，四项农机作业面积数据来源于历年的《中国农业年鉴》。

3. 我国农机购置补贴政策效率总体情况

图 7-3 展示了我国农机购置补贴政策 2004~2012 年三种效率值的变化趋势：尽管综合技术效率总体上不断提高，从 2004 年的 0.38 增长到 2012 年的 0.61，但仍处于相对较低的水平。这主要是由于纯技术效率的增长情况并不理想，购置补贴政策实施以来，纯技术效率一直在 0.60 上下波动，并没有发生特别明显的变化；相较而言，规模效率已经处在较高的水平，2004~2007 年一直不断增长，自 2008 年以后基本稳定在 0.90 以上。这说明从总体上看，我国农机购置补贴政策在管理上可能还存在某些缺陷，导致纯技术效率不高，但是投入的规模已经非常接近最优规模。

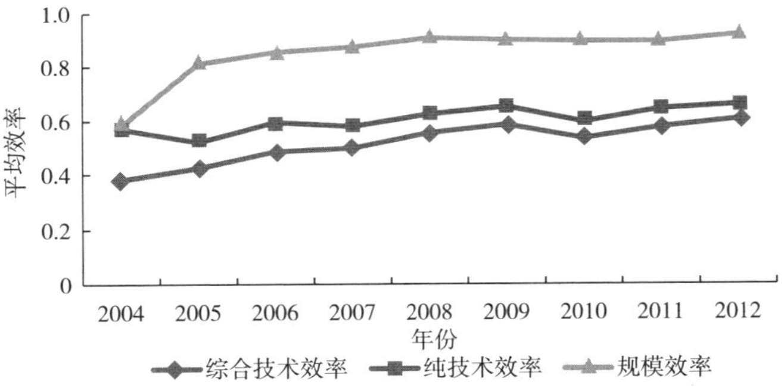

图 7-3 2004~2012 年我国农机购置补贴政策平均效率

如果分粮食主产区和粮食非主产区来看，两大区域在农机购置补贴政策效率上有显著差异（图 7-4）。粮食主产区的综合技术效率在政策开始实施的前三年增长幅度很大，之后在波动中继续上升，2012 年已经超过 0.76，高于全国平均水平。其纯技术效率 2004~2012 年 9 年来呈现先增长后下降再增长的变化趋势，大体在 0.70~0.80 波动；规模效率自 2006 年开始超过 0.90，2012 年已经在 0.95 以上，几乎达到最优规模。

但是，粮食非主产区农机购置补贴政策的效率情况并不理想。综合技术效率在 2008 年以前有所增长，之后却有下降趋势，从 2010 年开始又重新增长，其效率值 9 年来一直保持在 0.50 以下，低于全国平均水平，更远远低于粮食主产区的水平。纯技术效率在 2005~2009 年有较为明显的增长趋势，但也长期保持在 0.60 以下；规模效率自 2005 年后变化并不大，一直在 0.80~0.90，2012 年的水平是

0.88，虽然不及粮食主产区，但水平也比较高。粮食主产区和粮食非主产区在农机购置补贴政策效率上的差异是全方位的。

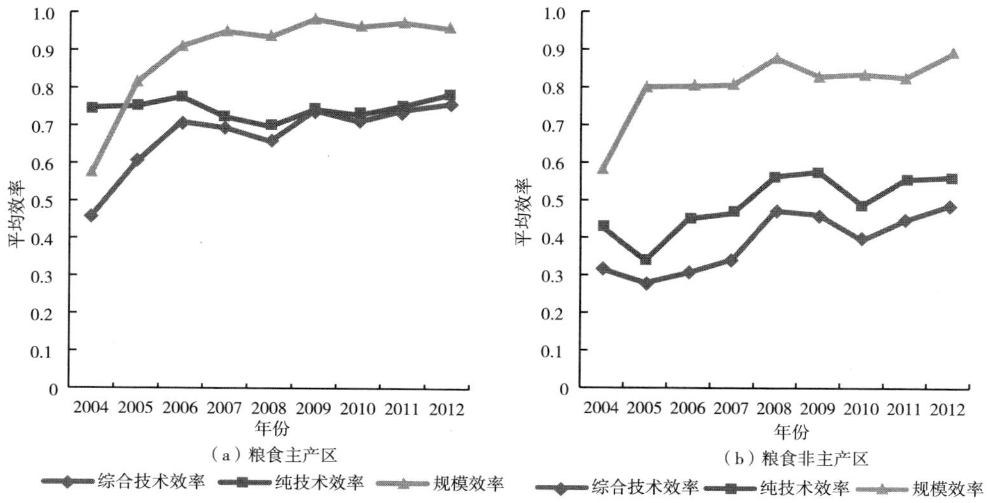

图 7-4　2004~2012 年我国粮食主产区和粮食非主产区农机购置补贴政策平均效率

4. 我国各省（区、市）农机购置补贴政策效率情况

为了说明各省（区、市）在综合技术效率、纯技术效率和规模效率之间的差异，本书对 30 个省（区、市）2004~2012 年 9 年来三种效率的平均值进行比较。

对于综合技术效率，与全国平均水平相比，有 12 个省（区）高于全国综合技术效率的平均值，其中 9 个是粮食主产省（区）。综合技术效率最高的 6 个省（区），效率值均超过了 0.80，从高到低分别是河南、山东、河北、安徽、内蒙古和黑龙江，皆为我国的粮食主产省（区），其中前 4 个省的综合技术效率高于 0.90，以河南的 0.96 为最高。另外 3 个综合技术效率高于全国平均水平的粮食主产省是吉林、江苏和辽宁，3 个非主产省（区）为甘肃、山西和新疆。综合技术效率低于全国平均水平的 4 个粮食主产省分别是江西、湖南、湖北及四川，四川的效率值最低，仅为 0.26，与河南相比差别较大。不难发现，综合技术效率较高的粮食主产省多为平原地区，而江西、湖北、湖南和四川 4 省的地形以山区丘陵为主，因此农业机械化的难度相对较高，这在一定程度上影响了农机购置补贴政策的效率。全国综合技术效率平均值最低的是贵州。各省（区、市）综合技术效率之间的差距较大（图 7-5）。

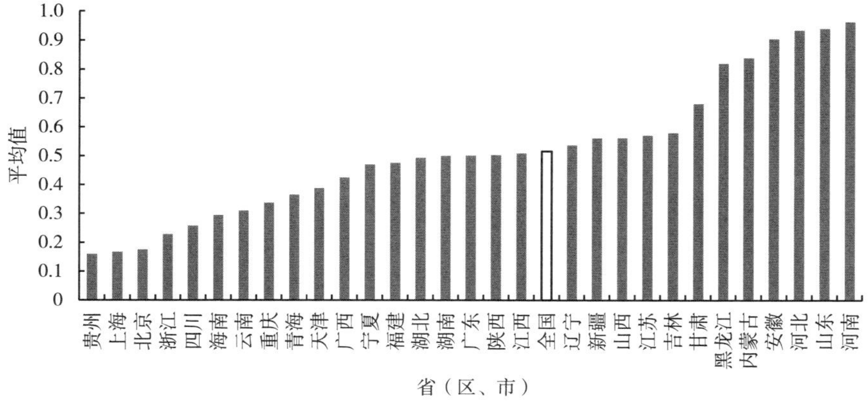

图 7-5　各省（区、市）2004~2012 年农机购置补贴政策综合技术效率平均值

30 个省（区、市）纯技术效率之间的差异也相对较大，在分布上和综合技术效率略有不同。纯技术效率超过全国平均水平的省（区）仍然是 12 个，但只有 8 个粮食主产省（区），比综合技术效率少 1 个。但其中排在纯技术效率的前 7 位，从高到低分别是山东、黑龙江、河南、河北、安徽、内蒙古和江苏；除内蒙古和江苏外，另外 5 个省（区）的纯技术效率值都超过了 0.90，山东和黑龙江达到 1，表示完全有效。4 个纯技术效率高于全国平均水平的非主产省（区、市）是甘肃、青海、天津和宁夏。5 个纯技术效率低于全国平均水平的主产省（区、市），仍然以四川的效率值为最低（图 7-6）。

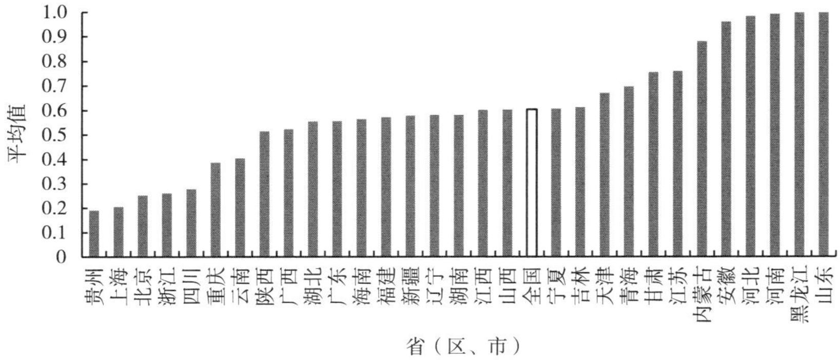

图 7-6　各省（区、市）2004~2012 年农机购置补贴政策纯技术效率平均值

30 个省（区、市）规模效率之间的差异与综合技术效率和纯技术效率相比相对较小，最低的海南也超过了 0.5。除了海南、青海和天津外，其余 27 个省（区、市）的规模效率都在 0.70 以上。高于和低于全国平均水平的省（区、市）数量分布比较平均，分别为 16 个和 14 个，但是各省（区、市）规模效率的排名结构显著异于综合技术效率及纯技术效率。在 16 个规模效率高于全国平均水平的省

（区）中，有 11 个是粮食主产省（区），以河南、吉林、内蒙古、河北、山东和安徽排名比较靠前。但全国规模效率最高的两个省（区）是陕西和新疆，都是粮食非主产省（区），效率值接近 1。值得注意的是，综合技术效率和纯技术效率都低于全国平均水平的 4 个粮食主产省江西、湖南、湖北及四川的规模效率都高于全国平均水平；而黑龙江和江苏这两个综合技术效率和纯技术效率都高于全国平均水平的粮食主产省，其规模效率都低于全国平均水平，江苏更是排在倒数第五位（图 7-7）。

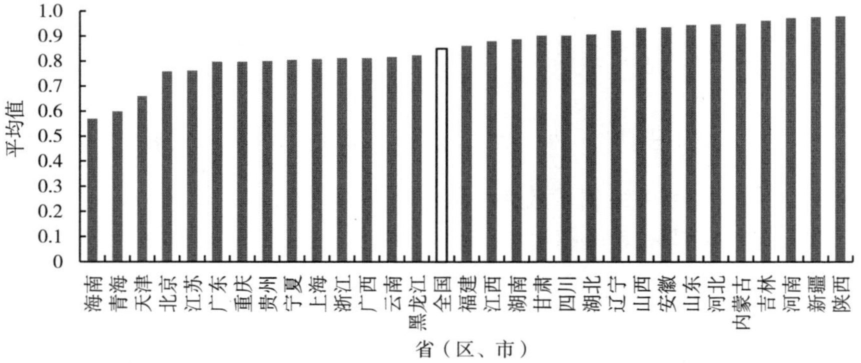

图 7-7　各省（区、市）2004~2012 年农机购置补贴政策规模效率平均值

5. 小结

综上分析，可以得到以下三方面的认识。

第一，自 2004 年我国实施农机购置补贴政策以来，政策的规模效率呈现快速增长并趋于稳定的趋势，这说明农机购置补贴政策财政支出的扩张效果显著。但是，纯技术效率变化不明显且水平低暗示了我国农机购置补贴政策在实施过程中可能存在管理等方面的缺陷，这也直接导致政策综合技术效率水平不高。

第二，粮食主产区和粮食非主产区的农机购置补贴政策效率存在显著差异，前者在综合技术效率、纯技术效率和规模效率上都要高于后者，且两类区域的三大效率分别处于全国平均水平之上和之下。

第三，30 个省（区、市）2004~2012 年的综合技术效率、纯技术效率和规模效率平均水平差别很大，其中高于全国平均水平的省（区）以粮食主产省（区）为主，河南、山东、河北、内蒙古、安徽等主产省（区）的排名相对比较稳定。

（二）农机购置补贴政策效率的影响因素分析

在我国农机购置补贴政策效率不高的情况下，探讨政策效率的决定因素就更加具有现实意义。到底哪些因素影响农机购置补贴政策效率？其影响机制和影响程度如何？本部分将给出详细的解释和实证结果。

1. 影响机制及相应假说

农机购置补贴政策效率受到多种因素的影响（图 7-8），除了政策自身的优化外，配套政策的实施情况及农机作业主体的基本情况都对农机购置补贴政策效率产生作用，下面将对这三种因素的影响机制进行说明，变量说明见表 7-4。

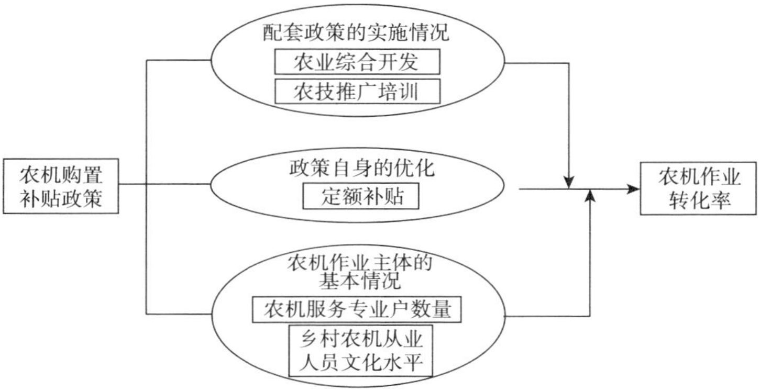

图 7-8 农机购置补贴政策效率的影响机制框架图

表 7-4 被解释变量和解释变量说明

变量名称	代码	变量说明	单位	平均值	预期方向
农机购置补贴政策效率	XL	农机购置补贴综合技术效率	—	0.52	–
定额补贴	DB	虚拟变量，2007 年后 DB=1	—	0.56	+
农业综合开发	ZK	农业综合开发中土地治理项目财政投入	万元	93 524	+
农技推广培训	TP	农业机械化研发推广培训投入	万元	1 868	+
农机服务专业户数量	ZYH	农机化作业服务专业户人数	人	196 949	+
乡村农机从业人员文化水平	WS	乡村农机从业人员初中文化及以上水平人数	人	1 195 494	+
粮食主产省（区、市）	ZCS	虚拟变量，粮食主产省 ZCS=1	—	0.43	+

注："+"表示正向，"–"表示负向

1）农机购置补贴政策实施方式的改善

农机购置补贴政策实施以来，一直处于探索改进的过程中，在各省（区、市）的实践中不断得以改善。在 2004~2012 年 9 年的时间里，农业部逐渐对农机购置补贴政策的补贴对象、补贴范围、补贴标准、补贴方式等进行调整，其中，在补贴方式上的调整可以看作农机购置补贴政策在操作管理上的优化，有助于政策效率的提高。2004~2012 年补贴方式最主要的变化是从 2008 年开始实施定额补贴，即同一种类、同一档次农业机械在省域内实行统一的补贴标准。其目的是便于操作，防止企业为获取高额补贴而高价销售农机。这一做法可以在一定程度上抑制企业针对补贴机械涨价销售的行为，能够让农机购买者真正享受到优惠，进而提高农机购置补贴政策效率。因此，本书选取定额补贴作为农机购置补贴政策实施方式改善的代理变量，衡量政策自身的优化对政策实施效率的影响。定额补贴将以虚拟变量的形式被纳入模型中，以 2008 年为界设置 0、1 变量。

假说 1：定额补贴的实施有助于提高农机购置补贴政策效率。

2）农业综合开发

农业机械化的发展需要农业机械数量的保障，但同时也必须有与之相适应的农田基础设施建设。平整的土地和良好的机耕道等是农业机械开展作业服务的重要基础，农机和农地有机结合才能保证作业服务的高效进行。我国四川省主要农作物耕种收综合机械化水平之所以很低，是因为很多地方田埂高、道路窄，田间机耕道通达率不足 30%[①]。我国农业综合开发的目的是改造农田、完善农田基础设施，相关的土地治理项目主要是中低产田改造和高标准农田建设。我国农机购置补贴政策在粮食作物机械上重点针对大型农机，因此，只有在土地治理完善的情况下，这些机械才能得到更好地使用。基于这样的原理，农业综合开发的投入力度会在很大程度上影响农机购置补贴政策效率。只有两项工程互相适应，才能够最大限度地发挥农机购置补贴政策的功效。本书选择各省（区、市）土地治理项目财政投入的年度完成额作为农业综合开发的实施情况，数据来源于《中国财政年鉴》。

假说 2：农业综合开发投入有助于提高农机购置补贴政策效率。

3）农技推广培训

如果说农业综合开发为农业机械化提供了硬件，农机推广培训则是农业机械化的软件。农业机械的使用需要有与之相适应的农机操作技能，我国农民的文化素质水平相对不高，因此对农业技术的使用能力也受到了一定的限制。政府在农技推广培训上的投入，能够帮助农民掌握农业机械的使用技术，提高农业机械的作业水平和使用效率，这也进一步提高了农机购置补贴政策效率。从我国目前的情况来看，农技推广培训是农民掌握农业技术、提高农技技能最有效的方式。因此，本书选择政府对农业机械化研发推广培训的财政投入作为一个决定因素，数据来源于《中国农业机械工业年鉴》。

① 农业机械化 先从田间路下手. http://www.agronet.com.cn/News/896849.html，2014-01-29.

假说 3：农技推广培训投入能够提高农机购置补贴政策效率。

4）农机作业主体情况

要实现从农业机械数量到农业机械作业数量的转化，除了政府的投入和政策支持外，还需要农机作业服务参与主体的努力。农机作业服务供给主体的数量和文化水平将决定农业机械作业的完成情况。本书选择农机化作业服务专业户人数、乡村农机从业人员初中文化及以上水平人数反映农机需求主体的基本情况，数据来源于《中国农业机械工业年鉴》。

假说 4：农机化作业服务专业户人数、乡村农机从业人员初中文化及以上水平人数越多，农机购置补贴政策效率越高。

5）是否为粮食主产省（区、市）

根据本书对全国和各省（区、市）农机购置补贴政策效率的分析，粮食主产省（区、市）的效率值要显著高于粮食非主产省（区、市）。排除农业综合开发、农技推广培训和农机需求主体的差异外，粮食主产省（区、市）和粮食非主产省（区、市）可能还在其他影响农机购置补贴政策效率的因素上存在很大差异，因此，在模型中引入虚拟变量来反映这些不可观测因素对各省（区、市）效率差异的影响。

假说 5：由于受到某些不可观测因素的影响，粮食主产省（区、市）的农机购置补贴效率要高于粮食非主产省（区、市）。

2. 模型选择和构建

由于 DEA 模型测算的效率值在[0，1]，直接使用 OLS 进行回归会使结果产生偏误且不一致。对于这类问题，往往采取受限因变量中的 Tobit 模型加以解决。本书选择的是面板数据，因此使用随机效应的面板 Tobit 模型，构建如下的模型（7-1）：

$$\mathrm{XL}_{i,t} = \beta_0 + \beta_1 \mathrm{DB}_{i,t} + \beta_2 \mathrm{LZK}_{i,t} + \beta_3 \mathrm{LTP}_{i,t} + \beta_4 \mathrm{LZYH}_{i,t} + \beta_5 \mathrm{LWS}_{i,t} + \beta_6 \mathrm{ZCS}_{i,t} + \mu_i + \varepsilon_{i,t} \quad (7\text{-}1)$$

其中，LZK、LTP、LZYH、LWS 分别是对 ZK、TP、ZYH、WS 四个变量的对数化处理；β_0 为截距项，$\beta_1 \sim \beta_6$ 为各自变量的回归系数；i=1,2,⋯,30，表示各省（区、市）；t=2004,2005,⋯,2012，表示年份；μ_i 表示不随时间变化，但是随个体变化，且与 XL 无关的个体效应；$\varepsilon_{i,t}$ 表示随时间和个体变化的随机变量。

为了证明选择随机效应的面板 Tobit 模型的正确性，可以通过 LR（likelihood ratio，似然比）检验 μ_i 是否显著为 0。如果 LR 统计量显著，则可以拒绝 $\mu_i = 0$ 的假定，即存在个体效应，意味着设置随机效应的面板 Tobit 模型是合理的（陈强，2014）。

出于对比分析的需要，本书将模型（7-1）中表示粮食主产省（区、市）的虚拟变量去掉，改为将该虚拟变量分别与对数化处理后的农业综合开发及农技推广培训的交互项 $ZCS_{i,t}\times LZX_{i,t}$ 和 $ZCS_{i,t}\times LTP_{i,t}$ 加入模型中，构建如下的模型（7-2）：

$$\begin{aligned} XL_{i,t} = \beta_0 + \beta_1 DB_{i,t} + \beta_2 LZK_{i,t} + \beta_3 LTP_{i,t} + \beta_4 LZYH_{i,t} + \beta_5 LWS_{i,t} \\ + \beta_6 ZCS_{i,t} \times LZK_{i,t} + \beta_7 ZCS_{i,t} \times LTP_{i,t} + \mu_i + \varepsilon_{i,t} \end{aligned} \quad (7\text{-}2)$$

3. 回归结果分析

表 7-5 农机购置补贴政策效率影响因素的面板 Tobit 模型回归结果

变量	模型（7-1）	模型（7-2）
定额补贴（DB）	0.117 0*** （0.036 3）	0.111 0*** （0.036 4）
农业综合开发（ZK）	0.022 0 （0.028 5）	0.012 4 （0.028 9）
农技推广培训（TP）	−0.011 1 （0.016 5）	0.002 5 （0.021 2）
农机服务专业户数量（ZYH）	0.005 5 （0.023 8）	0.003 6 （0.023 8）
乡村农机从业人员文化水平（WS）	0.080 6** （0.039 2）	0.076 7* （0.039 3）
粮食主产省（区、市）（ZCS）	0.194 0** （0.084 5）	—
农业综合开发×粮食主产省（区、市）（ZK×ZCS）	—	0.037 0* （0.019 0）
农技推广培训×粮食主产省（区、市）（TP×ZCS）	—	−0.028 1 （0.027 5）
常数项	−0.913 0** （0.428 0）	−0.836 0* （0.437 0）
LR test of sigma_u = 0 Prob>χ^2	0***	0***

*、**、***分别表示在 10%、5%和 1%的水平上显著

注：括号外的数字为系数，括号内的数字为标准差

通过 LR 检验结果可以说明模型设定的合理性，从 P 值看，两个模型都通过了 1%的显著性检验，即两个模型都存在个体效应，随机效应的面板 Tobit 模型设定正确，能够较好地拟合各因素对农机购置补贴政策效率的影响。对回归结果进行具体分析可得以下结论（具体见表 7-5）。

（1）定额补贴虚拟变量在 1%的水平上显著为正值，符合前文的假说 1。这说明农机购置补贴政策自身的优化有助于提高政策的实施效率。2012 年后，我国农机购置补贴政策逐渐从差价购机向全价购机的方式转变，并逐渐采取敞开补贴的方式，这些政策调整可能会进一步提高农机购置补贴政策效率，但是由

于数据尚未得到更新，所以，在本书研究进行时暂时无法对 2012 年后政策自身调整的效应进行评估。但可以推测，随着农机购置补贴政策的实施，各省（区、市）提供的实践经验能够帮助农机购置补贴政策不断完善，政策效率也将进一步提高。

（2）农业综合开发和农技推广培训虚拟变量在两个模型中均不显著，并未达到预期。根据假说 2 和假说 3，作为配套政策，农业综合开发和农技推广培训都有助于提高农机购置补贴政策效率。但是，实证结果并没有显示出这种关联，这显然是令人失望的。在模型设定正确的前提下，其可能的原因是，在实践过程中，我国农业综合开发及农技推广培训政策并没有考虑与农机购置补贴政策配合实施。截至 2014 年，由于农业综合开发由财政部直接负责，农机购置补贴和农技推广培训虽然由农业部牵头，但也由不同职能机构负责，出现政策被割裂从而无法形成合力的局面。在模型（7-2）中，粮食主产省（区、市）和农业综合开发的交互项显著为正值，这说明在粮食主产省（区、市），农业综合开发的投入对于农机购置补贴政策效率的提高起到了一定的促进作用。但是，粮食主产省（区、市）和农技推广培训的交互项依然不显著。

（3）农机服务专业户虚拟变量在两个模型中均不显著，可能是由于它们仍未形成规模，作业能力尚存在不足。但是，乡村农机从业人员文化水平虚拟变量均显著为正值，说明农机从业人员人力资本的提高有利于农机购置补贴政策效率的改善。这就对政府的农技推广培训政策提出了更高的要求，应该充分考虑乡村农机从业人员的需要，为他们提供最需要的农技知识，提高他们的农业作业能力。粮食主产省（区、市）虚拟变量在模型（7-1）中显著为正值，说明粮食主产省（区、市）的农机购置补贴政策效率要高于粮食非主产省（区、市），这符合本章的理论预期。

四、小结

在对我国农机购置补贴政策效率进行测算和分析的基础上，本章构建了农机购置补贴政策效率决定因素的分析框架，并阐释了各因素的影响机制，尤其是农机购置补贴政策自身的优化和作为配套政策的农业综合开发和农技推广培训的作用，得到以下结论。

我国农机购置补贴政策的综合技术效率水平不高，主要是因为纯技术效率较低。粮食主产省（区、市）的综合技术效率要远高于粮食非主产省（区、市），各省（区、市）的规模效率已经达到较高水平。

农机购置补贴政策在实施方式上的完善有助于提高政策效率。但是，与农机购置补贴政策密切相关的农业综合开发和农技推广培训两项政策并没有与农机购置补贴政策形成良好的结合，政策不配套可能是农机购置补贴政策效率难以提高的原因。农机作业主体的综合素质对于农机购置补贴政策效率有着较为显著的正向影响。

第二节 中国农机购置补贴政策存在的问题

一、理论层面

作为一种价格支持，农机购置补贴政策的实施改变了农机的市场价格，在一定程度上扭曲了市场行为。

一方面，农机购置补贴政策扭曲了农户购买农机的行为。购置补贴可以扩大需求，对于那些有购机需求，但是缺乏资金的农户而言，购置补贴可以减少这些农户的资金负担。但是，农机购置补贴政策的存在，可能会使一些对农机并没有强烈需求的农户或者其他类型的经营主体购买农机，在这种需求驱使下获得的农业机械使用效率可能并不会很高。

另一方面，农机购置补贴政策的实施，还会扭曲企业的生产行为。在市场条件下，企业会根据市场价格制定生产决策，但是农机购置补贴政策实施以后，企业会对政策的实施产生预期，可能会盲目扩大产量，造成资源的损失。

二、效应层面

（一）农机保有量增加，但使用率可能会下降

农机购置补贴政策实施以后，我国农机保有量和农机总动力快速增长，这为我国农业作业的机械化奠定了坚实基础。但是，农机保有量过多，反而会降低农机的使用率。我国农机跨区作业的快速发展，在一定程度上提高了农机的使用率，极大提高了农业机械化的效率。然而，随着农机保有量的不断增长，跨区作业反而被限制，其中重要的原因就是当地的机械数量得到了快速提高，使用当地的机械完全可以进行农业生产。各地区农机数量及农机类型在农机购置补贴政策的作用下都出现了重大的改善，因此，农机作业服务的地区间竞争也日益激烈，跨区作业被限制，农机的使用率也可能会因此下降。

（二）地方保护主义不利于跨区作业

在农机保有量增加的背景下，各个地区为了保护当地农机手及其他农机服务组织的发展，倾向于采取地方保护主义，为跨区作业设定了种种限制，这种地方保护主义对跨区作业十分不利。一方面，农民对农机作业服务选择的余地减少，只能选取当地农机手或其他农机服务组织提供的服务；另一方面，跨区服务的农机手或其他农机服务组织受到种种限制导致跨区作业的成本增加，甚至难以进入其他地区的市场，从而难以开展跨区作业服务。这在一定程度上进一步降低了农机的使用率，使得农业机械化的效率也大大降低。

（三）对农业企业的创新能力可能存在负面作用

农机购置补贴发放给农户的政策目标是提高农户购买机械的能力，增加我国农业机械的数量，进而实现农业作业的机械化。但是，政策实施不仅会对农户产生作用，还产生了一些外部性，即对企业的生产决策产生了重要影响。为了保证资金能够更多地流向先进适用的农业机械，我国的农机购置补贴政策对不同农机企业的产品进行区分，这就促成了农机推广目录的出现。进入目录的企业产品可以享受补贴，没有进入目录的企业产品则不能享受补贴。这就产生了两个负面效应，一是企业为了进入推广目录，可能会向政府寻租；二是进入推广目录的企业，由于其产品可以享受补贴，在需求旺盛的情况下，其只需要扩大农机的产量就可以获得相当多的收益，企业无须考虑产品创新的问题，这就制约了企业的创新能力。当前，我国很多大型农机或者其他类型较为先进的农机市场，多数被国外的产品占据，国内企业生产的农业机械难以与国际产品竞争，这对于我国农机行业的长期发展十分不利。

第三节　改善我国农机购置补贴政策的思路和建议

基于我国农业机械化发展的需要，本章提出农机支持政策优化框架（图 7-9），分析未来农机购置补贴的发展方向。农机购置补贴直接作用于农机市场，是对农机购买者的一种价格支持，短期内它可以提高农机购买者对农机的需求，长期则可以提高农机厂商的供给，最终的效果是农机数量的提高。但是，对于农业而言，真正有意义的是农机作业数量，农机数量是提高农机作业数量的保障。如果农机存量没有有效地转化为农机服务，就没有实现真正的农业机械化。当前我国已经在部分省（区、市）开展农机作业补贴，包括土地深松、秸秆还田等。有些省（区、市）将农机作业补贴直接补贴给农机持有者，试图通过补贴的方式增加农业作业的供给；而有些省（区、市）将农机作业补贴直接补贴给农户，试图通过增加农户对农业作业的需求来诱导农户使用农机服务代替劳动。长期来看，农机购置补贴政策应该逐渐退出，转为其他形式的支持。

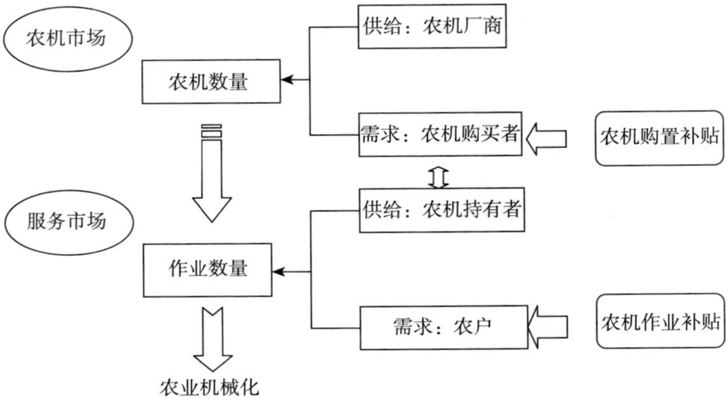

图 7-9　我国农机支持政策优化框架

一、保障农机数量：购置补贴逐渐向贷款支持转变

从保障农机数量的角度出发，仍有必要采取对农机购买的支持政策。为了减少对农机市场的扭曲，让购买者回归理性，可以考虑减少农机购置补贴的财政支出，转为一种贷款支持。农机购置补贴政策是一种直接的价格支持政策，农机购买者的购机成本下降，而且其不需要考虑享受政策优惠的成本，这很可能会放大市场对农机的需求，产生一些无效的农机购买行为，而且农机购置补贴政策的开展在一定程度上扭曲了市场价格，使得市场信号的传递机制受到影响。但是，贷款优惠政策有不同的效果，并没有扭曲市场价格，而是一种金融支持，农机购买者仍然面临市场自发形成的价格，其可以通过优惠的贷款利率选择是否购机。与农机购置补贴政策不同的是，贷款优惠政策迫使农机购买者必须考虑享受政策优惠的成本，那就是对于贷款本金和利息的偿还，这能够让农机购买者更理性地分析自己是否需要购买农机，真正对农机有需求的消费者会选择这一政策，因此该政策会排除一些对农机本身需求并不强烈的农机购买者。

有人可能会质疑贷款优惠政策会不会挤出那些对适用于山区丘陵地区的小农

机有需求的小农户，他们可能缺乏贷款的能力或者受到各种客观的限制而难以获得贷款。这种情况在现实中很难出现，一方面，在我国新的政策背景下，农机社会化服务是发展的重点，因此，农机支持政策应该重点考虑如何提高农机社会化服务；另一方面，我国农机主要的需求者并不是经营规模小的农户，而是具有一定规模或者提供农机服务的经营者，这些主体完全有能力获得贷款并偿还贷款。如果小农户需要购置农机，那么他们购买的农机往往也是小农机，这些小农机的价格可能并不高，保证了小农户有一定的购买力。

此外，从政策的执行成本上看，长期实行农机购置补贴政策的成本太高，不仅包括补贴资金，还包括相应的政策执行成本。而贷款优惠政策虽然也有一定的政策执行成本，但是相比农机购置补贴政策而言要低得多。

二、提高服务数量：推广农机作业补贴

截至 2019 年，农机购置补贴政策开展了 15 年，我国农机存量已经实现了快速增长，近年来各省（区、市）农机总动力的增长率相比农机购置补贴政策实施初期有了显著下降，这在一定程度上反映了我国的农机保有量可能趋于饱和。尽管这一数据不能完全证明这个论断，但是有一个问题应该引起我国重视，即我国的农机数量不可能无限制地增长，应该有一个适度的规模。至于适度的规模是多少，可能不同的标准得到的结论并不相同。但无论如何，我国应该重视农业机械作业的推广和应用，而不仅仅是农机数量的提高。在我国农机数量达到一定规模的时候，农机支持政策的重点应该放在两个方面：其一是农机的维修和更新，保证农机能够最大限度地发挥功能，并保证农机能够适应我国农业发展的需要；其二要推广农机作业补贴。

农机作业的价格是影响农民使用农机的重要因素，随着我国劳动力价格的不断提高，农民经营农业的成本迅速攀升，如果无法实现对劳动力的替代，则会严重影响到我国农产品的生产，进而影响到我国农业的竞争力。目前，我国粮食产品的国际竞争力弱，园艺产品的净出口也呈现缩小趋势，劳动力成本的提高还会进一步削弱我国园艺产品的价格优势，降低园艺产品的竞争力。因此，省力化机械作业的推广是当前我国农业急缺的。

第八章　农业保险政策分析

第一节　研 究 背 景

中国是农业大国，农业经济发展状况直接影响着整个国民经济的发展。农业作为基础产业，具有先天弱质性和生产过程的特殊性，农户在农业生产经营过程中面临着自然风险、技术风险和市场风险等。近年来，受极端气候与农产品市场波动较大的双重影响，农业生产者面临的农业风险日益增加，对农业保险的需求日益增长。

从 2004 年起，连续多年的中央一号文件都指出要积极发展农业保险，将农业保险作为支农方式的创新，纳入农业支持政策体系。这为农业保险体系的建立、农业保险保费补贴品种的增加、试点区域覆盖范围的扩大提供了良好的发展环境。目前，农业保险已渗透到农、林、牧、渔等各个行业，并先后参与到农村改革、走出去战略、供给侧结构性改革中。由此可见，农业保险已成为国家在“三农”工作方面的重要抓手，“三农”问题的解决离不开农业保险的参与和支持。

农业保险作为有效的农业风险管理工具，近些年在政府的支持下获得飞速发展，同时社会对于农业保险的认识程度也在不断提高。一方面，如何探寻一套适合我国的农业保险机制成为当前面临的重要课题；另一方面，我国与一些农业保险制度较为完善与发达的国家相比，在法律体系、补贴方式、补贴品种和补贴标准方面仍存在较大的发展空间。世界银行调查显示，目前已有 100 多个国家和地区实施了农业保险，其中有 60%的高收入国家的农业保险体系已趋于完善。这些农业保险较为发达的国家经过长期探索和实践在农业保险领域积累了丰富的经验和教训。因此，对于不同国家农业保险制度的历史沿革、变化特征和最新动向的梳理在一定程度上可以为我国农业保险的发展提供有益的借鉴。

第二节　农业保险制度的相关理论分析

一、农业风险管理

农业生产者经常面临各种风险，这些风险影响着他们的生产、收入及消费。尽管目前的研究对于农业风险的分类较为主观，但大致可分为非系统风险（如火灾、冰雹和健康）和系统风险（如干旱、流行病灾、价格）。农业生产者对于农业风险的规避程度影响着风险管理决策，其中就包括对于农业保险的选择和使用。尽管大多数经济模型和理论对于农业生产者做出风险厌恶的假设，但在实证研究中也发现了一系列风险偏好型生产者。同时，也有大量研究集中于发展中国家的农户如何应对农业风险，以及其会采用何种不同的工具和选择何种不同的组合来应对不同种类的风险。农业生产者面临的不同风险类型如表 8-1 所示。

表 8-1　农业生产者面临的不同风险类型

分类	风险类型
自然/气候类	冰雹、霜、干旱、风、火、雪、虫害、洪水
地质类	地震、火山喷发
卫生条件类	瘟疫、疾病
价格类	商品、投入、汇率
金融类	利率
经营类	生产投入要素的可获得性、生产技术的发展
环境类	污染、森林采伐
政策类	公共补贴、农业政策
健康类	疾病、损伤、残疾、传染病
财产类	火灾、偷盗

资料来源：笔者整理

农业经营者降低农业风险的策略常常被划分为事前的农业风险管理与事后的风险应对，我们也可以将其在技术和金融管理之间进行划分，农业保险无疑是其中一个不可或缺的部分。不同国家对农业风险的规避程度不同，一些金融市场不完善的国家则常依赖灾后救助，但该方式往往补偿水平较低，只提供暂时性救济，无法恢复灾后农业经营。随着金融市场的不断发展，农业保险作为一种长期持久的农业风险管理工具，起到了风险转移和分散的作用，弥补了灾后救助的不足，在农业损失补偿和灾后农业恢复方面具有明显优势。因此，农业保险的应用受到各国重视。

二、农业保险的概念、分类及功能

一般来说，农业保险指的是在农业生产经营过程中，对具有生命特征的动植物因自然灾害或者意外事故造成的经济损失提供补偿的一种保险机制。根据联合国贸易与发展委员会的定义，农业保险包括农作物的耕种、收获、储藏、加工及其运输的保险；农业生产中所使用财产的保险；农业生产者的保险及各种手工艺和家庭产品的保险；等等。农业保险可将农业生产者的风险转移给保险公司，使农业生产者的安全性最高，遭受风险损失最低。按照经营范围的不同，农业保险存在广义和狭义之分。狭义的农业保险仅包括种养过程中的动植物、微生物；广义的农业保险则在狭义的基础之上，丰富了农产品的加工、储藏、运输等整个生产过程及过程中所投入的生产要素。

一般而言，农业保险采用狭义定义，指的是种植业和养殖业的保险业务，可以此划分为种植业保险、养殖业保险。目前，种植业保险有农作物保险、收获期农作物保险、森林保险、经济林及园林苗圃保险；养殖业保险有牲畜保险、家禽保险，水产养殖保险及其他经济动物养殖保险。目前，中国开办的农业保险险种主要有农产品保险，生猪保险，牲畜保险，奶牛保险，耕牛保险，山羊保险，养鱼保险，养鹿、养鸭、养鸡等保险，对虾、蚌珍珠等保险，家禽综合保险，水稻、油菜、蔬菜保险，稻麦场、森林火灾保险，烤烟种植、西瓜雹灾、香梨收获、小麦冻害、棉花种植、棉田地膜覆盖雹灾等保险，苹果、鸭梨、烤烟保险，等等。

农业保险的功能主要是分散、转移农业生产者的农业风险并对其承担的风险损失给予一定的经济补偿。农业保险的主要参与主体有政府、农户、农业保险经营者，对于不同主体其存在的意义和功能不同。对于政府而言，农业保险是一种政策工具，有利于保护农业和进行灾后农业恢复，从而保证农业经济的持续性和稳定性，也可以减轻政府灾后救济的资金压力，增强农业风险的防范能力。对于农户而言，农业保险的引入一方面可以减少农民因不可规避的风险带来的农业损失，保障农民的收入稳定，另一方面可以在风险转移的同时鼓励农民增加农业投入，从而扩大农业生产。对于农业保险经营者而言，农业保险可以在实现社会利益的同时实现经济利益。此外，农业保险能够提升我国农产品的国际竞争力。农业保险作为 WTO 框架下允许和鼓励的农业支持措施，可以达到农业财政补贴的目的，而且其风险转移可保证农业投资的安全性，从而促进农业产业化、国际化发展，进而提高农业的国际竞争力。

三、农业保险的“准公共品”理论

农业保险的“准公共品”理论主要来源于庇古的福利经济学理论。其中，庇古进一步发展了“外部经济”的内涵，提出“外部性”概念，并且提出应对正外部性进行补贴，对负外部性进行征税，即“庇古税”。农业保险的“准公共品”理论认为，农业保险市场存在信息不对称问题，从而导致市场失灵，不能保证农业保险资源进行有效配置。农业保险具有明显的正外部性属性，不具有私人产品特征，却具有大部分公共产品特征，属于介于私人产品和公共产品的“准公共品”。因此，农业保险的发展不能够完全依赖市场机制，其需要进行政府补贴或其他形式的支持等干预，从而达到农业保险市场的市场均衡和帕累托最优。

四、农业保险制度变迁理论

从制度角度而言，农业保险属于一种制度，其产生主要是对农业生产风险的一种回应，是为了降低不确定性和交易费用而产生的一种制度安排。在马克思“生产力—生产关系”的二元维度中，农业保险属于生产关系，农业保险来源于农业生产发展并服务于农业生产发展。从诺斯的制度变迁理论角度来看，农业保险的不断发展源于制度的不均衡，即一种收益更高的制度将代替原有制度，实际上这种变迁和发展是一种制度不均衡的反映。

第三节 农业保险发展的经验借鉴

20 世纪上半期，随着政府参与保险项目的开展，农业保险正式建立。美国、加拿大、日本等的农业保险甚至可以追溯到 19 世纪 30 年代。最初农业保险局限于某种作物、某个地区进行试点，然而，随着政府补贴的不断投入，保险品种、范围、参保率都有了极大提升。在 1986 年乌拉圭回合谈判开始之时，美国、加拿大、日本三国的保险金额达到 16 亿美元，其他所有国家的总和不到 10 亿美元。之后，在各国政府各项政策的支持下，农业保险取得了卓越的发展（表 8-2）。

表 8-2　农业保险位居世界前十的国家

国家	保险公司数量	政府补贴水平	农业保险保费金额/万美元	占全国农业保险保费比重	农业保险保费占农业GDP 比重
美国	17	很高	851 100	56.4%	5.2%
日本	300	很高	111 100	7.4%	1.8%
加拿大	59	高	109 000	7.2%	4.1%
西班牙	1	高	80 900	5.4%	1.6%
中国	9	高	68 200	4.5%	0.2%
意大利	28	高	38 300	2.5%	0.9%
法国	14	一般	36 600	2.4%	0.6%
俄罗斯	69	高	31 500	2.1%	0.6%
伊朗	1	很高	24 100	1.6%	0.8%
阿根廷	33	低	24 000	1.6%	1.0%
合计	—	—	1 374 800	—	—

资料来源：2008 年世界银行调研报告

一、美国—加拿大模式——政府主导参与型

（一）美国农业保险的历史沿革

美国是世界上最大的农产品出口国，其农业占 GDP 比重约为 2%，全国农户数目为 200 万人左右，为保护农业稳定发展，美国采取一系列措施以巩固农业地位，其中就包括农业保险。美国的农业保险最早可追溯到 1939 年，至今已有 80 余年的历史，农作物保险计划也经过多次改革和修订。经整理，美国农业保险制度大致可分为试办阶段、加速发展阶段与完善成熟阶段。

1. 试办阶段：1939~1980 年

1938 年，美国颁布《联邦农业保险法》，并于 1939 年开始进行试验。初期，农业保险计划只在局部地区承保小麦一种农作物，到后续加入棉花、烟草等，保险责任为多重风险，经营办法由联邦农作物保险公司直接开展保险业务。受承保品种、面积和范围的三重影响，农民对于保险的参与率极低。

2. 加速发展阶段：1981~1994 年

为解决低参保率问题，美国政府对《联邦农业保险法》进行调整，并大力推进农业保险的发展，主要扩展了承保品种，扩大了承保范围，放开了承保地区，同时对农作物保险实施补贴政策（补贴纯保费的 30%）。经过长期检验，农业保

险的监督成本居高不下，政府开始实行“双轨制”，即引入私营公司共同参与农业保险的销售与经营，开启了农业保险发展的新篇章。

3. 完善成熟阶段：1995 年至今

1980 年，美国政府对农业保险法案的大力调整在一定程度上促进了农业保险的发展，但远远没有达到承保面积达可保面积 50%的目标。于是，1994 年美国政府颁布了《农作物保险改革法》，该法案撤销了政府救济计划，通过了三大险种和一个保障计划。三大险种为提供基本保障的巨灾保险、提供较高保障水平的较高保障保险和集体保险；一个保障计划为非保险农作物保障计划。为进一步促进农民的参保率，该法案规定，如果农民不参加农作物保险计划，就无法享受其他计划或者项目福利，在一定程度上强制农民参加农业保险。此后，美国农业保险承保面积迎来历史高峰，达到 2.2 亿英亩[①]，约占可保面积的 82%，远超初始设定的 50%目标。1996 年后，保险险种不断丰富，为参保农民提供了更多、更优惠的保障选择。1998~1999 年，政府完全退出农作物保险的直接业务，并全权交由私营公司经营或代理。联邦农作物保险公司仅负责规则的制定、监督和再保险提供的职能。2014 年，美国农业法案再次对保险项目进行丰富，为参保农民提供更多的选择和更有效的保障。

综上所述，美国农业保险经历“单轨制”到“双轨制”再到“单轨制”的演变过程，险种类型不断增加，承包范围扩大，农户参保积极性提高。美国农业保险由 USDA 的风险管理局及保险公司、代理商和核保人共同负责，不同主体各司其职，建立了良好的秩序，促使美国的农业保险取得了良好的成绩，在一定程度上保障了农业经济的健康发展，促进了农户收入的稳定增长，巩固了美国农产品贸易强国的地位（图 8-1）。

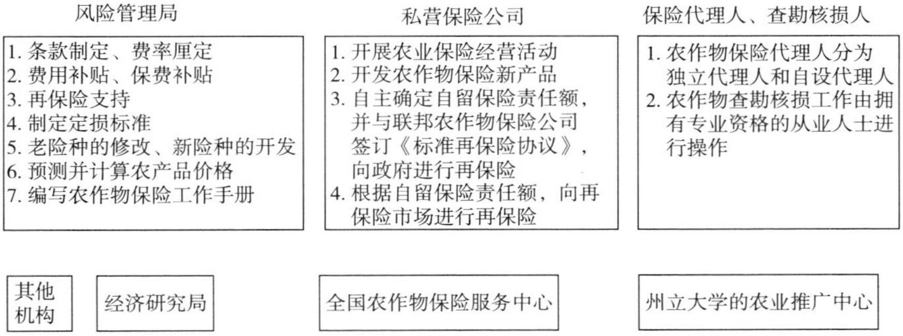

图 8-1　美国农作物保险的组织机构及职能

① 1 英亩=4046. 86 平方米。

（二）美国政府对农业保险的政策

在梳理美国政府对农业保险的政策之前，要先明确两个问题，即为什么美国政府要推行农业保险？为何政府要参与农业保险？首先，站在农民的角度来看，一旦种植、养殖作物受灾，短期内会造成生产投入、生活支出的减少，从而导致产出萎缩，甚至会造成生活物资缺乏、购买力下降、失业率上升等社会问题。农业保险作为一种农业风险管理的有效工具，与灾后救济相比更加透明、公平和有效，与救灾的行政手段相辅相成。其次，农作物一旦受灾，则受灾面积大、损失大，私营企业难以承担巨额赔偿，历史上私营企业推行的农业保险屡次失败，故政府有义务和责任参与其中，一方面保证农业保险的健康发展，另一方面保证农业的稳定和可持续性。

基于以上思想，美国政府对农业保险主要采取以下政策：制定法律、经济支持、再保险支持、免税和补贴（图 8-2）。

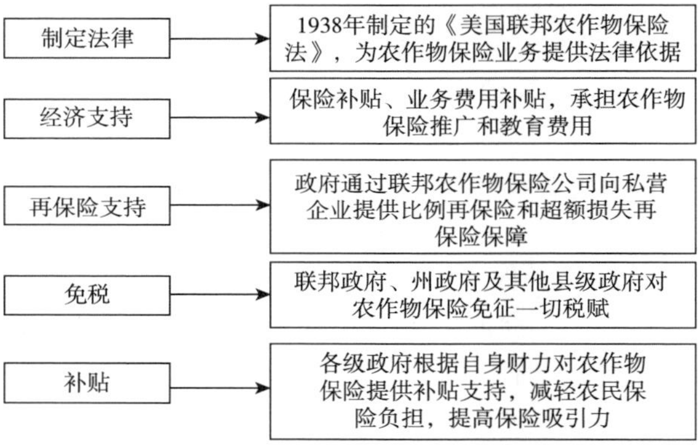

图 8-2 美国政府对农业保险的政策梳理

（三）美国农作物保险经营状况及动态

美国的农业保险已经发展为美国农业风险管理体系的核心。截至 2014 年，美国已有 150 多种农作物被纳入农业保险范畴，除了玉米、棉花、大豆、小麦等主要农作物有保险外，一些区域性农作物，如草莓、干豌豆、柑橘等，以及畜牧产品也有相应的保险品种。2000 年，农作物保险承保面积为 2 亿英亩，占可保面积的 76%，2012 年则增加至 2.82 亿英亩。2013 年末，美国农业保险的保费收入已达到 182 亿美元，是 2007 年的 2.67 倍，参保面积达到 1.1 亿公顷，约占耕地面积的 66%。

美国农业保险的险种主要分为：多种风险农作物保险、团体风险保险、收入保险、冰雹险和其他试办险种。其中，2014 年保险收入占农业保险总保费的比例较大，可达 83%，覆盖面积约占 66.7%。近年来，美国农业保险开始强化对水果、蔬菜、坚果、园艺作物、苗圃作物等经济作物的覆盖，2015 年，美国农业保险覆盖了 38 个品种，投保面积扩大到 770 万英亩，占所有经济作物的 72%左右。同时，美国政府开始重视有机作物的农业保险参保率。2014 年，《食物、农场及就业法案》新增以有机产品的价格作为有机农产品受灾后的补偿定价依据并取消附加保费，并放宽对补偿要求耕作方式的限制条件。

（四）加拿大农业保险的历史演化

加拿大作为世界重要的农业出口国之一，建立了以政府为主导，具有政策性特色的农业保险制度。1959 年，加拿大政府通过联邦及各省立法，开始建立农业保险制度，通过 60 余年的发展，已形成较为全面、广泛的农业保险制度，在制度演进、法律建设、政策拓展、经营管理、产品创新等方面，都具有自己的特色。1959~2019 年，保险制度和经营模式经过不断打磨和完善，加以配套计划的出台和相关政策的实施，取得了引人注目的成果。在世界 100 多个实验地区和发展农业保险的国家中，加拿大是最为成功的范例之一，受到其他各国的关注和重视。

1. 1930~1980 年：价格支持为主阶段

在 1930~1980 年，加拿大政府主要采用价格支持手段以达到稳定农业发展的目标，通过对政府的直接购买或补贴以稳定农产品价格，保障农业经营者收入水平的稳定。

2. 1990 年至 21 世纪初：价格支持阶段向收入补贴阶段过渡

在 1990 年至 21 世纪初，加拿大农业政策由价格支持阶段开始向收入补贴阶段过渡。这主要来自国内和国外两方面的压力。在国内，农业产值的近三分之一来自政府的农业支持政策，政府面临巨大的财政压力。在国外，由于《北美自由贸易协定》的签订和乌拉圭回合谈判，要求限制非市场化的政府对农业生产的扭曲。在国内外的双重压力之下，加拿大政府开始强化市场力量，减少政府干预，并采用 OECD 倡导的脱钩补贴政策，以达到支持和稳定农业收入的目的。1991 年，《农业收入保护法》的颁布取消了对稻谷和油籽的价格支持政策，对其他作物、畜禽类逐步从价格支持向稳定农业收入补贴转变。

3. 21 世纪初至今：市场导向为主阶段

2003 年，加拿大开始实施为期五年的农业政策框架（Agricultural Policy

Framework），经过联邦政府、省级政府和地方政府的共同努力，形成了农业风险管理、食品安全、农业创新、环境保护的农业政策支持体系，旨在提高加拿大农业部门的竞争力、创新力、风险管理能力，同时使农业部门的发展与社会发展相适应，满足消费者日益增长的健康和环境需求，保证农产品安全供给，从而最终实现加拿大农业的稳定和可持续发展。2008 年，农业政策框架期满，加拿大政府进一步制定了为期五年的未来增长的政策框架（Growing Forward Policy Framework），该次计划覆盖范围与农业政策框架无异，主要包括农业稳定、投资与农业保险、恢复等，旨在进一步通过各级政府的协同运作推动农业部门的长期发展。2013 年，未来增长的政策框架期满，加拿大农业部门竞争能力、创新能力与风险控制能力均取得突破性发展，基本达到预期效果。2013 年，加拿大政府制定了未来增长的政策框架 II，与之前两个计划相比，支持力度和覆盖范围均有完善。

至此，加拿大经过多次改革与完善已初步建立以农业风险管理计划为核心、以非风险管理项目为辅的农业支持保护的基本框架。其中，农业风险管理计划包括作物保险计划、收入稳定计划和融资借贷计划。

加拿大农业保险计划又称农作物保险或生产保险。对于保险的设计、实施和管理都集中在省级政府层面。1959 年，联邦政府颁布了《加拿大联邦农作物保险法》，初步确立了由联邦政府和省级政府共同经营运作的农作物保险制度的框架。其中，曼尼托巴省最早通过省级立法，并于同年颁布《曼尼托巴省农作物保险法》。直到 1974 年，加拿大所有省基本开展了农业保险业务。农业经营者可根据自身情况选择和购买农业保险。截至 2014 年，农业保险计划大量承保一些商品化生产作物，其保值占全部种类作物保值的 88%，承保面积占种植面积的 65%~70%。据统计，2010~2014 年联邦政府对农业保险的支出突破 30 亿加元，主要集中在保费补贴和管理成本上。

在加拿大农业保险的发展过程中，政府在监督、保费补贴、管理费用分摊和立法方面起到了不容忽视的作用。在监督方面，政府需要确定各省农业保险项目下提供的产品是否符合协议要求，以此决定是否支付保费补贴和相关的管理费用。在保费补贴方面，加拿大联邦政府、省级政府、地方政府与参保户共同承担农业保险所需支付的保险费用。截至 2014 年，保费的补贴比例中联邦政府占 36%，其他各级政府占 24%；联邦政府对于巨灾生产损失保险、综合性生产保险和高成本生产保险的保费补贴比例分别为 60%、36%和 20%。这些补贴均大大降低了参保农民的费用负担，提高了农户参与农业保险的积极性。在管理费用分摊方面，联邦政府与省级政府、地方政府共同负担，其中联邦政府承担 60%，其他各级政府承担剩余的 40%，对于承担费用种类等均有明确文件可查。在立法方面，加拿大联邦政府颁布了《农产收入保护法》《加拿大生产保险条例》《未来增长的框架制定》，以及相关操作文件。

（五）小结

基于对美国、加拿大农业保险发展脉络的梳理，可得出以下两点结论。第一，美国、加拿大虽然都以政府参与为主导，但各有特色。美国通过对私营企业的引入，扩大了农业保险的实施范围，丰富了农业保险险种；加拿大则通过宪法约束，采用联邦政府与省级政府、地方政府合作的模式，大力推进农业保险的发展进程。第二，美国和加拿大在初期都出现了参保率较低的情况，两国通过农业保险补贴制度不断改革、技术升级服务完善等做法对该问题进行解决，同时美国相较于加拿大更注重险种的丰富和开发。

二、日本模式——政府支持下的社会互助型

受地理位置限制，日本经常受到地震、海啸、火山喷发等自然灾害的影响，同时，日本农业以个体农户小经营规模为主，每次受到灾害影响都会造成巨大的经济损失。因此，日本政府非常关注农业保险制度的建设和发展。日本农业保险的历史发展主要分为公共救济阶段、制度立法阶段、“共济—保险—再保险”的三级组织体系形成阶段、农业保险制度优化阶段。

（一）日本农业保险历史沿革

1. 18 世纪：公共救济阶段

日本最早的农业保险制度可追溯到幕府时期，日本建设了后仓储备对农户进行社会救济，以达到救荒、扶贫的作用。这种公共救济的思想正是后续农业保险制度发展的萌芽。

2. 20 世纪初：制度立法阶段

受公共救济思想的影响，日本开始重视加强法律建设从而为农业保险提供法律保障。1929 年，日本颁布《牲畜保险法》，首次将牛、马、猪等家禽类动物作为农业保险对象。随后，日本于 1938 年制定了《种植业保险法》，将水稻、小麦等种植作物纳入保险范围内，该法案的确立标志着日本农业保险制度的开端。1937 年，日本政府对之前颁布的两部法律进行修改和调整，合并颁布了《农业灾害补偿法》。该法案对保险险种进行增加，对承保范围进行扩大，同时，该法案对政

府职责、农业保险的经营办法、操作程序及投保权利等都进行了明确规定，为后续农业保险在日本的长足发展提供了重要的法律依据。1952 年，日本颁布实行《农业共济基金法》，旨在解决农业保险对农户经济损失赔偿额度不足的问题。

3. 1950~1960 年：“共济—保险—再保险”的三级组织体系形成阶段

第二次世界大战和日本土地改革后，日本农业保险经过长期发展与沉淀，最终形成了以农业保险合作社、农业保险组合联合会和政府为中心的三级组织结构。其中，政府的主要职责是向农户提供参保费用补贴，向农业保险合作社和农业保险组合联合会提供与保险事务相关的管理费用支出并提供相应的管理经营指导。除此之外，政府还负责保险产品的开发、保险费率与合同条款的制定。农户则向农业保险合作社缴纳互助保险费，农业保险合作社再向农业保险组合联合会缴纳互助保险费，农业保险组合联合会汇总后再交于政府。如果农户需要保险金救济，则由政府—农业保险组合联合会—农业保险合作社，由上而下最终交于农户手中。这种由农业保险合作社作为农户和政府协作的三级组织，使日本农业保险经营得以稳定运行，是日本农业保险机制的特色和核心点，为日本农业的持续发展发挥了重要作用。

4. 1970 年至今：农业保险制度优化阶段

20 世纪 60 年代中后期，日本农业经营者基本接受了农业保险项目，农业保险制度运行较为平稳。为进一步促进农业保险发展、提高农户的参保积极性，日本政府在 20 世纪 70 年代后又多次对农业保险项目做出调整和优化。1972 年，日本推行水果保险计划；1979 年，日本将旱田作物、园艺作物纳入承保范围；1985 年，日本下调水稻的保险基准，引进小牛、病虫害及园艺设施等投保项目；2005 年开始，承保项目进一步丰富，农村建筑、农机保险被列入其中。截至 2008 年，农作物、畜牧业保险均已涉及死亡与自然灾害等诸多风险。

日本的农户经营规模小且以小农经营为主，不利于农业风险的分散和农业保险的开展。因此，日本政府在开展农业保险时强制要求农户参保。对于水稻等基本农作物的多重风险及牛、马、猪等饲养动物实施法定保险。

（二）日本农业保险经营状况

2004~2013 年，日本农业保险品种主要分为农作物保险（水稻、麦类及陆稻）、牲畜保险（牛、马、猪等）、果树保险（蜜橘、葡萄、苹果、梅、栗子等）、旱田作物保险（马铃薯、大豆等）、园艺设施保险（特定园艺设施、附属设施、设施内的农作物等）、任意保险（农村建筑、农业机械及其他农业作物等）。2004~

2013 年日本农业保险情况如表 8-3 所示。

表 8-3　2004~2013 年日本农业保险情况

年份	保单数量/份	参保种植面积/公顷	投保总额/万日元	互助保险费金额/万日元	赔付额/万日元
2004	20 346 100	8 541 922	228 216 405.4	11 749 020.2	11 087 448.5
2005	20 325 384	8 667 751	229 862 002.5	11 990 410.1	7 680 547.0
2006	20 293 179	8 853 181	229 495 320.8	12 153 242.6	10 031 429.7
2007	20 103 832	8 770 451	218 971 890.2	11 303 621.9	7 703 583.8
2008	19 783 578	8 717 585	216 512 302.7	11 014 782.1	7 203 475.8
2009	19 618 925	8 655 700	217 105 568.8	10 937 830.1	9 809 539.7
2010	19 850 620	8 737 099	203 553 678.5	10 263 498.6	10 759 871.0
2011	19 399 736	8 527 892	208 331 460.3	11 022 620.3	9 591 519.9
2012	19 319 438	8 490 493	210 038 959.1	10 510 144.7	7 641 537.6
2013	19 461 725	8 475 995	20 632 2521.5	9 938 243.5	7 910 616.2

资料来源：日本农林水产省

（三）小结

由以上资料梳理可看出，日本政府非常重视农业保险的发展。在立法方面，日本政府先后推出《牲畜保险法》《种植业保险法》《农业灾害补偿法》，对相关机构的职能、责任进行界定，保险品种、保险范围、赔偿规则、经营管理制度均有明确说明，并根据农民反馈及日本农业发展状况进行多次修订，日本完善、系统的立法为农业保险的长足发展提供了法律依据。在农业保险运行机制方面，日本注重发挥农业保险合作社的作用，农户与政府进行联结，这种政府参与的互助互惠模式可达到分散风险的目的。

三、西欧模式——政府资助的商业保险型

（一）德国

1973 年，德国政府首次引入农作物冰雹险和牲畜保险，约 60%的农地都承保了冰雹险以减少冰雹天气带来的经济损失。但德国的农业保险主要由一些互助的保险公司和合作组织运行。1980 年，牛被纳入承保范围，农业保险进一步商业化。多风险农作物保险虽已有涉及，但由于较为严格的限定条件一直处于落后状态。

在德国，农作物保险由互助型保险公司、私立保险公司和公共保险公司共同经营。德国约有 14 个保险公司提供冰雹险，竞争非常激烈，但只有 1 个保险公司提供多风险农作物保险。尽管对于牲畜的保险非常重要，但也只有两种基金提供该种保险，并且仅限于传染病及意外事故方面。

冰雹险是德国最受欢迎的农作物保险产品（农作物冰雹拥有8%的特许经营权）。冰雹险覆盖的作物有：所有的可耕作物、葡萄园、水果种植园和蔬菜。动物疾病基金（animal disease fund）则主要覆盖流行性疾病、强制性屠宰和产品不合格造成的经济损失。

德国联邦政府对农业保险计划不实行补贴支持，主要原因是需要大量的财政资金投入。另外一个原因是，国家已经在灾后救助中投入资金，可以对洪水和干旱造成的损失做出支持，而这种灾后救济恰恰不需要高昂的行政费用。因此，德国政府愿意平等地支持所有经济部门，认为农民应该对其耕种作物负责。同时，德国进一步强调市场上的保险产品能够对重大自然灾害导致的损失提供有效保障，无须建立专项补贴保险计划。

（二）法国

法国是欧洲农业种植面积最大的国家，农业在法国占据着不容忽视的地位。法国农业的稳健发展离不开法国具有 100 多年历史的农业保险。农业互助保险是法国农业保险的主要形式，通常民办保险公司、各级互助保险公司都在政府的支持下运营。

1849 年，法国东部的伊泽尔省为应对火灾风险，农户自发合作成立农业互助保险社，建立农业互助保险基金，这种合作互惠的模式在法国很快得到推广，由最初的火灾险逐步扩大到农业的各个领域，起到了良好的模范带头作用。20 世纪 40 年代，法国已有近 4 万多家农业互助保险组织。这种互助型的合作抵抗农业风险的保险组织能够有效地减轻农户的经济损失，提高农户抵抗自然灾害的能力，逐渐引起法国政府的重视。法国政府于 1900 年颁布了《农业互助保险法》，首次确定了农村互助公司的法律地位，确立了中央互助保险机构以加大对农业互助保险社的支持力度，促进了法国农业保险的蓬勃发展。

1964 年，法国正式确立农业保险制度，规定农业保险机构除向农民提供农作物保险之外，还可向农民提供财产保险和人寿保险，这在一定程度上拓宽了农业保险范围。1966 年，法国政府创立再保险机构，提高了农业互助保险社的承保能力。20 世纪 80 年代，法国实施农业灾害保险，这种互助性农业保险的经营模式开始出现向公司集团化转变的趋势。1982 年，法国政府颁布了《农业灾害法》，对保险计划、费率、责任等有了较为明确的规定。1986 年，法国农业互助保险集团公司成立，标志着法国农业互助保险的模式基本成熟。

随着法国农业的发展及其内部经济结构的调整，法国农业保险趋于市场化、商业化。相较于美国、加拿大、日本等政府补贴式的农业经营模式，法国对于农业保险发展的支持力度在逐渐减弱。2006年，法国推出新的农业法案，法案中提出要取消《农业互助保险法》对互助保险机构之前所提供的税收优惠政策；对于农作物遭受自然灾害的经济损失由农业保险公司全权赔付，农业灾害保障基金不再提供财政支持；政府只对最新推出的多险种、多品种的保险产品提供资金支持。由此可见，法国的农业保险已进入转型期。

（三）意大利

20世纪60年代，意大利遭受严重的自然灾害，政府决定对灾害导致的经济损失提供一定的补偿。1970年，意大利设立全国支持基金。彼时，基金由农业部管理，每年投入一定的财政资金。基金的使用主要有两个方向：第一，对于农业损失提供灾后救助。当自然灾害对农产品造成的损失比例达到30%时，由保险公司进行上报，农业部进行核实，如属实则提供灾后救济；第二，农业部向农业生产者提供农业保险补贴（补贴比例可达30%~40%），使农民能够用于灾后救济和恢复农业再生产。到了20世纪80年代，意大利政府颁布法律支持农业保险的发展，主要以冰雹险为主，保险公司对参保作物品种、保险费率和保险补贴做出拟定。一直到1996年，农业企业成立维权集团。农业企业的维权集团代表农业企业与保险公司签订农业保险协议，国家对于农业保险支付的补贴费用直接交付维权集团。彼时，保险费率等项目均由农业企业的维权集团与保险公司共同商定。

2004年，意大利全国支持基金进行进一步改革，主要以提高保费补贴为主，以促进农业保险范围的扩大、保险费率的降低和提高农户的参保率。政府将农业保险保费的补贴提高到80%。同时，畜禽类的保险有了进一步发展，主要以奶牛为参保对象，参保保费的补贴率为50%。同年，意大利政府增设再保险基金，这是一种保险产品的创新基金，用于鼓励创新保险品种，保险公司在设计新型保险品种时可将其所花费的80%的开发成本转嫁于再保险基金。

（四）小结

通过对德国、法国、意大利农业保险的发展脉络进行梳理，三国农业保险具有以下三个共同点：第一，各国都对农业保险的稳定发展提供了法律依据和法律保障；第二，政府在农业保险的推进过程中扮演了重要角色，各国政府均提供财政支持，只是不同国家的补贴标准不同，并有所侧重（如各国经济和农户主要收入来源于农作物）；第三，各国均把农业保险作为主要的农业风险管理工具。

四、其他国家或地区农业保险发展简述

（一）澳大利亚

澳大利亚的农业保险可以概括为两大类：传统类保险和新型基于指数的保险。传统类保险包括指定风险作物保险、多种危险作物保险、作物收入保险和共同基金。新型基于指数的保险是天气衍生产品，往往以产量指数和面积产量指数为准。澳大利亚农业保险始于1918年，经过近百年沉淀已发展得较为完善。其中，指定风险作物保险应用最为广泛，基本每家保险公司都有，相关业务涉及冰雹、火灾和霜冻；对于多种危险作物保险基金计划一直没有成功；新型基于指数的保险计划已开始实施，但其进一步发展受到限制。新型基于指数的保险项目于1960年进行扩张，但由于受到逆向选择的影响，该计划以失败告终。1999~2000年，保险范围和保险险种进一步扩大，主要由农业合作组织和保险商运营。2000年，天气衍生产品引入澳大利亚，主要以降水量和温度为主要基准。

2009年，澳大利亚实施另外一种具有创新型的农业保险类型——产量保护（yield shield）。这种产量保护的农业保险方式结合了传统的指定风险作物保险（火灾、冰雹、霜冻）与以产量为基准的保险（用于对抗降水不足等恶劣天气问题），将小麦和高粱纳入承保范围。2011年4月，澳大利亚政府又推出了另外一种基于生产成本的保险计划。这是西澳大利亚小麦种植者和大麦种植者的一项试验共同基金计划。如果产量低于预先规定的水平，该计划包括承保农户在生产经营过程中的生产成本。这是为了防止种植者由于自然灾害（如干旱、霜冻、冰雹、洪水和火灾）带来的风险。由于种植者经验丰富，他们能够根据生产历史在个性化水平上进行保费开发，从而减少逆向选择问题。澳大利亚农业保险另外值得关注的是2012年开始运营的CelsiusPro公司。该公司专门从事结构化和天气衍生物。CelsiusPro公司的天气衍生品是根据澳大利亚数百个官方气象局和气象站的测量结果得出的天气指数。

生产者协会、合作组织和银行在农民与保险公司之间的联系中起着至关重要的作用。农作物和牲畜保险是自愿的，澳大利亚不提供任何形式的农业保险公共支持。澳大利亚全国农村咨询委员会（National Rural Advisory Council）在其2012年评估报告中强调，政府的作用主要是通过提供更好和更标准化的数据，协助澳大利亚农业产业更加自给自足，更好地管理气候对农业生产的影响。

（二）菲律宾

菲律宾的农业保险制度属于国家重点选择性扶持的模式，这种模式主要分布于亚洲的发展中国家，如印度、泰国、巴基斯坦等。该模式的主要特点为：第一，农业保险由国家专门的保险公司或农业保险机构提供，组织形式主要为联合共保或政府参与；第二，保险品种和承保品种少，多数处于试验阶段；第三，农业保险采取强制参保方式。

1973 年，菲律宾政府实施“马萨加拿—99”计划促进水稻生产，以达到自给自足的目标。其中，考虑到自然灾害对农业生产的负面影响，菲律宾政府推行全国农业保证计划。该计划建立了由菲律宾土地银行管理的农业贷款保障基金，指出当自然灾害导致农业生产受损无法归还贷款时，基金则替代偿还 85%应偿款项。农户为获得该保证需要上交 1%~2%的保证金，但该保证基金不能够完全免除还贷责任，只是在一定程度上延长了还贷时间。

菲律宾总统于 1978 年 9 月签发了《关于成立菲律宾农作物保险公司的总统令》，即《农作物保险法》，并成立专门的农业保险公司进行农业保险的运营。

（三）印度

1947 年，印度政府开始考虑农业保险计划。接着，印度的食品与农业部（Ministry of Food and Agriculture）就在中央立法中将农作物、牛等品种纳入保险范围。1965 年，印度政府出台了《农作物保险条例草案》，并将农作物保险需要履行的义务和责任向各州政府分发。该草案规定由中央政府制订再保险计划，以涵盖各州的赔偿义务。但由于涉及财政义务，所有省级政府都不赞成这一方案。在收到州政府的负面反馈之后，1970 年 7 月，这个问题被转交给当时的农业物价委员会主席领导的专家委员会进行经济、行政、财政、精算等方面的审查。

2002 年，印度政府组建了印度农业保险公司（Agriculture Insurance Company of India Limited）作为专门的公共部门农作物保险公司。国家农业保险计划（National Agriculture Insurance Scheme，NAIS）代表了既有社会目标也有经济目标的公共部门事业，即为印度主要的小农和边缘农民提供可负担的保费率的季节性生产信贷。费用由联邦政府、州政府和工会政府共同分担。自 2007 年以来，公共部门的牲畜保险吸引了 50%的保费补贴。印度农业保险公司得到联邦政府和州政府的大量补贴。银行代表农业保险公司进行营销和管理国家农业保险计划，其收费额度为保费的 5%。

2010 年 9 月，印度政府批准了修改版本的国家农业保险计划（Modified National Agriculture Insurance Scheme，MNAIS），使得该计划从一个由印度政府临时资助的社会作物保险计划转变为以精算保费率为基础的市场作物保险计划。鉴于从 NAIS 向 MNAIS 转型所面临的技术和运营挑战，印度政府一开始进行为期三个季度的试点，从 12 个州的 34 个地区开始，计划增加到 50 个地区（约占印度的十分之一）。2010~2011 年，约 34 万名农民根据该计划购买了保险，保费达 1 000 万美元左右，随着时间推移，印度约有 1.1 亿名农户参保。

（四）中国台湾地区

1. 1945~1953 年，农业恢复与稳定阶段，农业保险萌芽

1949 年，我国台湾地区开展土地改革，将土地集中分发给无地或少地的农民，让农民成为土地的主人。一方面，土地改革缓和了社会矛盾；另一方面，土地改革调动了农民的生产积极性，农业得到恢复并迅速发展。伴随着农业生产的进步，以农业组织为基础的农业保险开始登上历史舞台。

2. 1954~1971 年，以农养工阶段，农业保险发展停滞

由于工业化发展，在资本缺乏、人力不足的情况下，我国台湾地区采取以农业剩余支持工业化发展。但这种“挤压式”政策导致生产和投入极度不平衡，农业发展的停滞在一定程度上拖慢了农业保险的发展速度。

3. 1972~1984 年，工业反哺农业阶段，农业保险制度体系建立

我国台湾地区在意识到农业发展停滞问题的严重性后，开始转变农业发展思路，并提出“加强农村建设重要措施”，标志着工业反哺农业的开始。1973 年，我国台湾地区颁布《农业发展条例》，指明要以农业保险为着力点发展台湾地区农业现代化。随后，《家畜保险办法》《农渔天然灾害救助办法》《主要农产品受进口损害救助办法》等与农业保险相关的政策相继实施，台湾地区的农业保险制度体系基本建立。

4. 1985 年至今，农业全面发展阶段，农业保险制度进一步完善

1985 年，我国台湾地区公布并实施“台湾加速农业升级重要举措”，推动当地农业的全面升级。为配合农业发展进程，在进一步完善家畜保险的基础之上，台湾地区发布《农业天然灾害救助办法》，并于 1995 年对《主要农产品受进口损害救助办法》进行修订，农业保险制度体系进一步完善。

第四节　中国农业保险发展概况及存在的问题

一、中国农业保险发展回顾

我国的农业保险制度至今已有 80 多年的发展历史，伴随着我国传统农业社会、小农经济的转型，农业保险的发展几经波折，形成了具有中国特色的农业保险制度演化历程。

（一）1930~1949 年：农业保险探索阶段

我国的农业保险最早可以追溯到民国时期。1934 年，金陵大学与上海银行在安徽省和县乌江镇进行耕牛互助保险试点，由农民联合成立耕牛保险协会，以互助合作方式自保。1936~1938 年，金陵大学与上海银行又进一步推行扩大范围，在重庆、云南、四川、广西、江西等省（区、市）推行家畜保险和耕牛保险合作组织。但两项政策均由于保险费率较高、运营成本较高、缺乏政府支持、保险发展基础薄弱等以失败告终。

（二）1949~1980 年：农业保险发展停滞阶段

中华人民共和国成立伊始，为巩固土地改革成果，恢复和发展农业生产，促进农村经济繁荣，中国人民保险公司应运而生。中国人民保险公司在成立之初便开始着手农业保险的发展，于 1950 年在北京、山东、重庆进行牲畜保险试点；在山东、河南、安徽、浙江等进行棉花保险试点和个别地区的油菜保险试点。后期，牲畜保险和油菜保险试点范围逐渐扩大并覆盖全国。由于强制保险的情况，加之农民保费负担较重，农业保险的推行受到农民抵触，中国人民保险公司便停办一些非必需的农业保险险种。1954 年，为配合农业合作化、农村公社化的发展，中国人民保险公司决定重新开展农业保险业务。但由于受到政府体制约束和思想限制，农业保险再次停办。

（三）1982~2004 年：农业保险成长阶段

在改革开放背景下，1982 年，中国人民保险公司重整旗鼓恢复农业保险。与以往不同，该次农业保险调动了农民和保险公司的参与积极性。1982~1993 年，中国人民保险公司先后在我国 29 个省（区、市）进行农业保险试点，险种不断丰富，承保范围不断扩大，农民参保率不断提高，我国农业保险在 1982~1993 年取得了较快发展，对农业生产的稳定发挥了重要的作用（表 8-4）。

表 8-4　1982~1993 年我国农业保险经营状况

年份	保费收入/万元	赔款支出/万元
1982	23	22
1985	4 332	5 226
1988	11 534	9 546
1991	45 504	54 194
1993	56 130	64 691

资料来源：历年《中国保险年鉴》

1993 年，农业保险赔付率增长出现下滑（图 8-3）。1993 年，农业保险保费达到 8.17 亿元，占全国保费总收入的 3.39%。到 2003 年，全国农业保险保费下降到 4.32 亿元，占全国保费总收入的 0.081%。同时，保险品种由最多 60 多种下降到 2003 年的不足 30 余种。

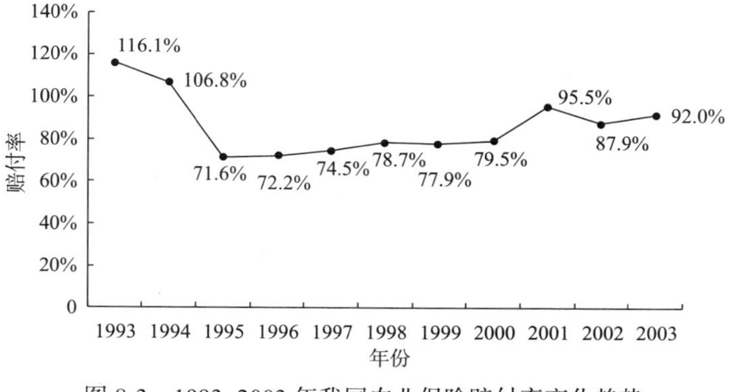

图 8-3　1993~2003 年我国农业保险赔付率变化趋势

（四）2004 年至今：政策性农业保险试点阶段

2004 年，中央一号文件提出“加快建立政策性农业保险制度，选择部分产品和部分地区率先试点，有条件的地方可对参加种养业保险的农户给予一定的保费补贴”。中国保险监督委员会开启政策性农业保险试点。2005~2009 年连续五年的中央一号文件都对农业保险有所提及，进一步明确了发展政策性农业保险试点的决心。随后，财政部制定并颁布了《中央财政农业保险保费补贴试点管理办法》、《中央财政养殖业保险保费补贴管理办法》和《中央财政种植业保险保费补贴管理办法》等，从财政上配合农业保险试点的开展。在中央政府、中国保险监督委员会和财政部的支持、地方各级政府的配合，以及保险公司和农户的积极参与下，农业保险试点逐步扩大，取得了引人注目的成效（图 8-4 和图 8-5）。

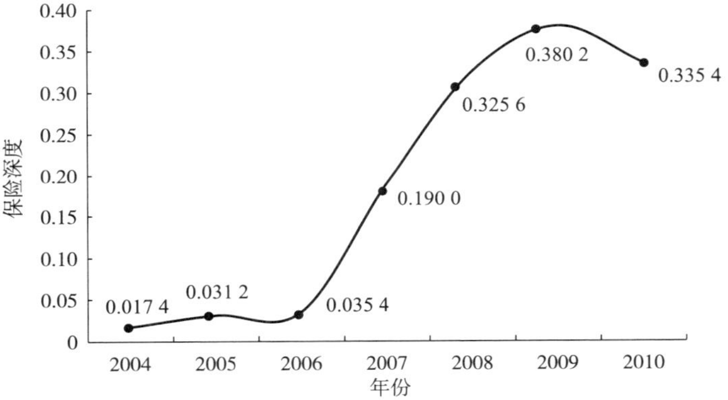

图 8-4　2004~2010 年农业保险深度

农业保险深度=农业保险保费收入/农业总产值

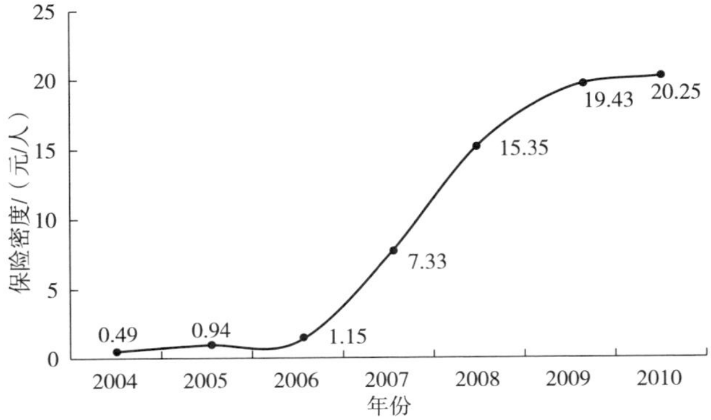

图 8-5　2004~2010 年农业保险密度

二、中国农业保险经营状况

2018 年，我国政策性农业保险制度及框架已基本建立，农业保险业务水平大幅提高，成效显著。2007 年，我国农业保险保费收入为 53.4 亿元，提供的风险保障金额为 1 126 亿元；截至 2016 年，我国农业保险保费收入已比 2007 年增长近 7 倍，达到 417.12 亿元，提供的风险保障金额为 2.16 万亿元，承保农作物面积达到 17.21 亿亩，承保农作物品种达 211 个，农作物保险覆盖我国（不含港澳台地区）所有省（区、市），其中玉米、水稻、小麦的承保覆盖率已高达 70%。

三、中国农业保险制度发展存在的问题

（一）政策性农业保险制度缺乏法律保障

通过美国、日本、加拿大及欧洲各国的农业保险发展进程来看，各国都对农业保险提供了法律依据，并且相关法律的完善和修订与农业保险市场的发展情况相呼应。我国的《农业保险条例》虽提出政策性农业保险的发展方向，但缺乏对于该种类型农业保险的概念、权利、义务的界定。同时，其他国家对于农业保险的政策性补贴都具有一定的强制性和诱导性，提高了农户的参保积极性，而我国则遵循自主、自愿原则，在一定程度上削弱了农业保险的吸引力。

（二）巨灾风险分担机制和再保险保障体系仍需进一步完善

2008 年以来，中央一号文件多次提到农业巨灾风险分担机制和再保险保障体系的建立和完善，但在 2016 年修订的《农业保险条例》中仍缺乏对再保险机制的明确规定。2018 年，我国农业巨灾风险分担机制主要包括中国农业保险再保险共同体的再保险业务、农业保险巨灾准备金和各级政府成立的农业巨灾风险准备金，这些准备金作用有限，仍缺乏较为完善的风险分担机制。而农业保险制度较为发达的国家则可以通过灾后再保险、巨灾风险分担机制、巨灾风险基金和政府财政支持手段进行巨灾风险的化解。

（三）政府对于农业保险补贴政策效率有待提高

我国农业保险保费补贴比例远高于世界平均水平。2016 年，我国农业保险赔款支出总额 348.0 亿元，赔付率为 83%，其中，中央财政拨款 158.3 亿元，加上各级政府财政补贴，保费补贴比例可达 80%。根据世界银行的调查，全球农业保险保费的平均补贴比例约为 44%，加上再保险补贴和管理费支出，平均补贴比例可达 68%，我国的补贴水平远高于世界平均水平。同时，地方政府的财力有限，随着补贴额度增加，各级政府财政补贴负担不断增大。快速增长的保费补贴和有限的财政收入之间的不匹配成为我国农业保险发展的障碍。

第五节　关于完善和发展中国农业保险制度的政策建议

一、加快立法，使农业保险补贴法制化

针对我国农业保险立法不完善的情况，应当加快制定和出台相关农业保险法律和政策性农业保险的相关实施细则。农业保险法律的健全可以规范农业保险市场和经营方式,可以避免政府对于农业保险支持的低效和财政支持不连续的问题。具体的立法重点应包括：第一，明确政策性农业保险的概念、原则、目标、承保范围、承保险种经营体制；第二，明确政策性农业保险的组织形式、承办保险机构的形式和资质；第三，明确政府在农业保险中的责任范围及农业保险相关主管部门；第四，明确农业保险的监管原则、监管要点和监管程序；第五，划清农业保险与商业保险之间的边界和厘清其之间的关系。

二、增加农业保险补贴方式，扩大农业保险补贴规模

首先，应当尝试农业保险经营费用的补贴。这容易引起风险责任淡化和保险工作效率不高等问题。但是，在进行管理费用补贴之时，需要因地制宜地对不同地区政策性农业保险业务的费用有一定把握，并以此实行差别费用补贴。其次，要加强对农业保险的税收优惠。通过立法明确规定对农业保险业务在营业税和所得税方面实行一定的优惠政策，并且可将减免的税收费用转入巨灾风险准备金，用作未来的农业巨灾补偿。同时，也应通过立法明确对农业再保险业务提供税收优惠，如营业税和所得税的减免等。最后，要加快财政支持的农业巨灾风险分担机制。要尽快确立在保费补贴之外建立单独预算的农业巨灾保险准备金和巨灾再保险保障体系；要加快确定巨灾资金规模、筹集方式、政府与保险公司出资比例、基金适用范围等；政府应向提供农业再保险业务的保险公司提供一定额度的补贴，支持国内外保险公司在再保险业务上的沟通与合作。目前，我国农业保险保险比率虽已远超其他各国，但保险品种处于较少的状态。应适当增加财政补贴的农业保险品种，同时允许不同地区根据当地情况灵活地对补贴品种有所侧重和选择。

三、结合强制投保和经济手段提高农业保险覆盖率

结合以上对各国或地区农业保险发展历程的梳理，不难看出，农业保险制度较为完善且运行较为成功的国家，往往在投保上存在一定的强制性。强制投保的好处在于可以有效进行风险分摊，避免逆向选择，降低保险费率，减少保险公司经营农业保险的费用支出，这将有利于降低财政补贴的成本。因此，我国在发展农业保险的同时，应当在一定程度上进行强制性的投保措施，以增加我国农业保险的有效需求。另外，我国可以在农村金融组织不断健全和发展的基础之上，建立农村农业信贷和农业保险的联动机制。例如，可以向参与农业保险的农户提供一定的信贷优惠政策，以调动农户的投保积极性；或者，可以将农业保险与其他农业支持政策相挂钩，即不参与农业保险的农户无法享受政府在其他方面的农业支持政策福利，从而有效提高农业保险覆盖率。

第九章　农业基础设施支持政策分析[①]

第一节　政策实施意义

自 2014 年进入经济新常态以来，我国经济增速放缓，财政收入增幅的回落迫使我国用于各项事务的支出被压缩，这从客观上要求政府对农业的支持要更加精准。同时，中央政府也希望进一步理顺政府和市场之间的关系，主张更多地利用“看不见的手”来组织经济活动。尽管农业部门需要政府的大力支持，但并不意味着政策支持要覆盖农业部门的所有环节。因此，我国农业支持政策要从两方面进行调整和完善：一是减少已有政策对农业市场的扭曲，释放正确的市场信号；二是把重点放在那些具有公共属性的公共品上，为农业经营者提供良好的经营条件。

农业基础设施是农业领域最重要的公共品之一，但农业基础设施落后也是我国农业当前最迫切需要解决的问题之一。作为农业基础设施建设的核心内容，农田基础设施建设包括土地平整、田间道路和农电水利建设、农地土壤条件改善、农业生态环境保护等多方面的内容，它既是农业发展的基石，也是我国实现农业现代化的必然要求。现代农业并不同于传统农业，它是按照现代产业的理念，以产业关联关系为基础、以科技为支撑、以现代产业组织为纽带的横跨一、二、三产业并可持续发展的包括农业产前、产中和产后环节的有机系统（周应恒，2012），最终要实现农业规模适度、技术先进、可持续且有竞争力的目标。然而，我国现有农田基础设施大多建于 20 世纪 50~70 年代，普遍存在标准低、不配套、老化失修、效益衰减等问题。农田基础设施落后的状况越来越成为农业现代化的阻碍，我国要实现从传统农业向现代农业的转变，就必须从根本上解决农田基础设施建设中存在的问题。

① 本章部分内容来自周应恒和胡凌啸（2016c）。

一、有利于实现规模经营

针对以小农为主的农业经营体制和细碎化的农地现状对农业现代化的制约，我国政府越来越重视推进适度规模经营。伴随着工业化、城镇化的迅速发展，我国农村剩余劳动力大量转移，务农人员不断减少，这为推进土地流转、实现适度规模经营提供了千载难逢的时机（周应恒和严斌剑，2014）。农田基础设施建设是推进适度规模经营的重要因素，政府进行土地整理可以为农村土地的流转搭建基础平台（郧文聚和杨华珂，2010）。我国农户往往拥有多块土地，农户自身拥有的土地之间，以及户与户各自拥有的土地之间，质量并不相同，在农田基础设施建设上存在差异且均不完善。政府对土地的整理工作及其他农田基础设施建设工作能够进一步平抑这些差异，可以在一定程度上促进土地流转，形成规模农户。但这并不意味着政府进行土地整理就能够加速土地流转，而是可以为土地流转提供更好的条件，减少土地流转的障碍，毕竟是否进行土地流转取决于农户自身的决策。

此外，我国正在以适度规模为核心培育新型农业经营主体，要想提高它们的竞争力，实现可持续发展，农田基础设施建设也是重要的外部条件。对于新型农业经营主体来说，其追求的是农业收益的最大化，更需要良好的农田基础设施作为保障，土地的平整程度、田间道路建设的优劣都直接决定其成本和收益。在这种情况下，政府应该进行大规模的农田基础设施建设，让更多的土地集中连片，便于大型机械化作业，在此基础上发展大型的现代化服务（陈锡文，2015）。

二、有利于促进技术进步

农业机械化是农业现代化发展的方向，在农业劳动力大量流失的情况下，农机购置补贴政策促进了我国农机保有量的扩张，2016 年我国农机总动力超过 11 亿千瓦，但是这并不能掩盖农田基础设施建设滞后对我国开展农业机械化作业的制约的事实。对农业生产而言，有实质意义的不是特定人群在特定时间的农机保有量或投资量，而是农机作业服务使用量（纪月清和钟甫宁，2013），农机作业服务的开展不仅需要有先进的农机，更需要有配套的田间道路设施。以我国四川省为例，该省主要农作物耕种收综合机械化水平只有 45%，其主要原因在于很多地方田埂高、道路窄，田间机耕道通达率不足 30%[①]，农机无法进入农田开展作业。在我国，因为田间道路建设的不完善而阻碍农机的使用，四川省并不是个例，即使在某些以平原为主的省（区、市）也时常发生。再先进的农机要想发挥作用也得先进入农田，因此必须要有良好的田间道路做保障。另外，我国农田基础设

① 农业机械化 先从田间路下手. http://www.agronet.com.cn/News/896849.html，2014-01-29.

施的落后极大降低了农机的使用效率，这主要是由于田地的细碎化与机械作业标准并不匹配。要想真正推进农业机械化的发展而不仅仅是农机数量的扩张，农田基础设施建设是重要的基础。

三、有利于实现可持续发展

农业的可持续发展可以从两方面进行阐释，一是对资源适度有效的利用，二是对农业生态的保护，这两方面都与农田基础设施建设密切相关。当前，我国农业资源过度使用、低效使用普遍：我国是世界上最缺水的国家之一，农业用水占我国水资源的比重最大，超过60%，但是我国水资源的使用效率很低，1997~2006年平均农业用水效率仅为0.49，这意味着在其他投入保持不变的情况下，达到2008年的产量可减少一半的用水量（王学渊和赵连阁，2008）。农业用水效率低不仅与农户的生产方式相关，还是农田水利设施不完善的直接结果。完善水利设施和农田灌溉设施、推广节水技术是农田基础设施建设的重要组成部分，也是提高我国农业用水效率、减少水资源浪费的重要途径。另外，化肥的过度使用也是我国农业的显著特征。我国农作物亩均化肥用量21.9千克，远高于世界每亩8千克的平均水平，是美国的2.6倍、欧盟的2.5倍①。过度使用化肥对土质的破坏很大，而通过测土配方提高化肥的使用效率将有助于解决这个问题。在农业的生态保护方面，我国付出的努力还远远不够。国家对农业的政策支持更多集中在农产品产量的增长上，因此忽略了对农业的生态保护。农田基础设施建设要求政府加大对土壤质量等方面的保护，有助于改善农业生态环境。

综上，我国农业现代化的实现需要农田基础设施建设作为基础。如果把农业现代化比作一幢高楼，那农田基础设施建设就如同地基，只有把地基打牢，高楼才能盖得更高、更稳。

第二节 中国农田基础设施建设分析

农田基础设施建设是确保我国粮食安全的基础性保障，也是我国发展现代农业的客观要求，因而得到政策的大力支持。我国对农田基础设施建设的支持始于

① 农业部关于印发《到2020年化肥使用量零增长行动方案》和《到2020年农药使用量零增长行动方案》的通知. http://jiuban.moa.gov.cn/zwllm/tzgg/tz/201503/t20150318_4444765.htm，2015-03-18.

对基本农田的保护，并逐渐演化为支持高标准农田建设。高标准农田建设涵盖土地平整、土壤改良与培肥、灌溉与排水、田间道路、农田防护生态环境保持、农田输配电等有关农田基础设施建设等方面。

一、中国农田基础设施建设支持政策梳理

从2004年的中央一号文件开始，除个别年份未提及高标准农田建设以外，历年的中央一号文件都会对包括高标准农田在内的农业基础设施建设进行专门部署。2004年，中央一号文件明确“从2004年起，确定一定比例的国有土地出让金，用于支持农业土地开发，建设高标准基本农田，提高粮食综合生产能力”。之后，中央财政和省级财政用于高标准农田建设的支出逐渐提高。2010年，中央一号文件又明确提出“把800个产粮大县的基本农田加快建成高标准农田”，试图以产粮大县为突破口，对我国的农田建设进行改造升级。2012年，中央一号文件提出要“制定全国高标准农田建设总体规划和相关专项规划”，并通过2014年的中央一号文件部署实施。2016年，中央政府再次借助中央一号文件明确要求“到2020年确保建成8亿亩、力争建成10亿亩集中连片、旱涝保收、稳产高产、生态友好的高标准农田”的宏伟目标（表9-1）。

表9-1　2004~2016年中央一号文件中关于高标准农田建设的政策部署

年份	政策部署
2004年	首次通过中央一号文件明确建设高标准基本农田
2007年	明确按照田地平整、土壤肥沃、路渠配套的要求，加快建设旱涝保收、高产稳产的高标准农田
2010年	提出把800个产粮大县的基本农田加快建成高标准农田
2012年	提出要制定全国高标准农田建设总体规划和相关专项规划
2014年	提出实施全国高标准农田建设总体规划
2016年	提出要加快建设步伐，到2020年确保建成8亿亩、力争建成10亿亩集中连片、旱涝保收、稳产高产、生态友好的高标准农田

注：本表并未列举所有中央一号文件中对高标准农田建设的政策部署

除中央一号文件对高标准农田建设进行专门部署以外，我国《国民经济和社会发展第十二个五年规划纲要》也首次将高标准农田纳入其中。2010年，十七届五中全会通过的《中共中央关于制定国民经济和社会发展第十二个五年规划的建议》明确提出我国要大规模建设旱涝保收的高标准农田。五年后的十八届五中全会进一步提出我国要实施“藏粮于地”战略，通过提高粮食产能确保我国谷物基本自给、口粮绝对安全。“藏粮于地”，坚守耕地红线是基础，加快建设土地平整、土壤肥沃、集中连片、设施完善、农电配套、生态良好、抗灾能力强，与现代农业生产和经营方式相适应、旱涝保收、持续高产稳产的高标准农田是根本。

《全国高标准农田建设总体规划》和《高标准农田建设通则》于 2013 年和 2014 年相继发布实施，意味着我国高标准农田建设逐步从战略层面向实施层面推进。2017 年，《全国土地整治规划（2016—2020 年）》和《全国国土规划纲要（2016—2030）》颁布实施，分别制定了“十三五”期间和 2030 年高标准农田的建设目标。同年 2 月，包括发改委在内的 7 部委联合印发了《关于扎实推进高标准农田建设的意见》，一方面再次明确高标准农田建设的重要意义，另一方面明确着力改进和加强高标准农田建、管、护等各个环节的工作，进一步提升建设质量和水平，推动高标准农田建设迈上新台阶（表 9-2）。

表 9-2　高标准农田建设相关政策文件及主要内容

年份	政策文件	主要内容
2010 年 10 月	十七届五中全会《中共中央关于制定国民经济和社会发展第十二个五年规划的建议》	明确提出我国要大规模建设旱涝保收的高标准农田
2012 年 3 月	《全国土地整治规划（2011—2015 年）》发布	“十二五”期间建成 4 亿亩高标准农田
2013 年 12 月	《全国高标准农田建设总体规划》发布	对高标准农田建设的战略部署进行政策细化
2014 年 6 月	首部高标准农田建设国家标准《高标准农田建设通则》发布实施	明确了高标准农田的建设标准
2015 年 10 月	十八届五中全会通过了《中共中央关于制定“十三五”规划的建议》	提出我国要实施“藏粮于地”战略
2017 年 1 月	《全国国土规划纲要（2016—2030 年）》发布	提出 2030 年建成 12 亿亩高标准农田
2017 年 1 月	《全国土地整治规划（2016—2020 年）》发布	“十三五”期间建成 4 亿~6 亿亩高标准农田
2017 年 2 月	《关于扎实推进高标准农田建设的意见》发布	落实“藏粮于地、藏粮于技”战略

二、中国农田基础设施建设的状况和问题

农田基础设施建设涵盖的内容比较广泛，包括土地、设施、水电、生态等方面。因此，负责支持农田基础设施建设的中央部门也比较分散，包括发改委、农业部、水利部、财政部、国土资源部等①。其中，财政部国家农业综合开发办公室负责土地治理项目，以中低产田改造为重点，建设旱涝保收、稳产高产的基本农田；国土资源部负责农田整治工作，通过土地平整、灌溉与排水、田间道路、农田防护与生态环境保护等，在提高农地生产力、改善生态环境的同时，增加耕地面积；农业部负责高产创建项目，包括普及测土配方施肥、推广优良品种、综合防控病虫草害、推进机械化生产和高产技术的运用等；水利部负责小型农田水利基础设施建设等。

农业部的测土配方施肥、品种改良和水利部的小型农田水利基础设施建设是

① 在写作本书时，由于 2018 年国家机构改革尚未完全落实，因此该部分仍采用改革前的机构名称和职能。

单项措施改造，财政部国家农业综合开发办公室和国土资源部采取的是综合改造措施。同时，财政部国家农业综合开发办公室和国土资源部在农田基本建设方面也存在很多不同：①两个部门的具体目标不同。国土资源部的土地整治目标集农地整治、农村综合整治建设、生态环境整治建设于一体；财政部国家农业综合开发办公室的土地治理项目则以中低产田改造为重点，着重建设旱涝保收、稳产高产的高标准基本农田。②开展历史不同。国土资源部开展土地整治自 2006 年开始至今有 14 年的历史；而财政部国家农业综合开发办公室的土地治理项目自 1988 年开始至今已有 30 余年的历史。③资金来源不同。国土资源部的资金主要来源于新增建设用地土地有偿使用费、用于土地开发的土地出让收入、耕地开垦费和土地复垦费；财政部国家农业综合开发办公室的资金主要来源于财政预算资金，来源更稳定。④治理区域界定不同。国土资源部的治理区域往往与土地出让收入挂钩，土地出让收入多的地区治理资金也多，因而对一个区域无法连续多年投入；财政部国家农业综合开发办公室对治理区域有明确界定，纳入开发的区域可以得到连续投资。

从项目的投资来看，财政部国家农业综合开发办公室自 1988 年开展农田基本建设以来，投资金额逐年递增，1994 年农田基本建设投资额为 34.8 亿元，2014 年投资额已达到 313.2 亿元，其间累计投资 39 613.8 亿元。由于项目初期以中低产田改造为重点，这期间大部分项目资金也投资在中低产田改造上。项目进行到中后期，政策越来越关注以生态环境为目标的小流域治理、土地沙化治理等，特别是 2009 年起项目又新增高标准农田示范工程，且 2013 年发布的《全国高标准农田建设总体规划》中指出到 2020 年力争建设成 8 亿亩高标准农田，项目资金相应地也向其倾斜。

从项目的实施成果来看，农田基本建设通过灌溉、除涝、林网防护、机耕、改造中低产田和高标准农田这几个方面改善了我国的农业生产条件。项目实施后，累计改造中低产田 4.464 亿亩，累计建造高标准农田 0.577 亿亩，累计新增和改善灌溉面积、新增和改善除涝面积、新增林网防护面积、新增机耕面积分别为 4.446 亿亩、1.847 亿亩、2.464 亿亩、1.730 亿亩。1994~2006 年，年改造中低产田亩数总体呈现上升状态，但 2000~2004 年出现阶段式回落，2006 年后改造中低产田亩数呈现逐年下降趋势，而高标准农田建设自 2009 年开展以来，建设亩数逐年上升。相应地，新增和改善灌溉面积、新增和改善除涝面积、新增林网防护面积和新增机耕面积这些指标也均在项目初期呈现递增趋势，项目中后期开始缓慢下降，这些趋势与前文提到的各时期项目资金投资重点有关（表 9-3）。

表 9-3 1994~2014 年农田基本建设投资额及完成情况

年份	农田基本建设投资/亿元	增长率	改造中低产田/亿亩	增长率	高标准农田/亿亩	增长率	新增和改善灌溉面积/亿亩	增长率
1994~1999	395.91	23.34%	1.382	12.78%	0	0	1.212	14.90%
2000~2004	522.01	3.38%	1.175	–0.63%	0	0	1.058	–4.88%
2005~2009	832.68	14.64%	1.259	1.58%	0	0	1.029	3.36%
2010~2014	1 577.48	9.29%	0.648	–28.43%	0.577	45.96%	1.147	1.54%
年份	新增和改善除涝面积/亿亩	增长率	新增林网防护面积/亿亩	增长率	新增机耕面积/亿亩	增长率		
1994~1999	0.616	9.42%	0.892	2.18%	0.880	59.20%		
2000~2004	0.407	–7.51%	0.667	–3.81%	0.464	–25.00%		
2005~2009	0.397	5.22%	0.487	–1.19%	0.225	–4.44%		
2010~2014	0.427	1.35%	0.418	–5.68%	0.161	–8.02%		

资料来源：1995~2015 年《中国财政年鉴》

从项目的地理分布来看，农田基本建设的重点在粮食主产区，13 个粮食主产区的农田基本建设投资额占总投资额的 64%。13 个粮食主产区中，山东、江苏、安徽位于华东地区，湖南、河南、江西位于华中地区，辽宁、吉林、黑龙江位于东北地区。因此，从分地区看，华东地区、华中地区、东北地区的农田基本建设投资占总投资的比重最大，分别为 22%、19%、16%。

虽然我国支持农田基础设施建设的政策脉络日渐清晰，投入也不断提高，并且取得了一定的成效，但是从整体上看，我国的农田基础设施建设仍不完善。我国 18.2 亿亩耕地中，高产田的比重仍然较少，仅为 5.5 亿亩，而中低产田为 12.7 亿亩，占 70%。即使是在江苏这样经济发达的农业大省，高标准农田的比重也仅为 40%左右。此外，农田基础设施建设的薄弱还体现在对自然风险的抵抗能力差方面，2012 年全国因旱涝灾害绝收的土地面积接近 2 亿亩，要实现旱涝保收的目标依然严峻。农田基础设施建设财政投入的快速增长并没有从根本上解决我国面临的问题，这一方面说明农田基础设施建设并不能朝夕完成，可能需要进一步增加投入；另一方面则需要政府部门进行反思，当前政策的投资效率是否达到最优，是否存在提高的空间。有学者曾经对我国 1989~2010 年农业基础设施建设投资效率进行测算，发现了明显的下降趋势（曾福生等，2014）。这说明虽然我国对农田基础设施的重视程度在不断提高且投入也在进一步加大，但是投资效率并没有得到同步提高。此外，各地区之间的投资效率也存在很大的差距，东部地区和西部地区的投资效率差距还呈现出快速扩大的趋势。因此，提高农田基础设施建设的投资效率至关重要。农田基础设施建设的投资效率不高且有下降的趋势，可能存在三方面的原因。

（一）投资分散、重复建设，缺乏优先序设计

我国涉及农田基础设施建设的中央部门有5个以上，地方上可能涉及的部门更多。从某种意义上看，尽管管理部门多能够增加支持农田基础设施建设的资金总量，但是如果各部门的职能缺乏整合则难以形成合力，使得建设资金无法集中，还容易出现重复投资。农田基础设施建设包含很多内容，但我国尚缺乏对不同环节难易程度的整体评估，导致无法确定建设的优先序。另外，中央和地方政府对农田基础设施建设的态度并不一致，中央对农田基础设施建设的重视并没有转化为地方政府开展农田基础设施建设的热情，各地开展的农田基础设施建设项目持续性不强，项目建设支离破碎，项目效果大打折扣。统筹协调机制的缺失是出现这一问题的重要原因，我国现在尚未形成一套针对农田基础设施建设自上而下的管理体系。此外，第三方机构评估的缺失也加剧了该问题的严重程度。如果有健全的第三方机构评估体系，农田基础设施建设完成后便可以由第三方机构进行评估验收，这对作为建设方的地方政府是一种强有力的约束，既能够提高地方政府的重视程度，也能够提高建设效率。

（二）农田基础设施的建设模式存在缺陷

这主要体现在当前农田基础设施的建设完全由政府主导，忽略了重要的利益关联者——农户和农村基层自治组织。政府完全主导的农田基础设施建设可能会存在以下问题：首先，这项工程涉及农户的切身利益，如果政府部门未能充分考虑农户的意愿，很有可能造成农户的不配合；其次，该项工程的投入成本很高，农户作为“被动受益者”而不承担任何成本是不合理的，政府承担所有成本又会给财政造成巨大压力；最后，农村基层自治组织的民主决策机制及农户的积极性和创造性有助于解决该项工程实施过程中的很多问题，尤其是农户之间利益调和的问题，农户角色的缺失则会给项目的开展带来难度。有学者通过对湖北省农户的调查研究发现，农户普遍关心农业基础设施建设，但参与意愿不强烈（罗小锋，2012）。这进一步说明我国在开展农田基础设施建设的过程中，并没有充分调动农户的积极性，而这可能是投资效率不高的重要原因之一。

（三）缺乏合理的可持续性管护机制

农田基础设施的建设并不是短期内可以完成的，而是需要长期持续的投入。同时，建设完成的项目如果无法得到有效管理和维护，农田基础设施的可持续性利用能力就会大打折扣。我国在农田基础设施的管护上主要存在两个问题。一是

城镇化带来的土地升值冲击了该项工程的实施，这主要体现在城镇周边的农田基础设施建设上。由于城镇扩张的需要，城镇周边的农田有着极高的使用价值，地方政府往往更想征用这部分土地进行非农开发建设，以增加财政收入来源和自身业绩。一旦农田被征用，前期建设项目也随之被毁，城市建设和农田基础设施建设之间的矛盾日益突出。二是地方政府对农田基础设施的维护工作做得不够。首先，很多地方政府缺乏维护的理念，建设完成高标准农田只是为了完成上级目标，并未对维护工作进行相应部署。其次，维护主体严重缺失，相关利益主体政府和农户到底应该由谁来承担维护责任尚不明确，结果导致无人维护。

三、发达国家和地区的经验及启示

国家加速对农田基础设施的建设并提高投资效率，既是农业现代化的需要，也是调整农业支持体系的需要。从世界范围看，OECD 国家和地区对农业的支持不仅仅是针对农业生产者的直接支持，对农业一般服务的支持也是其扶持农业的重要手段[①]，而且相当一部分国家高度重视对农业基础设施建设的投入（表 9-4）。日本、智利和韩国农业基础设施建设的投入超过农业一般服务支持的 40%，高于 OECD 所有国家的平均值，而日本更是高达 84.3%。日本对农业基础设施建设的重视为该国实现农业现代化创造了极为有利的条件。以色列、美国、澳大利亚、新西兰和欧盟等发达国家和地区对农业基础设施的建设也十分重视，农业基础设施建设投入比重均在 20%以上。除 OECD 国家和地区外，我国台湾地区也非常重视农业基础设施的建设，并在长期实践中取得了良好的效果。

表 9-4　2013 年 OECD 主要国家和地区基础设施投资比重

分类	日本	智利	韩国	以色列	美国	澳大利亚	欧盟	新西兰	OECD 平均值
一般服务	14.9%	49.0%	12.0%	19.9%	12.9%	51.1%	10.7%	76.1%	12.7%
基础设施	84.3%	51.6%	45.1%	31.6%	31.6%	29.0%	28.9%	22.5%	40.5%

注：第二行表示一般服务支持占农业总支持的比重；第三行表示基础设施建设投入占一般服务支持的比重

资料来源：*Agricultural Policy Monitoring and Evaluation 2014：OECD Countries*

东亚地区农业经营制度的相似性使得日本、韩国和我国台湾地区的农田基础设施建设经验对我国大陆地区有重要的借鉴意义。总体上看，三个地区都通过制定法律法规来提高农田基础设施建设在农业发展中的战略地位。日本的《土地改良法》、韩国的“新村运动”及我国台湾地区的“台湾土地管理法”分别是三地农田基础设施建设的纲领性文件，为政府的财政支持提供了重要依据，也提出了

---

① 根据 OECD 的最新调整，农业一般服务支持包括农业知识和创新体系建设、检验检疫和疫病防控、农业基础设施建设、营销和推广、公共储备、混合支持六个方面。

严格要求。2013 年和 2014 年，我国先后颁布实施了《全国高标准农田建设总体规划》和《高标准农田建设通则》，高标准农田建设已成为国家战略部署。在政策规划已经完善的前提条件下，政策的效果取决于落实情况，日本、韩国和我国台湾地区在提高农田基础设施建设效率方面的经验可以给予我国大陆地区很多启示。

（一）政府顶层设计形成长效机制，各部门通力协作并长期坚持

为开展农田基础设施建设，日本政府于 1949 年出台《土地改良法》，并先后修改了 10 余次，该法律成为日本政府引导农户合作开展农地整理、土地改良和农田水利建设的纲领性文件。韩国从 20 世纪 70 年代开始在全国范围内开展“新村运动”，政府对农业的预算相比 20 世纪 60 年代扩大了 4 倍左右。1970~1981 年，韩国政府投资了数千亿韩元的资金，加大了对农业基础设施的建设力度。我国台湾地区在“台湾土地管理法”的基础上，从 20 世纪 50 年代末开始先后制订了 10 多个农地整理计划。在顶层设计的基础上，日本、韩国、我国台湾地区对农田基础设施建设的重视是自上而下的，每一级别政府各司其职，分工合理。日本实行中央、都道府县、市町村三级行政管理，由在市町村成立的土地改良区提出申请改良项目并层层上报，经批准后投资建设。我国台湾地区则是在各级政府成立专门负责高标准农田建设的部门，层层管理，落实到农地。而且，各地区在中央顶层设计的约束下能够长期坚持项目建设，让农田基础设施工程的效果得以充分发挥。

（二）通过农民自主申请开展项目建设，充分调动农民和自治组织的积极性

农田基础设施建设是一项公共工程，为了保证这一工程的顺利开展，日本、韩国、我国台湾地区并不是完全依靠行政力量，而是在尊重农民意愿的基础上，充分调动农民的积极性。日本的田地整理必须要由农民自发申请，15 户以上农户（每户拥有的耕地面积需在 0.1 公顷以上）可联合申请成立覆盖一定区域范围的土地改良区，申请者与区域所在地的市町村政府协商确定改良事业内容，并征得该区域 2/3 以上农户同意后向都道府县提交申请报告，都道府县组织专家对设立申请进行审核（陈伟忠，2013）。在韩国，农田基础设施建设的组织者是农民自己推选出来的，在实施项目之前，政府提出若干计划，包括道路硬化、农田水利建设、农业用电改造等，农民根据该计划进行自由讨论，选择最需要解决的项目，并推举一名项目建设的指导者。我国台湾地区虽然并不是由农户自发申请的，但是经政府核准的农地整理计划必须在农地整理区公示 30 天。在公示期内，若区域内的土地所有者有 2/3 以上的人反对，而且其所有的土地面积超过规划土地总面

积的一半以上，则需修订农地整理计划（刘宪法，2011）。不过在日本、韩国、我国台湾地区，一旦项目确定下来，土地整理区范围内的所有农户都必须无条件参与进来。

（三）政府和农民共同融资，并为农民提供优惠政策

作为一项公共事业，农田基础设施建设的投资主体应该是政府。但是完全依赖政府不仅加重了政府的财政负担而且无法调动农民参与建设的积极性。因此，日本、韩国、我国台湾地区都实行了政府和农民共同投资的方略，同时给农民投资提供优惠政策。在日本，农田基础设施建设经费以国家预算为主，但是农民也要承担一定的费用，其负担额根据区域不同有所差别，一般农户负担比例在10%左右。为了缓解农民的资金负担，日本设立了农林渔业金融公库，为农民提供年息在5%左右的长期低息贷款（陈伟忠，2013）。同样，韩国政府给农民发放钢筋、水泥等，但其他资金由农民自筹。我国台湾地区的农户也必须承担农田基础设施建设的工程费，1963~1973年我国台湾地区政府按工程费总额的50%，通过土地银行给予农户贷款；其余的50%工程费，则由我国台湾地区政府通过“保护自耕农基金”垫付。1973年以后，我国台湾地区政府将负担工程费的比例提高到2/3，将农户负担工程费的比例降低至1/3。农户负担的1/3工程费，可以通过农户申请“保护自耕农基金”垫付来解决（刘宪法，2011）。

（四）建立政府和农民双重管护机制，促进持续发展

政府和农民都是农田基础设施建设的利益相关者，在对农田管护的过程中两者可以互相补充。政府的力量比较集中，能够开展大型的维修和维护工作，但是政府若完全负责所有项目的日常管护，则成本太高，实现的可能性几乎为零；而农户可以对农田基础设施进行日常简单的管护工作，尤其是对小型项目。日本在农田管护的问题上就充分发挥了农民自治组织的作用，实行土地改良区、地方水利调节团体、村落水利组合三级管理，这些组织都是由农民自发组成的，负责对项目进行监督和维护。农户在生产过程中发现农田基础设施损坏需要维修时，可向土地改良区汇报，土地改良区会同地方政府对农户申请情况进行确认，一般维修由土地改良区负责，较大规模维修则由地方政府统一实施（陈伟忠，2013）。发挥农民在管护中的作用实质上与调动农民积极性并引导农民投资相一致，农民参与农田基础设施的建设后就成了农田基础设施的建设主体和管理主体，这对农民自发进行农田基础设施管护起到了促进作用。

第三节 中国粮食干燥储藏设施建设分析

一、传统粮食干燥储藏处理中存在的主要问题

小农户面对大市场，由于干燥、储藏环节存在漏洞，出现了“优质不优价”及“收割优质但销售劣质”等问题，阻碍了农民收入的进一步提高。这些问题具体表现在以下方面。

（一）传统干燥储藏处理方式占用大量劳动力，与劳动力日益稀缺形成矛盾

由于产后干燥储藏处理设施建设不足，在粮食干燥环节，农民往往只能采用人力，依靠自然条件和简陋的设施进行干燥、拣选分级等处理。与目前较高的收割机械化水平相比，粮食干燥机械化水平低，机械化干燥的比例不足10%。由此耗费的大量劳动力与日益稀缺的农村劳动力形成矛盾，这在某种程度上阻碍了现代农业的发展。

（二）传统干燥储藏处理方式严重影响粮食品质

我国产出的粮食品种优良，良种却对应着“低质”。主要原因是传统的以街边晾晒为主的干燥方式，不仅使得粮食损耗大、稻谷破碎可能性大，而且干燥不均匀、脱水不充分，还给储藏带来隐患。同时，传统的干燥方式受到天气、气候影响，干燥处理时间延长。未经干燥的粮食放置几小时或数日后再干燥，其品质会发生变化，放置时间越长，品质下降越严重。

同时，传统的一家一户的分散储藏方式下，粮食为常温保存，储藏环境不佳，也使得粮食的品质大大降低。粮食的“低质”降低了农民在市场上的议价能力，也使得我国的粮食无法满足市场对于其品质的要求。而对粮食质量检查、安全检查、分等分级的缺失也削弱了农民在市场上的议价能力。

（三）传统干燥储藏处理方式造成农产品损耗严重

据分析，我国每年粮食收割后不能及时干燥或处理方法不当造成的霉变、发芽等损失在 7%~10%，而发达国家仅在 1%左右。若按江苏省粮食年产 325 亿千克来算，因干燥处理不当的损失就高达 30 亿千克。传统干燥储藏处理方式导致的粮食损耗问题，不仅大大降低了粮食的品质和供给、提高了粮价，也限制了农民收入的进一步提高。

因此，新型粮食干燥储藏处理方式的引入和采用，对于粮食品质的提升、农民收入的提高、农业现代化的深入都有重要意义。

二、建设粮食干燥储藏处理中心的必要性

（一）粮食干燥储藏处理服务的缺失

我国除了采用人工进行粮食干燥之外，也有少部分采用机械进行粮食干燥。我国 2016 年，粮食干燥机械仅 2 万多台，粮食机械干燥的比例不足 10%，与世界发达国家 95%的比例相距甚远，仅仅就粮食干燥机械而言，远远不能满足粮食生产的需要。虽然粮食干燥储藏处理中心能提供更为有效、更能满足农户需要的干燥储藏处理服务，但我国粮食干燥储藏中心的建设进程比粮食干燥机械的生产更为缓慢。国内的粮食干燥储藏处理中心的发展还处于萌芽阶段。

粮食干燥储藏处理中心主要提供三种服务：干燥服务、储藏服务和处理服务。干燥服务是以机械为主要手段，采用相应的工艺和技术措施，人为地控制温度、湿度等因素，在不损害粮食品质的前提下，降低粮食中的含水量，使其达到国家安全贮存标准的服务。储藏服务是农户委托粮食干燥储藏中心采用合适的条件保管、储藏粮食的服务。处理服务是粮食干燥储藏中心将农户提交的稻谷处理成利于保存的糙米或处理成等待销售的精米的服务。

（二）干燥储藏处理服务的公共品性质

粮食干燥储藏处理中心为农户提供的干燥储藏处理服务具有公共品的性质，投资回收期较长，是一个需要由农户契约达成或由专业合作组织提供的服务，通过市场力量很难在短期内提供。

由于现阶段我国的农业经营还是以个体农户为主，生产分散，农民没有积极性在田间地头采用现代化的手段对收获的农产品进行干燥储藏处理。因此，这就

需要政府牵头，通过农业政策支持、农业投资来提供粮食干燥储藏处理服务，增加该类公共品的供给。

建设粮食干燥储藏处理中心，不仅可以提供农产品商品化处理服务、降低农产品的交易成本及商品化成本、提高农产品品质和竞争力，而且可以进一步提升农户的组织水平、提高农民收入，也为其他省（区、市）农业现代化政策的选择提供方向。

三、粮食干燥储藏处理中心建设的经验借鉴

粮食干燥储藏处理设备最早由美国发明制造，并最先用于稻谷收割后的处理环节。如今，美国的大规模农场都有自行建造的稻谷干燥储藏处理中心。第二次世界大战以后，日本将美国粮食干燥储藏相关技术引进国内，并依据日本国情改造、创新，成为粮食干燥、储藏领域的引领国家，谷物干燥机械化率 2016 年已达到 92%，领先于美国。基于现代农业经济发展的需要，东亚的国家或地区，如韩国和我国台湾地区，也在借鉴日本发展模式的基础上逐步实现了稻米干燥储藏处理中心的建设和运营。

21 世纪以来，我国也有部分地区开始引进稻米干燥储藏处理机械设备，如浙江仙居的“绿色稻米生产基地”和湖南衡山的全自动水稻集中干燥仓储中心，逐步向稻谷生产的全程机械化和现代化迈进。但是，我国综合性粮食干燥储藏处理中心还比较少，相较于美国、日本、韩国还有一定的差距。

已有的极少数粮食干燥储藏处理中心存在规模小、覆盖范围小、综合度不足等问题，同时，依靠商业化运营，其高额费用必然阻碍农民对于干燥储藏设施的使用。因此，探讨其他国家或地区的经验对于我国粮食干燥储藏处理中心的建设大有裨益。

（一）美国：农场主自行建造干燥储藏处理中心

美国农业资源丰富，农业劳动力普遍缺乏，大规模农场农业及由此带来的农业机械化是美国农业的最大特点。另外，美国发达的经济与科技水平也是其实现农业机械化的基础。农场主本身具备独立建造干燥储藏处理中心的经济实力，同时也可以获得干燥储藏处理中心的规模经济效益。大规模农场农业让美国农场主自行建造稻谷干燥储藏处理中心成为可能。美国的干燥储藏处理中心从粮食干燥储藏机械化初期就是由农场自主建造的，并主要应用于大豆和玉米这两类作物。此外，美国政府出于保护农业发展的政策需要，也给予农场主一定的财政补贴。

（二）日本和韩国：引进美国技术，结合国情，创造发展

日本是最先引进稻谷干燥、储藏技术，并进行自主研发、实现国内大规模干燥储藏处理中心建设和运营的国家。韩国模式与日本模式基本一致。日本现有的稻米干燥储藏技术设施主要包括乡村稻米中心（rice center）、湿谷干燥仓库（dry store）和新型综合性的稻谷干燥储藏处理中心（country elevator）。新型综合性的稻谷干燥储藏处理中心可以分为包含湿谷干燥仓库和不包含湿谷干燥仓库两种类型。

乡村稻米中心是进行稻谷干燥、调制（砻谷、分选）、包装、发货等一系列处理的共同干燥处理设施。另外，为了提高稻谷干燥设施的利用效率和处理能力，日本又在乡村稻米中心的基础上配置了湿谷干燥储藏仓，让湿谷在储藏仓内缓慢地干燥，从而延长干燥处理前的储存时间，依此发展起来的干燥设施称为储藏干燥设施，日本也将其称为湿谷干燥仓库。新型综合性的稻谷干燥储藏处理中心主要是作为乡村稻米中心的升级替代版，相对乡村稻米中心具备更大容量、温度调节和低温储藏等功能。

根据日本 2004 年和 2010 年的统计数据（表 9-5），2004 年日本拥有乡村稻米中心 3 754 个，干燥能力达 2 135 922 吨，有新型综合性的稻谷干燥储藏处理中心 839 个，储藏能力达 2 252 585 吨，均达到了日本稻谷生产总量的 1/4 以上。截至 2010 年，日本拥有乡村稻米中心 3 596 个，新型综合性的稻谷干燥储藏处理中心 863 个。可以看出，2004~2010 年日本乡村稻米中心和新型综合性的稻谷干燥储藏处理中心的数量变化并不大，稻谷干燥储藏处理能力已基本能够满足日本国内需要；而陈旧的乡村稻米中心逐渐减少并被新型综合性的稻谷干燥储藏处理中心取代的趋势也已经出现。

表 9-5　日本稻谷干燥储藏处理中心状况（2004 年和 2010 年）

类别	新型综合性的稻谷干燥储藏处理中心					乡村稻米中心					
内容	设施数/个			储藏能力/吨		设施数/个				能力/吨	
级别	未设湿谷干燥仓库的新型综合性的稻谷干燥储藏处理中心	设有湿谷干燥仓库的新型综合性的稻谷干燥储藏处理中心	合计	新型综合性的稻谷干燥储藏处理中心	湿谷干燥仓库	未设湿谷干燥仓库的乡村稻米中心	设有湿谷干燥仓库的乡村稻米中心	合计	单独湿谷干燥仓库	每 8 小时最多处理	湿谷干燥仓库储藏能力
2004 年	619	220	839	2 252 585	137 596	2 777	977	3 754	58	2 135 922	663 858
2010 年	633	230	863	2 358 426	139 696	2 641	955	3 596	63	—	—

资料来源：日本农业机械化统计公报，http://nitinoki.or.jp/kikaika-mail-mag/

由于日本人多地少，农业资源相对稀缺，其农业生产以农户小规模生产为主。与美国大规模农场自行建造稻谷干燥储藏处理中心不同，日本的稻谷干燥储藏处理中心是在政府和农业协同组合（以下简称农协）的支持下进行的公共投资，并主要由日本各地农协运营。

1. 确立分层次、分区域的总体建设规划

作为政府的公共投资项目，稻谷干燥储藏处理中心在建设之前必须做好总体的规划设计。日本政府在引进稻谷干燥、储藏技术初期，就确立了稻谷干燥储藏处理中心的建设必须分层次、分区域逐步推进的总体方针。

（1）分层次的干燥储藏处理中心建设。日本政府首先明确了国内稻谷干燥储藏处理中心应该涵盖多种层级处理中心的思路：稻谷处理中心要实现在种类上既有专业型的干燥处理中心、仓储中心，也有综合性的干燥储藏处理中心；在规模上既有能够满足村镇需要的小型处理中心，也有能够满足市（县）级需要的大规模处理中心。

（2）分区域逐步推进。由于日本国内不同地区农业发展状况存在差距，稻谷干燥储藏处理中心不可能在各个区域同时建设运营。日本政府首先选择稻谷种植面积大、种植区域集中、经济发展水平高的地区进行试点，在区域试点建设和运营的基础上，总结建设和管理经验，逐步扩大稻谷干燥储藏处理中心建设的区域。

2. 各级政府、当地农协确保资金投入和处理中心建设

日本以小农户为基本单位从事小规模农业生产的国情，导致农户难以自行建设稻谷干燥储藏处理中心。农户不具备足够的经济实力，而经济规模的限制也使得农户个体不愿投资。因此，政府和农协等组织需要共同承担这一公共品的供给。

（1）各级政府资金扶持。日本稻谷干燥储藏处理中心作为公共投资，一般由国家、市及县、町（相当国内的乡镇）、村负责 50%左右的资金投入，农协负责剩余部分的资金投入。在解决了资金投入后，由农协在政府规划的基础上，辅助完成稻谷干燥储藏处理中心的建设工作（图 9-1）。

（2）干燥储藏处理中心建设完成形式。日本的稻谷干燥储藏处理中心既有早期建造的木造干燥设备，也有新建的更完善的红外线干燥设备。乡村稻米中心建有接收室、操作室、事务室、机械室、储藏室等。新型综合性的干燥储藏处理中心主要包括乡村稻米中心、湿谷干燥仓库和低温储藏仓库等几个主要部分。

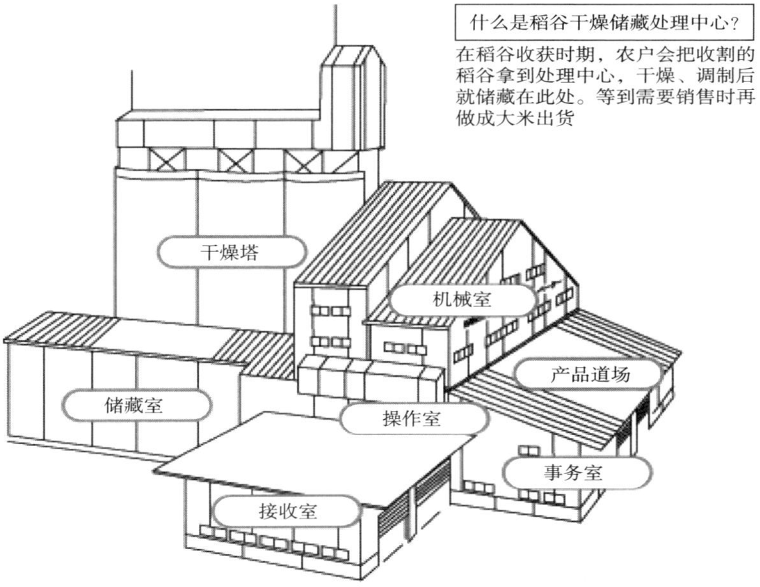

图 9-1　日本乡村稻米中心结构

资料来源：日本“西春日井”农协网站

3. 干燥储藏处理中心的管理和运作

稻谷干燥储藏处理中心建设完成后，将交由当地的农协负责日常的管理和运营。由于干燥储藏处理中心由政府和农协投资建设，其作为非营利机构为加入农协的会员农户提供稻谷干燥和储藏服务。

农户只需象征性地缴纳 1 000 日元（约 78.3 元）的会费，即可加入农协组织。加入农协后，农户享受从稻谷干燥、碾制糙米到包装的全程服务只需缴纳非常低廉的费用。

1）详细的服务计划

农协作为稻谷干燥储藏处理中心的运营者，制订了十分详细的服务计划，并提供给当地农户。例如，“西春日井”农协运营的稻谷干燥储藏处理中心制订的 2012 年的稻谷处理接收计划，接收时间为 10 月 3 日到 11 月 3 日，在这期间除每周二为机械设备检修时间不提供稻谷接收服务外，其余时间均正常运营。

另外，为了保证粮食干燥质量，稻谷干燥储藏处理中心对于稻谷的接收要求也有详细规定。不同品种、不同水分含量的稻谷必须分别装袋提供给稻谷干燥储藏处理中心；上午收割的稻谷必须中午之前送到稻谷干燥储藏处理中心，下午收割的稻谷必须晚上之前送到稻谷干燥储藏处理中心；等等。

2）干燥储藏处理中心运作程序

干燥储藏处理中心的运作程序主要包括干燥、碾制糙米、检验检测、储藏和碾制精米五部分。

（1）干燥。农户在机械化收割过程中，通过收割机内部的脱粒、吹风已经对稻谷进行了初步干燥。在此基础上，稻谷干燥储藏处理中心在接收农户的稻谷后，会进行稻谷重量和含水量的测量，然后利用干燥设施进行进一步的干燥处理，去除稻谷水分。在干燥过程中，稻谷干燥储藏处理中心会根据稻谷的后续需要确定合适的干燥标准。当年食用的稻谷只需干燥到15%的含水率，避免干燥过程中的资源浪费；如果干燥后储存，则应干燥到13%的含水率。

（2）碾制糙米。干燥处理完成后，稻谷干燥储藏处理中心进一步利用机械设备将稻谷碾制成糙米。糙米是实施去胚芽处理后的稻谷，可以防止稻谷在储藏过程中发芽。糙米保留了稻谷的麸皮，能起到保护稻谷品质的作用。

（3）检验检测。将稻谷碾制成糙米后，稻谷干燥储藏处理中心会对糙米进行进一步的检测。稻谷干燥储藏处理中心将受检米投放到糙米的专用投入口后，先将其放入保管库保管，然后通过技术人员和设备对糙米的产地、品种、生产时间和品质进行专业检测，将检测结果记入档案，并提供标签证明。

（4）储藏。对糙米进行检验检测后，就可以将相同特质的糙米统一储藏到稻谷干燥储藏处理中心储藏仓库的设备中。储藏设备用计算机控制，确保设备内恒温、恒湿，实现糙米的最有效保存。

（5）碾制精米。当超市或者消费者需要食用稻谷时，稻谷干燥储藏处理中心会根据所需数量将储藏在筒仓中的糙米调出，去除稻谷麸皮，碾制成精米，再按照统一的规格进行包装，提供给超市进行短期销售或者由消费者直接消费。

4. 干燥储藏处理中心运营情况的评估和发展

日本政府设立专门机构对农协运营的稻谷干燥储藏处理中心进行调查，了解其运营状况，对其建设和运营情况做出评估。政府根据评估结果，分析研究各类干燥储藏处理中心运营中存在的问题和取得的成果，并通过与农协沟通交流，将运营经验进行推广，帮助解决实际运行中的难题。同时，政府通过对前期工作的总结，指导后期干燥储藏处理中心的建设和运营。

5. 干燥储藏处理中心的后勤服务保障

虽然稻谷干燥储藏处理中心的规划、建设和运营是稻谷干燥环节的重点，但也需要包括技术研发、品种推广等在内的各项后勤服务的保障。

（1）鼓励技术研发。“立法推进”和“经费资助”同时进行。1953年，日本政府制定了《日本农业机械化促进法》，并于 1993 年 6 月进行修订，要求农林水产省所属的国家级农业机械研究机构与农业机械制造商进行合作，在进行技术研发的同时，加速技术产业化。此外，对于重大紧急项目，政府给予专项科研经费资助。

除了谷物干燥技术以外，日本"官产研"结合的联合研发组织同样重视与谷物干燥技术配套的品质检测技术、精米加工技术和低温储藏技术等的研发工作。一旦新型谷物干燥机械从实验室研发出来，就可以最快地得到配套技术设施，从而加速整个干燥系统实现产业化。

（2）区域品种推广。日本农协通过在局部地区统一提供适合该地区生长条件、市场前景好的谷物种子或秧苗，进行地区性单一品种推广，避免不同品种、不同湿度、不同含杂率的谷物无法进行混合干燥，可以有效地利用设备的干燥能力提高效率，也有利于干燥谷物的统一储存。

（三）中国台湾地区：政府引导、农会主导粮食干燥中心

1. 早期粮食干燥中心的设立和发展

我国台湾地区从 20 世纪 60 年代开始进行农产品机械干燥，最早的稻谷干燥设备是在 1975 年由当时的农复会从日本引进的。早期的干燥机械由于体积庞大、干燥容量单一，难以适应当时农民的需要，未能发挥稻谷干燥的有效作用。其后，为适应我国台湾地区小农生产的需要，我国台湾地区政府于 1977 年开始设立补助计划，在各农会设置个别干燥中心，主要为农民提供代理干燥服务。但由于无法直接接收湿谷，农会代理干燥者的角色逐步被民间代理干燥中心取代。

2. 农会主导干燥中心的设立和运营

20 世纪 80 年代配合优质米推广和公粮收购作业，干燥作业自动化政策得到推行。当时也是我国台湾地区各种粮食政策限制松绑的时机，许多农会开始经营小包装米和优质米。大部分农会对设立干燥中心有极大的兴趣，加之台湾地区政府积极引导并注入大量资金，短短几年台湾地区共建设 66 座大型、中型稻谷干燥中心，干燥中心配置必要的干燥、输送、集尘等相关的外围设备。这些稻谷干燥中心完全由农会主导，农会干燥中心的服务职能也逐渐加强，干燥中心的作业开始深入农民收获环节。

农会干燥中心受理农民收获后送达的湿谷，甚至直接到田间收购湿谷再运到干燥中心，然后由技术人员统一干燥调制，输送入仓储存，具体流程见图 9-2。

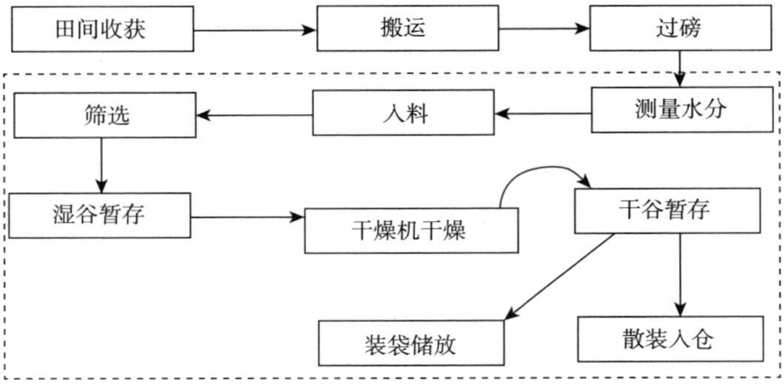

图 9-2　台湾农会干燥中心服务流程

资料来源：冯丁树（2003）

随着粮食干燥处理中心的成熟运作，民间粮商也纷纷跟进，建立起大型干燥处理设备及设施中心，有效地改善了稻谷干燥的能量指标和品质水平，并在提升市场竞争力、稳定粮食供给方面发挥了重要作用。

（四）小结

归纳总结美国、日本、韩国和我国台湾地区发展稻谷干燥储藏处理中心的经验，我们可以发现，虽然美国率先实现粮食干燥机械化，但由于其农业生产国情与我国差异较大，其经验对于我国的借鉴意义可能仅在于政府财政补贴方面。

而日本、韩国和我国台湾地区，与我国大陆地区的农业生产情况相近，对于江苏省建设稻谷干燥储藏处理中心也具有很强的借鉴意义。

首先，日本、韩国和我国台湾地区都确立了稻谷干燥储藏处理中心作为公共品的定位。由政府或当地政府负责引导和推动处理中心的建设、运营，提供政策、财政等多方面的鼓励和支持措施。

其次，在稻谷干燥储藏处理中心的运作方面，由农民合作经济组织负责日常管理和运营，提供全程服务，并通过向农民收取低廉服务费的方式，进行非营利运作，保障农民收入水平的提高。

最后，不论是日本、韩国还是我国台湾地区，在学习他国发展经验，引进先进技术的同时，都十分注重根据本国或本地区的实际，对干燥储藏技术和运行模式进行改良和发展。

四、关于粮食干燥储藏处理中心建设的建议——以江苏省为例

（一）江苏省建设粮食干燥储藏处理中心的可行性

1. 建设粮食干燥储藏处理中心的经济效应

粮食干燥储藏处理中心的建设具有规模经济效应。江苏省粮食夏秋两收也使得粮食干燥储藏处理中心能发挥更大的作用。以机械化干燥粮食、合适环境储藏粮食为特点的粮食干燥储藏处理中心具有产出—投入比高、有效确保粮食质量、减少粮食损耗等优点。

据测算，每吨稻谷在粮食干燥储藏处理中心加工的经济效益 2011 年为 409.3 元/吨，以江苏省 2011 年粮食总产量 3 307.8 万吨计算，如果有 20%的产量进行加工，则每年产生的经济效益为 27.08 亿元。除此之外，还有以下效益：粮食提前干燥、提前上市，价位较好，农户也可提前收回资金；每吨稻谷减少 200 平方米晒场用地成本的收益；减少暴雨、梅雨造成的损失；减少分户加工多次搬运、装袋的运费和人工费。

2. 建设粮食干燥储藏处理中心需要解决的问题

前期投入相对较大和建设区位的合理选择是建设粮食干燥储藏处理中心需要解决的关键问题。

对于第一个问题，江苏省不仅是经济强省，而且是农业大省、农业强省，农业政策的选择不仅具有示范作用，也有资金、资源来支持政策的贯彻和深入，江苏省有能力成为试点率先探索切实可行的农业政策。对于经济条件不同的区域，政府投入的结构也可以有所不同。对于江苏省中部地区、江苏省北部地区，江苏省人民政府的出资比例可以增大，地方政府的出资比例可以略小；对于经济更为发达的江苏省南部地区，地方政府可以扮演更为重要的角色。

对于第二个问题，随着粮食生产规模的不断扩大、粮食产地的不断集中，粮食干燥储藏处理中心首先应建设在具有最强辐射能力的位置，其次，随着投入的增加应不断向周边延伸。结合江苏省省情，可以先建设在粮食主产区、基本农田保护地区，之后再选择覆盖能力强的试点进行建设。

因此，建设粮食干燥储藏处理中心在资金来源、建设选址等方面具有相当大的可行性。

（二）关于江苏建设粮食干燥储藏处理中心的建议

江苏省作为我国的农业大省、经济强省，基于农业现代化发展的需要，既有必要也有条件率先建设公益性的粮食干燥储藏处理中心。江苏省应积极借鉴其他国家和地区建造、运营稻谷干燥储藏处理中心的经验，结合江苏省省情实际，着重从制定科学规划、提供财政支持、强化体制创新和配套技术服务方面大力引导和推动江苏省内稻谷干燥储藏处理中心的建设和发展。

1. 规划先行，强化政府主导与科学规划

我国农民合作组织发展相对滞后，因此，具有公共品性质的粮食干燥储藏处理中心的建设必须以政府为主导。而粮食干燥储藏处理中心的建设是一项覆盖全省、惠及全省农民的重大工程，因此必须进行事前合理规划。

对于粮食干燥储藏处理中心的建设而言，年度规划和总体规划极为重要。其中，规划选址是最为重要的一个环节，直接决定了粮食干燥储藏处理中心带来的经济效益和社会效益的大小,决定了中心覆盖区域的大小和粮食的物流成本高低。在政府主导下，结合粮食产区的区位特点，科学地选择建设粮食干燥储藏处理中心的地址，点面结合、多层次布点至关重要。

日本“分层次、分区域”逐步推进建设稻谷干燥储藏处理中心的经验值得学习。如何在一定的资金投入、有限的布点下，从建设粮食干燥储藏处理中心中获得最大的收益，是规划中所要解决的最为重要的问题，也是政府在建设粮食干燥储藏处理中心过程中首要考虑的问题。

江苏省南北跨度大，江苏省南部地区、江苏省中部地区、江苏省北部地区经济和农业发展状况差异明显。江苏省南部地区工业发展水平相对较高,很多市(县)完成了区域专业布局，基本实现了农业产地的相对集中。这为政府直接在田间建设粮食干燥储藏处理中心提供了基础条件。对于经济实力相对较强的江苏省南部地区，江苏省人民政府可以在给予部分财政补贴的基础上，鼓励市级政府提供建设资金。因为对于粮食干燥储藏处理中心的建设规模及运行方式都必须在实践中逐步摸索，故可以考虑率先在江苏省南部地区有条件的地区进行试点建设，并在此基础上逐步将粮食干燥储藏处理中心的建设扩大到江苏省中部地区和江苏省北部地区，最终实现江苏省范围内的稻谷干燥和储藏机械化。

2. 财政支持，促进干燥机械引进与创新

虽然粮食干燥储藏处理中心的建设具有投入—产出比高、社会效益大的特点，但初期的投入对于农户来说依旧相当可观，当地政府在初期需要对粮食干燥储藏处理中心的建设提供财政支持。江苏省有能力在财政上支持粮食干燥储藏处理中

心的建设。

政府的财政支持也可以扩大到先进干燥机械的引进和支持自主研发干燥机械的创新活动。江苏省在稻谷干燥机械方面发展缓慢，很多技术滞后于发达国家和地区，有的技术甚至仍旧空白。因此，政府必须提供财政支持，积极从日本、韩国等地区引进先进的干燥机械。在引进技术的基础上，政府也需要提供专项经费，组织科研机构、大专院校及机械制造公司合作研发适合江苏省的干燥机械。支持干燥机械创新不仅能有效提高粮食干燥储藏处理中心的效率，而且从长远来看，能够摆脱我国主要依靠国内效率相对较低的或国外的干燥机械干燥粮食的局面，对于我国农机的提升、农业现代化的发展意义重大。

3. 体制创新，确保粮食干燥储藏处理中心运作模式有效性

政府在前期引进先进设备、建设粮食干燥储藏处理中心的过程中发挥重要作用的同时，在运营方面也需要发挥一定的作用，以确保运作模式的有效性，在运营体制上要有所创新。江苏省缺乏有效的农民合作组织，很难依靠农民合作组织实现粮食干燥储藏处理中心的高效运营。因此，江苏省需要进行体制创新，实行江苏省特色的中心运营模式。在运营模式的设定过程中，必须考虑激励相容机制的整合。

具体模式是由政府农业部门负责运营，仅向农民收取干燥、储藏、处理的服务费用，具体的数额可以参考国外的水平，并进行科学论证后确定。

粮食干燥储藏处理中心可以从农户手中按水分标准和稻谷品种收购湿稻谷，经干燥加工后形成最终产品，最终产品可以直接包装，也可以进入国家粮库储藏。但是，稻谷干燥加工及储藏的成本必须包含在产品的价格中。运行过程中，要制定科学的湿稻谷收购标准和最终产品的质量检验标准，以充分保障农户和消费者的利益。

实际运营中，一方面，不仅要制订详细的服务计划，而且要将计划告知当地农户，并鼓励引导农户多利用粮食干燥储藏处理中心进行干燥。粮食干燥储藏处理中心可以在初期采用降低收费的方式吸引农户；另一方面，要明确处理粮食干燥储藏处理中心的运作程序，制定从粮食干燥、碾制糙米、检测检验、储藏到碾制精米等各个流程的处理细则，确保每个环节的效率最大化、损耗最小化。

4. 组织保障，推动粮食干燥储藏处理中心高效运营与优化

在组织层面，政府要特别注意对粮食干燥储藏处理中心的监管及绩效的评估，以提高粮食干燥储藏处理中心投资运营的积极性。政府不仅要在总体上对粮食干燥储藏处理中心的干燥设备、储藏空间的利用率进行测算，在分析利用现状的基础上提高其绩效，还要对各个环节的绩效进行控制，挖掘各个环节的

提升潜力。同时，也要加强对粮食干燥储藏处理中心的监管，防止其低效、无效运营。

后勤服务的保障对于粮食干燥储藏处理中心的运营和发展同样至关重要。政府在引导和扶持粮食干燥储藏处理中心建设、运营过程中，还必须促进配套技术的研发和利用。例如，良种培育、品质检测等技术的发展可以有效提高粮食干燥储藏处理中心的运营效率，实现粮食干燥储藏处理中心的优化发展。

第四节　对中国农田基础设施建设的建议

为了实现农业现代化，落实"藏粮于地"战略，政府不仅要更加重视对农田基础设施建设的投资，还要提高投资效率。结合日本、韩国与我国台湾地区建设农田基础设施的经验，提出以下政策建议。

一、建立统筹协调机制和项目建设长效机制

日本、韩国都针对农田基础设施建设构建了一套统筹协调的运行机制，保障地方政府可以落实中央政府的计划。我国从中央到地方的各级政府都应该全力推进这项工作。在中央层面，可以成立一个统筹协调机构，厘清农田基础设施不同环节的优先序，根据总体规划整合各部门的项目和资金进行集中投资，避免多头管理和重复建设。另外，为了保证地方政府将政策落实到位，中央政府可以将高标准农田的建设纳入对地方政府的考核体系中，加强地方政府推进该项工程的激励。而地方各级部门应该有明确的分工，同级的不同部门应该相互协作并加强配合，集中力量开展农田基础设施建设工程。此外，应该建立第三方机构评估机制，约束地方政府的行为。

二、结合土地确权颁证工作发挥农民自治的优势作用

十八届三中全会以来，我国确定了土地承包权农民所有长期不变的原则，并在全国范围内开展土地确权颁证工作。农田基础设施建设涉及农民的土地承包权问题，事关农民的切身利益，必须要尊重农民意愿。土地确权颁证与农田基础设施建设相辅相成，我国台湾地区的成功就在于有效地将土地产权调整和农田基础设施建设结合在一起，因此这两项工作应该配合开展，互相补充。首先，必须让

农民充分意识到农田基础设施建设的益处。其次，应该充分发挥农民自治的优势作用，一方面可以调动农民参与两项工程建设的积极性，另一方面可以通过非行政管理的方式解决项目开展过程中可能遇到的农民土地利益分配等问题。

目前，我国农村中活跃的农民组织包括集体经济组织和合作经济组织，应该发挥这两大组织在广大农民中的领导带头作用，提高这两大组织的职能和水平；也可以成立专门负责农田基础设施建设的农民组织，形成自上而下的管理链条，可尝试由农民组织申请并开展农田基础设施建设。日本、韩国和我国台湾地区的经验告诉我们，只有农民参与到这项建设中才能更高效地实现项目的目标。

三、建设资金以政府为主导

农田基础设施建设的公共性要求资金的主要来源应该是政府，我国也应该如此。政府主导的投资模式并不意味着政府要完全承担建设的全部费用，与主张发挥村民自治在农田基础设施建设中的作用相适应的政策是鼓励或者要求农民自发进行投资。财政收入的经济新常态暗示着我国必须充分利用非政府资金扩大总的资金池，因此农民投资更是必不可少。日本、韩国和我国台湾地区的成功经验也已经证明了这条道路的可行性。我国农民数量众多，将农民的资金集中起来对于保障建设资金的充足意义重大。此外，农民投资后，会更加重视参与和管理农田基础设施建设，有利于工程开展。同时，可以效仿日本和我国台湾地区，通过低息贷款或设立专项资金等方式缓解农民的资金负担。

四、建立政府和农民双重管护的机制

农田基础设施建设的效果是长期的，因此要用长远的目光去看待这项工程。首先，政府应该坚持对已经规划好的农田基础设施进行投资建设，不能轻易中断正在进行的项目。尤其在快速城镇化的背景下，不能让城镇的扩张成为农田基础设施建设的障碍。其次，政府还应主动去维护已经建设完成的项目，保障农田基础设施能够持续使用，并且应该根据农业经营体制的需要，进行适当的调整和改变。最后，要充分发挥农民在管护农田基础设施中的作用。这一点是与发挥农民的积极性相呼应的，当农民真正参与到项目的建设中，并成为重要的投资主体后，他们自然会有对工程进行维护的动机。我国同样应该发挥农村自治组织的作用，建立政府和农民双重管护的长效机制。

第十章 农业生态环境支持政策分析

环境政策不仅体现了国家对环境保护的态度、目标和措施，也体现了国家保护环境的大政方针，直接关系到国家的环境立法和环境管理，影响整个国家的环境状况，是各国公共政策中最重要的一个部分。广义的环境政策主要指国家在保护环境方面采取的一系列行为和手段，包括了相关的法律法规等，代表一定时期内国家权力系统对环境保护的态度和能力。狭义的环境政策则是一个与环境相关的法律法规相平行的概念，指在与环境相关的法律法规以外的政策安排。

农业环境政策是结合农业生产与环境保护的农业政策，其目的不仅是保护农业生态环境的稳定，更重要的是在农业生产活动与自然资源维护之间取得一种永续平衡的关系。

农业污染源的问题是国内外农业发展存在的现实问题，在分析我国农业环境政策发展的变迁路径及国外农业环境政策的基础上，以科学的发展观指引我国制定农业生态环境政策，才能有效遏制农业环境污染，为环境效益和生态效益优化做出贡献。

第一节 中国农业环境政策的演变历程

在很长一段时间内，我国农业支持政策的核心都集中在保障粮食安全和提高农民收入方面，国家为了保证粮食增产、农民收入提高，出台了一系列支持政策。在 20 世纪 70 年代，政府就以补贴和农资增支综合直补制度等形式鼓励大力发展化肥企业，并且对农药、土地、水资源等制定了相关的农业补贴政策，大大降低了农民使用农业资源的成本。这些政策在保障我国粮食产量长期稳定增长方面取得了重要成效，但这种片面追求产量的农业政策缺乏对农药、化肥使用数量的限制，在一定程度上对我国的农业生态环境造成了负面影响。

20 世纪 90 年代后期，伴随着经济快速增长，我国各类环境问题开始集中出现，并逐渐演变成制约我国农业可持续发展和现代化发展的重要因素。在此背景下，政府不得不重新平衡经济发展与环境保护的优先次序。农业环境污染问题也开始进入政府的关注视野。随着农业多功能性的提出，我国农业支持政策开始逐渐强化，农业支持政策开始重视环境保护。2002 年修订后的《中华人民共和国农业法》明确提出了把改善及维护生态环境作为我国农业政策的主要目标之一。随着时间的不断推移，我国的农业环境意识在不断增强，农业发展方向也逐渐向可持续发展方向转变，环境政策也逐渐趋于完善。但是，农业环境政策仍然存在很多问题，如农业环境政策还未形成长远规划、农业支持政策导向依旧具有偏差性、环境保护与农业发展还未形成有机体、农业环境政策支持力度不够等（王哲，2013；赵哲，2017）。从我国农业环境政策变化的整个历史进程来看，我国农业环境政策的变迁路径大致可以分为以下几部分。

一、农业环境政策的萌芽阶段

中华人民共和国成立初期，我国政府确立了优先发展重工业的发展战略，实施的手段之一就是对价格政策的有效运用，即工业产品价格特别是轻工业产品的价格高于其价值，而农产品价格则低于其价值，形成工农业产品价格“剪刀差”。为了避免“剪刀差”过大对农民及农业造成不利影响，这一时期也采取了支持和保护农业的政策。在这一阶段，对于环境保护的认识还有很大的局限性，到 20 世纪 70 年代改用“环境保护”这一比较科学的概念。1973 年，国务院环境保护领导小组办公室成立，同年，第一次全国环境保护工作会议召开，拟定了《关于保护和改善环境的若干规定（试行草案）》，提出了植树造林、资源综合利用、水土保持、环境监测等多项关于环境保护的政策措施。1974 年，国务院成立了环境保护领导小组，此后国家又陆续颁布了一些治理环境污染的规章制度。在全国开展“三废”（废气、废水、废渣）治理和环保教育，标志着我国环境保护工作的正式开始（表 10-1）。

表 10-1 农业环境政策萌芽阶段的相关政策

年份	环境保护相关政策
1973 年	《关于保护和改善环境的若干规定（试行草案）》
1978 年	《中共中央关于加快农业发展若干问题的决定（草案）》
1979 年	《中华人民共和国环境保护法（试行）》

但是，该阶段国家和政府对于环境保护的认识还有很多不足与局限性。当时

我国处于工业化发展初期，工业对农业环境的破坏是量的积累过程，并没有立刻显现，因此，国家未对农业环境政策足够重视。直到20世纪70年代，农业环境污染变得严重，由“量变到质变”，我国才开始探索农业环境保护等农业环境政策。这一时期的环境保护更多的是关注工业化生产的废物利用和城市的环境问题。这一阶段，国家的目标是工业的快速增长，工业化水平较低，环境污染并不严重，农业支持政策与环境政策是分离的。

二、农业环境政策的关注阶段

1979年9月，十一届四中全会修改并正式通过了《中共中央关于加快农业发展若干问题的决定》，广大农村陆续实行了以家庭联产承包责任制为主、统分结合的双层经营体制。随着农村家庭经营体制的改革，农民的生产积极性飞涨，从而加速化肥和农药的不合理施用。这一时期我国的农业政策以提高粮食产量为主，一系列粮食增产政策和农民增收政策出台，如对化肥生产企业的补贴、对农用塑料薄膜的补贴等，1979~1980年财政用于农用塑料薄膜的补贴就达16亿元以上，对当时农业的增产增收起到重要作用。政府在增加粮食供给和农民收入的同时却忽视了对环境带来的负面影响。农业环境政策关注阶段的相关政策如表10-2所示。

表10-2　农业环境政策关注阶段的相关政策

年份	环境保护相关政策
1982年	针对生态环境的《全国农村工作会议纪要》 农牧渔业部、卫生部《农药安全使用规定》 《水土保持工作条例》政策
1983年	第二次全国环境保护会议对农村生态环境和城乡一体化做出指示 《当前农村经济政策的若干问题》
1984年	《中华人民共和国水污染防治法》 《中共中央关于一九八四年农村工作的通知》 《关于加强环境保护工作的决定》
1985年	《中共中央　国务院关于进一步活跃生态环境保护工作的意见》 《国务院环境保护委员会关于发展生态农业加强农业生态环境保护工作的意见》
1986年	《中共中央　国务院关于一九八六年农村工作的部署》 《中华人民共和国国民经济和社会发展第七个五年计划》
1989年	第三次全国环境保护会议对农村生态环境、城乡一体化的指示 《化学农药环境安全评价试验准则》 国家环境保护局《农药安全使用标准》 《中华人民共和国环境保护法》正式施行
1990年	《国务院关于进一步加强环境保护工作的决定》

续表

年份	环境保护相关政策
1991 年	《中华人民共和国水土保持法》
1993 年	《中华人民共和国农业法》
1995 年	《中华人民共和国固体废物污染环境防治法》
1996 年	《全国人民代表大会常务委员会关于修改〈中华人民共和国水污染防治法〉的决定》 《国务院关于环境保护若干问题的决定》
1997 年	《中华人民共和国农药管理条例》 《关于进一步加强对农药生产单位废水排放监督管理的通知》 《关于加强乡镇企业环境保护工作的规定》
1998 年	《基本农田保护条例》
1999 年	《国家环境保护总局关于加强农村生态环境保护工作的若干意见》 《政府工作报告》关于水污染治理方面的指导意见

“六五”计划（1980~1985 年）首次提出“加强环境保护，制止环境污染的进一步发展”。进入 20 世纪 90 年代，我国经济开始加速发展，各级政府对 GDP 盲目崇拜，农业生产也以追求农产品数量为目标，解决农产品短缺问题。1995 年以后，我国农产品市场供求关系发生重大变化，粮食等主要农产品由长期短缺转化为总量基本平衡，由卖方市场转化为买方市场。由于经济发展，人民生活水平提高，消费结构发生了较大变化，农产品出现结构性剩余。粮食等农产品价格持续低迷，农民增产不增收，农民收入增长速度放缓。由于城市化和乡镇企业的发展，耕地减少、土地沙化、水资源紧张、生态环境恶化等制约农业和农村可持续发展的问题越来越突出。农业支持政策目标也开始转向增加农民收入、保障粮食安全、提高农业综合生产能力和竞争力、保护生态环境。工业化以大规模消耗环境资源为代价，环境问题的发生与经济发展和工业化过程中忽视环境保护有着直接的关系；而经济增长的低效率造成了资源的巨大浪费与环境的污染。

20 世纪 80 年代，改革开放基本国策的提出，极大地鼓励了工农业生产者的积极性。在农村，家庭联产承包责任制如火如荼地开展，并辅之以国家粮食增产、农民增收的政策，农民收入和农业飞速发展。但是，由于包产到户，农业技术的推广必须按户进行，推广难度增加，而且农民的文化程度不高，存在一些短视行为；国家对化肥和农用塑料薄膜的财政补贴加大，鼓励农民使用这些生产资料以增加产量，却忽视了化肥、农药、农用塑料薄膜等生产资料的不合理使用不但不能促进粮食增产，而且可能加速破坏农业环境。20 世纪 90 年代，由于经济发展，人民生活水平提高，对农产品的需求有了结构性的变化；城镇化的发展使得农村耕地减少，水资源紧张；农业的不科学生产使得土地沙化、水资源富营养化，生态环境破坏严重。

这一时期的农业政策以事后补救的方式出现。1983 年，政府把环境保护作为国策制定实施；1989 年，《中华人民共和国环境保护法》的颁布，标志着我国环境保护有法可依，环境保护管理的法律体系开始形成；1992 年，《中国 21 世纪议程》（又称《中国 21 世纪人口、环境与发展白皮书》）的发布标志着我国农业可持续发展战略的实施；1994 年，国务院提出促进我国经济、社会、资源、环境协调发展的可持续发展战略，并把农业和农村的可持续发展作为国家实施可持续发展战略的基本保障。1999 年，政府在四川、陕西、甘肃三省开展退耕还林还草试点，并于 2002 年在全国范围内实施。其后，政府还出台措施加大对河流流域的治理力度，保护水资源，加强节水农业发展。

这一阶段的农业环境政策主要还是以命令、控制手段为主，经济手段以罚款为主，经济补偿和激励性措施少。国家开始把农业生产与农业生态环境结合起来发展，针对农业环境保护出台了法律法规，人民群众也开始意识到农业环境保护的重要性。

三、农业环境政策的重视阶段

2001 年，国家环境保护总局颁布了《畜禽养殖污染防治管理办法》《畜禽养殖业污染物排放标准》《畜禽养殖业污染防治技术规范》。2002 年修订的《中华人民共和国农业法》提出把维护和改善生态环境作为农业政策的目标之一。同年，农业部对农药的使用和限制进行了规定。2004 年，国家环境保护总局详细规定了畜禽养殖污染的防治办法。2006 年，全国范围取消农业税，这是中国农业历史上的重大改革，在一定程度上缓解了农业生态环境问题。

2007 年是农业环境政策出现转折性的一年。从 2007 年开始，关于农业生态环境方面的议题和内容逐渐增多。2007 年，党的十七大提出“生态文明”。同年的中央一号文件从全新的视角来解读农业环境保护，以农业的多功能性为依托，鼓励有条件的地方可加快发展有机农业，各地需要继续完善政策，推进生态环境项目，探索森林和草原生态补偿机制，加快实施退牧还草工程。2013 年，中央一号文件对农业和农业环境发展及农业生态破坏的改进做了明确批示，提出“继续实施农业防灾减灾稳产增产关键技术补助和土壤有机质提升补助，支持开展农作物病虫害专业化统防统治，启动低毒低残留农药和高效缓释肥料使用补助试点”“加强农村生态建设、环境保护和综合整治，努力建设美丽乡村”“加强国家木材战略储备基地和林区基础设施建设，提高中央财政国家级公益林补偿标准，增加湿地保护投入，完善林木良种、造林、森林抚育等林业补贴政策，积极发展林下经济。继续实施草原生态保护补助奖励政策。加强农作物秸秆综合利用。搞好农村垃圾、污水处理和土壤环境治理，实施乡村清洁工程，加快农村河道、水环境综合整治。发展乡村旅游和休闲农业。创建生态文明示范县和示范村镇。开展宜居村镇建设综合技术集成示范”。同年，国家对土地施肥、病虫害防御等也做了说明和规划。2014 年第四次修改的《中华人民共和国环境保护法》明确了政府责任，加大环保领域的财政投入，推动多元共治的现代环境管理体系。2016 年，我国首部生态文明建设的单行税法《中华人民共和国环境保护税法》颁布。该税法提高了排污税额征收标准，替代之前的排污收费制度，将环境保护税全部作为地方收入。这一阶段的政策重视整个农业阶段的综合治理，改变了之前的污染末端治理的理念；农业环境项目投入力度加大，尤其加大对污染防治检测及有机农业、生态农业和土地利用等环境项目的支持力度，但是支持项目分散，没有形成体系，实践的意义在各领域无法相互参考。农业环境政策重视阶段的相关政策如表 10-3 所示。

表 10-3　农业环境政策重视阶段的相关政策

年份	环境保护相关政策
2000 年	《国务院关于进一步做好退耕还林还草试点工作的若干意见》 《中华人民共和国水污染防治法实施细则》
2001 年	《国家环境保护“十五”计划》关于禽畜养殖污染、农用塑料薄膜与农药污染的防治计划 《中华人民共和国防沙治沙法》
2002 年	《中华人民共和国农业法》（2002 年修订）
2004 年	《环境保护行政许可听证暂行办法》 《中华人民共和国固体废物污染环境防治法》（2004 年修订）
2006 年	《国民经济和社会发展第十一个五年规划纲要》 《国家农村小康环保行动计划》
2007 年	《关于开展生态补偿试点工作的指导意见》 《农业部办公厅关于进一步加强秸秆综合利用禁止秸秆焚烧的紧急通知》 《中共中央　国务院关于积极发展现代农业　扎实推进社会主义新农村建设的若干意见》 《关于加强农村环境保护工作的意见》对水污染方面的意见
2008 年	《中华人民共和国循环经济促进法》
2009 年	《关于实行“以奖促治”加快解决突出的农村环境问题的实施方案》
2010 年	《中共中央　国务院关于加大统筹城乡发展力度　进一步夯实农业农村发展基础的若干意见》 《中华人民共和国水土保持法》（2010 年修订）
2012 年	《关于加快推进农业科技创新持续增强农产品供给保障能力的若干意见》
2013 年	《中共中央　国务院关于加快发展现代农业 进一步增强农村发展活力的若干意见》
2014 年	《禽畜规模养殖污染防治条例》 《关于全面深化农村改革加快推进农业现代化的若干意见》 《中华人民共和国环境保护法》（第四次修改）
2016 年	《中华人民共和国环境保护税法》

综上所述，我国农业环境经历了由工业化发展时期的破坏和积累，到城镇化

发展时期的大量侵占耕地，再到如今的污染物排放治理等一系列过程，而我国的农业环境政策也从初期阶段、关注阶段，到重视阶段，各个阶段均对改善当时的农业环境问题提出了相关政策，并做出了较大努力。

第二节　环境政策影响分析

农业环境政策对我国农村生态环境问题有着很重要的影响，我国农业政策从微观和宏观层面，可分为包括农业补贴政策、农村基础设施建设等在内的具体农业支持政策，以及涉及农业结构调整的宏观发展政策，而在具体实施方式方面，项目制又是其重要特色。一般来讲，用以协调人与自然环境利益冲突的手段主要分为传统的命令—控制型手段和基于市场机制的激励型手段两种。前者主要通过颁布实施有关环境保护的法律法规或者行政命令的办法，达到控制环境指标、降低环境污染的目的；后者则通过运用补偿、收费等经济激励手段，利用市场信号引导经济主体从事环境保护行动。与命令—控制型手段相比，激励型手段更具成本有效性，因此，自 20 世纪 70 年代以来，激励型手段越来越受到西方国家政府的重视。

到目前为止，我国政府更多的是采用传统的命令—控制型手段，虽然一定程度上推动了生态状况的改善，但是存在着成本效益差、激励效果不理想的缺点，因此难以独立应对农业生态环境不断恶化的局面。国际上多年的生态补偿实践表明，激励型手段通过补偿或收费等经济手段从源头上对人类生产及生活方式进行调节，平衡生态效益及相关经济效益在保护者与受益者、破坏者与受害者之间的关系，不仅考虑到人类行为对生态环境的影响，也考虑到生态系统服务功能保护的效果，可有力地推动我国农业生态环境状况的改善。

一、环境政策对农业增长与面源污染的影响

一方面，在环境政策作用下，虽然没能从根本上扭转经济增长加剧污染排放的局面，但是在一定程度上降低了污染排放量，有效地抑制了农业面源污染的进一步恶化；另一方面，实施水环境政策后，单位污染排放的经济产出逐步增加，经济效率得到较大的提升。总之，农村水环境政策在一定程度上减轻了农业面源污染并促进了农业经济的可持续增长。但是，我国农业面源污染仍处在环境库茨涅茨曲线的左侧，如何通过政策效应降低曲线顶点并加速其转换进程，是我国农

村水环境政策制定和实施的重点。

虽然有学者指出我国的粮食增产和农民增收政策是导致我国农村环境问题的重要原因，但是，如果就此遏制粮食增产和农民增收，即使现实具有可行性，也并不符合可持续农业的内涵。粮食增产和农民增收本身并不必然直接导致农村的生态环境恶化，而是当粮食增产和农民增收的手段利用不当时才会产生环境问题。化肥、农药补贴政策是作为农业支持政策出台的，但其忽略了政策的环境影响，而化肥、农药又是与农村环境密切相关的。2014 年修订的《中华人民共和国环境保护法》强调了农药化肥的科学使用，但如果不结合农业支持政策，单纯从环境政策入手，很难实现这样的目标，如果统合农业政策与环境政策，应对化肥、农药的补贴政策进行修改或者取消，如只对配方化肥和低毒农药的使用进行补贴。除了化肥、农药补贴政策的改进，农业补贴政策中的良种补贴、粮食直接补贴和农机具购置补贴的农业政策设计中也可统合进环境保护的政策目标。

有学者指出，良种补贴和粮食直接补贴会影响农民改变种植结构，偏向单一种植某种作物，从而影响环境；农机具购置补贴会促进“石油农业”的发展，从而使环境恶化。但也有研究指出，粮食直接补贴可促进农户对先进农业技术的使用、对低毒农药的使用和对农田基础设施的投入。如上所述，补贴通过给予农户直接的激励进而对农户的生产行为产生直接的影响，绿色生产补贴及可持续生产技术补贴（如秸秆还田补贴、深松补贴和有机肥补贴）等都会在一定程度上促进农户的绿色生产行为。既然这些补贴政策能通过影响农民的行为选择而对环境产生负面影响，那同样也能影响农民做出有利于环境保护的行为选择，如综合考虑环境保护因素进行选择性良种补贴和农机具购置补贴，而粮食直接补贴也可以不仅仅考虑耕种面积进行补贴，还可综合耕地保护效果进行补贴。农业补贴直接作用于农民，会对农民的行为选择产生直接影响，而农民是农村环境的直接影响者，如果在实行农业补贴政策中统合进环境政策，将是农业环境政策一体化很好的实施路径。

二、环境政策对农户环境友好型技术采用的影响

经过多年的努力，我国已基本形成了一个由多种环境政策工具协调配合的农业生态环境政策体系，在加强农业资源保护、提高农业资源的使用效率、治理农业环境污染、改善生态环境及提高农产品质量安全管理水平等方面发挥了很大作用。但我国的农业环境政策建设还远不能满足农村生态环境保护的需要，特别是在激励农户采用环境友好型技术的有效性方面还存在一些问题。

环境政策有管制和经济激励两种政策工具。虽然管制工具在解决农业生态环境问题上有很多优势，但实施成本高，在经济上也缺乏激励，而经济激励工具能

给环境政策带来更多的灵活性、更高的效率和更好的费用有效性。因此，为了降低执行成本，同时获得理想的环境效果，无论是市场经济国家还是经济转型国家，都越来越倾向于采用环境政策的经济激励工具。我国现行的农业环境政策偏重于使用管制工具，即通过行政手段和法律法规解决生态环境问题，而通过税收、补贴、押金退还制度等经济激励工具引导农业生产者主动使用环境改善技术的政策很少。这与农户作为经济人的特性是不相符的，不能对农户的技术行为形成良性刺激，在采用环境友好型技术行为本身存在风险的情况下，理性的农户是不会积极主动地采用这些技术的。

对生产主体的有效约束不足，导致农业面源污染加剧。现有的农业环境政策多是针对农业生产外部主体对农业生态环境造成的污染制定的，对于由农业生产方式本身产生的环境问题涉及的很少，因而对农户技术行为的影响微乎其微。实际上，狭义的农业环境政策是一种结合农业生产与环境保护的农业政策，是针对农业生产方式本身的弊病带来的一类环境问题制定的，这是保护和治理农业环境的一项根本措施。目前，我国的农业环境政策针对农业生产外部主体（如农药化肥生产商、乡镇企业及其他非农业经营主体）对农业生态环境造成的污染和破坏制定了很多管制措施，对于产中环节农户不合理的生产方式对环境造成的污染和破坏却缺乏相应的措施，造成面源污染不断扩大、水土流失加剧的局面。

现有农业环境政策中补偿标准低、补偿数量有限、激励不足的现象突出。以西部退耕还林还草工程的实施为例，农民进行退耕还林还草，主要是在比较国家粮食、现金补偿与退耕地原有收益后理性选择的结果。对农户来讲，退耕还林还草将带来两种利益损失，一是退耕地上的产出损失，二是造林种草的内在利益损失，对于这两部分损失，国家都规定了相应的补偿标准。但在实施过程中，由于国家对农民退耕还林的补偿不足，农民退耕还林的积极性没有被充分调动起来。国家向退耕户提供的每平方千米 750 元的种苗和造林补助，不足以支付农民购买种苗的费用。除补偿标准低之外，国家对农民退耕还林的补贴时间过短，也没有考虑对其所承担的机会成本予以补偿，对农民退耕还林的激励缺乏持续性。

农业环境政策不能帮助农户有效规避采用环境友好型技术的风险，农业技术风险的存在制约着农户对科学技术的选择和应用。因此，农业环境政策的制定必须采取多方面的措施，帮助农户有效规避采用环境友好型技术的风险。但事实上，我国农业环境政策在这方面的作用并没有完全发挥出来。现行环境政策在有效帮助农户规避技术采用中的自然风险方面存在缺陷。农户采用环境友好型技术，自然风险的产生与技术自身和环境不相适应有关，表现为农业技术本身的不完善和不成熟造成的减产损失，以及经营主体自身素质原因对新技术误操作造成的减产损失（向东梅和周洪文，2007）。

现行农业环境政策对农户技术行为缺乏有效的监管与控制。农业技术选择行为是农户做出的自主决策行为。农户在常规技术和环境友好型技术之间进行选择时，当现有市场因素和政策因素对于农户采用环境友好型技术的经济激励不足时，农户采用成本和风险相对较低的常规技术就是一种理性的决策。如此，农户行为与政府的相关政策目标发生背离，政策实施中的监管工作也就成为提高政策绩效的必要手段和环节。但是，有效的监管往往会遇到信息不对称和监管中交易费用的问题。

信息不对称主要表现在三个方面：第一，农户的信息不完全；第二，农户与管理者之间的信息不对称；第三，基层监管者（代理人）与上级管理者（委托人）之间的信息不对称。政策执行中上述信息不对称现象的存在，使得政府单纯依赖强制性政策手段对农户技术行为进行控制的效果大打折扣。从理论上讲，要保证一项强制执行政策得到不折不扣的执行，必须对政策涉及调整的每一个环节都进行监管，即全面监管。具体到农户技术行为政策，就必须对农户生产行为的各个技术环节、农艺环节进行全面监管。这不仅在技术上难以做到，更重要的是，巨额的监管成本是政府难以支付的。

我国农业环境政策在上述几方面存在的问题导致现有政策对农户的技术行为，尤其是环境改善技术的采用行为缺乏有效的引导，亟须进一步改进和完善。在政策的制定中应注意遵循客观经济规律，加强经济手段在农业环境政策中的运用，并通过农业环境技术政策体系的建立，进而宣传推广农业环境改善技术，并对农户的技术行为进行监管和控制。

三、农业生态补偿政策的效应

农业生态补偿是以生态恢复和预防为目的的一种经济激励手段。生态补偿的环境治理和保护效应表现在：①利用生态补偿促使农户改变土地利用方式，实现土地资源的有效配置；②利用生态补偿促进产业结构调整，增加农户的收入，减少对资源的依赖；③利用生态补偿引导农业生产者的环保型生产行为，减少生态破坏的风险（金京淑，2011）。

第一，生态补偿可以促进土地资源的配置，有益于环境改善。我国农业生态破坏的一个重要原因就是盲目扩大耕地面积，在陡坡山地、生态脆弱地区、水源涵养区等不适宜或不应该耕种的土地上耕种或过度放牧所致。对此，需要通过科学技术提高粮食单产，同时采取生态补偿措施激励农户：①对不适宜耕种的土地退出粮食种植，或对退化的草场实行轮牧、休牧，减轻对自然资源的压力。对此主要采取实物补偿和资金补偿方式。例如，退出粮食种植的农户可以获得一定标准的粮食补助和生活费现金补助，全年禁牧或季节性休牧的牧民均可以获得不同标准的饲料粮补助。②采取植被绿化措施，恢复生态环境。通过提供种苗补助和劳务补助，农牧民可以根据自然资源的适宜性选择种植多年生的草类、豆科草类，或者栽植灌木或林木，也可以依靠自然界的自我修复功能恢复生态环境。③在生态脆弱地区实施生态移民。

第二，生态补偿可以促进产业结构调整，增加农民收入，有利于减少农民对自然资源的依赖。这是一种间接恢复生态环境的方式。通过政府产业政策的引导和技术扶持，可以促进退耕地区发展替代性产业，形成新的经济增长点。例如，各地可以根据实际情况，发展林果、畜牧、花草、中药材、生态观光旅游或其他特色产业，促进农业产业化经营，富裕地方农民，繁荣农村经济。而生计有了着落的农民，将不会再用竭泽而渔的方式利用自然资源，被破坏的生态环境将得以慢慢恢复。

第三，生态补偿可以引导农民实施环境保护型生产活动。例如，对在耕地中保留一定规模防护林的农户提供补偿、对作物轮作等水土保持措施提供补偿、对农业面源污染控制提供补偿、对购置畜禽排泄物的无害化处理设施提供补偿等，均可以有效地引导农民的生产活动，保护农业资源和环境。补偿的方式可以采用资金补偿，更重要的是技术补偿、智力补偿和政策补偿。

从 1999 年试行退耕还林工程算起，我国的农业生态环境支持政策已历经 10 余年的发展。经过 10 余年的不懈努力，农业生态补偿工作已获得了较为明显的环境效益和社会效益，不仅增强了农民的生态保护意识，使农业生态环境得到进一步改善，还实现了部分地区的农民增收和资源优化配置。

但总体来看，我国的农业生态补偿工作仍处于起步阶段，还没有形成一套完整的补偿体系：一是补偿标准缺乏灵活性和多样性，激励作用受限；二是融资渠道单一，国家财政负担较重；三是补偿方式单一，缺乏长效机制；四是运行机制存在缺陷，操作缺乏效率。总之，其目标定位、运行模式、体系框架、支持体系等有待进一步研究和完善。

第三节　环境政策分析——以秸秆焚烧治理为例

农村地区出现的农作物秸秆焚烧现象，不仅造成了资源的极大浪费，而且对生态环境和人类生活带来了负面影响。据估算，在一些极端污染事件中，秸秆焚

烧对 $PM_{2.5}$[①]的贡献有可能超过 45%。这一问题也引起了政府的重视，政府相继出台了一系列的秸秆禁烧政策与秸秆综合利用支持政策。

一、秸秆禁烧政策

1999 年，国家出台了《秸秆禁烧和综合利用管理办法》，以法规的形式，明确了秸秆禁烧工作的重要性，主要有以下几点禁烧要求。一是明确秸秆禁烧的主管部门：各级环境保护行政主管部门会同农业等有关部门负责秸秆禁烧的监督管理；农业部门负责指导秸秆综合利用的实施工作。二是划分秸秆禁烧范围：禁止在机场、交通干线、高压输电线路附近和省辖市（地）级人民政府划定的区域内焚烧秸秆；以机场为中心 15 千米为半径的区域；沿高速公路、铁路两侧各 2 千米和国道、省道公路干线两侧各 1 千米的地带。三是规定秸秆焚烧处罚标准：对违反规定在秸秆禁烧区内焚烧秸秆的，由当地环境保护行政主管部门责令其立即停烧，可以对直接责任人处以 20 元以下的罚款；造成重大大气污染事故，导致公私财产重大损失或者人身伤亡严重后果的，对有关责任人员依法追究刑事责任。

2007 年，农业部办公厅出台了《农业部办公厅关于进一步加强秸秆综合利用禁止秸秆焚烧的紧急通知》，提出了“继续坚持‘疏’‘堵’结合，以‘疏’为主的方针，明确职责，密切协作，齐抓共管”“各级农业、农机管理部门要高度重视宣传培训工作，用实际效果引导、教育农民群众，转变观念，采用综合利用措施处理秸秆”。

2013 年，发改委、农业部、环境保护部共同出台了《关于加强农作物秸秆综合利用和禁烧工作的通知》，指出“建立秸秆综合利用和禁烧目标责任制，并分解落实到相关部门，明确分工、落实责任，加强监管。落实目标任务，形成倒逼机制”“加大对农作物收获及秸秆还田收集一体化农机的补贴力度”“加强秸秆综合利用能力建设”“研究建立秸秆还田或打捆收集补助机制”。

2015 年修订的《中华人民共和国大气污染防治法》明确指出：省、自治区、直辖市人民政府应当划定区域，禁止露天焚烧秸秆、落叶等产生烟尘污染的物质。该法同时给出了处罚的方式：“违反本法规定，在人口集中地区对树木、花草喷洒剧毒、高毒农药，或者露天焚烧秸秆、落叶等产生烟尘污染的物质的，由县级以上地方人民政府确定的监督管理部门责令改正，并可以处五百元以上二千元以下的罚款。”

---

① PM：particulate matter，颗粒物；$PM_{2.5}$ 指大气中直径小于 2.5 微米的可入肺颗粒物。

二、秸秆综合利用支持政策

1992 年，国家开始实施秸秆养畜示范基地建设，使用农业综合开发资金进行扶持，举办培训班具体指导和帮助农牧民掌握科学饲养技术；金融部门安排农业政策性贷款，实现产加销产业化经营。

2008 年，国务院办公厅出台《国务院办公厅关于加快推进农作物秸秆综合利用的意见》，提出对秸秆综合利用方式加大政策扶持力度。一是加大资金投入。对秸秆发电、秸秆气化、秸秆燃料乙醇制备技术及秸秆收集贮运等关键技术和设备研发给予适当补助。将秸秆还田、青贮等相关机具纳入农机购置补贴范围。对秸秆还田、秸秆气化技术应用和生产秸秆固化成型燃料等给予适当资金支持。对秸秆综合利用企业和农机服务组织购置秸秆处理机械给予信贷支持。鼓励和引导社会资本投入。二是实施税收和价格优惠政策。针对秸秆综合利用的不同环节和不同用途，制定和完善相应的税收优惠政策。完善秸秆发电等可再生能源价格政策。

2015 年修订的《中华人民共和国大气污染防治法》提出，“对秸秆、落叶等进行肥料化、饲料化、能源化、工业原料化、食用菌基料化等综合利用，加大对秸秆还田、收集一体化农业机械的财政补贴力度”。

2015 年，因为秸秆禁烧情况还未杜绝、秸秆综合利用水平较低，国家又出台了《关于进一步加快推进农作物秸秆综合利用和禁烧工作的通知》，在政策上做出了一定的改进。在财政投入方面，加大秸秆有机肥、秸秆还田、秸秆养畜补贴力度，以及对秸秆综合利用项目给予支持；在秸秆焚烧严重的地区，加大财政性资金支持力度，用于秸秆综合利用和禁烧工作。在税收方面，落实好秸秆综合利用税收优惠政策，切实促进秸秆资源化利用。研究将符合条件的秸秆综合利用产品列入节能环保产品政府采购清单和资源综合利用产品目录。在金融信贷方面，按照风险可控、商业可持续原则，积极为秸秆收储和加工利用企业提供金融信贷支持。

该通知提到了对土地政策和用电政策的支撑。在土地政策方面：秸秆收储设施用地尽量利用存量建设用地、空闲地、废弃地等，原则上按临时用地管理，属于永久性占用的，按建设用地依法依规办理审批手续。在用电政策方面：棉主产区和大气污染防治重点地区秸秆捡拾、打捆、切割、粉碎、压块等初加工用电纳入农业生产用电价格政策范围，降低秸秆初加工成本。

在宣传培训方面，各地要强化秸秆禁烧和利用意识，在农业职业教育和新型职业农民培训中，加大秸秆综合利用实用技术推广和操作人员培训力度，提高技术普及率。各地要充分利用广播、电视、互联网等媒体开展秸秆利用和禁烧的专题系列报道，大力宣传秸秆综合利用重要意义、政策措施和典型经验及露天焚烧的危害性。

2016 年，农业部和财政部出台《关于开展农作物秸秆综合利用试点 促进耕地质量提升工作的通知》，选择部分地区重点开展农作物秸秆综合利用试点，推动地方进一步做好秸秆禁烧和综合利用工作，保护和提升耕地质量，实现“藏粮于地、藏粮于技”。

农业部为提升东北地区秸秆综合利用水平，印发了《东北地区秸秆处理行动方案》，提出推出一批政策，强化发展动能：一是推动政策落实。贯彻落实 2015 年《关于进一步加快推进农作物秸秆综合利用和禁烧工作的通知》要求，推动地方落实财政投入、税收优惠、金融信贷、用地、用电等政策。二是完善配套政策。各地结合实际情况，研究出台秸秆运输绿色通道、秸秆深加工享受农业用电价格、还田离田补贴等政策措施。三是培育新型主体。鼓励引导龙头企业、专业合作社、家庭农场、种养大户等新型经营主体，发展以秸秆为原料的生物有机肥、食用菌、成型燃料、生物炭、清洁制浆等新型产业。

近年来，虽然在政府禁烧政策的“强堵”和秸秆综合利用“广疏”的双重作用之下，农作物秸秆综合利用和禁烧工作取得了积极进展，但秸秆处理问题仍未彻底解决。目前，秸秆综合利用的方式有“五化”利用（秸秆肥料化利用、能源化利用、饲料化利用、工业原料化利用和基料化利用）方式，而秸秆机械化还田的方式因其具备增加土壤肥力、改善土壤结构、促进农业可持续发展、避免秸秆焚烧的环境负外部性等多重的经济与生态效应，在秸秆综合利用中扮演着重要的角色，是当今乃至今后秸秆资源利用的重要渠道。近几年秸秆机械化还田的实施效果较为明显，如江苏省秸秆机械化还田面积从 2007 年的 1 500 万亩（占江苏省稻麦种植面积的比例不超过 25%），增加至 2017 年的超过 4 000 万亩，秸秆机械化还田比例大幅增加。

我国秸秆机械化还田的推进通过政府发放机械化还田补贴来实现，也就是政府对采用秸秆机械化还田这一生态环境友好型生产方式的农户进行付费。这种行为在国际上的广泛说法是生态补偿或生态服务付费（payments for ecological services，PES），即生态环境管理的市场化，将生态服务作为一种可交易的商品在需求方与供给方之间按照一定的方式进行合理的市场交易。它作为一种基于市场的有效的生态环境治理方法，已经成为以美国为代表的一些国家治理生态环境问题的常见手段，其购买机制也趋于成熟和完善。根据所购买服务的不同及服务地区的差异等，PES 方式也表现出多样化的特点。我国的秸秆机械化还田补贴属于典型的 PES 范畴，为此，笔者从 PES 视角对我国的秸秆机械化还田补贴政策进行探析，国外丰富的实践经验对于我国在这方面的探索具有积极的借鉴意义。

三、中国的生态补偿政策——秸秆机械化还田补贴政策

基于生态环境保护、实现农业可持续发展而在我国推广应用的秸秆机械化还田技术无疑是一项生态环境友好型技术。而对于秸秆还田的补贴亦可看作由政府对应用该项技术带来的正向生态效应进行的付费，是我国政府对生态服务进行付费的典型代表。根据补贴对象不同，我国的秸秆机械化还田补贴政策有两种模式：一种是直接补贴一定资金给按要求采用秸秆机械化还田的农户；另一种是补贴给按要求实施秸秆机械化还田的农机服务组织或农机户（农机服务组织或农机户进行秸秆还田作业收费时，在当地作业市场价格基础上扣除财政作业补助金额）（姚科艳和刘珍珍，2018）。

两种模式的付费主体都是政府，付费客体就是秸秆机械化还田技术。这两种模式下政府付费的流程基本相同，主要是由政府相关部门制定秸秆还田作业的标准及补贴金额，然后由农户（农机服务组织或农机户）自愿申请签订作业合同，经第三方核查机构对作业情况进行核查后，由县级政府按照核查的结果支付资金。其中，第三方核查机构由政府向社会机构公开招标选出。

两种 PES 方式的区别在于，在向农户付费的方式中，选择秸秆机械化还田的方式由农户自愿申请，然后由农户联系农机服务组织或农机户进行秸秆还田作业。而在向农机服务组织或农机户付费的方式中，政府直接与农机服务组织或农机户签订合同，再由农机服务组织或农机户自行规划开展后续的秸秆还田作业。这两种政府付费的 PES 方式不仅在形式上存在差异，其内在的付费机制也截然不同。

两种 PES 方式的内在机制。政府直接向采用秸秆机械化还田的农户付费的方式与国外普遍实施的政府付费的 PES 模式相似，是政府付费模式下对生态服务提供者最直接的激励，生态行为最易体现，但这种方式也存在对农机服务组织高质量作业激励不足的问题。而在向农机服务组织或农机户付费的方式中，政府与农机服务组织或农机户直接签订作业合同，农机服务组织或农机户进行作业收费时，先在当地作业市场价格基础上扣除财政作业补助金额，待作业结束经第三方机构核查后再由财政部门付费给农机服务组织或农机户。这种方式看似是向农机服务组织或农机户付费，但实质上还是补偿了提供生态服务的农户。但这种方式给予农机服务组织或农机户直接的激励，农机服务组织或农机户在还田作业时更具主动性，发挥的作用更加突出，同时农机服务组织或农机户在还田作业的数量与质量上同时受到政府合同及第三方机构核查机制的约束，对农机服务组织或农机户提出了更高的要求。

付费对象不同，引发利益相关方行为的不同。向农户付费的方式给予农户直接的激励，使农户倾向于主动采用机械化还田的方式，当然其前提是政府付费的金额达到农户可接受的水平。在这种方式下农户具有选择农机服务组织或农机户的主动权，对于农机服务组织或农机户的选择也多倾向于农户的偏好或习惯。此外，受作业合同的制约，农户也会更加注意还田作业的质量监督，或者在选择农机服务组织或农机户时更加注重服务质量，以免造成自身利益的损失。向农机服务组织或农机户付费的方式，虽然其本质还是补偿了提供生态服务的农户，并没有给予农机服务组织或农机户资金上的支持，但这种方式赋予农机服务组织或农机户更大的选择和发挥空间，在利益最大化的驱使下，农机服务组织或农机户倾向于提升组织内部的业务能力和服务质量。在这种方式下，农机服务组织受合同的制约，倾向于高效、高质量作业，在如约完成作业任务上起决定性作用。农机服务组织或农机户的业务能力也成为影响农户选择机械化还田的因素之一。

两种付费方式下的秸秆还田效果。向农户付费的方式中，农户自己选择农机服务组织或农机户，与之协商农机服务的具体时间与内容，由于这种情况下农户一般较为分散，农机服务组织或农机户的作业也很难集中连片开展，造成了作业的低效率，在秸秆收获时间较为集中的情况下，整体还田作业的低效率更会被放大。而且，这种情况下农机服务组织或农机户高质量作业的激励不足，农户受合同制约，也会付出一定的监督成本。向农机服务组织或农机户付费的方式中，农机服务组织或农机户在作业过程中起主导作用，较容易根据作业计划和作业时间统筹全局，做好规划安排，有利于秸秆还田作业的规模开展和整村推进，避免了小户分散作业产生的额外成本。而且农机服务组织或农机户受到作业合同的约束，具有高效、高质量作业的内在动力，农户也不用付出额外的监督成本。

四、国外 PES 模式的经验借鉴

我国的秸秆机械化还田补贴政策自实施以来，秸秆露天焚烧情况有所好转，秸秆还田率也有了很大的提升，但秸秆机械化还田是一项长期性、周期性的工程，形势依然严峻，在该项 PES 模式上，还存在很大的优化和提升空间，还有许多地方需要借鉴国外的成功经验。

（一）生态服务的供给者应保证特定生态服务的供给

根据 PES 的定义，理想的 PES 是一种市场化的生态保护机制，必须满足以下五个条件：①自愿的交易行为；②明确定义的生态服务；③至少存在一位特定生态服务的购买者；④至少有一位该生态服务的提供者；⑤生态服务的提供者可以保证该生态服务的供给。显然，我国的秸秆机械化还田补贴政策满足前四条要求的内容，对于生态服务的供给，秸秆机械化还田存在其特殊性。因为秸秆机械化还田方式除了农户的采纳意愿外，还需通过农机服务组织或农机户来具体实施，所以 PES 模式对我国的农机服务市场提出了一定的要求。

（二）生态补偿标准的制定至关重要

生态补偿标准的制定是建立 PES 机制的核心问题。其关键在于难以估算生态服务的成本及效益，对于破坏生态环境的活动所造成的损失也难以货币化衡量。虽然生态环境的成本难以直接计算，但在众多的 PES 实践过程中，已经形成了市场价值法、机会成本法、恢复费用法、影子工程法、人力资本法和意愿调查法等多种制定生态补偿标准的方法。总体而言，国外是通过对土地、社会及补偿意愿多个因素进行综合分析后，参考机会成本和生态服务价值等来确定补偿标准的，其提供的补偿标准接近受偿者的意愿。我国的秸秆机械化还田补贴采用定额补贴的方式，虽然根据地区差异，补贴额度有所差异，如在江苏省南部地区、中部地区、北部地区 2018 年的补贴标准分别为 10 元/亩、20 元/亩和 25 元/亩，但总体而言，并未体现农户意愿，补偿标准的确定较为笼统，其合理性有待进一步完善。

（三）非营利性组织在实现 PES 过程中扮演重要角色

在国外的 PES 实践中，非营利性组织（志愿组织）通常作为第三方中介机构在此过程中发挥重要作用。非营利性组织通过寻找资金对生态服务的提供者进行补偿；通过组织各项活动进行生态环保的教育和宣传，为大众提供生态服务相关的咨询与法律援助；为生态服务的市场交易行为提供咨询和中介服务；积极参与政府建设行为听证会，参与生态补偿政策与补偿标准的制定，保持与政府的全面沟通；积极吸引国内外基金资助，实现同国际环保民间组织的接轨。此外，非营利性组织还帮助受补偿主体提高生产技能与管理能力，以促进其更好地掌握从事生态建设所需的技术与管理方式，为转移大量劳动力从事生态与特色农业提供智力支持。

我国秸秆机械化还田补贴政策中的第三方核查机构是政府通过公开招标选出的，只负责秸秆机械化还田作业过程中的监督，以及作业后的服务质量和作业质量的核查整理工作，工作内容和范围远不及国外第三方中介机构在 PES 过程中发挥的作用。因此，在第三方核查机构的确定及其职能拓展方面还有很大的优化空间。

（四）基于市场机制的PES模式是生态环境治理的重要手段

使用者付费的PES模式，由作为特定生态服务的使用者的私人部门向生态服务的提供者支付生态服务的费用。除了生态服务的使用者直接付费外，诸如生态产品认证和生态标记产品等（即“绿色溢价”消费者对于经过认证的生态友好型绿色产品支付更高的价格）也属于对生态服务的间接付费，属于使用者付费的范畴。这种生态服务的付费模式是一种完全基于市场机制的PES模式，这种模式完全出于生态服务买卖双方的自愿行为，通常生态服务购买项目的目标比较明确，也比较容易根据具体的地域情况制订有针对性的购买计划。从国外购买生态服务的经验来看，一般由生态服务的使用者付费的PES模式比政府付费的PES模式更有效率，从而其被作为一种有效方式在国外进行广泛实践。

目前，我国开展的退耕还林、退牧还草、生态公益林建造、天然林保护、青海三江源国家级自然保护区建设、新安江流域生态补偿、江苏太湖流域生态补偿及秸秆机械化还田等生态工程都是政府作为生态服务的购买者开展推进的。积极探索有效的使用者付费的PES模式对于缓解财政压力、提高生态工程的效率意义重大，也是研究的重要方向。

五、完善秸秆机械化还田补贴政策的建议

（一）大力发展农机服务市场，保证生态服务的供给能力

建议尚未全面开展秸秆机械化还田技术的省（区、市）通过合理规划，在稻麦种植区建立秸秆机械化还田试点，突出秸秆机械化还田的经济效应和生态效应，通过其示范作用，逐步加大秸秆机械化还田技术和装备的推广应用，形成秸秆机械化还田的长效稳定机制以解决秸秆焚烧引起的生态环境危机。建议当地政府相关部门详细调查了解农机服务组织或农机户及秸秆还田机械的配备情况，根据当年秸秆机械化还田面积的目标和规划调整对农机服务组织或农机户的扶持力度和秸秆还田机械配备的支持力度，确保农机服务市场提供秸秆机械化还田作业的服务能力及农机服务市场可持续发展的内在动力。尤其是在我国秸秆机械化还田PES方式中，政府向农机服务组织或农机户付费的模式下农机服务组织或农机户扮演着重要角色，在秸秆机械化还田工作中起决定性作用，对农机服务市场提出了更高的要求。

（二）科学制定生态补偿标准，调动各主体提供生态服务的积极性

制定生态补偿标准时，建议将农户的生态服务意愿考虑在内，可以在制定生态补偿标准前，首先在农户中开展调查，了解农户对生态补偿的期望值。其次，根据具体的生态服务类型或生态效应，选择用机会成本法、市场价值法或影子工程法等合适的核算方法，结合各地区的综合状况，具体地、有差异地制定生态补偿标准，以实现补偿金效益的最大化，杜绝补偿标准过高造成的过度补贴或补偿标准过低导致的激励不足，从而影响政策效率的现象。在 PES 方式的选择上，也应根据地区需求及两种秸秆还田补贴方式产生的作用效果，选择适宜本地区开展的 PES 方式。

（三）重视第三方核查机构工作范围的拓宽及非营利性组织的培育

在具有生态环境保护非营利性（民间）组织的省（区、市）和地区，建议政府加强合作，更多地引入非营利性组织作为第三方核查机构，参与秸秆机械化还田生态付费标准的制定、合同签订、作业监督及宣传指导工作等，充分发挥其纽带作用。有条件的地区可以组织成立生态环境保护的非营利组织，作为第三方核查机构在政府付费的 PES 过程中发挥重要作用。对于通过招标方式选择第三方核查机构的省（区、市）（如江苏省），则应着力于加大第三方核查机构在 PES 过程中的作用，第三方核查机构除了负责监督、核查工作外，还可以负责生态建设的宣传指导、对农户和农机服务组织或农机户在作业时进行统筹安排等工作，提高秸秆机械化还田作业的效率。充分发挥第三方核查机构在 PES 模式中的突出作用。

（四）探索使用者付费的 PES 模式在秸秆机械化还田生态服务中的应用

秸秆机械化还田补贴之所以由政府付费，是因为采用秸秆机械化还田（即放弃秸秆焚烧）后，受益范围和受益对象难以界定，无法开展使用者付费的 PES 模式。而有些地区采用秸秆机械化还田方式后，受益对象很明确（如机场附近或铁路附近），这时可以由第三方核查机构出面，与航空公司或铁路部门等沟通协商，让其为这种生态服务付费，实现使用者付费的高效 PES 模式，减轻政府的财政压力。有条件的地区可以积极探索，结合地区特点，寻找适合发展的具有地方特色的使用者付费的 PES 模式。

第十一章　农民培训支持政策分析

农民不仅是农业生产中最活跃、最重要的因素，也是工业化、城市化发展进程中不可或缺的建设者。进入 21 世纪以来，我国开始重视农民培训工作。我国农民培训工作历程大致分为两个阶段：一是 2003~2012 年，该阶段以提升农民非农就业能力为目标；二是 2013 年至今，该阶段以培育新型职业农民，提升农民经营农业的能力为目标。本章分别介绍农民非农职业培训和新型职业农民培训的相关内容。

第一节　政策实施背景及内容

一、农民工职业技能与我国产业发展水平不相适应

改革开放以来，我国第一产业产值比重持续下降，由 1978 年的 27.7%下降到 2016 年的 8.6%，同时，我国城镇化水平显著提高，乡村人口比重由 1978 年的 82.1%下降到 2016 年的 42.7%。然而，农业部门劳动生产率仍然低于非农部门，以 2016 年为例，农业部门 5.9 亿人口仅创造了 8.6%的 GDP，劳动生产率仅为非农部门的 12.6%。农业部门与非农部门的收入差异，加之农业机械对劳动力的替代，使得农村大量剩余劳动力从农业中解放出来涌向城市，从事非农产业工作。根据历年《全国农民工监测调查报告》，外出务工农民工总量由 2008 年的 2.30 亿人增长到 2017 年的 2.87 亿人，其中，外出务工农民工[①]数量由 2008 年的 1.40

① 指调查年度内，在本乡镇地域以外从业 6 个月及以上的农村劳动力。

亿人增长到 2017 年的 1.72 亿人。外出务工农民工受教育程度以初中文化为主，有大量农民工没有稳定的职业和居所，并且 51.1%的农民工没有接受过任何形式的技能培训，文化程度越低接受过技能培训的比例也越低[①]。由于受教育程度比城市工人低，专业职业技能匮乏，70%左右的新生代农民工只能从事制造业、建筑业等体力行业，或者批发零售、餐饮住宿等服务行业，与朝九晚五的城市工人相比，他们日均工作时间超过 12 小时，月平均工资仅为 2 609 元[②]。此外，在我国经济进入新常态的背景下，产业结构将会进一步调整与升级，农民工就业岗位与其所掌握技能不匹配的结构性失业现象更加突出，东部沿海地区甚至出现“民工荒”的现象（图 11-1）。

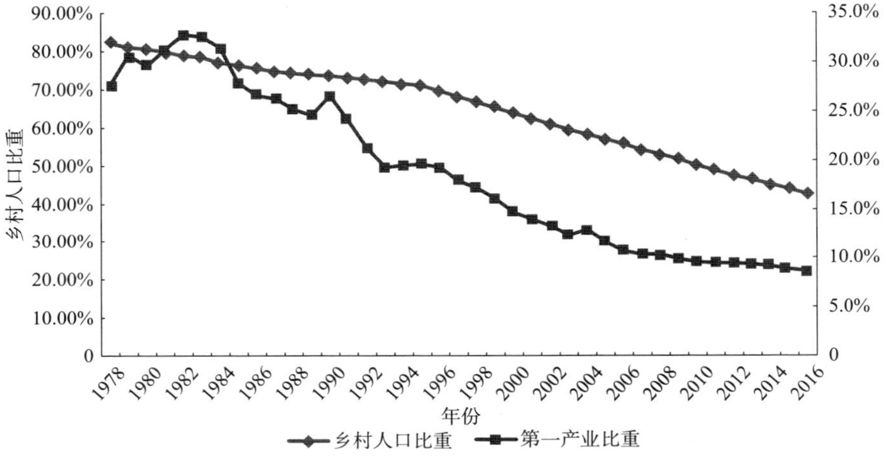

图 11-1　1978~2016 年我国乡村人口比重和第一产业产值比重

资料来源：历年《中国统计年鉴》

2003 年，国务院办公厅下发《国务院办公厅关于做好农民进城务工就业管理和服务工作的通知》，首次提出要做好农民工培训工作，提升农民工素质。同年，农业部、劳动保障部、科学技术部、建设部和财政部起草由国务院办公厅转发的《2003—2010 年全国农民工培训规划》，提出了农民工培训的六项具体政策措施。2004 年，农业部、财政部、劳动和社会保障部、教育部、科学技术部和建设部等六部门共同启动实施了“农村劳动力转移培训阳光工程”（以下简称“阳光工程”）。“阳光工程”的目标是在 2004~2005 年重点支持粮食主产区、劳务输出大省及贫困和革命老区的短期职业技能培训，年培训 250 万人；2006~2010 年，在全国范围内大规模开展职业培训，计划培训 3 000 万人，年均 600 万人。“阳光工程”

① 资料来源：国家统计局于 2010 年 3 月 19 日发布的《2009 年全国农民工监测调查报告》。

② 资料来源：国家统计局于 2014 年 5 月 12 日发布的《2013 年全国农民工监测调查报告》。

还要求在2010年以后将农民培训纳入国民教育体系，提高培训层次，使得农民工文化素质总体上与我国现代化发展水平相适应。“阳光工程”属于短期培训，培训期限为15~90天，其中，2008年培训资金大约为9.84亿元。

在“阳光工程”的基础上，2004年，国务院扶贫开发领导小组办公室决定针对贫困地区实施“雨露计划”，培训对象为贫困地区建档立卡的青壮年劳动力及退伍士兵等，培训时间为3个月到1年，经过4年的发展，投入资金约30亿元，累计转移贫困地区劳动力300多万人，带动1 000万人脱贫。2004年，为了提高农民的科技水平，科学技术部实施“星火计划”。2005年，国务院下发《国务院关于大力发展职业教育的决定》，提出要通过职业教育促进农村劳动力转移。2006年，国务院进一步下发《关于解决农民工问题的若干意见》，明确要继续实施好“阳光工程”，加强农民工职业技能培训。

2008年，中共中央下发《中共中央关于推进农村改革发展若干重大问题的决定》，提出加快发展农村中等职业教育并逐步实行免费，该决定标志着我国农民职业培训向职业教育转变。在此基础上，国务院办公厅下发《国务院办公厅关于切实做好当前农民工工作的通知》，要求继续做好“阳光工程、农村劳动力转移培训计划、星火计划、雨露计划等培训项目的实施工作”。随着返乡农民工数量的增长，从2008年开始，多项政策聚焦于返乡农民工技能培训，如教育部办公厅发布的《教育部办公厅关于中等职业学校面向返乡农民工开展职业教育培训工作的紧急通知》，2009年教育部又发出《教育部关于切实做好返乡农民工职业教育和培训等工作的通知》。2010年，国务院办公厅发布《关于进一步做好农民工培训工作的指导意见》，提出“按照培养合格技能型劳动者的要求，逐步建立统一的农民工培训项目和资金统筹管理体制，使培训总量、培训结构与经济社会发展和农村劳动力转移就业相适应”。

二、“谁来种地”“怎么种地”问题突出

2012年，我国农民培训工作的重心由提升农民非农职业技能转向农民经营能力的培训。2005年，十六届五中全会首次提出要培养有文化、懂技术、会经营的新型农民，新型农民是相对传统农户而言的。随着大量农村青壮年劳动力向城市转移，“谁来种地”问题突出。根据江苏省种植业农户调查数据，2016年种植业农户的平均年龄为55.5岁，其中年龄最大的为80岁。从受教育程度来看，49.0%的农户只有初中文化水平，37.0%的农户具有高中文化程度，9.4%的农户为小学文化程度，4.6%的农户为大专及以上文化程度。随着适度规模经营的推进，“谁来种地”“怎么种地”的问题越来越严峻。

针对“谁来种地”问题，2012年中央一号文件提出大力培育新型职业农民，

这一概念将“新型农民”和“职业农民”有机地结合起来。2013 年底召开的中央农村工作会议把“谁来种地”作为“三农”工作的五个重大问题之一。关于“谁来种地”，会议指出，解决好这个问题对我国农业农村发展和整个经济社会发展影响深远。核心是要解决好人的问题，通过富裕农民、提高农民、扶持农民，让农业经营有效益，让农业成为有奔头的产业，让农民成为体面的职业，让农村成为安居乐业的美丽家园。要提高农民素质，培养造就新型农民队伍，把培养青年农民纳入国家实用人才培养计划，确保农业后继有人。要把加快培育新型农业经营主体作为一项重大战略，以吸引年轻人务农、培育职业农民为重点，建立专门政策机制，构建职业农民队伍，为农业现代化建设和农业持续健康发展提供坚实人力基础和保障。会议明确了新型职业农民在“三农”工作乃至经济社会发展中的重要地位，由此将新型职业农民发展确立为农业现代化建设的重大战略。

2016 年的中央一号文件强调要加快培育新型职业农民，从教育培训、体系构建、人员吸引、资金安排、政策扶持等方面进行部署，提出要把职业农民培养成建设现代农业的主导力量。2016 年 4 月，在安徽小岗村召开的农村改革座谈会上，习近平总书记强调：“发展现代农业，要在稳定粮食生产、确保国家粮食安全基础上，着力构建现代农业产业体系、生产体系、经营体系，加快构建职业农民队伍，形成一支高素质的农业生产经营者队伍。”①习近平总书记在小岗村的讲话和 2016 年中央一号文件进一步凸显了新型职业农民队伍建设的重要性（表11-1）。

表 11-1　新型职业农民培训相关政策

时间	中央及各部门相关文件
2012 年 2 月 1 日	2012 年中央一号文件：大力培育新型职业农民
2012 年 12 月 31 日	2013 年中央一号文件：大力培育新型农民和农村实用人才，着力加强农业职业教育和职业培训
2013 年 12 月 23~24 日	中央农村工作会议：要以吸引年轻人务农、培育职业农民为重点，建立专门政策机制，构建职业农民队伍，为农业现代化建设和农业持续健康发展提供坚实的人力基础和保障
2014 年 1 月 19 日	2014 年中央一号文件：加大对新型职业农民和新型农业经营主体领办人的教育培训力度
2014 年 3 月 5 日	2014 年政府工作报告，“培育新型职业农民”被写入
2014 年 5 月 2 日	《国务院关于加快发展现代职业教育的决定》：积极发展现代农业职业教育，建立公益性农民培养培训制度，大力培育新型职业农民
2014 年 11 月 20 日	中共中央办公厅、国务院办公厅印发《关于引导农村土地经营权有序流转发展农业适度规模经营的意见》：制定专门规划和政策，整合教育培训资源，加快发展农业职业教育，壮大新型职业农民队伍
2015 年 2 月 1 日	2015 年中央一号文件：积极发展农业职业教育，大力培养新型职业农民

① 李涛. 习近平在小岗村主持召开农村改革座谈会. http://www.chinanews.com/gn/2016/04-28/7852799.shtml，2016-04-28.

续表

时间	中央及各部门相关文件
2015 年 3 月 5 日	2015 年政府工作报告：支持种养大户、家庭农牧场、农民合作社、产业化龙头企业等新型经营主体发展，培养新型职业农民，推进多种形式适度规模经营
2015 年 7 月 30 日	《国务院办公厅关于加快转变农业发展方式的意见》：加快建立教育培训、规范管理和政策扶持“三位一体”的新型职业农民培育体系
2015 年 10 月	中共中央办公厅、国务院办公厅印发《深化农村改革综合性实施方案》：制定专门规划和切实可行的政策，吸引年轻人务农，培育新型职业农民，造就高素质的新型农业生产经营者队伍
2015 年 10 月 29 日	《中共中央关于制定国民经济和社会发展第十三个五年规划的建议》：大力推进农业现代化，培养新型职业农民
2015 年 12 月 31 日	2016 年中央一号文件单列段落，强调加快培育新型职业农民
2016 年 3 月 5 日	2016 年政府工作报告：完善对家庭农场、专业大户、农民合作社等新型经营主体的扶持政策，培养新型职业农民
2016 年 3 月 21 日	中共中央印发《关于深化人才发展体制机制改革的意见》：健全以职业农民为主体的农村实用人才培养机制
2016 年 10 月 10 日	《国务院关于激发重点群体活力带动城乡居民增收的实施意见》：实施新型职业农民激励计划
2016 年 10 月 17 日	《国务院关于印发全国农业现代化规划（2016—2020 年）的通知》单列段落强调，加快构建新型职业农民队伍
2016 年 11 月 24 日	《国务院办公厅关于完善支持政策促进农民持续增收的若干意见》单列段落强调，加强新型职业农民培育

三、农业现代化发展需要提升新型职业农民管理能力

随着我国农业适度规模经营的推进，农业经营向机械化、专业化、信息化方向发展，并且农业经营的风险在提高，这就要求新型职业农民不仅要学会农业生产经营，还要提高生产和市场风险管理的能力。

Sumner（2014）认为，在农业技术相对成熟、农业政策扭曲较少的美国，农户经营管理能力在农场经营中发挥着重要作用。Lucas（1978）认为企业家管理能力直接决定了企业规模的分布。Sumner（2014）指出管理能力在农业经营中的重要性越来越接近非农行业。农业经营对管理能力的要求将随着农业生产的复杂程度、信息技术发展水平及管理价格波动与气候风险难度的提高而提高（Brown and Weber，2013）。Adamopoulos 和 Restuccia（2014）基于对世界主要国家农业经营规模差异的观察，构建了两部门模型，认为农业经营者管理能力是有差异的，管理能力分布决定了不同国家农业经营的绩效。Assuncao 和 Ghatak（2003）通过进一步构建理论模型分析认为，即使在土地、劳动力等投入要素不存在规模报酬递减的情况下，农户管理能力的差异将导致经营规模与生产力之间呈现负向关系。

Sumner（2014）从多个角度说明农业经营者管理能力的重要性：第一，规模

较大的农户更需要注重风险管理及资源配置，他们会租用适合种植不同产品的土地来降低经营风险，会进行玉米和大豆的轮作，延长机械及劳动力的使用时间；第二，大规模农户资本相对丰裕，他们一般租用土地，通过合同的形式雇佣管理人员，并与管理人员共同分享利润和成本，不直接参与经营，具体的合同安排由不同的情况及农业经营管理能力与雇工的能力而定；第三，农业经营越来越需要组织专业技术人员、订立专业服务合同，因此，农业经营管理能力越来越重要；第四，农业产业中管理能力较高的经营者会替代管理能力较低的经营者，这种替代过程诱致技术进步和信息系统升级。有分析表明，销售额在 25 万美元以上的农场中有 44%的经营者曾经从事管理或者专业领域工作，而小规模农场的比例仅为 35%，大规模农场中有一半的经营者曾经从事过农业工作或者在政府部门工作过（Brown 和 Weber，2013）。

从事农业的相对收益较低，大量农村劳动力向非农产业转移，这导致有能力的人离开农业，留下能力相对较弱的人经营农业（Sumner，2014）。尤其是在农业现代化迅速发展的背景下，需要重视产后市场风险管理能力。

第二节　职业技能培训对新生代农民工收入的影响分析①

我国政府高度重视农民工，尤其是新生代农民工结构性失业与低收入问题，2010 年中央一号文件明确要求采取针对性的措施，着力解决新生代农民工问题。如上所述，中央政府及各部委相继采取了一系列重大政策措施，大力开展农民工职业技能培训。近年来，由农业部（现农业农村部）牵头组织的“阳光工程”、由人力资源和社会保障部牵头组织的劳动力支撑就业计划、由教育部牵头组织的中等职业教育扩大招生计划、由科学技术部实施的“星火计划”及国务院扶贫开发领导小组办公室实施的“雨露计划”，这些职业技能培训项目大多以短期培训为重点，以实现农村劳动力科技文化素质总体上与我国现代化发展水平相适应为目标（韩俊，2010）。因此，本节将分析职业技能培训对新生代农民工收入的影响。

在分析职业技能培训对新生代农民工收入的影响时，一方面，由于职业技能

① 本节内容部分来自张晓恒等（2017）。

培训与否是新生代农民工自我选择的结果，可能存在样本自我选择偏误问题；另一方面，由于收入不仅受到新生代农民工年龄、性别、受教育程度、健康状况等可观测因素的影响，还受到新生代农民工的社会关系、个人发展动机等不可观测因素的影响，如果忽略不可观测因素的影响，可能造成实证结果有偏。此外，职业技能培训作为提升人力资本的一种方式，它与正规教育一样，可以增加新生代农民工非农就业机会，提升收入水平（张照新和宋洪远，2002）。赵延东和王奋宇（2002）进一步指出，职业技能培训对农民工的重要性几乎不亚于正规教育。杨金风和史江涛（2006）认为，新生代农民工的文化素质更多地得益于正规教育，而技术素质则需要通过职业技能培训来提高。正规教育与职业技能培训在提高新生代农民工收入方面相辅相成，但是，对于不同受教育程度的新生代农民工，职业技能培训的作用效果是否相同呢？如果作用效果不同，那么对哪些群体的作用更加明显呢？基于以上问题，本书采用 PSM（propensity score matching，倾向得分匹配）方法，探讨职业技能培训对新生代农民工外出务工收入的影响，同时，进一步分析职业技能培训对不同教育程度新生代农民工收入增长影响的差异，为完善新生代农民工职业技能培训政策提供启示。

一、研究方法

在农民工培训收入效应的定量研究中，描述性统计方法和多元回归模型是常用工具。在多元回归模型中，通过设置培训虚拟变量，假设培训和其他控制变量与收入呈线性关系，即：

$$Y_i = \gamma X_i + \delta T_i + \varepsilon_i \tag{11-1}$$

其中，Y_i 表示第 i 个农民工的外出务工收入；T_i 表示第 i 个农民工的培训状况，若接受培训为 1，否则为 0；γ 和 δ 为待估计的参数（或向量）；ε 为残差项。其中，培训的收入效应通过 δ 参数反映出来。

Faltermeier 和 Abdulai（2009）分别指出，如果要通过 δ 参数精确测量培训的收入效应，那么，研究样本中，农民工培训与否必须是被随机安排的。但现实生活中，农民工培训与否是个体根据各种因素综合判断后做出的选择，是一种自我选择行为（self-selection），甚至还会受到一些不可观测因素的影响，如家庭的社会关系、个人发展动机等。如果采用多元回归模型，一方面，样本存在选择性偏误；另一方面，不可观测的因素将被包含在残差项 ε 中，这就意味着 ε 与培训变量 T_i 相关，模型设置存在内生性问题，进而影响结论的有效性。

解决样本自我选择偏误问题的标准方法是工具变量和 Heckman 两步法。不过，Heckman 等（1998）指出该方法具有严格的前提条件：回归方程必须是线性的；样本必须是异质的，即不存在收入相似但培训选择行为不同的个体。另外，

Angrist 和 Krueger（2001）认为在实证研究中挑选合适的工具变量的难度较大。

Rosenbaum 和 Rubin（1983）基于自然实验的想法，提出 PSM 模型，并且首先在生物统计学中进行应用。Heckman 和 Vytlacil（2007）认为，PSM 模型的缺陷是计算倾向分时主要根据可观测变量，而不可观测变量同样可能影响培训选择行为，在实证分析中忽略不可观测变量可能造成匹配错误或者估计偏误。尽管如此，与 Heckman 两步法和工具变量法相比，PSM 模型解决了样本选择性偏误的问题。另外，Heckman 和 Vytlacil（2007）进一步指出 PSM 模型不需要对回归方程的形式及样本的分布进行假设，同时，也不需要对控制变量的外生性进行假定。对于 PSM 模型同样无法解决忽略不可观测变量可能造成的匹配错误或者估计偏误的问题，Ali 和 Abdulai（2010）认为可以通过匹配以后的平衡性检验来弥补这个不足，如果匹配并没有显著降低不同选择行为个体的特征差异，匹配的结果就是失败的。可以通过比较匹配前后似然比检验的 p 值和伪 R^2 值。匹配之后，似然比检验的 p 值在 10%的置信水平上应该不显著，同时，伪 R^2 值应该降低。

PSM 模型是基于反事实的思想，将接受培训和未接受培训的新生代农民工分成两组，根据两组新生代农民工的特征进行打分，得分相近的新生代农民工配对成功。Rosenbaum 和 Rubin（1983）将倾向得分定义为在控制变量给定的情况下，新生代农民工选择是否培训的条件概率为

$$p(X) \equiv \Pr(T=1 \mid X) = E(T \mid X) \tag{11-2}$$

其中，$p(X)$ 为倾向得分；T 表示培训与否，取值为 0 和 1；X 为其他控制变量构成的矩阵。如果每个接受培训的新生代农民工可以通过代表个体特征的控制变量 X 进行定义，那么，同样可以通过由控制变量 X 计算而得的倾向分 $p(X)$ 进行识别。因此，新生代农民工培训的收入效应可以表示为

$$\begin{aligned} \tau &= E\left(Y_{1i} - Y_{0i} \mid T_i = 1\right) \\ &= E\left\{E\left[Y_{1i} - Y_{0i} \mid T_i = 1, p\left(X_i\right)\right]\right\} \\ &= E\left\{E\left[Y_{1i} \mid T_i = 1, p\left(X_i\right)\right] - E\left[Y_{0i} \mid T_i = 0, p(X_i)\right] \mid T_i = 1\right\} \end{aligned} \tag{11-3}$$

其中，τ 为新生代农民工培训的收入效应；Y_{1i} 和 Y_{0i} 分别表示接受培训和未接受培训的新生代农民工的潜在工资。在对不同培训选择行为个体的倾向分进行匹配时，常用的方法为邻近匹配法（nearest neighbors matching）、半径匹配法（radius matching）和核匹配法（kernel matching）。其中，不同的方法还有不同的标准，邻近匹配法可以设置与邻近的一个或多个个体进行匹配；核匹配法可以设置不同的带宽（bandwidth）。

基于 PSM 模型，王德文等（2008）、王海港等（2009）对我国农民工培训的收入效应进行了研究，但并未对模型的有效性进行检验，这在一定程度上影响

到最终结果的可靠性。张世伟和武娜（2013）借鉴 Horvitz-Thompson 的方法，根据一定标准删除部分样本，将倾向得分控制在有效范围内，提高匹配的效率。但该方法有可能损害样本的随机性。本书将在已有研究的基础上，采用 PSM 模型测算培训对新生代农民工务工收入的影响，重点通过似然比检验分析匹配的有效性问题，弥补以往研究的不足。

二、变量选择及数据说明

（一）变量选择

王德文等（2008）、魏众（2004）已经证明作为人力资本重要组成部分的受教育状况和健康状况对农民工的务工收入具有显著影响。另外，新生代农民工的性别、年龄、户口类型、所从事行业类型、雇佣类型及所在地区等因素都有可能对其务工收入产生影响。本书将对这些可观测变量进行有效控制，各变量的设置及预期结果如下。

受教育状况用新生代农民工受教育年限表示，预期受教育年限越高，务工收入越高。健康状况采用新生代农民工自我认定的形式，分为优、良、中、差和丧失劳动能力五个等级，预期健康状况越好，务工收入越高。对于性别和年龄变量，预期较年长的男性新生代农民工更有可能外出务工并且获得较高的收入。户口类型用来区分那些在我国城镇化水平迅速发展的背景下，处在城市边缘被顺利市民化，但仍然从事农业生产的农民群体，预期他们比农业人口拥有更多的外出务工机会及有获得更高收入的可能。所从事行业类型和雇佣类型同样会影响新生代农民工的务工收入，预期从事工业生产的新生代农民工收入相对较高；同时，具有稳定雇佣关系或自主经营的新生代农民工相对于打零工的新生代农民工将获得更高的收入。

本书将行业分为农业、工业和服务业三种类型，设置 2 个虚拟变量；将雇佣类型分为自主经营、稳定雇佣、打零工和其他类型，设置 3 个虚拟变量。另外，我国经济发展水平呈现东部沿海地区较强，西部地区较弱的特点，在一定程度上可能影响新生代农民工的务工收入，本书按照国家统计局的口径，设置 2 个地区虚拟变量。关于新生代农民工的收入变量，考虑到很多新生代农民工并不存在稳定的雇佣关系，因此，以日平均工资来衡量其收入水平较为合理。

笔者选择的 12 个变量试图从各方面对可能影响新生代农民工收入的因素进行控制，从而提高倾向得分的代表性与匹配的成功率。

（二）数据说明

本书实证部分采用的数据来自农业部农村经济研究中心农村固定观察点调查数据。全国农村固定观察点调查系统是 1984 年经中共中央书记处批准设立的，1986 年正式建立并运行至今，统计制度由国家统计局正式批准，包括除港、澳、台地区外的 31 个省（区、市），360 个行政村，23 000 户调查户。调查村主要根据分类抽样的方法确定，根据省（区、市）不同的村庄类型，区分山区、丘陵区和平原区，城郊区和非城郊区，富裕地区和贫困地区，农区、林区、牧区和渔区。在综合考虑各方面因素的基础上，每个省（区、市）抽取 10 个样本村，每个村抽取 70 个农户。该抽样方法比较科学和客观，所抽取的样本基本上代表了全国的情况。在具体应用中，本书使用全国农村固定观察点农户表中“家庭成员的构成及就业情况”的数据。2010 年共调查了 8 万多名农村人口的就业状况，本书在这部分样本中筛选了在 1980 年及以后出生，且具有外出从业经历的个体，并删除无效样本，最终获得 6 704 个样本。充足的样本量为匹配的成功率及质量奠定了基础。

在 6 704 个外出务工样本中，有 774 个新生代农民工样本参加过非农职业技术培训，占样本总量的 11.5%，低于国家统计局公布的 2013 年的水平，也低于王海港等（2009）13%的调研结果。表 11-2 给出了接受培训组收入和未接受培训组收入及其他控制变量的差异性检验结果。从性别变量来看，外出务工人员中男性所占比例高于女性，并且，接受培训组中男性所占比例显著高于未接受培训组；年龄变量、受教育状况变量及健康状况变量显示，培训组中新生代农民工年龄相对较大、受教育程度相对较高且自我认定的身体状况相对较优。同时，接受培训的新生代农民工从事农业的比例较低，从事工业和服务业的比例较高，被稳定雇佣的比例较高，而打零工的比例较低。另外，中部地区新生代农民工接受培训的比例更低，而西部地区则较高。

表 11-2　控制变量差异性检验结果

变量	未接受培训组	接受培训组	差异
性别（男=1，女=0）	0.636（0.006）	0.707（0.016）	−0.071***
年龄/岁	26.497（0.061）	26.979（0.156）	−0.482***
户口（非农=1，农业=0）	0.052（0.003）	0.099（0.011）	−0.047***
受教育年限/年	9.087（0.033）	10.220（0.097）	−1.132***
健康状况（优=1，良=2，中=3，差=4，丧失劳动能力=5）	1.207（0.006）	1.173（0.015）	0.034**
从事农业相对于其他产业（农业=1，其他=0）	0.017（0.002）	0.006（0.003）	0.011**

续表

变量	未接受培训组	接受培训组	差异
从事服务业相对于其他产业（服务业=1，其他=0）	0.532（0.006）	0.536（0.018）	−0.004
自主经营相对于其他（自主经营=1，其他=0）	0.078（0.003）	0.087（0.010）	−0.008
稳定雇佣相对于其他（稳定雇佣=1，其他=0）	0.672（0.006）	0.760（0.015）	−0.088***
打零工相对于其他（打零工=1，其他=0）	0.212（0.005）	0.111（0.011）	0.101***
中部地区相对于其他地区（中部地区=1，其他=0）	0.392（0.006）	0.348（0.017）	0.045**
西部地区相对于其他地区（西部地区=1，其他=0）	0.289（0.006）	0.356（0.017）	−0.067***

和*分别表示在 5%和 1%的水平上显著

注：括号中为标准误

三、匹配质量检验及实证分析结果

PSM 模型主要分为两个步骤，首先采用概率模型计算接受培训组新生代农民工和未接受培训组新生代农民工的倾向得分，其次根据倾向得分进行匹配。为了保证匹配结果的稳定性，本书分别采用 Logit 和 Probit 两个概率模型计算倾向得分。表 11-3 给出了两个概率模型的回归结果，模型的因变量是新生代农民工培训选择行为，1 表示接受培训，0 表示未接受培训。表 11-3 的回归结果显示，性别、年龄、户籍、受教育状况、所从事行业类型及所在地区等变量均对新生代农民工是否选择培训产生显著影响，并且，各系数的符号与预期一致。其中，在 Probit 模型中，仅健康状况、从事服务业相对于其他产业及自主经营相对于其他、稳定雇佣相对于其他等变量不显著，两个概率模型的回归系数符号及显著性基本一致。

表 11-3　新生代农民工培训选择行为的影响因素分析

变量	Logit 模型	Probit 模型
性别	0.509***（0.068）	0.169***（0.044）
年龄	0.039***（0.118）	0.017**（0.004）
户口	0.413***（0.118）	0.155**（0.083）
受教育年限	0.168***（0.012）	0.088***（0.009）
健康状况	−0.239*（0.145）	−0.077（0.052）
从事农业相对于其他产业	−0.839***（0.301）	−0.370*（0.221）
从事服务业相对于其他产业	0.044（0.064）	0.039（0.043）
自主经营相对于其他	0.313*（0.172）	0.048（0.124）
稳定雇佣相对于其他	0.255*（0.151）	0.019（0.105）
打零工相对于其他	−0.475***（0.166）	−0.330***（0.116）
中部地区相对于其他地区	0.412***（0.142）	0.112**（0.051）

续表

变量	Logit 模型	Probit 模型
西部地区相对于其他地区	0.391*** (0.076)	0.271*** (0.052)
常数项	−4.011*** (0.241)	−2.609*** (0.202)
伪最大似然比	−2 369.451	−2 282.696
沃得指数	235.95***	227.10***

*、**和***分别表示在 10%、5%和 1%的水平上显著

注：括号中为标准误

根据表 11-3 中两个概率模型的回归结果，可以计算出接受培训组和未接受培训组中每个个体的倾向得分。表 11-4 是根据两个概率模型回归结果计算的个体倾向得分的描述性分析结果。从表 11-4 可以看出，接受培训组中个体倾向得分的取值范围不是未接受培训组倾向得分取值范围的子集，最大值超过了上限。那么，在这种情况下，有可能出现很多样本匹配失败，因此，非常有必要对匹配质量进行检验。

表 11-4　个体倾向得分的描述性分析结果

模型	培训情况	样本数	均值	标准误	最小值	最大值
Logit	接受培训组	774	0.147	0.071	0.023	0.452
	未接受培训组	5 930	0.111	0.059	0.005	0.435
Probit	接受培训组	774	0.147	0.070	0.022	0.436
	未接受培训组	5 930	0.111	0.059	0.005	0.418

匹配质量的检验包括匹配前后各控制变量的检验及所有变量的综合检验。其中，各控制变量的检验标准是，无论匹配前是否存在差异，匹配后应该没有显著差异；所有变量的综合检验标准是，匹配后似然比检验的 p 值应该在 10%的水平上不显著，同时，伪 R^2 值应该降低。本书为了提高结果的稳健性，分别采用两种方法四个模型进行匹配，每个模型均对应一种检验结果。表 11-5 为各控制变量匹配前后的差异性检验结果，表格中的数字是匹配前后接受培训组与未接受培训组各控制变量差异的百分数，其中，第二列为匹配前的差异，后四列是采用不同方法匹配后的差异。从整体上来看，匹配后各变量的差异性显著降低，并且大部分差异在统计意义上不显著，匹配质量较高。从不同匹配方法的比较来看，带宽为 0.03 的核匹配方法与邻近 5 个单位匹配方法较其他两种方法更好。此外，基于 Probit 模型匹配的差异性检验结果与表 11-5 中 Logit 模型差异不大，这里不予赘述。

表 11-5　各控制变量匹配前后的差异性检验结果

变量	匹配前	匹配后			
		NNM（1）	NNM（2）	KBM（1）	KBM（2）
性别	15.2***	−6.6	−5.8	0.5	1.6
年龄	10.7***	0.3	−2.7	0	0.8
户口	18.0***	1.5	3.2	1.5	3.0
受教育年限	43.5***	0.7	2.6	3.1	6.4
健康状况	−7.9**	7.9*	7.2	−0.8	−1.1
从事农业相对于其他产业	−9.9**	3.6	1.7	0.6	0.1
从事服务业相对于其他产业	0.9	−3.9	−1.6	0.4	0.5
自主经营相对于其他	3.0	11.3**	9.2*	0.5	0.4
稳定雇佣相对于其他	19.6***	−6.3	−8.0*	−1.1	0.1
打零工相对于其他	−27.7***	−3.2	0.3	0.6	−0.9
中部地区相对于其他地区	−9.3**	1.6	−4.3	−1.9	−2.8
西部地区相对于其他地区	14.3***	0.6	3.5	1.4	3.0

*、**和***分别表示在 10%、5%和 1%的水平上显著

注：NNM 表示邻近匹配方法，（1）表示匹配标准为邻近 1 个单位，（2）表示匹配标准为邻近 5 个单位；KBM 表示核匹配方法，（1）表示带宽为 0.05，（2）表示带宽为 0.03

表 11-6 汇报了所有控制变量的匹配质量总体检验结果，伪 R^2 值从匹配前的 0.048 下降为 0~0.007；似然比检验值从 231.55 下降为 0.61~14.97，并且，对应的 p 值由在 1%的水平上显著到不显著；匹配后平均偏误也大大降低，降低幅度在 74%~92.7%。匹配前后相比，伪 R^2 值和平均偏误较大幅度的降低及似然比检验的 p 值由显著变为不显著，这些都充分说明了倾向得分匹配取得了成功。

表 11-6　所有控制变量的匹配质量总体检验结果

匹配方法	概率模型	匹配前伪 R^2	匹配后伪 R^2	匹配前似然比检验值	匹配后似然比检验值	匹配前平均偏误	匹配后平均偏误	平均偏误降低比例
NNM（1）	Logit	0.048	0.007	231.55***（p=0）	14.97（p=0.243）	15.0	3.9	74.0%
	Probit	0.048	0.002	231.55***（p=0）	4.38（p=0.976）	15.0	2.6	82.7%
NNM（2）	Logit	0.048	0.005	231.55***（p=0）	11.27（p=0.506）	15.0	4.2	72.0%
	Probit	0.048	0.002	231.55***（p=0）	4.70（p=0.967）	15.0	3.0	80.0%
KBM（1）	Logit	0.048	0	231.55***（p=0）	0.58（p=1.000）	15.0	1.0	93.3%
	Probit	0.048	0	231.55***（p=0）	0.61（p=1.000）	15.0	1.1	92.7%

续表

匹配方法	概率模型	匹配前伪 R^2	匹配后伪 R^2	匹配前似然比检验值	匹配后似然比检验值	匹配前平均偏误	匹配后平均偏误	平均偏误降低比例
KBM（2）	Logit	0.048	0.001	231.55*** （p=0）	2.22 （p=0.999）	15.0	1.7	88.7%
	Probit	0.048	0.001	231.55*** （p=0）	2.19 （p=0.999）	15.0	1.8	88.0%

***表示在 1%的水平上显著

注：NNM 表示邻近匹配方法，（1）表示匹配标准为邻近 1 个单位，（2）表示匹配标准为邻近 5 个单位；KBM 表示核匹配方法，（1）表示带宽为 0.05，（2）表示带宽为 0.03

以上的检验结果显示本书的匹配质量较高，那么，基于该结果测算出的职业技能培训对新生代农民工收入的影响就具有较高的可信度。在控制其他可能影响新生代农民工收入的可观测变量不存在显著差异的基础上，表 11-7 汇报了接受培训与否导致的新生代农民工日平均工资的差异，是采用邻近匹配法和核匹配法计算而得，同时，每种方法又分别使用两种不同的标准进行测算，以探讨结果的稳健性。从表 11-7 可以看出，邻近 1 个单位匹配方法的结果并不显著，本书重点分析邻近 5 个单位匹配方法和核匹配方法的计算结果。结果显示，2010 年接受职业技能培训的新生代农民工平均日工资为 64.512 元，在控制其他变量均相同的情况下，未接受培训的新生代农民工平均日工资在 61.029~61.355 元。那么，根据 PSM 模型的思想，以上两者之间的差额就是职业技能培训导致的新生代农民工收入增长的部分，即 2010 年接受培训的新生代农民工每天可以多获得 3.157~3.483 元。那么，月收入可以增加 95~105 元，增幅大约为 6.2%①。这在一定程度上说明我国启动的农民工培训项目有效提高了新生代农民工的收入水平。

表 11-7　职业技能培训对新生代农民工收入的影响

匹配方法	概率模型	接受培训的新生代农民工平均日工资	未接受培训的新生代农民工平均日工资	差额	标准误差	T 值
NNM（1）	Logit	64.512	62.882	1.630	2.216	0.74
	Probit	64.512	61.563	2.950	2.236	1.32
NNM（2）	Logit	64.512	61.030	3.482**	1.601	2.17
	Probit	64.512	61.138	3.375**	1.633	2.07
KBM（1）	Logit	64.512	61.355	3.157**	1.264	2.15
	Probit	64.512	61.319	3.193**	1.467	2.18
KBM（2）	Logit	64.512	61.052	3.460**	1.463	2.36
	Probit	64.512	61.029	3.484**	1.462	2.38

**表示在 5%的水平上显著

注：NNM 表示邻近匹配方法，（1）表示匹配标准为邻近 1 个单位，（2）表示匹配标准为邻近 5 个单位；KBM 表示核匹配方法，（1）表示带宽为 0.05，（2）表示带宽为 0.03

① 根据国家统计局发布的《2011 年全国农民工监测调查报告》，外出务工农民工的月平均收入为 1 690 元。

新生代农民工群体中有 33.3%的人拥有高中及以上文化程度，有 12.8%的人拥有大专及以上学历，其文化素质和专业技能较高，那么，职业技能培训对他们的帮助可能不太明显。本书将进一步验证职业技能培训对不同受教育程度群体收入的影响差异，进而为完善职业技能培训政策提供更多启示。按照新生代农民工受教育年限的差异，将其分为小学组、初中组、高中组、大专及以上组 4 组，在控制其他影响因素的基础上，分别计算职业技能培训对不同组新生代农民工收入的影响。表 11-8 汇报了实证结果，该结果显示，职业技能培训显著提高了小学组和初中组新生代农民工的收入水平，而对高中组、大专及以上组的影响并不显著。并且，在小学组和初中组之间，职业技能培训对小学组新生代农民工收入的促进作用更大，日均工资增加 10.592~11.215 元，比初中组高 3.813~5.956 元。此外，本书从性别角度进一步分析了职业技能培训对新生代农民工收入的影响。实证结果显示，职业技能培训对新生代男性农民工收入具有显著的促进作用，而对新生代女性农民工收入并没有显著影响。因此，以上结果的政策含义是，未来我国职业技能培训的对象更多的应该是初中及以下学历的新生代农民工。

表 11-8　职业技能培训对不同受教育程度、不同性别新生代农民工收入的影响

变量		NNM（1）	NNM（2）	KBM（1）	KBM（2）
受教育程度	小学	6.759（9.661）	10.592*（5.573）	11.215**（5.040）	10.760**（4.984）
	初中	5.698*（3.177）	6.779***（2.206）	5.259**（2.089）	5.490**（2.086）
	高中	1.026（4.195）	−0.941（3.042）	−0.611（2.831）	−0.543（2.801）
	大专及以上	−5.212（6.075）	−1.276（4.560）	−2.083（4.314）	−1.550（4.251）
性别	女	−2.283（3.470）	−1.076（2.131）	−2.116（1.835）	−2.022（1.813）
	男	7.805***（2.481）	5.503**（2.072）	5.388***（1.910）	5.522***（1.895）

*、**和***分别表示在 10%、5%和 1%的水平上显著

注：NNM 表示邻近匹配方法，（1）表示匹配标准为邻近一个单位，（2）表示匹配标准为邻近五个单位；KBM 表示核匹配方法，（1）表示带宽为 0.05，（2）表示带宽为 0.03

四、结论

21 世纪以来，我国劳动力的大规模流动，不仅为农业现代化发展创造了条件，也为城市经济增长做出了贡献。但新生代农民工结构性失业问题和低收入问题日益突出，引起政府部门的高度关注，中央政府及有关部门启动了多个新生代农民工职业技能培训项目。本书在此背景下，采用农业部农村经济研究中心农村固定观察点 2010 年 6 704 个有外出务工经历的新生代农民工数据，通过引入 PSM 模型，纠正以往模型未能有效解决的样本自我选择偏误问题，测算职业技能培训对新生代农民工收入的影响。同时，针对以往文献在使用该模型时对匹配质量不做检验或检验不

足的问题，本书尤其注重对匹配前后各变量的差异性及总体差异性的检验。检验结果表明，匹配之后接受培训组和未接受培训组各控制变量的差异性显著降低，总体检验的似然比检验值和平均偏误也大幅下降，匹配质量较高。

在此基础上，根据各控制变量计算的倾向得分对接受培训组和未接受培训组中的个体进行匹配比较发现，在保持个体其他控制变量相似的情况下，新生代农民工的平均日工资因为职业技能培训而增加 3.157~3.483 元，每个月工资的增幅大约为 6.2%。这说明我国实施的新生代农民工职业技能培训项目取得了较好的效果。此外，由于新生代农民工中具有高中及以上学历的比例较高，因其本来就具有较高的职业技能，那么，职业技能培训对其收入增长的促进作用可能不明显。本书的实证结果显示，职业技能培训主要对具有小学和初中学历的新生代农民工收入增长起到促进作用，并且前者收入增长的幅度更大。本书还尝试了不同的匹配方法和不同的概率模型，以分析结果的稳健性，结果显示，各种方法得出的结论基本一致。

根据以上研究结论，本书认为，在我国大力推进城镇化和农业现代化建设的同时，应该注重对农村剩余劳动力进行职业技能培训，提升他们的专业技术素质与收入水平。同时，职业技能培训对象应该逐渐聚焦，从提高收入的视角，应该重点培训学历相对较低的新生代男性农民工，为他们提供更多的培训机会，实现剩余劳动力及时、有效的转移，进一步提高劳动力资源的配置效率。

第三节　新型职业农民及培训状况

一、新型职业农民状况

2016 年，中共中央组织部、农业部、人力资源和社会保障部、国家统计局联合开展的全国农村实用人才统计显示，截至 2015 年底，全国农村实用人才总量为 1 692.29 万人，其中，生产型人才 616.67 万人，经营型人才 348.99 万人，技能服务型人才 306.54 万人，技能带动型人才 252.22 万人，社会服务型人才 167.87 万人。根据农业部《关于统筹开展新型职业农民和农村实用人才认定工作的通知》的精神，农村实用人才中的生产型人才、经营型人才和技能服务型人才均属于新型职业农民，据此，截至 2015 年底全国新型职业农民总量为 1 272.20 万人。

从性别来看，新型职业农民中男性为 976.52 万人，女性为 295.68 万人，所占比例分别为 76.8%和 23.2%，男女比例约为 3.3∶1（图 11-2）。

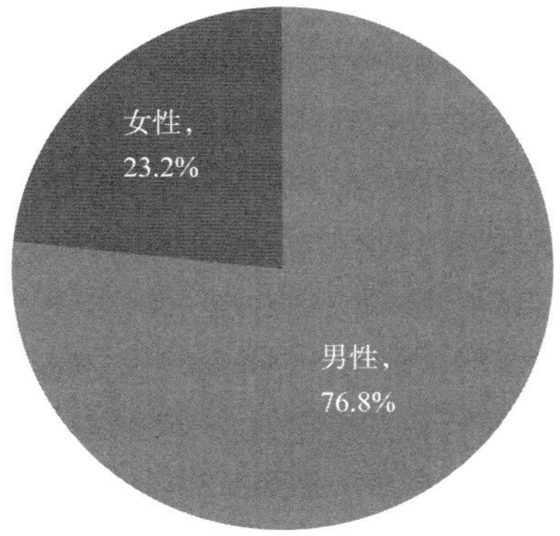

图 11-2　全国新型职业农民性别结构

资料来源：农业部科技教育司，中央农业广播电视学校. 2016 年全国新型职业农民发展报告. 中国农业出版社，2017

从年龄结构来看，新型职业农民中 55 岁及以上的占 11.84%，51~54 岁的占 12.78%，46~50 岁的占 20.79%，41~45 岁的占 21.05%，36~40 岁的占 16.41%，35 岁及以下的占 17.13%。41~45 岁、46~50 岁、35 岁及以下新型职业农民数量最多，大约占总数的 58.97%。与江苏省种植业农户平均年龄 55 岁相比，新型职业农民呈现年轻化的特征（图 11-3）。

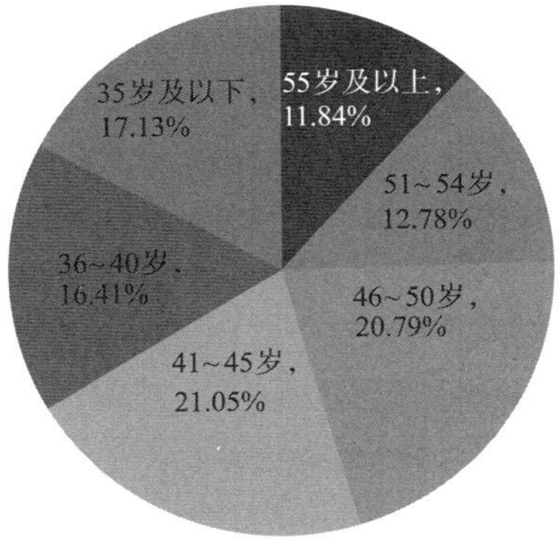

图 11-3　全国新型职业农民年龄结构

资料来源：农业部科技教育司，中央农业广播电视学校. 2016 年全国新型职业农民发展报告. 中国农业出版社，2017

从受教育程度来看，新型职业农民中具有初中文化程度的最多，占 57.74%，这与江苏省种植业农户调查数据接近（初中文化程度的农户占 49.00%）；具有高中（含中专）文化程度的新型职业农民占 25.32%，该数据低于江苏省种植业农户调查数据的 37.00%；大专及以上文化程度的新型职业农民占 5.19%，与江苏省种植业农户调查数据相近。总体来看，全国新型职业农民的受教育程度仍然较低，有待进一步提高（表 11-9）。

表 11-9　新型职业农民受教育程度

受教育程度	人数/万人	所占比例
大专及以上	65.97	5.19%
高中（含中专）	322.1	25.32%
初中	734.63	57.74%
小学	131.77	10.36%
文盲	17.73	1.39%

资料来源：农业部科技教育司，中央农业广播电视学校. 2016 年全国新型职业农民发展报告. 中国农业出版社，2017

从各地区比较来看，江苏和山东新型职业农民数量均超过 150 万人，占全国前两名。其中，2016 年，江苏新型职业农民数量为 162.13 万人，山东新型职业农民数量为 151.17 万人，分别占全国新型职业农民总数的 12.74%和 11.88%。河南新兴职业农民数量为 91.71 万人，所占比例为 7.21%。四川、广东、湖南、河北、浙江等 5 个省新型职业农民数量均超过 50 万人。辽宁、吉林、黑龙江、新疆、湖北等均为我国农产品生产大省（区），但是新型职业农民数量均少于 50 万人，未来“谁来种地”的问题更加突出，需要引起相关政府部门的重视（表 11-10）。

表 11-10　全国各地区新型职业农民数量　　单位：万人

地区	人数	地区	人数	地区	人数	地区	人数
北京	3.55	上海	3.45	湖北	49.05	云南	46.10
天津	7.13	江苏	162.13	湖南	66.07	西藏	6.65
河北	61.50	浙江	51.79	广东	67.47	陕西	36.26
山西	22.52	安徽	48.27	广西	37.04	甘肃	27.69
内蒙古	19.38	福建	33.40	海南	11.39	青海	3.21
辽宁	36.53	江西	30.23	重庆	16.94	宁夏	12.68
吉林	20.98	山东	151.17	四川	71.61	新疆	26.81
黑龙江	18.92	河南	91.71	贵州	27.14	新疆兵团	3.45

资料来源：农业部科技教育司，中央农业广播电视学校. 2016 年全国新型职业农民发展报告. 中国农业出版社，2017

二、新型职业农民培训状况

2012 年中央一号文件提出大力培育新型职业农民后，农业部在全国选择了 100 个农业县开展新型职业农民培育试点工作。2014 年，农业部与财政部共同启动实施“新型职业农民培育工程”，2015 年进一步会同教育部、共青团中央启动实施“现代青年农场主培养计划”。在中央政策指引和国家部委试点示范推动下，各省委、省政府也高度重视新型职业农民培训工作，陕西、湖南、安徽、云南、山西、广西、江苏、四川、上海、山东等 10 个省（区、市）因地制宜，对本地区新型职业农民培训工作做出了详细部署。很多市（县）级党委政府为了响应中央及省级政府的号召，将新型职业农民培育作为未来“三农”工作的重心。在自上而下的政策支持下，一大批专业大户、家庭农场经营者、农民合作社骨干等新型农业经营主体带头人主动参加培训，提高综合素质、生产经营能力和专业化水平。

新型职业农民培训工作需要相关资金的支持，财政资金的投入是做好新型职业农民培训的重要基础。自“新型职业农民培育工程”启动以来，中央财政 2014 年、2015 年每年安排 11 亿元专项资金投入，2016 年财政投入增加至 13.9 亿元。在中央财政的示范引导下，地方政府也加大新型职业农民培育资金投入力度。例如，2012~2014 年江苏省财政每年投入 1 亿元；山西省财政每年整合 1 亿元专项资金；安徽省财政 2014~2015 年每年安排 4 000 万元专项资金，并且将新型职业农民培育工作纳入本省民生工程。据不完全统计，截至 2015 年底，省、市、县各级财政投入资金超过 20 亿元①。

截至 2015 年底，全国新型职业农民为 1 272.20 万人。自 2014 年新型职业农民培育工程启动以来到 2015 年底，共培育新型职业农民 200 万人，该工程培育的新型职业农民所占比例仅为全国新型职业农民的六分之一左右。从地区分布来看，山西、吉林、黑龙江等中部地区 8 省（区、市）参与培训的新型职业农民人数为 84.4 万人，所占比例为 42.2%；江苏、浙江、上海等东部地区 11 个省（区、市）参与培训的新型职业农民人数为 40.4 万人，西部地区参与培训的新型职业农民人数为 75.0 万人。从数据来看，中部地区和西部地区参与培训的新型职业农民人数显著高于东部地区，说明相关政策向中部地区和西部地区倾斜。从培训对象来看，截至 2016 年，有超过 100 万人是直接从事生产经营的新型职业农民，有 48 万人主要从事专业服务，有 48 万人主要从事专业技能工作。

依托新型职业农民培育工程，我国还实施了现代青年农场主培养计划和新型农业经营主体带头人轮训计划。2015 年，农业部会同教育部、共青团中央启动实施“现代青年农场主培养计划”。2016 年，农业部印发《农业部办公厅关于做好 2016 年现代青年农场主培养工作的通知》，为了激发农村青年创造力、提高创业兴业能力，为现代农业发展提供强有力的人才保障，“现代青年农场主培养计划”每年在全国遴选 1 万名具有一定产业基础和高中及以上学历，年龄在 18~45 周岁的专业大户、家庭农场经营者、农民合作社骨干、返乡创业大学生、返乡农民工和退伍军人等培育对象，开展培训指导、创业孵化、认定管理、政策扶持和跟踪服务等，期限为 3 年。

---

① 相关数据来源于《2016 年全国新型职业农民发展报告》。

新型农业经营主体是发展现代农业的生力军和引领力量，新型农业经营主体带头人是新型职业农民的优秀代表。2016 年，农业部印发《农业部办公厅关于开展全国新型农业经营主体带头人轮训计划的通知》，指出“自 2016 年起依托新型职业农民培育工程，组织实施全国新型农业经营主体带头人轮训计划”“计划用 5 年时间，将新型农业经营主体带头人轮训一遍，提高综合素质和职业能力，充分发挥示范带动作用，促进新型农业经营主体和新型职业农民‘两新’[①]并行、‘两新’融合、一体化发展，加快构建现代农业生产经营者队伍”。

第四节　新型职业农民建设的政策思考

新型职业农民培训的目标是要培养有文化、懂技术、会经营的农民，因此，大力培育新型职业农民可以从以下四个方面展开。

一、注重实用技术使用和经营管理能力培训

现代农业是现代科技集约、具有现代产业组织特征的农业，要求从业者具有较高的文化素质和技术素质；现代农业与农业产业化、规模经营、激烈的市场竞争相联系，要求农民会经营、善管理，具备市场经济意识。因此，要对当前在农村从事农业生产的规模经营大户、农业龙头企业和合作组织中的生产经营决策者进行培育，这方面可以借鉴日本和韩国的法人经营组织的培育经验，特别要注重实用技术的推广与经营管理能力的提升。

我国未来改革的方向是让市场在资源配置中起决定性作用，并且农业改革的方向是“价补分离”，更多地发挥市场的作用。在此背景下，我国相关部门和政策制定者应该更多地关注管理能力对农业经营的影响，在推进适度规模经营的过程中注重对农业经营者管理能力的培训。当前的培训更多地聚焦于产中相关技能的培训，但是随着价补分离政策的实施，应该提高农户风险管理能力，通过多元化经营、农业保险等措施降低风险。

---

① “两新”指新型农业经营主体和新型职业农民。

二、着眼解决农业经营“后继无人”的问题

要解决我国农业继承者的问题，就要从长远的角度培育未来的新型职业农民。欲回乡从事农业的年轻劳动力，以及农业大专院校和中等职业学校毕业学生中存在潜在的农业从业人员，可能会是未来农业的经营者，要对其进行培育、引导，鼓励其从事农业。可以借鉴日本和我国台湾地区的培育回乡青年及“新规旧农”人员的经验对这类人员进行培训，对这类人员除了进行技能的培训外，还要为他们成为职业农民、从事农业经营活动提供政策与制度条件。

三、建立贯穿全产业链的新型职业农民培训内容

围绕现代农业发展的需要，必须对农民培训机构的培训人员、课程及培训方式进行改造，改变过去农民培训仅仅重视获得学历、单纯进行生产技术培训等方式。培训内容要从传统的种植、养殖技术扩展到涵盖产前、产后的相关领域，如农产品销售及服务、食品加工、农场管理等，以及从技术培训拓展到创业经营和就业技能培训等。

四、完善新型职业农民培训体系

目前我国的农民培训体系不能满足新型职业农民培育的需要。一是培训内容不能满足现代农业的科技化、产业化、规模化及市场化的需求；二是部分培训老师或缺乏实践经验，或知识结构老化；三是政府各级部门被动地实施新型职业农民培育工程，效率有待提高，培训监督机制缺乏。国家相关部门要加快建立新型职业农民培育的制度保障。要构建农业职业教育体系，依托农业科研院所、农业技术推广机构、农业职业院校和农业广播电视学校及社会机构，开展不同层次的新型职业农民培训。

第十二章　不同农业经营主体政策支持分析

第一节　小农竞争力提升政策分析[①]

小农户是我国农业生产经营的主体，在数量上占据主导，且短期内不易改变。截至 2016 年底，我国经营规模在 50 亩以下的农户数量接近 2.6 亿户，占农户总数量的 97%，户均耕地面积只有 5 亩左右。在当前城乡二元结构尚未完全破除等不利因素的共同作用下，我国农户绝对数量的下降在短期内很难实现。由于土地规模小且资金不足，小农户缺乏投资现代农业装备的需求和能力，二者限制了小农户对现代农业技术的采用。而且，小农户依靠家庭经营从事农业生产难以实现规模经济，农业生产成本偏高。土地规模给小农户的农业生产经营活动带来了种种局限，同时，来自国际市场的竞争压力进一步放大了小农经营的不足。如何提升小农竞争力是当前我国农业面临的一大难题。

2017 年，中共十九大报告提出要实施乡村振兴战略，实现小农户和现代农业发展有机衔接。提高以小农户为主的中国农业的竞争力，实现农村产业兴旺，具有特别重要的意义。世界各国均致力于对本国农业的支持与保护，但在多边或双边贸易规则的重重约束下，完全依赖支持和保护政策发展农业的空间已十分有限。各国能否确立农业的竞争优势，并通过合理的发展规划与政策保障着力提高农业竞争力，将关乎这一产业在国际竞争中的“生死存亡”。农业生产的自然属性使得农业竞争力在很大程度上依赖国内自然资源禀赋，这也是各国提高农业竞争力必须要面临的客观条件。人多地少、以小农经济为主的东亚地区想要提高农业竞争力，面临着更加严峻的挑战。

---

① 本节部分内容来自胡凌啸和周应恒（2018）。

我国面临着资源禀赋的劣势，提高农业竞争力不仅更加紧迫，还要另辟蹊径。日本在相对不利的资源禀赋条件下，结合国内外新形势，近年来竭力提升小农竞争力，并勾勒出一幅“进取的农业”宏伟蓝图。为提升小农竞争力，日本政府对农业发展进行了全面规划，并积极开展农业政策改革，呈现出农业政策调整的新格局。与日本相比，我国农业经营规模更加细小，小农户数量更加庞大，在开放的市场条件下农业发展所承受的压力更大，所面临的问题也更多。日本近年来提升小农竞争力的农业政策指向与相关措施能够反映其克服小农局限、提高农业竞争力的思路，这会给面临相似问题的我国提供启示。本章基于对日本农业政策演变脉络及最新变化的整理分析，力图准确把握其政策出台的背景与目标、问题指向与措施特征，为我国提升小农竞争力提供借鉴。

一、日本农业新政策制定的背景

小农经营是日本农业长久以来的典型特征。在20世纪第二次世界大战后百废待兴、农产品国际贸易规则尚不完善的国内外环境下，日本通过对内实行强有力的支持政策、对外实施高关税的保护政策，实现了农业、农村的发展和农民收入的快速提高。

尽管很多学者常以“阻碍了农业竞争力提高”为由对日本高度保护的农业政策进行批判，但在当时特殊的时代背景下，保护小农、实现小农收入的提高或许比提高农业竞争力更为紧迫。

不过，自20世纪90年代以来，日本农业发展的国内外环境发生了巨大变化，尤其是随着WTO贸易规则的形成和国际竞争的加剧，低价农产品不断涌入日本，日本农业的弱质性日益暴露，小农户在参与农产品国际竞争时表现出明显劣势；其长期实施的农业保护政策遭遇巨大挑战，继续通过保护来发展农业的政策思路难以为继。这迫使日本不得不认真考虑农业竞争力问题，而将政策指向转到提高农业竞争力方面变得越发必要。

由于意识到日本的小农户在同欧美大规模农场竞争时的不足，日本力求通过延伸农业产业链、六次产业化等方式与欧美农业形成错位竞争，并以此为核心制定农业新政策。总体来看，日本近年来制定指向提升竞争力的农业新政策，大体面临着三方面的背景。

（一）农业衰退凸显了农业竞争力不足问题

在过去二三十年里，日本农业发展遭遇了较为严重的问题，农业总产值、农业收入、食物的能量自给率全面下降。1984年，日本农业总产出曾接近12.0万亿日元，但此后，稻谷、蔬菜、水果和以牛肉、猪肉、鸡肉为代表的畜产品等主要农产品的产值都有较大幅度下滑[①]。到 2014 年，日本农业总产出只有不到 8.4 万亿日元，较 30 年前下降了 30%左右，而稻谷产值更是降低了 60%以上。同时，2014 年，日本农业收入仅为 2.8 万亿日元，较 30 年前下降了 40%以上。同农业产值和农业收入下降相对应，日本食物的能量自给率从 1989 年的 49%下降至 2015 年的 39%，下降幅度达到 10 个百分点。除了日本严格保护的稻谷基本完全自给外，其他农产品的能量自给率都相对较低。

产值、收入和食物的能量自给率三个方面的全面衰退反映了日本农业发展的巨大困境，凸显了农业竞争力不足的问题。

（二）市场开放增强了对提高农业竞争力的需要

日本经济对贸易具有很强的依赖性，因此，日本政府积极地参与双边或多边贸易谈判。而在贸易谈判过程中，农业是难以回避的重要领域。尽管日本在早期通过各种保护手段避免了日本农产品尤其是稻谷受到国际市场的冲击，但是，在当前的国际经济环境下，日本基于对整体贸易格局的考量，不得不在农业谈判中妥协。例如，在 TPP（Trans-Pacific Partnership Agreement，跨太平洋伙伴关系协定）谈判过程中，有日本国内学者指出，加入 TPP 会造成日本农产品进口增多，国内农业萎缩；廉价农产品大量涌入，国内农产品价格下降；农业收入减少，农民营农意愿下降，这对于劳动力本来就缺乏的日本农业冲击很大（清水徹朗，2017）。尽管如此，日本最终还是在很多农产品的关税上做了让步[②]，选择加入 TPP[③]。

市场开放程度的提高会加剧国内农产品同国际农产品的竞争，为了减少农业受到的冲击，着力提高农业竞争力显得十分必要。

（三）农业生产条件约束增加了提高农业竞争力的紧迫性

提高农业竞争力必须要以农业生产的客观条件为基础，而日本农业生产条件

---

① 若无特别说明，本章的数据均来源于：日本農林水産省，統計情報（http://www.maff.go.jp/j/tokei/index.html）。

② TPP 协议生效后，牛肉的关税税率（2017 年为 38.5%）要在 1 年后降为 27.5%，10 年后降为 20%，16 年后降为 9%；鸡肉的关税（2017 年税率均为 11.9%）要在 6 年和 11 年内撤销；猪肉的从价税（2017 年税率为 4.3%）要在 10 年内撤销，从量税税率（2017 年为 482 日元/千克）要在 5 年后降为 70 日元/千克，10 年后降为 50 日元/千克。

③ 尽管美国从 TPP 中退出，但 TPP 协议已经达成，且日本仍在积极推进。本书意在借助这一贸易谈判案例说明日本如何基于本国贸易格局的考虑，选择在农业谈判中妥协的事实。这在目前和未来的贸易谈判中可能会继续发生，日本农业参与国际竞争的趋势不可避免。

存在很大的约束，这无疑增加了该国提高农业竞争力的紧迫性。

首先，人多地少的资源禀赋是日本提高农业竞争力的刚性约束。日本 88%的农户经营着 2 公顷以下的土地，其中 68%的农户规模更是不足 1 公顷，这与欧美大多数国家的农业经营规模相差甚远（周应恒等，2015）。小规模农户与能够实现大规模机械化的欧美农场相比，在生产成本方面可谓存在天然劣势，在全球农产品市场竞争日益激烈的今天，高成本往往意味着竞争的劣势。而且，尽管耕地资源已经极度稀缺，但日本国内耕地面积仍在逐年下降，2015 年降至 450 万公顷左右，相比历史最高值减少了 159 万公顷，降幅超过 26%。

其次，日本农业生产面临着劳动力数量和质量的双重约束。早在 20 世纪 60 年代，日本农业劳动力数量开始减少，截至 2015 年，日本农户总量为 215.5 万户，较 1990 年减少了 44%，年均下降 2.2%。其中，销售农户数量由 1990 年的 297.1 万户减少到 2015 年的 132.9 万户，下降幅度超过 55%[①]。同时，农业劳动力老龄化也日益严重。2015 年，日本农业从业人口的平均年龄达到 66.4 岁，较 2005 年又增加了 3.0 岁。其中，销售农户中的农业从业者有 56%以上超过 64 岁，超过 70 岁的接近 40%。不仅如此，日本农村家庭兼业化也十分严重，农业收入在家庭收入中的所占比例越来越小（叶兴庆等，2017）。

最后，日本还出现了农地大面积抛荒的问题，并且越发严重。2015 年，日本抛荒的耕地面积达到 42.3 万公顷，占耕地总面积的比例接近 10%，尽管近年来抛荒率增速放缓，但相比 1990 年，抛荒面积几乎翻了一番。大量土地撂荒造成土地利用率不断下降。2015 年，日本耕地利用率为 91.8%，相比 1990 年下降了 10 个百分点[②]。根据日本农村振兴局的调查，农业劳动力不足且高龄化，以及农产品价格低迷是造成土地抛荒的主要原因，这导致日本农业陷入了一种恶性循环（王应贵，2015）。

二、日本提高农业竞争力的政策规划和设计

日本要提高农业竞争力，必须基于日本的基本农情，即数量众多的小农户依然是日本农业生产经营的基石。在此前提下，日本想要应对国内农业面临的问题和挑战，实现提高农业竞争力的目标，关键在于提升小农竞争力。为此，日本政

① 资料来源：日本農林水産省《農林業センサス》（http://www.maff.go.jp/j/tokei/census/afc/index.html）。其他说明如下：第一，日本农林水产省于 1989 年调整了农户的统计口径。为保证数据比较的准确性，1989 年及该年之前采用旧口径下的数据，1989 年之后采用新口径下的数据。第二，新口径下农户被分为两个类别，一类是销售农户，一类是自给农户。其中，销售农户是经营耕地面积超过 0.3 公顷或者过去 1 年的农业销售额超过 50 万日元的农户。

② 耕地利用率=（耕作总面积/耕地总面积）×100%。

府从2013年开始不断以提高小农竞争力为指向对农业进行全新定位，同时积极进行农政规划（表12-1），绘制了日本农业未来十几年的发展蓝图，试图通过执行“一揽子”农业新政提高农业的国际竞争力和影响力。“进取的农林水产业推进本部”“农林水产业地区活力创造本部”“进取的农林水产业运行本部”等专门机构的相继成立①，《日本复兴战略》《农林水产业地区活力创造计划》《实现“进取的农林水产业”最新政策纲要》等规划的陆续出台，《食品、农业、农村基本纲要》五年一度的再次修订，以及2016年和2017年直接指向农业竞争力的《农业竞争力强化计划》和《农业竞争力强化支援法》的分别发布，表明日本在提高农业竞争力的规划方面步步推进。而这些农业规划和农业政策到底与提高农业竞争力有着怎样的关系，尤其是如何弥补小农的劣势、实现小农竞争力的提升，以下将进行重点说明。

表12-1 2013~2017年日本农政规划的重要事件

时间	重要事件
2013年1月	“进取的农林水产业推进本部”成立
2013年1月	“农林渔业成长产业化支援机构”成立
2013年5月	“农林水产业地区活力创造本部”在首相官邸成立
2013年6月	《日本复兴战略》发布，包括农林水产业的产业化发展
2013年12月	《农林水产业地区活力创造计划》发布
2014年6月	《日本复兴战略》和《农林水产业地区活力创造计划》修订
2014年8月	《实现“进取的农林水产业”最新政策纲要》（第2版）发布
2014年9月	“进取的农林水产业运行本部”成立
2015年3月	《食品、农业、农村基本纲要》修订
2016年11月	《农业竞争力强化计划》发布
2017年5月	《农业竞争力强化支援法》发布

资料来源：笔者整理而得

（一）“活力创造计划”的目标和政策设计

2013年底日本推出的《农林水产业地区活力创造计划》提出了日本农业未来发展的几个主要目标（表12-2），其中一个主要目标是到2020年和2030年分别实现1万亿日元②和5万亿日元的农林水产品出口额。同时，日本为农业的六次产业化发展设定了10万亿日元的市场规模目标，以应对开放条件下传统农业产值萎缩问题。另外，完善农业经营结构一直是日本应对国内农业劳动力短缺和

① 日文是“攻めの農林水産業”，直译为“进攻的农林水产业”，经反复推敲后决定采用“进取的农林水产业”。

② 需要说明的是，这1万亿日元的出口目标中，加工食品的目标出口额占到了50%。

老龄化等农业问题的关键举措，因此，培育骨干经营主体也是一个主要目标。

表 12-2　日本农业未来发展的几个主要目标

相关领域	主要目标
食品	2020 年和 2030 年农林水产品出口额分别达到 1 万亿日元和 5 万亿日元
	2015 年学校提供的食品中使用国产农林水产品的比例达到 80%以上
六次产业化	2020 年六次产业化的市场规模达到 10 万亿日元
农业经营结构	2020~2030 年未来 10 余年内，农地的 80%集中掌握到主要的农业经营者手中
	新进入的农业经营者翻倍，10 年后 40 岁以下的农业从业者达到 40 万人
	未来 10 年内，法人经营体数量达到 5 万个
	2020~2030 年未来 10 余年内，主要农业经营者的大米生产成本下降 40%

资料来源：農林水産業・地域の活力創造本部. 農林水産業・地域の活力創造プラン. 2014

观察上述目标，由日本对农林水产品出口和六次产业化的重视和期待，可见其想将小农竞争力与农业附加价值相连接的设想。一方面，日本农产品市场在国际贸易中被动开放，无论其农户规模如何扩张，即使实现了日本制定的经营规模目标，仍无法与欧美大农场相提并论，难以通过生产成本优势实现以量取胜，更何况日本推进规模经营的过程依然困难重重。但日本充分利用小农人力资本水平高、农业生产技术先进、产品质量好等特点，努力打造和提升日本农产品特别是食品的品质优势，这极大地提高了农产品的附加价值，可以实现高价销售。随着世界各国居民收入水平的提高，人们对高品质农产品的需求更加旺盛，因此，这一举措既缓解了农业遭受的国际市场压力，也能建立农业的核心竞争力。2015 年，日本农林水产品出口额超过 7 500 亿日元，在不断创历史新高的同时有望提前实现 1 万亿日元的目标。另一方面，六次产业化是对农业附加价值的充分挖掘，通过推动农村第一、第二、第三产业融合发展，能够充分发挥农业的多功能性。日本小农经营的多样性为六次产业化创造了良好条件。从农业多功能性的角度讲，人多地少资源禀赋下的小农经营甚至可以将劣势转化为优势，这可以成为农业竞争力的重要源泉。以提高农业附加价值作为提升小农竞争力的路径，是对不利条件的规避，也是对小农特征的挖掘。

培育骨干经营主体的目标体现了日本想在促进小农升级方面做出努力，同时也是在为农业培养接班人，这有助于为提高农业竞争力夯实基础。日本在培育骨干经营主体方面的主要政策包括：①促进土地向骨干经营主体集中。通过在县级（相当于我国的省级）政府成立农地中介管理机构，利用政府的信用条件，把需要流转的分散农地从农户手中集中起来，经过整理后以低廉价格连片租赁给新型骨干经营主体。农地中介管理机构的设置对于降低土地交易成本、防止地租过高起到了重要作用。②降低大米生产成本。通过推进农业经营结构改革，促进不同经营主体间的竞争，降低农业生产资料价格，进而降低大米生产成本。③推进农业从业者年轻化。鼓励城市劳动力和第二、第三产业劳动力返农及青年学生务农。政府对45岁以下具有营农意向的人员开展培训指导并给予政策支持，对实际新就农者不仅在农业生产资料与经营条件方面，而且在生活保障方面给予高额补贴。不仅如此，日本还注重促进农业经营主体法人化，这也是日本近年来农业经营主体培育的重要方向。提升小农竞争力不等于固守小农经营，促进经营规模扩张和农民人力资本增加等举措也是提升小农竞争力的重要组成部分。可以说，“活力创造计划”所提出的目标直面日本农业竞争力不足的问题，并结合日本小农经营的特征，指明了提升小农竞争力的发展方向。为实现“活力创造计划”提出的目标，两大类配套的农业政策逐渐形成，一类是产业政策，一类是地区政策。前者主要有三大政策支柱，分别是扩展食品需求的边界、构建连接食品供需的价值链和强化本国农业生产；后者的政策支柱则是发挥和保持农业的多功能性。这四大政策支柱共同构成提高日本农业竞争力的支撑。

（二）构建“进取的农林水产业”的设想和政策集合

2014年，日本农林水产省发布的《实现“进取的农林水产业”最新政策纲要》概括了日本构建“进取的农林水产业”的设想和具体政策（表12-3），这些政策与《农林水产业地区活力创造计划》的四大政策支柱相一致，同时也进一步具体化。

表12-3 日本“进取的农林水产业”的设想和具体政策

设想	具体政策
扩大国内外对日本农产品的需求	FBI[1]战略、海外推广食品文化和发展食品产业
	向国内外推广日本食品及食品文化
	注重消费者食品需求变化
	确保食品安全和消费者对日本食品的信赖
农产品附加价值的提高	促进生产、流通、加工一体化和六次产业化
	设立地理标识保护制度
	充分利用地区资源和可再生能源
	充分利用新技术，实现新农业
	提高畜产品的竞争力
农业生产的强化	农地向主要农业经营者集中
	改革农户经营收入安定政策
	促进稻米政策改革
	促进农协和农业委员会改革
	培育多样化的农业经营主体，降低农业生产成本
农业多功能性的发挥和维持	设立日本型直接支付制度
	活力人口减少的农村

1）FBI是指“made from Japan”“made by Japan”“made in Japan”

资料来源：農林水産省.「攻めの農林水産業」の実現に向けた新たな政策の概要. 2版. https://www.maff.go.jp/j/pamph/pdf/semep2_kaitei2.pdf，2014

在扩大国内外对日本农产品的需求方面，一是注重向国外推广日本食品和食品文化，其 FBI 战略就是一种全面的海外推广战略；二是增强国人对国产食品的认可，日本将这部分任务的重心放于学校；三是注重消费者食品需求变化及确保食品安全，这两点重在把握食品消费的发展方向及赢得消费者的信赖。不难看出，其政策思路依然聚焦于产品的品质。

在提高农产品附加价值方面，六次产业化依然是最重要的政策，同时，日本还强调要充分发挥地区优势并且在当地转化和呈现，以及不断研发和采用新技术。如果仅从农业的产品功能看，对于同质性很强的农产品而言，随着仓储、物流技术的发展，农产品的长时间储藏和长距离运输变得更加容易，跨境可贸易性越来越高，这使得农产品竞争力主要取决于土地资源禀赋，而小农经营难有优势。日本采用两种政策方式弥补其在资源禀赋上的劣势。一种是生产不同质的农产品，尤其是注重提高品质、打造品牌，提高消费者的认知度，产生信任溢价。例如，日本在畜产品生产上的战略就是允许饲料进口，用价格低廉的饲料在国内生产高品质且高价的畜产品。另一种是拓展农业的功能，通过六次产业化创造出同质性低、空间上难以移动的“产品”，这些产品的竞争力更依赖文化、地域特征和民族特色，由此小农经营的多样化、差异化特征得以发挥。

在农业生产的强化方面，值得关注的是日本对农协改革的推动。作为农民合作的载体，日本农协有效地提高了小农户的组织化程度，它既是日本农民经营活动的指导者，组织农民与大市场形成对接的支撑平台，也是日本农民培训、农村福祉的提供者，还是日本农业政策的执行者（周应恒和胡凌啸，2016b）。但农协也因“保护小农”和官僚化、垄断化、阻碍竞争等积弊从而缺乏竞争力被诟病。因此，自 2014 年起，日本对农协展开了强有力的改革，最终于 2015 年出台了新的《农业协同组合法》，并于 2016 年 4 月开始全面执行。新的法案要求阶段性地使日本农协全国中央会从特别法人向一般法人转化，都道府县农协中央会从特别法人向农协联合会转化；农协中央经营机构要改制为股份制企业；促进综合农协转型为专业农协，给予基层农协更大的自主性（神田健策，2016）。这些举措的目的都是削弱农协组织的行政力量，排除垄断，提高其竞争力，虽有政治需要，但也在很大程度上反映了日本政府在解决小农竞争力不足问题上的决心。

（三）《食品、农业、农村基本纲要》的再次修订及政策主张

1961 年，日本制定了《农业基本法》。这是日本出台具有宏观指导意义农业法律的开始，它为农业发展规划的设计和实施提供了最基本的法律依据。彼时，《农业基本法》的制定是为了提高农民收入和生活水准，最终实现农业劳动者与其他产业劳动者的工资水平基本均衡，各类农业政策也纷纷指向这一目标（速水

佑次郎和神门善久，2003）。同时，日本政府也提出了对农业发展的设想，即建立以自立经营农户为主的农业结构，打造自立农业。《农业基本法》实施了近40年后，虽然收入均衡的目标基本得以实现，但是，日本农业发展的现实与自立农业的设想之间相距甚远。鉴于此，日本国会于1999年废止了《农业基本法》，取而代之的是《食品、农业和农村基本法》。《食品、农业和农村基本法》对日本农业发展进行了重新规划，设立了农业未来发展的四个基本目标：保障食品的安全供给、发挥农业的多功能性、促进农业可持续发展和振兴农村。同时，日本还将制定《食品、农业、农村基本纲要》（以下简称《基本纲要》）纳入《食品、农业和农村基本法》的内容中。2000年，日本颁布了《食品、农业、农村基本纲要》，确立了日本食品、农业、农村支持和保护政策的基本方针和措施，全面对接《食品、农业和农村基本法》的农业发展目标。《基本纲要》在促进女性和高龄劳动力参与农业、培育农业人才、加强农业技术开发和推广、加强农业生产组织的活动、保护耕地等方面都制订了较为详细的方案。《基本纲要》每5年修订一次。2005年修订的《基本纲要》提出要打造具有高附加价值的农业，促进高品质安全农产品的出口，同时更加重视对环境的保护。2010年，日本再次修订了《基本纲要》，提出要重振食品行业和促进农村地域繁荣，开始实施生产者户别收入补贴、六次产业化提升农业、三产协同振兴农村等支持政策。

2015年3月，《基本纲要》迎来了又一次修订。修订后的《基本纲要》提出要力争打造"强大的农业"，而强大的农业的特质之一就是具有竞争力。《基本纲要》调整了之前食品的能量自给率目标：将2025年食品的能量自给率定为45%，较2010年设置的目标降低了5个百分点。同时，鉴于日本畜牧业饲料自给率有不断下降的趋势，修订后的《基本纲要》还对饲料自给率设定了目标，并将2025年的目标定为40%，相较于2013年基准年提高14个百分点。为了食品的能量自给率目标能够实现，修订后的《基本纲要》对耕地面积和耕地利用率做出了规定，要求2025年耕地面积不少于440万公顷，而且耕地利用率要达到101%。修订后的《基本纲要》还首次提出了"食品自给力"（或食品的潜在生产能力）这项指标，借以引出提高食品自给力的政策。

为了能够基于现有以小农为主的农业条件实现"强大的农业"目标，修订后的《基本纲要》主要制定了四大类政策。第一大类是确保食物稳定供应政策。一方面，要消除出口障碍，促进农产品的出口，推进食品企业的全球化发展；另一方面，要不遗余力地发展六次产业化，构筑农产品生产、加工、流通等环节的全产业链。第二大类是促进农业可持续发展政策。不仅要通过农业政策支持认定农业者、集落营农等主要的农业经营主体，促进农业法人的发展和涉农人才的培育，还要继续通过农地中介管理机构促进土地向其集中，避免土地抛荒问题恶化，而这些多样化的农业经营主体或者是对小农的改造升级，或者是利用小农合作实现组织化经营，都有助于小农竞争力的提升。第三大类是振兴农村政策。农业、农村、农民是一个有机系统，提升小农竞争力也是一个系统性工程，离不开农村发展的支撑，通过振兴农村能够实现对农业发展的支持。第四大类是重整与改革农业团体政策。该类政策强调了农协和农业委员会改革方案的实施。总体而言，修订后的《基本纲要》延续了前期农业发展规划的基本思路，同时对农业政策的阐述更加具体，打造“强大的农业”的设想和政策设计使得提高农业竞争力在日本农业发展中的重要性进一步提升。

（四）《农业竞争力强化计划》的全面实施及政策规划

经过几年的规划和发展，2016 年 11 月 29 日，日本“农林水产业地区活力创造本部”确定并颁布了《农业竞争力强化计划》，明确了指向竞争力的农业发展规划。该计划试图通过提高农业者收入，创造农业者可以自由开展经营的环境，解决难以通过农业者自身努力而解决的农业结构性问题，最终实现农业竞争力的提高。该计划共包含 13 个项目，涉及农业生产、农产品流通、农业人才培育、食品出口、农村产业发展等方面。虽然不能说该计划只是针对小农户，但它依然符合提升小农竞争力的需要。表 12-4 展示了该计划的部分主要项目和内容概要：在降低农业生产资料价格和改善农产品流通加工体系方面，再次提到要利用对农协的改革达到预期目标，因此，农协改革将发挥至关重要的作用，降低成本对于小农参与国际竞争尤其重要；在培育农业人才方面，提出要充分利用非农产业人才及国外农业人才，这有助于解决农业劳动力短缺的问题；在培育农业经营主体方面，在各县建立 “农业经营培训学校”，加强农业与其他行业的联系，充分利用非农产业人才，讨论农业领域外国人实习制度和利用国外人才方案。在完善出口战略体系方面，2016 年 5 月，“农林水产业地区活力创造本部”提出了《农林水产业出口强化战略》，要将 1 万亿日元的出口目标提前至 2019 年实现，而《农业竞争力强化计划》延续了该战略的目标和措施；在改善农村就业结构方面，更加注重农业关联产业在农村的作用，把农村民宿、民食等作为重要的发展方向。

表 12-4　日本《农业竞争力强化计划》的部分主要项目和内容概要

项目	内容概要
降低农业生产资料价格	能够达到同国际农产品竞争的水准
	对全国农业协同组合中央会的生产资料购买进行改革政策
改善农产品流通加工体系	目标是构建有利于生产者的流通加工体系
	对全国农业协同组合中央会的农产品销售政策进行改革
培育农业人才	目标是提高农业劳动力的数量和能力

续表

项目	内容概要
培育农业经营主体	加强农业与其他行业的联系，充分利用非农产业人才
	各县建立“农业经营培训学校”
	讨论农业领域外国人实习制度和利用国外人才方案
完善出口战略体系	延续2016年5月制定的《农林水产业出口强化战略》
	构建日本版的SOPEXA[1)]
	成立日本食品海外促进中心
改善农村就业结构	在农村区域导入其他产业，包括工业和服务业
	提供税收和金融方面的优惠支持政策

1）SOPEXA为法国食品协会，是一家专业的食品营销与食品宣传机构

资料来源：笔者整理《農業競争力強化プログラム（概要）》（2016年11月29日）、《農業競争力強化プログラム（説明補足資料集）》（2017年4月）所得

除了表12-4中的6个项目以外，还有另外8个项目，包括：将原料原产地标识制度推广到所有加工食品；考虑引入代扣会费（check-off）制度[①]，以加大对农产品的市场推广，促进农产品销售；在现行农业灾害补偿制度的基础上发展收入保险制度；继续实施土地改良政策，加强农业基础设施建设；其余4项均和畜牧业相关，涉及饲料大米生产的推进、肉牛和奶牛基础设施的提高、配方饲料价格的稳定和牛奶及乳制品生产流通的改善。

2017年5月19日，日本国会通过并颁布了《农业竞争力强化支援法》，并于当年8月1日开始施行。该法提高了农业竞争力的规划法制化，进一步增强了提高农业竞争力的重要性。它重点强调了两大政策方向，分别是提供质优价廉的农业生产资料和保障农产品流通更加合理，对应《农业竞争力强化计划》的前两个项目。而有关《农业竞争力强化计划》其他项目的法制化工作也在积极进行。

三、日本提高农业竞争力的政策启示

整个东亚地区的农业都面临着相似的资源禀赋和国际市场环境，加之国内复杂的农业问题，要提高农业竞争力并非易事，这更加需要政府进行细致的规划和政策的支持保护。日本农业面临着巨大挑战，日本政府已经意识到提高国际竞争力是农业发展必须正视的客观要求，因此才会不断调整优化农业发展规划，并积

① USDA于1996年开始实施农产品代扣会费制度。该制度是指一些组织向特定农产品生产者收取费用建立基金，并使用这些基金进行市场营销活动及商品的研究工作。这些组织必须采用通用的方法进行营销，而不能宣传特定的生产者。代扣会费的目的是通过市场推广、增加需求及开发新用途和新市场等手段改善相关产品的市场地位。

极推进农政改革以实现这一目标。本书认为，日本围绕提升小农竞争力打造具有竞争力的农业，其思路主要体现在以下几个重要的方面。

（一）降低生产成本，提高生产效率

日本政府意识到，农业生产成本和流通成本居高不下是阻碍农业竞争力提高的重要原因。因此，日本政府在《农业竞争力强化计划》中将这两个项目放在了首要位置，并专门通过《农业竞争力强化支援法》制定相应政策，农协改革和农产品流通新形态（如直销店）的出现都是日本农业“降成本”政策的直接体现。农协在日本农业中的地位举足轻重，日本政府敢于对农协下定决心进行改革并强制推行，从中可以看出日本政府对过度保护小农导致农业经营效率低下、农业竞争力缺失现象的严重不满。农协改革对日本农业整个框架都是重大的冲击，这项改革能否顺利推行下去，能推行到什么程度，还都是未知数。为农民提供低价优质的生产资料，同时减少流通环节的数量，是提高农民收入和农业竞争力的关键。

（二）提升农业的产业链与功能价值

这主要体现在两个方面。一是拓展农产品的内涵，不仅包括初级农产品，还包括农产品加工品。日本计划以产业链的形式将整个农业的生产、加工、流通、销售串联在一起，努力提高农产品的附加价值，尤其重视提高产品品质。在扩张农业经营规模难以取得突破的约束下，提高初级农产品竞争力可能十分困难，但提高农产品附加价值是一条可行之路。二是发挥农业的多功能性，推进六次产业化。把农业功能从单一提供食物，拓展到文化传承、环境保护、休闲观光等多个方面。农村是国家农耕文明的载体，有众多可以挖掘的潜力。日本对六次产业化有着详尽的规划，这是对农业、农村的支持和保护，也有利于日本农耕文化的传承，是现代农业发展的方向。农村三产融合发展是提升小农竞争力的重要途径。

（三）强化农业基础条件

经营者和土地是农业生产最重要的两个要素，也是日本强化农业基础条件的两个关键。日本在培育农业经营主体上呈现出多样化的特征：在农户层面，着重培育骨干农民，实行认定农业者等政策，财政补贴也向骨干农民倾斜；重视培育农业经营体，尤其是组织经营体，以保障农业部门中从业者的经营和管理能力；推进农户和经营体法人化，这是日本强化农业经营基础的重要方向；放松对企业租赁农地的管制，逐渐允许企业进入农业。不仅如此，日本政府也开始加强对非

农产业人才及国外人才在农业领域的利用。另外，由于土地资源有限，日本十分重视农地整理和改良，长期坚持高标准农田建设，在该方面的投入和支持力度都是巨大的。同时，日本通过政府力量，成立农地中介管理机构，促进农地集中和改造，确保高质量农地以低廉的价格流向新型经营骨干，以降低农业经营风险。“造强人，修良田，降风险”，这些都为提高农业竞争力打下了坚实的基础。

（四）着眼开发国际市场

在农产品国际市场上，日本政府努力推广具有高附加价值的农产品，塑造“日本品牌”，试图打造两类品牌产品：一类是日本优质的农林水产初级产品及相关加工品，另一类则是日本的“食文化型”产品。为此，日本相继成立了专门的机构和组织，在世界范围内加强对日本农产品的宣传和推广。日本政府意图增强世界对日本农产品的认可，进而提高农产品的出口额。此举并非以量取胜，而是追求以质取胜。日本在出口农产品的生产、加工、集散、物流等各个方面都进行了优化，并且在保证农产品质量的前提下简化出口程序，促进农产品快速出口。借助国家力量开发国际市场，也是日本提高农业竞争力的重要举措。

不难看出，日本指向竞争力的农业发展规划，呈现“内外兼修、系统集成”的特征：一方面，重点解决国内阻碍竞争力提高的主要矛盾，加强日本农业自身的“修炼”，积极利用六次产业化提高农业附加价值以规避小农给日本农业竞争力带来的局限；另一方面，在国际市场上着力打造国家农产品品牌，从日本的“小农现实”出发，力争以质取胜，而非以量取胜，输出日本优质和精致的农产品及关联产品，拓展国际市场。为此，日本农业政策也在不断优化改革。农业政策支持是任何一个国家提高农业竞争力都不可或缺的因素，因为农产品竞争力在很大程度上取决于政府的支持（钟甫宁，2003），即便是美国、加拿大、澳大利亚等具有资源禀赋优势的国家，每年给予农业的财政支持总量仍呈现扩大的趋势（周应恒和胡凌啸，2016a）。对于以小农为主的国家，农业政策支持在提高农业竞争力方面不可或缺。

四、提高中国小农竞争力的政策建议

中国是东亚农耕文明和小农经营最典型的代表。近年来，不断提高的国内农业生产成本形成的“地板”和国际农产品价格形成的“天花板”问题，以及由此诱发的“三量齐增”等问题日趋严重，中国农业面临的国际竞争压力可谓与时俱增。相比日本，中国提高农业竞争力的难度更大。这不仅体现在农业问题本身的复杂和多样性上，还因为中国的农业问题不仅仅源于农业本身，也涉及农村和农民问题，“三农”的联动性让问题更加复杂。中共十九大报告提出的乡村振兴战略为解决这一系列问题提供了根本依据，明确要求促进小农户和现代农业发展的有机衔接，而如何提升小农户竞争力是中国农业发展的关键。日本近年来在提升小农竞争力方面的政策思路和农政改革，能够为中国在以下几个方面提供借鉴。

（一）要转变提高农业竞争力的理念

农业竞争力不仅仅是农产品的竞争力，还是整个产业的竞争力。要从农业关联产业的视角出发，把农业看作一个完整的产业链条（周应恒，2012），促进三产融合，提高农产品的附加价值，发挥农业的多功能性，尤其重视农业文化、休闲文化等功能的发挥，让小农户分享增值收益。加快推进食品加工业等农业关联产业的发展，适应消费者的新需求，最终达到提高农业竞争力的目标。

（二）要培育具有竞争力的农业经营主体

首先，要在人才培养上有所突破，加强对农业从业者的培训和支持，努力提高其人力资本积累，培养新农人。

其次，要实现规模经济。一方面，要加强小农户之间的联合，形成有效的农业合作组织。这类组织在中国仍比较缺乏，这显然无法满足提升小农户竞争力的需要。另一方面，要发展适应国情的规模经营主体（主要是家庭农场），也要重视那些依托社会化服务的规模经营组织形式。

（三）要夯实农业基础，降低农业生产成本

结合培育具有竞争力的农业经营主体的需要推进农业机械化，以降低人力成本提高对中国农业的不利影响；加强农地整理和高标准农田建设，开展耕地保护，为农业生产活动创造更好的条件，以提高农业生产效率；完善农产品流通体系，创新流通方式，减少流通环节，提高流通效率，以降低流通成本。

（四）要积极开拓国外市场，推广中国的农产品及关联产品

中国是农产品生产大国，却并不是出口强国。尽管农产品出口总量很大，但出口规模与产出规模相比仍然较小，而且出口农产品的单价与国际同类产品相比普遍偏低。因此，应该积极推动中国农产品出口，注重海外市场的开发，注重对农产品及关联产品的推介，同时要重视产品品质和品牌建设，尽早确立中国农业

的竞争优势。

第二节　农业企业支持政策分析

农业产业化是我国实现农业现代化的必经之路。农业作为弱势行业，其产业化发展离不开政府的支持。在探索支持农业产业化的过程中，我国逐渐将政策扶持对象瞄准农业龙头企业，寄希望通过农业龙头企业的带动，实现农业产业化发展。2000 年，《关于扶持农业产业化经营重点龙头企业的意见》（农经发〔2000〕8 号）的出台，标志着我国正式确立了通过扶持重点龙头企业促进农业产业化发展的政策导向。2012 年，国务院出台《国务院关于支持农业产业化龙头企业发展的意见》（国发〔2012〕10 号），进一步强化了对龙头企业的政策扶持。

扶持龙头企业政策设计的基本逻辑是挑选有优势、有特色、有基础、有前景的企业，通过专项资金、项目倾斜、金融扶持、税收优惠等一揽子政策帮助企业做大、做强。这种“扶大、扶强、扶优”的“择优扶持”政策对农业企业的发展和农业产业化的进程产生了深远影响，但这些影响并不像政策设想的那般美好。“择优扶持”政策的效果与政策预期有差距，随着时间的推移，政策的弊端越来越明显，其背后的深层原因亟待挖掘。为了更好地促进农业企业发展、实现农业产业化，最终实现以优秀的龙头企业为核心带动现代农业产业化发展，需要对“择优扶持”政策进行反思，进而加以改进。

一、“择优扶持”政策的预期目标并未实现

（一）扶持政策不能保证“扶持龙头企业就是扶持农民”

国家扶持重点龙头企业的初衷是认为扶持龙头企业就是扶持农民，其依据是龙头企业能够通过订单或合约的形式与农民建立稳定的利益联结机制，从而延伸农业价值链，实现利益共享（郭建宇，2008；苑鹏，2013）。但是从现实看，龙头企业与农民之间的合约并没有因为扶持政策变得更加稳固，违约问题普遍存在，甚至出现履约率低于 20%的极端情况（孙兰生，2006）。此外，我国农业以小农为主的格局，外加农民合作组织的缺位，导致龙头企业与小农户的地位不平等，二者之间的合约存在不平衡，农民很难享受到农产品产后环节的增加值，而扶持政策无助于改善上述问题。我国多年来试图通过扶持龙头企业来扶持农户的

政策诉求并没有实现（崔宝玉和刘学，2014），扶持重点龙头企业不仅不能等同于扶持农民，还有可能让企业以“扶持农民”为由套取更多的政策优惠。

（二）扶持政策在培育壮大龙头企业方面的表现并不理想

“择优扶持”政策的一大目标是打造处于行业领先地位的大型龙头企业，尽管我国在乳业、饲料业等少数行业培育出多家“领先企业”，但整体上该类“领先企业”在农业行业中依然十分稀缺。已有研究发现，政府对于龙头企业的扶持政策没有显著提高企业的经营效率和营利能力，享有政策扶持并未直接给企业带来产值和资产的增长（林万龙和张莉琴，2004；崔宝玉和刘学，2014）。此外，我国对农业产业化国家重点龙头企业的历次监测结果中，都存在一定数量的企业因达不到标准和要求而被取消“国家重点龙头企业”的称号，取消比率最高的一次超过 9%；而对于省级、市级的重点龙头企业，这一比率更高，甚至出现了获得扶持政策的重点龙头企业走向破产的怪象。通过监测淘汰不合格企业是一种有效的政策设计，却从侧面反映出入选企业可能并未因“择优扶持”政策变大、变强。

（三）扶持政策在打造具有国际竞争力的企业上整体效果欠佳

我国自 2000 年开始“择优扶持”重点龙头企业，同样有应对加入 WTO、参与农业国际竞争的需要。但政策执行 20 余年，能够在国际市场上参与竞争的农业企业数量依然较少，我国农业的国际竞争力也面临严峻挑战。以种业为例，我国虽然拥有世界上第二大种子市场，但在全球种子市场竞争中，不仅国内企业很难打入国际市场，国内市场也受到国外企业的剧烈冲击（张宁宁和潘勇辉，2014）。“择优扶持”政策没能有效解决龙头企业核心技术研发不足等方面的问题，也没能有效提高龙头企业与国外大型农业公司抗衡的能力。在日益开放的市场条件下，我国农业“走出去”成为必然，这在很大程度上要依托于农业企业。但从政策实施效果看，龙头企业想要带领我国农业“走出去”依然任重道远。

二、政策实效与政策预期偏离的原因分析

（一）追逐经济利益的企业没有扶持农民的义务

逐利性是企业的本质，其行为依据是最大化自身经济效益。企业并没有扶持农民的义务，它们之所以选择与农民签订农业合约，是因为这种方式能够保障或提高它们自身的利益，降低其面临的市场风险。无论政府是否实施“择优扶持”

政策，都无法改变企业“利益至上”的本质特征。政府若要让农民分享到农业产业化的红利，前提条件是打通企业和农民之间的利益关联机制，在二者之间构建起良好的利益链，但对企业的政策扶持或者行政管理都无益于利益链的形成。“择优扶持”政策加剧了企业与农民谈判能力的不平衡，滋生出更多不公平问题。即便政府为享受优待的重点龙头企业加以“带动农民致富”的硬性约束，也会因为监督难度大而在实施过程中难以落地。这意味着“扶持龙头企业就是扶持农民”的政策预期在一定程度上并不合理。

（二）“重点龙头企业”称号易使企业产生政策依赖

“重点龙头企业”称号对于企业而言不仅象征着荣誉，还意味着巨大的政策收益。在国家高度重视农业产业化发展的背景下，重点龙头企业可以专享农业产业发展基金和税收优惠，优先获得其他相关农业项目的支持资金，更容易获得金融机构的信贷支持。有些地方在落实扶持重点龙头企业政策的过程中“给钱”“给地”，为重点龙头企业创造最好的发展条件。“重点龙头企业”称号成为企业获得政策支持的保障，这导致争取“重点龙头企业”称号成为许多企业的奋斗目标，而一旦获得该称号，企业就会享有各项扶持政策，很容易对其产生依赖，不愿意投入更多的精力去研发核心技术。更有甚者，在政策的保护下，重点龙头企业远离农业行业，进入房地产等非农行业参与投资。短期内，各项支持政策或许能够保证企业交出“漂亮”的财务数据，但长远来看，并不利于企业的发展。

（三）“择优扶持”政策妨碍了正常的市场竞争

良性竞争有利于促进企业更好地发展，“择优扶持”政策却妨碍了正常的市场竞争，破坏了市场秩序。成为重点扶持对象的龙头企业，本身就是行业内部的佼佼者，具有较强的市场影响力。在享有各项政策后，它们能够获得更多的政治资源、项目保障，市场影响力被进一步放大，有能力排斥同业竞争者。仅仅因为没有成为重点扶持对象，企业在获得相关政策支持上的境遇就完全不同。如此，加剧了行业内部的不平衡，造成企业间的不公平竞争。而“重点龙头企业”称号带来的长期政策保障进一步加重了市场扭曲，降低了竞争效率。依靠政策保护、支持的重点龙头企业，竞争力越来越弱；由于缺乏竞争，行业也无法实现健康发展。然而，随着市场开放程度的提高，竞争已不再局限于国内企业之间。外资企业的进入和大型跨国公司的冲击，都放大了国内农业企业竞争力不足的问题。在竞争机制缺乏的条件下，企业和行业的国际竞争力难以提高。

三、关于改进“择优扶持”政策的建议

政府支持农业产业化发展的出发点是正确的，只是“择优扶持”的政策方式诱发了多种问题。企业和行业的发展都有其自身规律，政府应该在尊重市场逻辑的基础上，制定和实施农业产业化的支持政策。要保证市场机制发挥决定性作用，维护好市场秩序，而不能让支持政策成为主导。

（一）改变政策扶持与“重点龙头企业”称号长期挂钩的特征

政策扶持与“重点龙头企业”称号长期挂钩的特征是出现当前诸多问题的主要原因。应该改变当前企业因获得“重点龙头企业”称号，而得以获得长期政策支持的状况。避免企业只是为了获得“重点龙头企业”称号而努力，要让企业将精力集中在发展壮大自身实力上。对获得“重点龙头企业”称号的企业，可以给予一次性支持，但要遵守市场规则，注意支持方式，同时约束政策的使用范围，防止企业将用于农业产业发展的政策优惠转移到非农产业。对于原有属于“择优扶持”政策范畴的部分优惠政策，可考虑转化为普适性的产业政策，覆盖整个农业产业中的全部企业。实现“重点龙头企业”称号与政策长期扶持脱钩，有助于保证企业间的良性竞争，促进行业的健康发展。

（二）集中支持重点龙头企业在公共品和创新研发上的投入

对重点龙头企业的支持政策不能面面俱到，应着力聚焦于两个重要方面。其一是加强对重点龙头企业公共品和基础设施的政策支持。例如，田地整理具有很强的正外部性，能够产生社会收益，因此，政府应帮助企业进行田地整理工作；国际市场开拓也具有公共品属性，如果政府鼓励企业打入国际市场，应该在海外营销和推广、出口产品检验检疫等方面给予企业更多支持，可设置龙头企业出口扶持基金，具体做法可参考日本贸易振兴机构在帮助国内企业开发海外市场上的举措。其二是加强对重点龙头企业创新研发的政策支持。例如，设置龙头企业创新基金，鼓励龙头企业加大科技投入，开发和掌握核心技术，提高创新能力；帮助企业进行技术推广和应用，加快技术的市场化进程；为企业输送尖端人才，打造具有竞争力的科研团队。政府应该努力为龙头企业的发展创造更好的市场环境和制度环境，让所有的企业能够良性竞争。

（三）明确支持政策的带动作用并确保政策及时落地

对重点龙头企业的支持政策要在尊重市场规律的基础上，为企业创造公平的竞争环境。同时，要明确支持政策的带动作用，即不让支持政策成为企业发展的主导力量，但要让支持政策发挥一定的导向作用。例如，为了适应农业产业国际竞争的需要，应根据国际市场的发展趋势，为企业提供相应的政策支持。应进一步提高企业入选“重点龙头企业”名单的门槛，要更加及时地确保政策落地。政策实施后要加强对企业的监督，做好对企业绩效及享受政策后发展态势的评价，避免个别企业出现“搭便车”行为。

第三节　新型农业经营主体的支持政策

一、加快构建新型农业经营体系支持政策的必要性

近年来，我国各类从事农业生产和服务的新型农业经营主体快速发展。2017年，全国农户家庭农场已超过87万家，依法登记的农民合作社188.8万家，农业产业化经营组织38.6万个（其中龙头企业12.9万家），农业社会化服务组织超过115万个。

当前新型农业经营主体正处于发展的关键期，虽然发展迅速，但是仍需要政策的引导和支持。第一，农业在我国仍是弱势产业，需要政府的支持政策；第二，农业基础设施等公共品相对较差，市场交易成本高，靠单个农业经营者无法解决；第三，目前的制度安排不利于农业经营者充分利用各种生产要素，农地流转成本高，资金获得困难，经营建设用地紧张，人才不愿意从事农业，等等；第四，当前我国正处于农业经济周期的低谷，一方面我国农产品结构性过剩，农产品价格低迷，另一方面国际市场竞争压力大，急需政府的政策支持。第五，一些国家通过WTO起诉我国现有的农业支持政策，我国农业竞争力急需提高。

党的十八届五中全会，“十三五”规划纲要，2016年、2017年、2018年中央一号文件和《政府工作报告》都提出了需要构建培育新型农业经营主体的政策体系。因此，在保障我国粮食安全的前提下，在实施乡村振兴战略大背景下，在WTO规则约束和国家财政能力的允许下，出台框架完整、措施精准、机制有效的支持政策，对于提高我国农业竞争力，增加农业经营者效益至关重要。

二、加快构建新型农业经营体系的政策导向

（一）引导新型农业经营主体多元融合发展

支持发展规模适度的农户家庭农场和种养大户。鼓励农民以土地、林权、资金、劳动、技术、产品为纽带，开展多种形式的合作，依法组建农民合作社联合社，强化农民作为市场主体的平等地位。引导农村集体经济组织挖掘集体土地、房屋、设施等资源和资产潜力，依法通过股份制、合作制、股份合作制、租赁等形式，积极参与产业融合发展。

支持农业产业化龙头企业和农民合作社开展农产品加工流通和社会化服务，带动农户发展规模经营。积极培育社会化服务组织，加强农业技术指导、信用评价、保险推广、市场预测、产品营销等服务，为农民参与产业融合创造良好条件。大力发展农机作业、统防统治、集中育秧、加工储存等生产性服务组织。发挥供销、农垦等系统的优势，强化为农民服务。促进各类新型农业经营主体融合发展，培育和发展农业产业化联合体，鼓励建立产业协会和产业联盟。

（二）引导新型农业经营主体多路径提升规模经营水平

鼓励农民按照依法、自愿、有偿原则，通过流转土地经营权，提升土地适度规模经营水平。支持新型农业经营主体带动普通农户连片种植、规模饲养，并提供专业服务和生产托管等全程化服务，提升农业服务规模水平。

引导新型农业经营主体集群集聚发展，参与粮食生产功能区、重要农产品生产保护区、特色农产品优势区及现代农业产业园、农业科技园、农业产业化示范基地等建设，促进农业专业化布局、规模化生产。支持新型农业经营主体建设形成一批“一村一品”“一县一业”等特色优势产业和乡村旅游基地，提高产业整体规模效益。

（三）引导新型农业经营主体多模式完善利益分享机制

引导和支持新型农业经营主体发展新产业、新业态，扩大就业容量，帮助农户脱贫致富。推广“订单收购+分红”“土地流转+优先雇佣+社会保障”“农民入股+保底收益+按股分红”等模式。进一步完善订单带动、利润返还、股份合作等新型农业经营主体与农户的利益联结机制，让农民成为现代农业发展的参与者、受益者，防止被挤出、受损害。

鼓励行业协会或龙头企业与合作社、家庭农场、普通农户等组织共同营销，开展农产品销售推介和品牌运作，让农户更多地分享产业链增值收益。支持龙头企业与农户共同设立风险保障金。

探索建立政府扶持资金的有效机制，既帮助新型农业经营主体提升竞争力，又增强其带动农户发展的能力，让更多农户分享政策红利。鼓励地方将新型农业经营主体带动农户数量和成效作为相关财政支农资金和项目审批、验收的重要参考依据。

将财政资金特别是扶贫资金量化到农村集体经济组织和农户后，应允许农村集体经济组织或农户以自愿入股方式投入新型农业经营主体，共享发展收益。鼓励农业产业化龙头企业通过设立风险资金、为农户提供信贷担保、领办或参办农民合作组织等多种形式，与农民建立稳定的订单和契约关系。

（四）引导新型农业经营主体多形式提高发展质量

鼓励农户家庭农场使用规范的生产记录和财务收支记录，提升标准化生产和经营管理水平。引导农民合作社依照章程加强民主管理、民主监督，发挥成员积极性，共同办好农民合作社。

鼓励龙头企业通过兼并重组建立现代企业制度，加大科技创新，优化产品结构，强化品牌建设，提升农产品质量安全水平和市场竞争力。鼓励各类社会化服务组织按照生产作业标准或服务标准，提高服务质量水平。深入推进示范家庭农场、农民合作社示范社、农业产业化示范基地、农业示范服务组织、“一村一品”示范村镇创建，发挥示范带动作用。

三、加快构建新型农业经营体系的政策手段

根据国务院公布的内容，2017 年，中央财政共安排资金 230 亿元，继续支持农业适度规模经营，鼓励各地创新支持方式，采取贷款贴息、重大技术推广与服务等方式发展多种形式的适度规模经营。同时，继续重点支持建立完善全国农业信贷担保体系。

一是继续安排 30 亿元资金用于国家农业信贷担保联盟有限公司注资，安排部分资金对相关省（区、市）向国家农业信贷担保联盟有限公司注资予以补助。截至 2017 年 4 月，我国共有 33 个省（自治区、直辖市、计划单列市）完成组建省级农业信贷担保公司，全国农业信贷担保体系已完成注资 446.88 亿元，进入向下延伸分支机构并进行实质性运营阶段，一个多层次、广覆盖的全国农业信贷担保体系初具雏形。

二是大力推进农业生产托管、机械化烘干等农业生产社会化服务。支持农村集体经济组织、专业化农业服务组织、服务型农民合作社等具有一定能力、可提供有效稳定服务的主体，针对粮食等主导产业和农民急需的关键环节，为从事粮、棉、油、糖等重要农产品生产的农户提供社会化服务，集中连片推广绿色、生态、高效、现代农业生产方式，把小农户生产引入现代农业发展轨道。

三是支持家庭农场发展。通过规范流转土地、健全管理制度、应用先进技术、加强农田基础设施建设、开展标准化生产等，支持典型家庭农场发展。

四、加快构建新型农业经营体系的财政税收政策手段

产业兴旺是乡村振兴的关键，加快构建新型农业经营体系则是乡村产业兴旺的关键。作为一个政策支持体系，加快构建新型农业经营体系的支持政策离不开财政税收、基础设施、科技、金融信贷、保险、营销、人才等方面的考虑。由于本书其他章节已经对科技、金融、人才等方面做了分析，这部分主要侧重对加快构建新型农业经营体系的财政税收政策的分析。

按照政策属性，财政税收政策可以分为政府购买支持和税收优惠两大类，前者包括直接补贴、政府购买服务、定向委托、以奖代补等措施，后者包括进项税核定扣除试点、农产品初加工所得税优惠目录等措施。

（一）整合直接补贴方式，提高补贴效力

2015 年，财政部和农业部印发《财政部 农业部关于调整完善农业三项补贴政策的指导意见》，鼓励各地从中央财政提前下达的农资综合补贴中调整 20%的资金，加上种粮大户补贴试点资金和农业“三项补贴”（农作物良种补贴、种粮农民直接补贴和农资综合补贴）增量资金，统筹安排用于支持粮食适度规模经营，重点向种粮大户、家庭农场、农民合作社、农业社会化服务组织等新型经营主体倾斜，体现“谁多种粮食，就优先支持谁”。2016 年 5 月，财政部、农业部印发了《财政部 农业部关于全面推开农业“三项补贴”改革工作的通知》，将种粮农民直接补贴、农作物良种补贴和农资综合补贴合并为农业支持保护补贴，以支持耕地地力保护和粮食适度规模经营。

（二）完善政府购买服务方式，加快形成有竞争力的农业社会化服务体系

通过政府购买服务方式，积极支持符合条件的经营性服务组织承接农业公益

性服务，创新农业社会化服务机制，加快构建覆盖全程、综合配套、便捷高效的农业社会化服务体系。

以试点江苏省张家港市为例，张家港市从2010年开始探索政府购买农药零差价集中配送服务，到2015年被列入农业部政府购买农业公益性服务机制创新试点。截至2015年底，张家港市农作物种子统一供应、农药集中配送、畜禽疫病防控等工作全部实现市场化运作，政府购买农业公益性服务机制基本建立，稻麦良种覆盖率和优质化率达100%，农药集中配送率达95%。推行农药零差价集中配送，将农药销售总额的18%补贴给经营者，作为集中配送中心的利润，切实减轻农民的用药负担；对新建供秧规模在2 000亩以上的工厂化育秧中心，对棚架、秧架成本给予40%的一次性补贴（最高补助60万元）；对当年新建农业物联网或农产品电子商务平台的农业生产主体，按平台设备及软件投资总额一次性补贴20%（最高补助200万元）；设立粮食生产专业化服务试点专项资金100万元；对评为国家级、省级和苏州市级的农业示范园（区）分别奖励100万元、50万元和20万元。

通过引导发展，张家港市逐步形成了多样化的购买服务模式，各类科研院所、专业合作社、龙头企业、检疫机构等社会化服务主体在公开、公平的竞争条件下，分别以政府订购、定向委托、以奖代补、招投标等方式，积极开展农业园区规划设计、农业技术研发推广、农作物统一供种、农机作业、集中育秧等农业社会化服务，获得了较好的效果。

农业社会化服务组织的发展水平直接影响承接政府购买公益性服务项目的能力。为此，张家港市因地制宜、有针对性地通过财政补贴或奖励等方式大力培育各类组织。对当年新建农产品贮藏加工项目且投资在1 000万元以上的项目，按建安成本和设备投资总额的20%给予一次性补贴（最高补助250万元）；对配送本地农产品，年配送额（不含网上配送）2 000吨以上的奖励20万元；对当年度评选为农工商结合型、物业型、投资型、服务型等具有典型示范引领作用的“四型”专业合作社，每家奖励3万元；对按照江苏省农业委员会先进植保专业化服务组织要求评选的市级先进植保专业化服务组织，每家奖励2万元；对试点全程承包植保服务面积达到5 000亩以上的组织一次性补贴8万元。张家港市先后将99家农民专业合作社列为优先扶持对象，并建立新型农业经营主体名录体系，鼓励开展水稻工厂化育秧、粮食烘干、农药集中配送等生产性服务及产品营销等产后服务。

截至2016年，张家港市已发展各类农业社会化专业服务组织240多家。同时，政府部门每年确定购买计划，发布申报公告，公示每项购买服务项目的服务能力、硬件设施等具体要求，采用公开招标、邀请招标、竞争性谈判等方式确定承接主体。政府部门与服务承接主体签订服务合同时，在合同中明确服务范围、对象、数量、质量、付费标准及资金支付方式、违约责任等，并将相应的工作任务和服务价格按可量化的指标予以明确，以保障项目服务质量。

（三）推进定向委托，提高支持政策精准性

政府购买服务项目属于《中华人民共和国政府采购法》适用范围的，应按照有关法律法规确定承接主体，体现公开、公平、公正原则。

政府购买服务项目不属于《中华人民共和国政府采购法》适用范围的，符合下列情形之一的，可采取定向委托方式确定承接主体，主要包括：①县级以上人民政府或授权的行政主管部门按有关规定与相关合作伙伴签订战略合作协议，按协议约定应向相关合作伙伴或特定主体购买服务的；②在事业单位分类改革过程中，按照政策规定，在改革过渡期内需要由原事业单位继续承担服务的，或者为推动某类事业单位改革，需要通过政府购买服务方式予以支持的；③对于教育类、养老类、医疗类、残疾人服务类等需要较长时间、持续购买才能发挥其效果的服务项目，需要保持政府购买服务预算连续性和项目实施社会效益的；④购买原有服务项目，若更换承接主体，将导致服务成本大幅增加或原有投资损失的；⑤落实县级以上人民政府为促进地方社会经济发展确定的公共政策和改革目标，对承接主体有特殊要求的；⑥通过公开择优方式，一次确定两家或以上承接主体，在合同有效期内，可多次委托承接相关购买服务项目的；⑦《政府采购目录》以外，政府购买服务项目单项或批量购买预算金额 5 万元以下的；⑧其他适合定向委托方式确定承接主体的情形。

（四）推进“以奖代补”，发挥政策引导作用

“以奖代补”资金由示范区政府按照当地现代农业发展实际做具体安排，支持环节和支持标准由当地政府制定。原则上“以奖代补”资金要集中使用，着力聚焦 1~2 个制约当地现代农业发展的关键环节予以支持，充分发挥“以奖代补”资金的使用效益。

财政“以奖代补”资金重点向核心片区建设和新型经营主体倾斜，突出支持适度规模经营和改革创新。主要用于：确保稳定提高粮食产能、提高农业市场竞争力、注重农业可持续发展、强化集成技术的推广应用、发挥财政资金对金融资本的引导和杠杆作用。具体可重点用于以下两方面：一是农业技术推广应用补助。重点用于示范区引进新品种、新技术和新装备，集成先进适用科技成果，推进农业信息化建设等，促进“产学研、农科教”紧密结合。二是财政引导金融投入补助。允许在“以奖代补”资金中安排一定的比例，支持新型经营主体发展，

重点用于贴息、担保、风险补偿、保费补贴等。列为财政资金撬动金融资金试点的示范区，其“以奖代补”资金全部用于财政引导金融资本投入补助，不再安排农业技术推广应用补助。

（五）扩大进项税核定扣除试点，切实减轻涉农企业负担

进项税核定扣除指纳税人购进农产品不再凭增值税扣税凭证抵扣增值税进项税额，购进除农产品以外的货物、应税劳务和应税服务，增值税进项税额仍按现行有关规定抵扣。这项措施降低了涉农企业的税收负担。自2012年7月1日起，国家税务总局将以购进农产品为原料生产销售液体乳及乳制品、酒及酒精、植物油的增值税一般纳税人，纳入农产品增值税进项税额核定扣除试点范围，其购进农产品无论是否用于生产上述产品，增值税进项税额均按照《农产品增值税进项税额核定扣除试点实施办法》的规定抵扣。这项措施对减轻涉农企业负担发挥了重要作用。2018年以来，一些地区进一步扩大试点内容，如大连市把以购进农产品为原料生产辣根、缫丝、土壤调理剂、焙烤食品、肉制品和果汁等产品的增值税一般纳税人也纳入试点范围，对于这些新增产品的企业来说是很大的税收减免。

（六）完善农产品初加工所得税优惠目录

农产品初加工所得税优惠目录是对农产品初加工企业的一项重要支持政策。为了贯彻落实农林牧渔业项目企业所得税优惠政策，财政部和国家税务总局于2008年发布《享受企业所得税优惠政策的农产品初加工范围（试行）》，同时指出将根据经济社会发展需要，适时对《享受企业所得税优惠政策的农产品初加工范围（试行）》内的项目进行调整和修改。该范围包括种植业类、畜牧业类、渔业类等3个大类，以及粮食初加工、林木产品初加工、园艺植物初加工、油料植物初加工、糖料植物初加工、茶叶初加工、药用植物初加工、纤维植物初加工、热带南亚热带作物初加工、畜禽类初加工、饲料类初加工、牧草类初加工、水生动物初加工、水类植物初加工等14类产品。2016年，国务院办公厅印发《国务院办公厅关于进一步促进农产品加工业发展的意见》，提出要落实农产品初加工企业所得税优惠政策。在实施乡村振兴战略时，应该进一步完善并落实农产品初加工企业所得税优惠政策。

（七）落实合作社税收优惠政策

2008 年，财政部与国家税务总局发布《财政部 国家税务总局关于农民专业合作社有关税收政策的通知》，明确了对农民专业合作社的专门税收优惠政策。2016 年，财政部和国家税务总局印发《关于全面推开营业税改征增值税试点的通知》，明确农产品深加工企业自农业生产者手中购进的免税农产品，允许其按照农产品抵扣进项税额。开展农产品深加工的农民合作社如果符合相关条件，还可以享受高新技术企业低税率优惠、小型微利企业低税率优惠、固定资产加速折旧优惠、技术转让所得减征免征优惠、区域性优惠等政策。

《中华人民共和国企业所得税法实施条例》明确规定，企业从事“农机作业和维修等农、林、牧、渔服务业项目”的所得，免征企业所得税。

为农民合作社提供优质便捷的税收服务。一些地区试点给农民合作社提供财务和税务服务，以解决部分农民合作社的财务管理能力不足问题，降低农民合作社的运营成本。

第十三章　国际农业支持政策比较分析

第一节　国际农业支持政策的制度比较分析

按照速水佑次郎和神门善久（2003）的研究，第二次世界大战以后国际上存在三种农业问题，一是发展中国家的粮食问题。在发展中国家的工业发展初期，政府为了工业产业的资本积累，对农业征税，为工业等现代产业提供工资性商品，该类国家以亚洲、非洲和拉丁美洲的部分国家为代表。二是发达国家的农业调整问题。对农业资源投入过多导致资源错配问题，该类国家以美国和欧盟部分国家为代表。三是介于两者之间的中等收入国家的农村相对贫困问题。工业生产率相对农业生产率增长较快，农业比较优势下降，农民收入相对减少，政府如何实现廉价农产品提供和防止农民收入相对减少？

第一种和第三种农业问题最典型的当属东亚国家的中国和日本，在国家工业化发展初期，政府为了积累原始资金不得不向农业征税，汲取财政资金，为工业发展提供原料和资本，当工业化道路实现之后，国家拥有了雄厚的工业基础，实现了稳定和强大的财政基础，对农业的支持和保护便会提上日程，价格支持和直接补贴等各种支农政策得以实施。但是，具有扭曲市场的价格支持政策造成较多问题出现，诸如生产过剩和价格高企等，政府也会适时对农业支出政策进行改革，以面对新形势下的农业农村新局面。

关于日本的农业政策转变，速水佑次郎和神门善久（2003）、安德森等（1996）提供了较为翔实的论证和规律性总结。日本的工业化进程相较中国更早一些，其在 19 世纪推动的明治维新，与多数发展中国家追求工业化道路采取的政策相似，日本在工业初期为产业发展积累资本的源泉也是从农业开始，通过改革地税制度确立政府的财政基础，为产业发展提供稳定的财政收入来源。其改革是将按作物收成比例征收的实物贡租制改为按土地价格征收的近代土地税制，改革结束时的19世纪80年代，地税收入已经占政府总收入的70%，而且大多为农地征收而来，这些收入成为当时日本政府发展工业的重要原始资金。到明治中期，大多数地主自己耕种土地，随着工商业的发展，地主的地租收入大部分投资于非农产业或用于子女教育，农业部门的人力和物资便开始转移到非农产业。由此可见，在日本的工业产业发展初期，农业为工业部门提供了大量资源，政府无疑在其中发挥了关键性的推动作用。自然，随着工业产业发展及农业比较优势下降，农业部门不得不依靠政策支持得以健康、持续发展。

第二次世界大战之前，随着工业的发展，以大米市场为例，日本政府对其进行支持保护，一方面采取关税措施，限制数量，另一方面实施政府直接采购的方式支持米价。除此之外，日本政府利用财政政策支持农业，包括各种基础设施建设、整治清算农民债务等支持措施。这一阶段，尽管日本政府采取了支持保护手段，但是支持力度相对较小。

第二次世界大战之后，日本经历了一场快速的工业化进程，农业生产增速低于快速增长的工业生产增速。农业比较优势的快速下降，使得日本政府加大了对农业的支持和保护，通过设置进口壁垒及价格补贴和收入补贴加以实现。日本政府1942年颁布的《粮食管理法》对大米、小麦等农作物从生产到消费实现政府控制，对价格和数量均进行监管，长期实施的价格管制和贸易保护，使得大米国内价格远远高于国际价格，同时造成国内大米的生产过剩。大米的严重过剩及导致的财政压力，使得日本政府宣布《粮食管理法》的实施失败。面对新形势，日本政府开始将价格支持政策转向农业农村的基础设施投资。

为了快速工业化，中国在中华人民共和国成立初期的1953年对粮食实行统购统销制度，同时对农产品增收税收，为国家的工业化提供资金支持。1978年改革开放后，国家实行家庭联产承包责任制，提高农产品价格、给予农业生产自主权、改革统购统销制度，开放农产品、劳动力及资本市场等一系列农村经济政策，但是对农业的征税措施直到2006年1月1日起废止《农业税条例》才停止。

改革开放以来尤其是20世纪90年代以来，中国工业化进程速度惊人，随着中国经济的快速发展，这一阶段农业对工业的资源贡献任务基本完成，工业发展日益强大，依靠工业基础使得财政支农基础强大，对农业的支持保护阶段来临。废除农业税的同时，支农惠农的系列农业支持政策逐步实施（包括稻谷、小麦的最低收购价制度及玉米、大豆、油菜籽等产品的临时收储政策），实施采取直接支付方式的四项直接补贴（粮食直接补贴、农资综合补贴、农机具购置补贴和农作物良种补贴）。随着价格支持及相关政策的长期运行，诸多问题逐渐暴露出来，如近些年中国农业发展面临产品品质不高、部分农产品生产过剩与生产不足并存、农产品价格高企、农业经营规模不大、环境与生态压力大、支持政策效率不高等方面的问题，新形势下政府开始对农业支持补贴政策进行改革。

第二种农业问题因为发达国家产业部门之间的效率差异，农业生产过剩，政府不得不采取价格支持、补贴等系列政策予以支持，维护农场主的收入稳定。尽管存在政府的支持补贴，但是生产过剩问题还是出现在农业生产者身上。发达国家农业存在一个恶性循环，政府依靠生产控制与价格支持补贴维持农场主收入稳定，但是，政策激励导致农业生产者生产更多的粮食，生产过剩再次出现，农产品价格下降导致农场主收入再次下降，此时政府会再次出手进行控制，稳定价格和补贴农场主。随着时代推移，尽管农业支持政策有所差异，但是只要发达国家产业之间资源错配的根源不改变，其农业生产过剩的结果就不会改变，那么政策的实质也不会改变，政府只得以财政转移的方式实现控制，不断以饮鸩止渴的方式重复政策。

经济大萧条以来，美国的农业政策历史就是持续不断地与农业生产过剩斗争的历史。美国作为耕地资源丰富、人少地多、家庭规模化经营、农业资源禀赋丰富、农业生产率增长较快的国家，其农业政策的目标就在于控制生产过剩，确保农民收入稳定增长。1933 年，美国全面实施价格支持，生产技术进步使得农业生产量不断增加，对农业的价格支持不是鼓励生产而是限制生产，农民消减种植面积或者屠宰牲畜的损失，政府予以补贴。此外，还包括向学校社区和贫困者提供食物、设立生产限额等各种限制措施。

第二次世界大战后，随着生产技术不断进步，农业生产率不断提高，生产过剩问题反复出现在美国农业发展路径上，为了确保农民收入增长及与城市居民享有同等的生活水平，美国政府在严格的生产控制和更高水平的价格补贴支持之间寻找平衡，实现增加农民收入和减少供给过剩的艰难平衡。1973~2018 年，美国农业政策内容开始转向直接支付补贴和风险管理，主要为差额补贴和保险项目，市场化趋势明显，一旦农民收入出现波动，政府即可出台紧急措施给予补贴，下一周期农业法案即刻可采取更加保守的补贴和支持政策。

第二节　基于 OECD 数据的农业支持水平国际比较

一、总体支持水平比较

OECD 对各成员农业支持水平测算的数据最早始于 1986 年，从美国、欧盟、韩国、日本农业 TSE 的绝对数额看，1986~2017 年美国的 TSE 均处于波动上升的态势，日本和欧盟的 TSE 波动较大并且近年来呈现下降趋势，韩国、巴西、俄罗斯维持在一定水平并且较为平稳（图 13-1）。

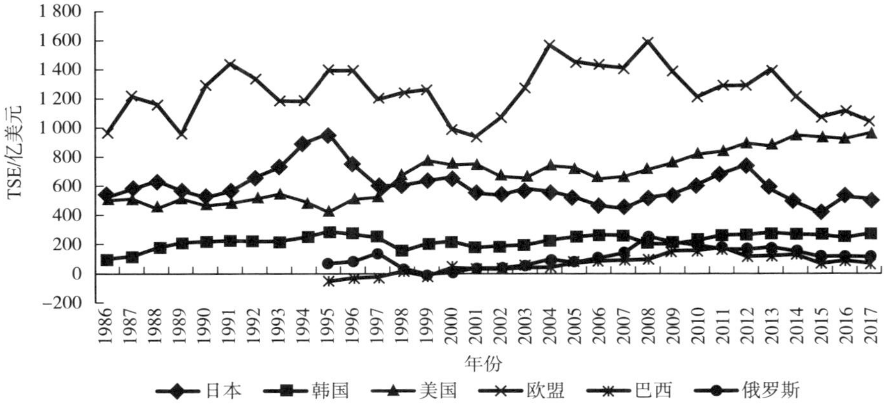

图 13-1　部分国家和地区 1986~2017 年 TSE 变化图

资料来源：OECD；巴西和俄罗斯 1986~1994 年数据缺失

2017 年 TSE 由大到小的顺序依次为欧盟、美国、日本、韩国、俄罗斯、巴西。从各国和地区 TSE 占 GDP 的比重（%TSE）可以看出（日本和韩国对应左侧坐标轴，其他各国和地区对应右侧坐标轴），1986~2017 年各国和地区的%TSE 表现不一致，其中，韩国的%TSE 变化波动最为显著。巴西和俄罗斯的测算数据从 1995 年开始，可以看出，1995~2017 年巴西和俄罗斯的%TSE 水平基本维持不变，俄罗斯保持在巴西之上（图 13-2）。

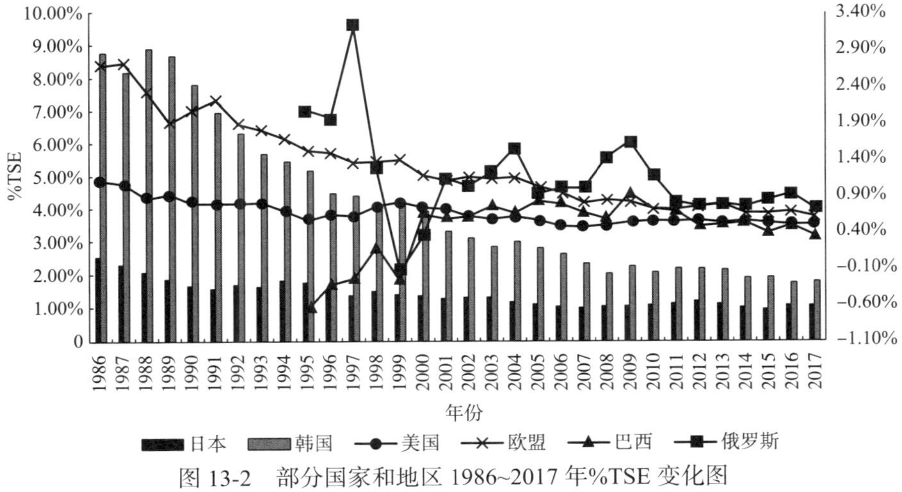

图 13-2　部分国家和地区 1986~2017 年%TSE 变化图

为了便于区分，日本和韩国用柱状图表示

资料来源：OECD；巴西和俄罗斯 1986~1994 年数据缺失

二、生产者支持水平比较

1986~2017 年，美国、欧盟、韩国、日本、巴西及俄罗斯的 PSE 占生产者收入的比重（%PSE）基本以小波动趋势在发展。其中，美国、日本、欧盟和韩国的%PSE 均表现出递减趋势。但是，从%PSE 的绝对数额看，其间%PSE 由高到低的排序基本是韩国、日本、欧盟、俄罗斯、美国、巴西（图 13-3）。

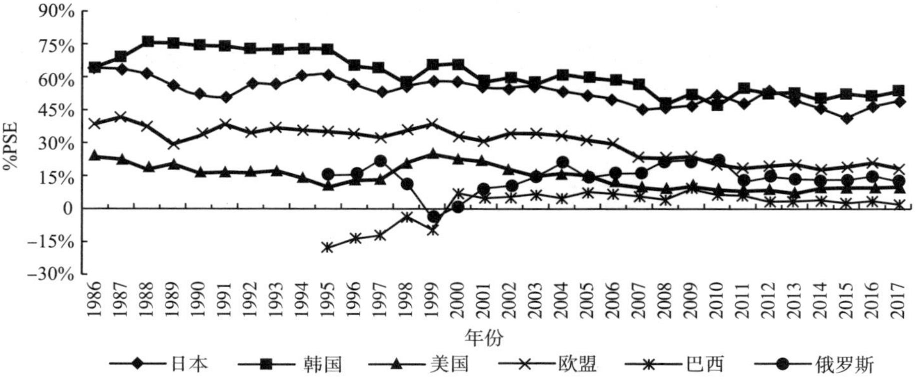

图 13-3 部分国家和地区 1986~2017 年%PSE 变化图

资料来源：OECD；巴西和俄罗斯 1986~1994 年数据缺失

从 PSE 的组成看，对比 1986~2017 年 PSE 的 7 项组成在 PSE 中所占的比例可以发现，基于农产品产量的转移支付占 PSE 份额较大，但各国和地区 PSE 支持类型和重点有所差异。

从图 13-4 可知，日本在生产者支持手段方面变化较为明显的是基于商品产量的支持，以及基于非当前的耕作面积/牲畜数量/收入/收益，不基于生产状况的转移支付为主。基于商品产量的支持逐渐降低，鼓励农民依据市场供需变化做出灵活性反应，从而进一步推动农业市场化、提高农产品竞争活力，政府在其他方面进行支持补贴。

根据图 13-5，韩国的基于商品产量的支持在大幅度降低，可以发现韩国在基于当前的耕作面积/牲畜数量/收入/收益，以及生产状况的转移支付为基础的支持所占比例增加，比 1986 年增加了将近 5%，韩国政府在农业生产规模上做出支持，鼓励农业规模化与集约化经营，进一步提高了农业生产效率。

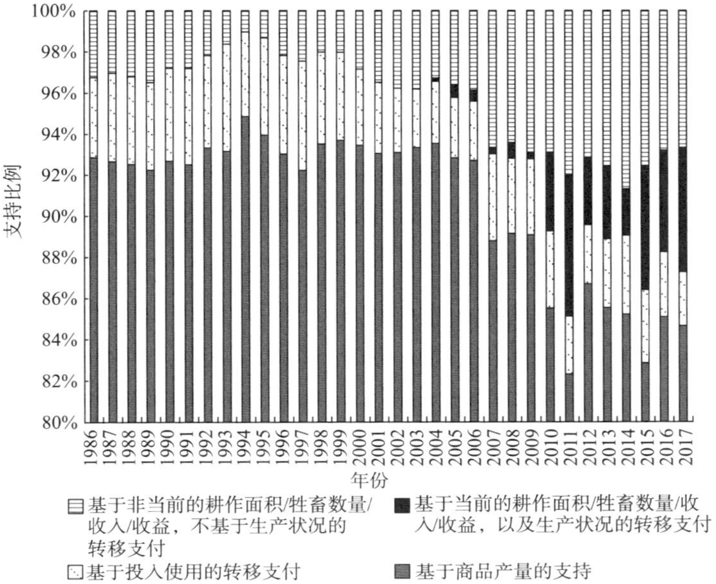

图 13-4　日本 1986~2017 年 PSE 分类支持比例图

"基于非当前的耕作面积/牲畜数量/收入/收益，但以生产状况为基础的转移支付"由于数据太小，图中无法显示

资料来源：OECD

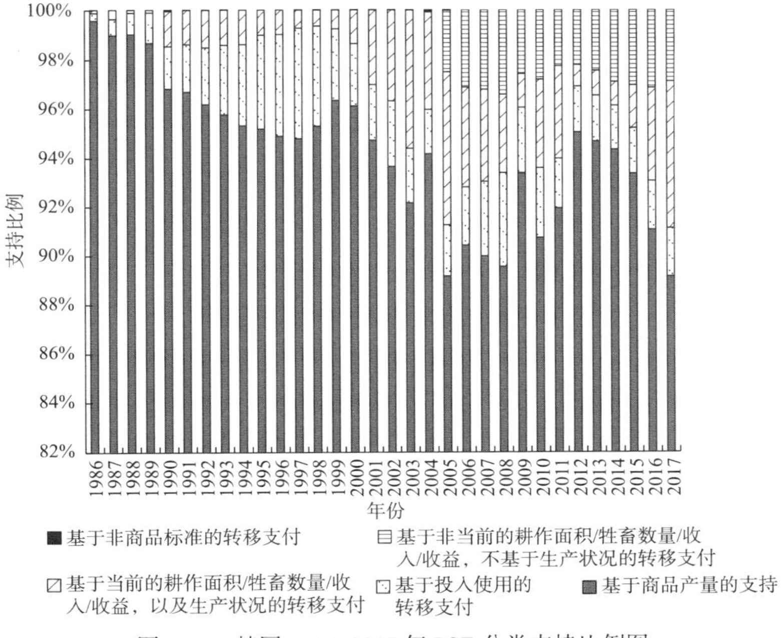

图 13-5　韩国 1986~2017 年 PSE 分类支持比例图

"基于非商品标准的转移支付"由于数据太小，图中无法显示

资料来源：OECD

欧盟在 1986~2017 年逐步减少基于商品产量的支持类型，从 2005 年开始提高基于非当前的耕作面积/牲畜数量/收入/收益，不基于生产状况的转移支付类型，并且降低基于当前的耕作面积/牧畜数量/收入/收益，以及生产状况的转移支付比例，在规模化经营生产方面转向保护环境、绿色农业、食品健康方面发展，推动农业发展的新道路和新方式（图 13-6）。

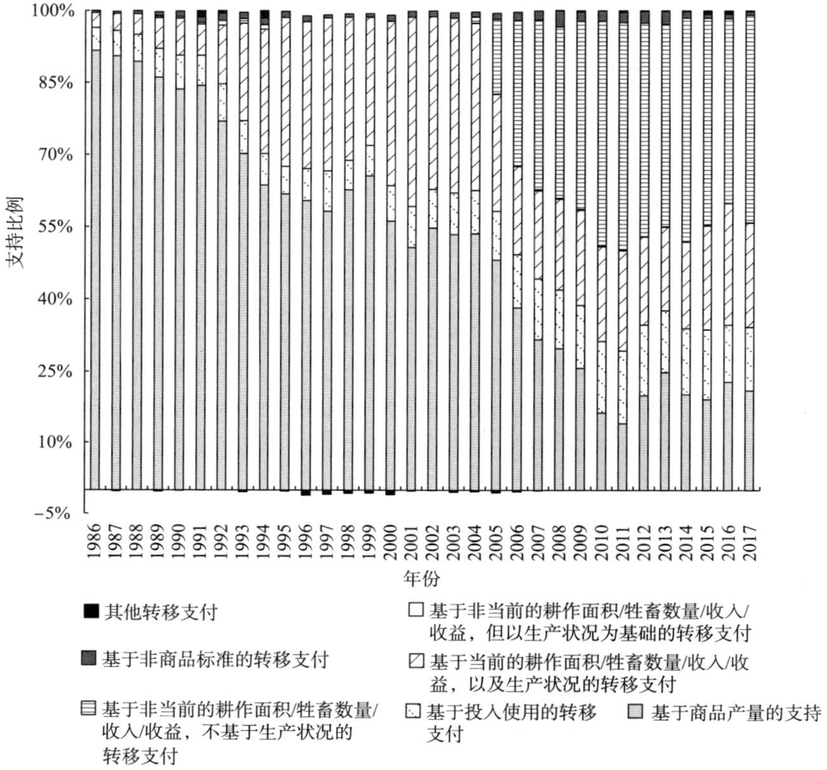

图 13-6　欧盟 1986~2017 年 PSE 分类支持比例图

"基于非当前的耕作面积/牲畜数量/收入/收益，但以生产状况为基础的转移支付"由于数据太小，图中无法显示

资料来源：OECD

美国在基于商品产量的支持上有所下降，自 1995 年以后基于非当前的耕作面积/牲畜数量/收入/收益，不基于生产状况的转移支付类型开始出现，其他的转移支付类型所占比例基本保持不变，这说明政府改变了鼓励农民积极生产、提高产量的政策方向，更多地注重农产品的质量及绿色的生产方式，鼓励有知识技能的年轻农业生产者提高农产品竞争力（图 13-7）。

巴西政府生产者支持的农业政策 1995~2017 年主要集中在基于投入使用的转移支付类型方面，在农业机械使用方面一直有比较明显的支持优势，整体发展较

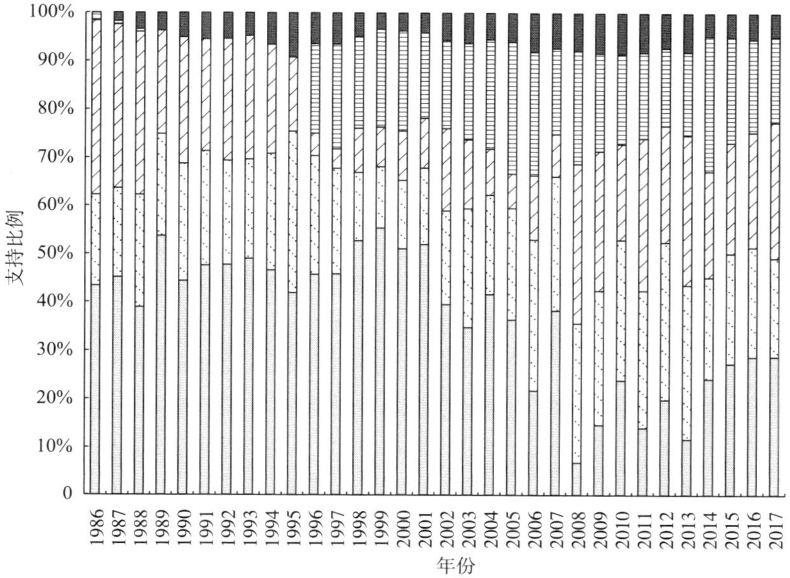

图 13-7　美国 1986~2017 年 PSE 分类支持比例图

"基于非当前的耕作面积/牲畜数量/收入/收益，但以生产状况为基础的转移支付"由于数据太小，图中无法显示

资料来源：OECD

为明显的是在进入 21 世纪之前，巴西基于商品产量的支持比例呈现负值，而 2015~2017 年有所增长，政府鼓励农业生产，刺激农业经济的增长（图 13-8）。

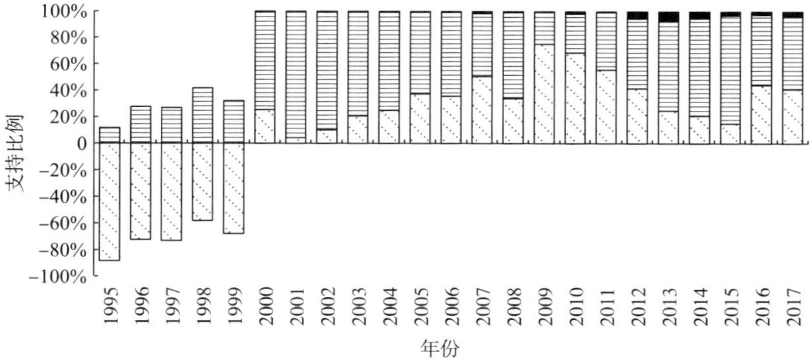

图 13-8　巴西 1995~2017 年 PSE 分类支持比例图

资料来源：OECD

俄罗斯在农业生产支持上一直以基于商品产量的支持与基于投入使用情况的转移支付为主要支持类型，在 1999 年和 2000 年有所波动，不过很快便调整过来（图 13-9）。

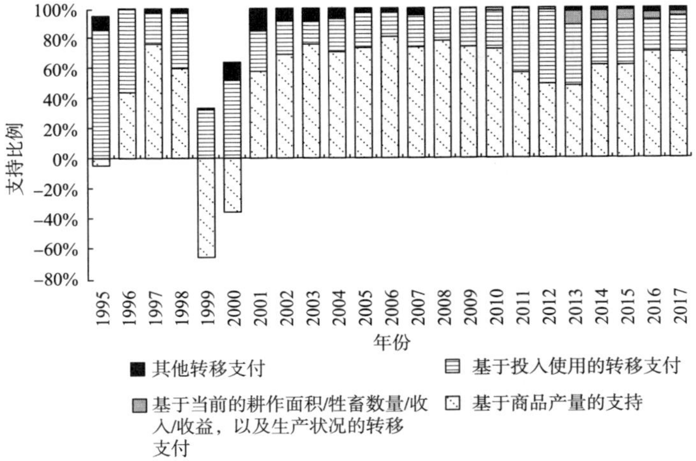

图 13-9　俄罗斯 1995~2017 年 PSE 分类支持比例图

资料来源：OECD

三、一般服务支持水平比较

对比 1986~2017 年各国和地区的 GSSE 占 TSE 的比例（%GSSE）变化情况（图 13-10），可以发现，各国和地区的 GSSE 处于增长上升的态势。其中，俄罗斯、巴西、日本的 GSSE 波动最为显著，巴西的 GSSE 一直居于较高水平。美国、欧盟、韩国在 2015~2017 年有下降趋势，但整体维持在较为稳定的水平。

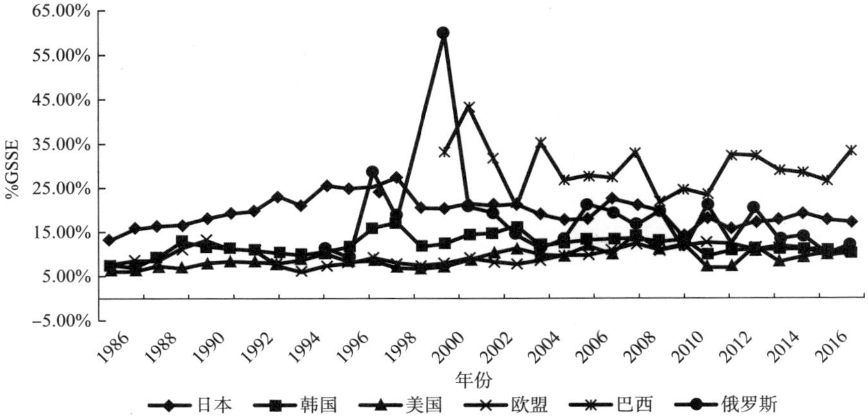

图 13-10　部分国家和地区 1986~2017 年%GSSE 变化图

资料来源：OECD；俄罗斯 1986~1994 年数据缺失，巴西 1986~1999 年数据缺失

从 GSSE 的组成情况来看，对比 1986~2017 年 GSSE 的 6 项组成在其中所占的比例可以发现，各国支持类型虽然有差异，但总体上以发展和维护基础设施、农业知识与创新体系为主要支持类型。

美国 GSSE 的组成发生了新的变化，最主要的政策分别为：营销和促销、发展和维护基础设施、农业知识与创新体系，其中发展和维护基础设施在 2017 年所占比例最大（图 13-11）。

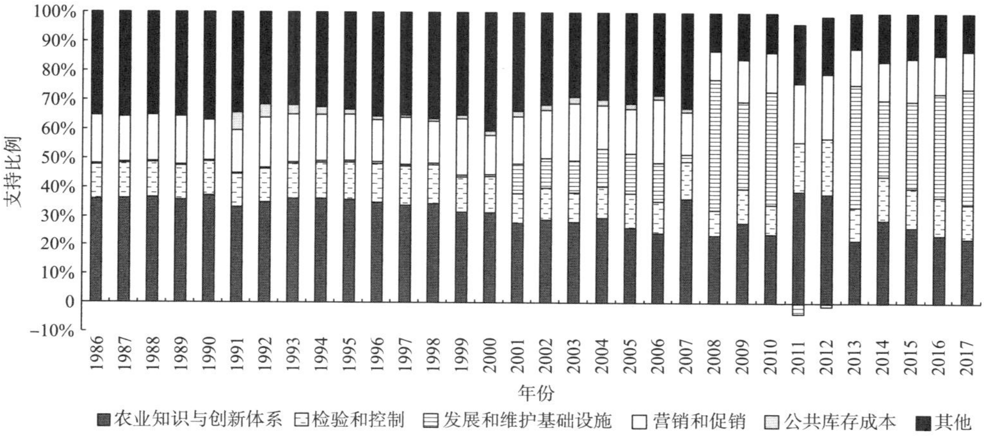

图 13-11　美国 1986~2017 年 GSSE 分类支持比例

资料来源：OECD

日本 1986~2017 年 GSSE 的组成比例变化不大，发展和维护基础设施一直都是其核心内容，在农业知识与创新体系的支持方面略有增加（图 13-12）。

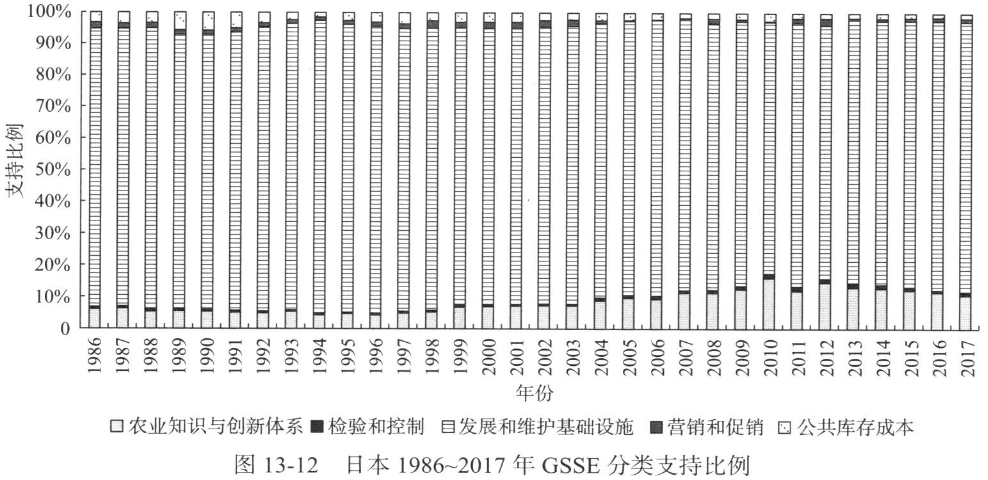

图 13-12　日本 1986~2017 年 GSSE 分类支持比例

资料来源：OECD

韩国 1986~2017 年 GSSE 的组成比例发生了一定变化，由 20 世纪 90 年代对公共库存成本的关注转变为发展和维护基础设施、公共库存成本、农业知识与创新体系（图 13-13）。

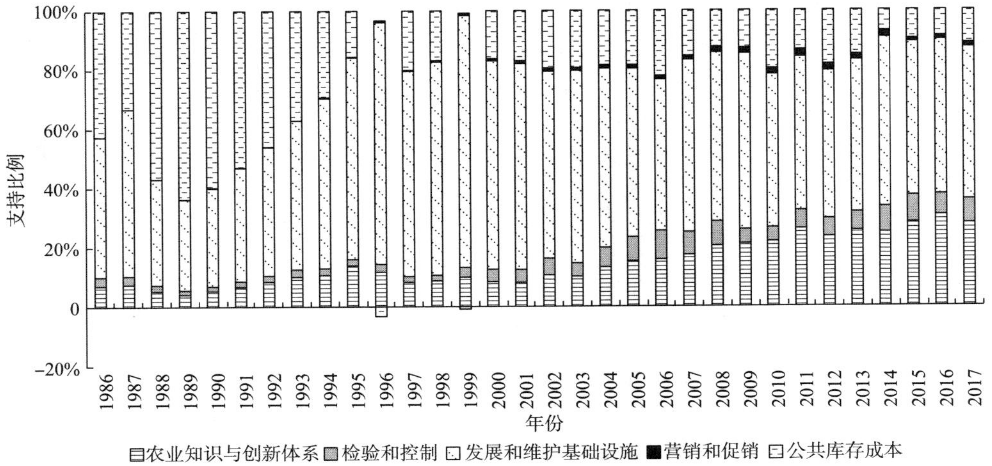

图 13-13 韩国 1986~2017 年 GSSE 分类支持比例

资料来源：OECD

欧盟在 1986~2017 年 GSSE 的组成比例由公共库存成本向加大对农业知识与创新体系的支持为主，营销和促销、发展和维护基础设施、检验和控制一直是欧盟 GSSE 政策的关注内容（图 13-14）。

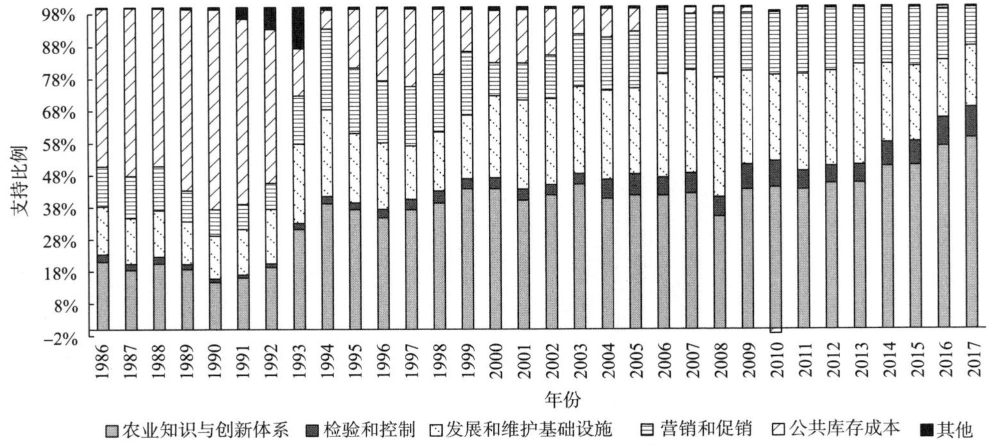

图 13-14 欧盟 1986~2017 年 GSSE 分类支持比例

资料来源：OECD

巴西 1995~2017 年 GSSE 的组成比例由发展和维护基础设施向加大对农业知

识与创新体系支持为主，在发展和维护基础设施方面减少比例较大，检验和控制比例维持不变（图 13-15）。

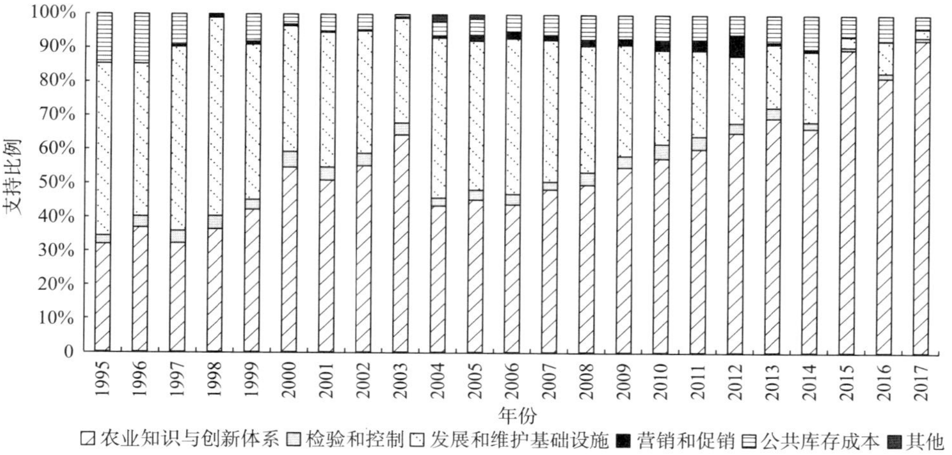

图 13-15　巴西 1995~2017 年 GSSE 分类支持比例

资料来源：OECD

俄罗斯 1995~2017 年 GSSE 的组成在检验和控制方面减少了支持比例，在发展和维护基础设施方面所占比例变化不大，在农业知识与创新体系方面基本维持不变（图 13-16）。

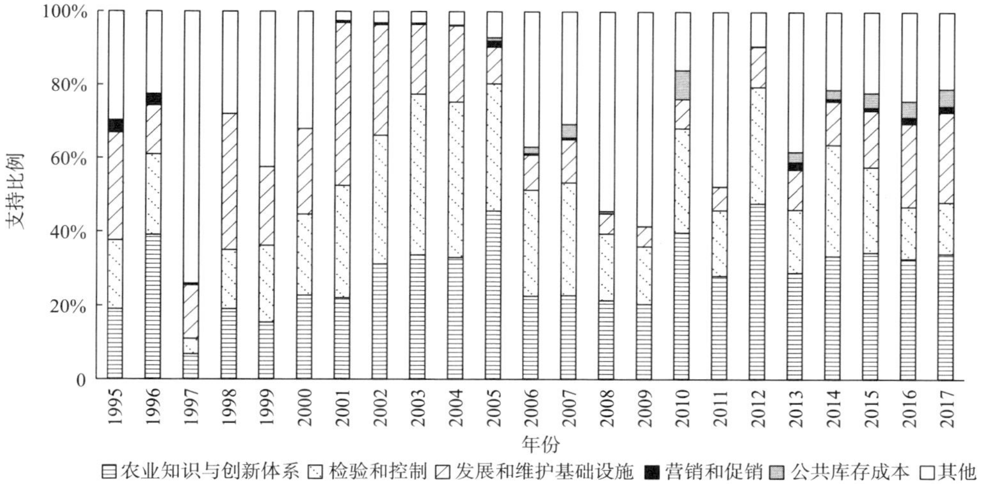

图 13-16　俄罗斯 1995~2017 年 GSSE 分类支持比例

资料来源：OECD

四、农产品支持程度比较

按照 OECD 对农产品支持水平的定义，1986~2017 年部分国家和地区对主要谷物支持水平的变化情况如表 13-1 所示。

表 13-1　1986~2017 年部分国家和地区主要谷物支持水平%SCT 指标比较表

谷物	国家和地区	1986 年	1990 年	1995 年	2000 年	2005 年	2011 年
大豆	日本	72.54%	32.23%	11.61%	28.40%	50.29%	46.66%
	韩国	75.12%	82.11%	88.00%	90.08%	88.77%	90.83%
	美国	3.53%	0.29%	0.57%	23.01%	–0.49%	3.97%
	欧盟	67.88%	59.45%	0.32%	0.72%	0.04%	0.04%
	巴西	—	—	4.21%	3.32%	1.52%	1.49%
大麦	日本	84.64%	73.96%	81.51%	80.29%	75.83%	71.29%
	韩国	74.54%	77.96%	81.47%	80.43%	76.49%	49.33%
	美国	54.07%	29.10%	3.85%	11.53%	8.17%	4.65%
	欧盟	60.19%	46.09%	29.12%	1.99%	0	0
	俄罗斯	—	—	–93.24%	–11.25%	–15.88%	–31.42%
水稻	日本	83.7%	78.50%	84.06%	87.01%	81.70%	74.54%
	韩国	80.05%	85.04%	87.34%	83.93%	72.24%	56.45%
	美国	66.49%	43.19%	23.58%	36.95%	6.11%	2.02%
	欧盟	55.92%	61.30%	47.45%	16.02%	35.29%	23.01%
	巴西	—	—	32.81%	13.09%	34.57%	27.17%
小麦	日本	84.53%	81.56%	83.04%	85.34%	82.51%	51.51%
	美国	54.47%	38.98%	11.05%	16.15%	1.72%	7.32%
	欧盟	51.68%	33.87%	18.78%	13.10%	3.88%	0.09%
	巴西	—	—	6.77%	13.14%	19.25%	6.39%
	俄罗斯	—	—	–37.65%	–16.92%	–2.98%	–17.21%
玉米	美国	41.84%	15.23%	1.21%	13.04%	16.70%	3.64%
	欧盟	50.93%	47.72%	45.43%	30.64%	14.49%	0.01%
	巴西	—	—	6.36%	25.48%	20.52%	1.77%
	俄罗斯	—	—	17.26%	–20.34%	–43.07%	–19.56%

续表

谷物	国家和地区	1986 年	1990 年	1995 年	2000 年	2005 年	2011 年
大豆	日本	49.63%	51.92%	38.41%	37.58%	39.96%	51.60%
	韩国	87.72%	88.06%	83.41%	86.06%	88.18%	89.06%
	美国	3.39%	3.41%	3.40%	3.60%	2.79%	3.81%
	欧盟	0	0	0	0	0	0
	巴西	0.79%	0.91%	1.53%	1.24%	1.21%	0.65%
大麦	日本	70.01%	66.04%	63.32%	67.93%	71.79%	69.32%
	韩国	47.66%	55.33%	68.82%	65.80%	71.27%	73.36%
	美国	3.70%	3.76%	3.34%	3.51%	3.69%	3.76%
	欧盟	0	0	0	0	0	0
	俄罗斯	−22.38%	−14.56%	−21.9%	−21.14%	−2.19%	−3.84%
水稻	日本	77.56%	74.19%	68.72%	55.62%	69.20%	75.74%
	韩国	58.04%	59.99%	56.35%	49.66%	51.59%	56.16%
	美国	1.55%	1.47%	2.01%	1.80%	2.44%	2.15%
	欧盟	0.31%	0.36%	12.91%	28.96%	33.98%	32.60%
	巴西	15.14%	16.55%	17.61%	9.98%	22.51%	16.75%
小麦	日本	43.70%	49.45%	48.96%	45.74%	46.16%	42.70%
	美国	6.00%	8.24%	7.05%	7.46%	9.15%	7.31%
	欧盟	0.09%	3.71%	2.68%	0	9.27%	6.13%
	巴西	4.43%	15.55%	8.30%	5.20%	13.69%	9.44%
	俄罗斯	−12.23%	−0.51%	−16.37%	−10.17%	−0.44%	−5.74%
玉米	美国	3.70%	4.64%	4.02%	4.40%	4.17%	4.29%
	欧盟	0	0	0	0	0	0.01%
	巴西	1.01%	2.43%	2.39%	1.34%	10.22%	1.47%
	俄罗斯	−6.85%	1.99%	−11.64%	−6.99%	−13.79%	−2.89%

资料来源：OECD

从表 13-1 中可以发现，在主要谷物产品支持上，1986~2017 年日本对大豆的支持水平波动下降，从 1986 年的 72.54%降至 2017 年的 51.60%；而韩国的支持水平则从 1986 年的 75.12%上升至 2017 年的 89.06%；美国也略有上升，不过上升幅度偏小，基本保持稳定；欧盟则呈现急剧下降的趋势，并且 2012~2017 年对大豆、大麦、小麦、玉米等的支持水平下降明显；日本虽然在大麦、水稻、小麦方面减少了支持，但与其他国家和地区相比，支持水平大多维持在50%以上；韩国除大豆为增长趋势外，其他谷物和日本变化程度类似。值得注意的是，美国在各种谷物的支持上都从1986年的高比例降低到2017年的低支持水平，欧盟除了对水稻还维持32.60%的支持水平，其他谷物支持也大幅度降低。俄罗斯在较多谷物上始终呈现负支持，巴西只在小麦和水稻种植上有所支持。

如表13-2所示，在1986~2017年主要畜产品支持水平上，美国除猪肉之外呈现下降的趋势，但相对于2014~2017年对牛肉和小牛肉、禽肉和猪肉的零支持来说，对牛奶的支持还保持着一个较为可观的水平，但较之1986年的支持水平来讲，也下降了近半数。日本在鸡蛋和禽肉支持上保持稳定水平，在牛奶、牛肉和小牛肉上2015~2017年有所下降，但在对猪肉的支持上呈现一个稳步上升的态势。欧盟和巴西对主要畜产品支持水平较低且多数减少甚至呈现负支持水平的状况。与主要谷物支持不同的是，俄罗斯在主要畜产品支持上表现较为乐观，部分保持在15%~20%的水平。

表13-2　1986~2017年部分国家和地区主要畜产品支持水平%SCT指标比较表

畜产品	国家和地区	1986年	1990年	1995年	2000年	2005年	2011年
鸡蛋	日本	16.92%	16.67%	16.44%	14.64%	14.59%	14.96%
	韩国	−29.87%	15.45%	11.27%	−18.20%	24.03%	12.72%
	美国	−0.79%	1.60%	9.05%	0	0	0
	欧盟	33.64%	30.96%	18.88%	5.49%	3.07%	1.07%
	俄罗斯	—	—	22.82%	4.91%	5.72%	7.06%
牛奶	日本	88.11%	73.56%	76.34%	71.36%	56.97%	54.13%
	韩国	66.69%	57.63%	60.97%	67.74%	59.37%	43.47%
	美国	34.20%	36.92%	24.17%	49.92%	19.11%	6.69%
	欧盟	71.27%	46.96%	45.89%	40.88%	29.33%	1.27%
	巴西	—	—	26.09%	2.27%	−0.66%	8.42%
	俄罗斯	—	—	28.54%	30.01%	13.34%	24.84%
牛肉和小牛肉	日本	78.33%	34.31%	38.94%	29.96%	28.77%	36.00%
	韩国	49.27%	67.41%	69.00%	57.57%	26.79%	31.20%
	美国	1.31%	0.90%	−0.03%	0	0	0
	欧盟	55.95%	48.27%	41.77%	60.60%	55.13%	14.60%
	巴西	—	—	0.91%	−0.07%	−0.40%	5.42%
	俄罗斯	—	—	−66.39%	−43.33%	14.42%	14.89%

续表

畜产品	国家和地区	1986 年	1990 年	1995 年	2000 年	2005 年	2011 年
禽肉	日本	11.49%	10.39%	10.52%	10.37%	10.52%	10.21%
	韩国	31.25%	63.82%	62.30%	45.36%	36.53%	49.48%
	美国	3.64%	1.04%	0.96%	0.06%	0	0
	欧盟	4.44%	32.34%	35.96%	27.91%	32.95%	23.13%
	巴西	—	—	0.88%	−3.60%	−4.03%	0.44%
	俄罗斯	—	—	26.47%	20.34%	23.49%	17.65%
猪肉	日本	34.92%	26.99%	59.86%	47.20%	61.81%	65.90%
	韩国	35.76%	47.76%	49.37%	24.28%	61.98%	63.93%
	美国	−0.90%	−0.54%	−0.05%	0	0	0
	欧盟	−12.66%	4.25%	3.65%	12.90%	5.75%	0.07%
	巴西	—	—	1.16%	−4.60%	−3.53%	0.67%
	俄罗斯	—	—	10.79%	−26.06%	41.22%	40.36%
畜产品	国家和地区	2012 年	2013 年	2014 年	2015 年	2016 年	2017 年
鸡蛋	日本	15.33%	15.19%	14.42%	14.52%	14.59%	14.47%
	韩国	3.05%	24.92%	31.52%	26.14%	11.82%	43.38%
	美国	0	0	0	0	0	0
	欧盟	1.02%	−0.40%	−0.16%	0	−0.83%	−0.40%
	俄罗斯	4.42%	3.63%	3.78%	3.44%	1.83%	1.74%
牛奶	日本	63.77%	45.40%	51.33%	60.02%	63.41%	56.57%
	韩国	52.27%	50.68%	51.96%	62.79%	62.97%	57.38%
	美国	13.66%	5.65%	13.45%	18.36%	19.93%	19.73%
	欧盟	1.41%	1.48%	1.61%	3.98%	5.27%	2.29%
	巴西	11.29%	0.33%	0.60%	0.87%	1.14%	0.01%
	俄罗斯	21.04%	9.34%	17.29%	23.29%	38.48%	22.34%
牛肉和小牛肉	日本	33.56%	30.06%	29.93%	27.97%	28.46%	28.70%
	韩国	31.05%	32.74%	32.17%	32.24%	30.44%	30.67%
	美国	0	0.43%	0	0	0	0
	欧盟	31.52%	39.86%	24.91%	28.69%	21.11%	21.47%
	巴西	0.64%	0.61%	1.02%	0.85%	2.07%	0.95%
	俄罗斯	23.09%	38.77%	22.62%	30.77%	20.97%	16.24%

续表

畜产品	国家和地区	2012年	2013年	2014年	2015年	2016年	2017年
禽肉	日本	10.13%	10.17%	10.28%	10.38%	10.30%	10.25%
	韩国	39.44%	33.75%	26.81%	25.58%	33.58%	32.17%
	美国	0	0	0	0	0	0
	欧盟	20.25%	10.52%	12.67%	8.65%	27.12%	25.04%
	巴西	0.30%	0.23%	0.44%	0.35%	−2.22%	0
	俄罗斯	9.08%	18.56%	3.46%	8.81%	4.52%	12.86%
猪肉	日本	68.33%	60.32%	55.32%	64.92%	69.92%	66.98%
	韩国	52.32%	50.72%	49.86%	70.20%	69.41%	69.66%
	美国	0	0	0	0	0	0
	欧盟	0.07%	1.73%	−0.12%	0.01%	−0.65%	−0.37%
	巴西	0.49%	0.38%	0.61%	0.63%	−1.70%	0
	俄罗斯	35.04%	12.58%	43.52%	24.13%	17.96%	15.86%

资料来源：OECD

从表13-3可以看出，2012~2017年，日本在精制糖、葡萄、白菜、威尔士洋葱、苹果上的支持水平较高，其中葡萄和白菜总体上呈现波动上升的趋势，而在菠菜、梨等产品上则呈现波动递减。美国和俄罗斯2017年在精制糖上都是乐观支持的水平，尤其是美国维持在56.07%这样一个较高的水平，而欧盟和巴西在其他商品（包括水果及其他农产品）的支持上是一个全面下降的态势。

表13-3 1986~2017年部分国家和地区其他农产品支持水平%SCT指标比较表

国家和地区	其他农产品	1986年	1990年	1995年	2000年	2005年	2011年
日本	精制糖	68.23%	60.22%	59.70%	60.06%	53.75%	55.04%
	苹果	45.83%	19.57%	31.73%	31.36%	14.86%	22.12%
	葡萄	44.31%	54.97%	59.70%	64.49%	63.20%	66.17%
	梨	18.23%	7.82%	28.51%	67.18%	57.13%	45.39%
	草莓	9.38%	9.49%	33.85%	23.74%	8.12%	7.66%
	白菜	5.06%	5.18%	35.68%	51.78%	48.11%	52.28%
	黄瓜	8.94%	5.18%	4.77%	21.01%	19.45%	3.04%
	菠菜	49.54%	5.18%	55.44%	77.38%	26.55%	3.04%
	威尔士洋葱	5.06%	5.18%	4.77%	26.36%	34.51%	26.83%
	其他商品	63.01%	46.89%	56.40%	52.00%	44.31%	37.70%

续表

国家和地区	其他农产品	1986 年	1990 年	1995 年	2000 年	2005 年	2011 年
美国	精制糖	58.44%	34.82%	38.22%	49.65%	44.39%	28.98%
	其他商品	7.75%	7.29%	4.62%	10.85%	4.40%	2.08%
欧盟	向日葵	58.92%	59.48%	0.17%	0.80%	0.08%	0.02%
	油菜籽	60.48%	60.98%	0.14%	0.89%	0.07%	0.02%
	精制糖	61.97%	44.93%	46.87%	55.36%	56.66%	1.03%
	葡萄酒	7.21%	6.79%	4.50%	4.61%	4.34%	3.26%
	西红柿	14.58%	2.40%	0	0.06%	0	0
	土豆	14.41%	14.12%	13.22%	8.97%	10.63%	9.91%
	植物和花卉	7.95%	8.14%	6.75%	2.69%	2.48%	2.38%
	其他商品	31.17%	26.72%	30.12%	25.82%	20.31%	3.45%
巴西	精制糖	—	—	—	3.74%	0.52%	0.61%
	咖啡	—	—	0.46%	2.28%	0.92%	1.36%
	其他商品	—	—	−57.38%	42.75%	11.92%	10.75%
俄罗斯	向日葵	—	—	−23.86%	−39.89%	3.24%	−18.96%
	精制糖	—	—	25.46%	−31.48%	37.18%	0
	土豆	—	—	0	0	0.05%	0.02%
	其他商品	—	—	−0.99%	−1.97%	11.19%	7.81%
国家和地区	其他农产品	2012 年	2013 年	2014 年	2015 年	2016 年	2017 年
日本	精制糖	56.24%	57.74%	57.16%	56.99%	58.15%	57.42%
	苹果	22.78%	14.78%	14.72%	15.76%	14.61%	14.68%
	葡萄	62.84%	60.73%	57.73%	58.12%	60.88%	59.01%
	梨	63.06%	40.12%	39.14%	45.15%	4.67%	4.74%
	草莓	17.80%	5.93%	5.87%	5.85%	11.96%	5.82%
	白菜	54.76%	51.67%	53.75%	57.49%	54.54%	55.35%
	黄瓜	3.24%	3.19%	3.13%	3.11%	3.00%	3.08%
	菠菜	3.24%	3.19%	3.13%	3.11%	3.00%	3.08%
	威尔士洋葱	30.08%	27.16%	28.35%	29.59%	24.94%	27.54%
	其他商品	44.83%	45.62%	42.16%	33.65%	39.15%	43.52%
美国	精制糖	17.55%	7.64%	46.15%	55.17%	50.56%	56.07%
	其他商品	2.54%	1.76%	3.22%	3.30%	3.66%	3.79%

续表

国家和地区	其他农产品	2012 年	2013 年	2014 年	2015 年	2016 年	2017 年
欧盟	向日葵	0	0	0	0	0	0
	油菜籽	0	0	0	0	0	0
	精制糖	1.52%	20.50%	26.57%	22.54%	5.37%	7.49%
	葡萄酒	3.57%	2.95%	3.03%	2.82%	2.92%	3.11%
	西红柿	0	0	0	0	0	0
	土豆	9.21%	9.14%	9.17%	9.14%	9.12%	9.12%
	植物和花卉	2.05%	2.04%	2.52%	2.48%	2.92%	2.92%
	其他商品	4.78%	6.39%	4.53%	4.22%	5.97%	4.83%
巴西	精制糖	0.74%	0.93%	0.89%	0.59%	0.56%	0.21%
	咖啡	0.95%	1.31%	1.53%	1.48%	1.35%	0.56%
	其他商品	2.64%	2.15%	2.85%	2.23%	2.73%	1.49%
俄罗斯	向日葵	–35.08%	–27.70%	–26.94%	–9.91%	–10.58%	–8.73%
	精制糖	0	13.82%	38.96%	28.61%	14.81%	32.31%
	土豆	0.02%	0	8.61%	0	0	0
	其他商品	8.09%	6.17%	8.52%	8.49%	10.80%	9.02%

资料来源：OECD

第三节　国际农业支持政策的影响分析

基于资源禀赋差异及财政预算约束，各国农业支持政策选择存在一定差异。另外，国际农业支持政策还受制于《农业协议》等国际规则的限制，随着生态环境恶化及各国追求农业的可持续发展能力，各国在制定农业政策时均会考虑对生态环境的保护。

资源禀赋差异导致在农业支持政策的选择方面出现差异，日本农业和澳大利亚农业是保守和开放的两个典型。日本作为人多地少、农业资源禀赋较差的国家，其农业支持政策聚焦于高保护和高支持，无论是 1942~1992 年的《粮食管理法》，还是之后的新《粮食管理法》（即《主要粮食供求价格稳定法》），都对重要的农产品（如大米）进行严格控制、支持和关税保护，日本发达的工业基础是其能够进行高补贴和高支持的财政基础，其雄厚的财政基础是农业支持政策实施的关键。澳大利亚是地广人稀、自然资源禀赋极为丰富的国家，是世界上重要的农业出口国，其农业支持政策主要聚焦于一般服务支持，生产者支持相对较少。作为凯恩斯集团成员，澳大利亚政府极力倡导农业的自由贸易和零关税，其农业发展和政策选择的策略就是进攻型的，有别于日本的防御型。值得一提的是，澳大利亚在 20 世纪 60~70 年代也对农业进行过支持，但是财政预算压力很大，再加上澳大利亚没有强大的工业基础作为财政支撑，无法给予农业强有力的补贴支持，因此其农业支持政策的选择存在多方面因素影响，优越的资源禀赋造就突出的农业比较优势，农业部门的竞争力很强，政府只需做好公共服务、科研、技术推广等工作，就可以形成一个具有强大竞争力的农业部门。

《农业协议》的目的旨在建立一个公平自由的农产品贸易体制，协议要求各方在市场准入方面做出承诺，具体是对农产品进行关税削减，以及农业支持的承诺削减（价格补贴、数量补贴、投入要素补贴）。每一个加入 WTO 的国家均做出各自的承诺，由于发达国家与发展中国家经济发展水平的差异，彼此之间的承诺水平并不一致。因为存在 WTO 贸易规则限制，所以世界上的农业大国均对本国的农业政策做出调整，以期更加适应规则，减少不必要的贸易摩擦。欧盟的共同农业政策是欧盟经济体共同的农业政策，自 1960 年共同农业政策实施以来，欧盟政府寻求保护本地区农业市场的方法，主要通过价格干预和直接支持农民保护本地区农民与其他国家农民的直接竞争。但是，到 1983 年，由于乳制品的产能过剩，乳制品支持政策的财政支出增长过快，欧盟出现严重的财政预算危机。1984 年以后欧盟政府对共同农业政策进行渐进改革。农业是乌拉圭回合谈判的一个重要组成部分，共同农业政策改革不得不考虑 WTO 的影响因素，增加与 WTO 相关规则的适用性。为了符合 WTO 的规则，1992 年以来，欧盟进行“箱子转移”，也就是将更多扭曲市场且引起巴西等国不满的“黄箱”支持补贴转移到“绿箱”中，其中重要的改革计划是实施脱钩支付补贴，如 2003 年共同农业政策“中期政策回顾”实施了最激烈的改革，称为 Fischler 改革，实行脱钩的单一支付补贴计划和单一农场支付补贴。虽然将市场价格支持转移为直接支付补贴，但是欧盟并未降低补贴水平，相反，1991~1999 年欧盟补贴金额由 305 亿欧元增长到 398 亿欧元，只是补贴方式发生了改变，补贴农业的本质并未改变。

在经济学理论中，外部性是指私人收益与社会收益、私人成本与社会成本不一致的现象。正外部性是指一种经济活动对外界造成积极影响，引起他人福利增加或成本减少。负外部性是经济人的行为对外界有一定的侵害或损伤，引起他人福利下降或成本增加。集约农业造成严重的环境破坏和污染问题，农业生产中的负外部性及农业补贴支持（投入要素补贴，能源、灌溉用水、化肥和农药的补贴）造成的负外部性使得福利下降和成本增加，不利于农业生产者的持久收益。无论是发达国家还是发展中国家，追求农业可持续发展、保护生态环境和生物多样性是选择农业支持政策时不得不考虑的问题，各国政府均采取积极措施应对该类环境恶化的负外部性。

自 20 世纪 60 年代以来，美国农业支持补贴政策的负面影响逐渐显现，环境污染日渐严重，政府不得不对农业支持政策进行调整和反思。20 世纪 80~90 年代，美国政府在其农业法案中实施了绿色补贴和《保护保存计划》（Conservation Reserve Program，CRP），将保护农民收入与改善环境质量目标挂钩，通过《1985 年农业法案》补偿农民退出“高度侵蚀土地”生产，这属于美国历史上最大的土地保护计划项目，到 1989 年，该计划已退耕 3 000 万英亩土地。2002 年，美国农业法案保护补贴的“六年期计划”高达 171 亿美元，包括环境质量计划和 CRP 等。2008 年，美国农业法案扩大并创造了数个自然环境保护计划，当时预计 2008 年以后的 10 年将花费 550 亿美元。美国的《2014 年农业法案》，执行周期为 5 年（2014~2018 年），预算资金高达 4 890 亿美元，其中环境保护支出所占比例为 6%，金额约为 293.4 亿美元，主要用于休耕储备项目、环境质量激励项目、鼓励生产者采取环保生产措施、保护耕地资源方面。

生物多样性和环境问题也引起欧盟政府关注，欧盟的集约农业造成严重的环境破坏和污染问题。自 1992 年以来，欧盟的共同农业政策经历多次重要改革，主要方向为市场化，如 1992 年的 MacSharry 改革、1999 年再次对共同农业政策进行的改革、2003 年“中期政策回顾”的 Fischler 改革、2008 年的“健康检查”，类似改革逐步消减直接补贴与农产品产量之间的联系，将补贴支持与农产品产量脱钩，以符合交叉达标的规则，也就是要与对环境影响、食品安全、动物福利、动物健康及农业生产活动相关规则挂钩，并将农业的多功能性和可持续性树立为欧盟共同农业政策的第二支柱，以应对不断严重的农业生产污染和生态环境破坏问题。

第十四章　主要国家和地区的农业支持政策分析

我国正处于农业农村转型发展的关键时期，如何发挥政府在提升农业质量效益和竞争力方面的作用，直接关系到农业和农村现代化的实现，关系到乡村振兴战略目标的完成。党的十九大报告提出实施乡村振兴战略，坚持农业农村优先发展，加快推进农业农村现代化。这是我国现阶段对发展农业农村工作的准确定位，也是今后较长一段时间农业农村工作的指导方针。

我国已有的农业支持政策理论来自发达国家的经验，缺乏对发展中大国在农业农村转型发展中关键时期的分析，因此，需要对大国农业政策的演化进行阶段性的梳理和分析，以此针对我国农业的现实性问题调整我国农业支持政策的发展方向。

第一节　美国农业支持政策

一、农业政策管理部门

USDA 是美国联邦政府内阁 15 个部门之一，是重要的经济管理部门（表14-1）。USDA 按照法律设置，机构稳定、职能明确。USDA 的职能可以用一句话概括，那就是“从田间到餐桌”。USDA 的主要职能是通过对农业生产的支持，提高人民的生活质量，包括保护农业、林业和牧业土地，向人民提供安全营养的食品，消除美国的饥饿现象，向农民提供经济发展机会，支持乡村社区发展，为农林业产品开拓国外市场。由于美国市场经济发展程度较高，政府主要通过制定政策来指导经济运行。而在制定和执行农业政策方面，美国最重要的部门就是USDA。因此，对于美国农业的发展及现代农业的实现，USDA发挥了重要的作用。USDA的前身是1862年建立的联邦政府农业司，1889年改为USDA。

表14-1 USDA部门组织结构表

主要工作领域	各工作领域的主要内容	负责部门
农场和对外农业	管理农产品价格，水土保持、贷款发放、市场秩序、对外援助	农场服务局、对外农业局、危险管理局
食品、营养和消费者	确保美国人民的营养和健康、提供食品援助和营养知识	食品和营养局
食品安全	食品检测、食品安全	销售和检验
市场营销和规章项目	为美国的市场营销提供便利、负责动植物卫生、提高国际竞争力	农业运销局、动植物卫生检疫局、谷物检验包装和牲畜围场管理局
自然资源与环境保护	保护土地、水利、林木和野生动物	林业局、自然资源保护局
研究、教育和经济	提供食物知识、进行农业研究、提供有关农业各方面的统计	农业研究局、农业统计局、经济研究局、研究教育经济局等7个机构
乡村发展	协助政府对乡村的援助计划、提高乡村生活质量	乡村商业合作局、乡村住房局、乡村公用局、社区发展办公室

USDA由各类国家股份公司，如商品信贷公司、联邦机构和其他机构组成，是直接负责农产品出口促销的政府机构，它集农业生产、农业生态、生活管理，以及农产品的国内外贸易于一体，对农业产前、产中、产后实行一体化管理。

食品和营养局负责推行营养教育和培训计划，宣传科学和合理的营养，向低收入家庭发放食品券，采取其他措施消除贫困、饥饿和营养不良，对特定人群实行专项食物计划等。

负责自然资源和环境保护的机构有林业局和自然资源保护局。林业局管理全国的森林、野生动物、稀有植物、鱼类、放牧地，指导林业研究、保护和管理，以及矿物和能源的管理；自然资源保护局负责土地、水和其他农业资源的保护，控制水土流失和盐碱化，改善对湿地、草原等的保护和管理。

销售和检验局是一个担负多种重要职能的部门，要确保粮食安全，包括对肉类和禽、蛋的检验，收获前的安全检查，病原体控制计划，杀虫剂残毒监控；负责农产品的销售，制定农产品等级标准并核发证书，开展谷物检验，实行销售规程及研究与促销计划，制订直接销售和批发市场的开发计划，农产品的运输和销售之间的协调；制定动植物进出口法规并实行动植物检疫、动植物病害的监控，推行生物防治，兽医保健；等等。

负责农业的机构包括负责农业研究、教育和经济等的7个机构，其中主管农业研究、教育和推广的有 3 个局，即农业统计局、农业研究局、经济研究局，这从另外一个侧面反映了科学研究对提高美国农业生产率的巨大贡献。

经济研究局是十分重要的部门，其主要职能包括对农业现状与未来的分析和展望、提供经济和农村社会方面的研究报告，帮助国会和行政当局制定和评价农业和农村政策，汇集各种资料，如美国和世界对农业生产资料和各种农产品的需求，农业生产和销售中的成本和利润，政府政策和计划对农场主、农村居民和自然资源的影响，等等。

农业统计局的职责是及时、准确、客观地提供统计信息，发布各州和全国的统计数字，并对各种农产品的生产、价格与劳务等问题进行预测，为美国农业和农村社区服务。

世界农业展望委员会是全球农产品市场预测的中心。

国家农业图书馆是美国三大图书馆之一，也是世界上最大的农业图书馆。

USDA 是美国 15 个联邦政府部门之一。表 14-2 显示了 USDA 的主要官员及其负责的部门，这是根据 1994 年《农业部重组法》做出的重组和调整。USDA 的主要工作领域包括农场和对外农业领域，食品、营养和消费者领域，食品安全领域，市场营销和规章项目领域，自然资源与环境保护领域，研究、教育和经济领域，乡村发展领域。市场营销和规章项目、行政管理、国会关系三个方面的工作分别由三名副部长负责，其他的主要官员还有总顾问、督察长、首席财务官和首席情报官等。

表 14-2 USDA 的主要官员及负责部门

主要官员	负责的部门
负责市场营销和规章项目的副部长	农业运销局、动植物卫生检疫局、谷物检验包装和牲畜围场管理局
负责行政管理的副部长	民权局、人力资源局、工作办公室、采购和财产管理局、行政支援局
负责国会关系的副部长	国会和政府部门间关系办公室
总顾问	总务委员办公室
督察长	检察长办公室
首席财务官	预算办公室
首席情报官	计划分析办公室

二、农业支持政策演化特征

美国农业支持政策演化如表 14-3 所示。

表 14-3　美国农业支持政策演化表

基本特征	时间	具体实施政策名称	政策内容
农业初建阶段，完善农业基础设施建设	1862~1932 年	制度及基础设施	（1）1862 年颁布《宅地法》； （2）1862 年和 1887 年，先后颁布了《莫里尔法案》和《哈奇法案》； （3）1862 年和 1864 年，通过了两项建筑横贯大陆铁路的方案，同时拨款资助兴办灌溉工程
限制农产品产量、稳定农场主收入，政府调控、价格支持	1933~1995 年	农业支持政策	（1）20 世纪 70 年代，在新修订的《农业法》中提出了目标价格和差额补贴； （2）20 世纪 80 年代主张自由市场经济，减少政府财政赤字，削减农业补贴； （3）在海外市场方面，以国际多边贸易谈判为手段，逐渐削减世界市场的贸易障碍，促进农产品的市场流通； （4）《1933 年农业调整法》：制定“限额耕种”计划，政府与农场主签订合同，通过无追索权贷款具体执行农产品的价格与收入支持政策； （5）1933~1995 年，农产品价格支持和收入支持政策是美国农业支持政策的核心内容
加快农业市场化进程，分散农业生产风险	1996~2001 年	农产品市场化	（1）1996 年制定了《联邦农业完善和改革法》； （2）实行 7 年（1996~2002 年）过渡性的政府补贴，停止对农场主有关价格和收入支持方面的补贴，最终将美国农产品完全推向市场； （3）过渡期实行了“弹性生产合同补贴”
实施全面的农业补贴，加大收入支持力度	2002~2013 年	《农业安全与农村投资法案》（又称新农业法）	（1）2002 年政策措施包括：目标价格与反周期支付，生产灵活性合同与直接支付，保护土地补贴（保护农场环境和环境质量激励），农作物保险和灾害援助，信贷支持； （2）2008 年发布《食品、保护和能源法》，保护食品、能源安全，强化农业补贴的总量和规模
实施农业保险方案，取消农业直接补贴项目	2014~2018 年	2014 年《农业法案》	（1）2014 年政策主要集中于商品计划、生态保护、营养、农村发展、研究与推广、能源、作物保险、特种作物、有机农业等方面； （2）2017 年对外贸易战略转变，保护美国本土产业

资料来源：笔者整理

（一）1862~1932 年，农业初建阶段，完善农业基础设施建设

美国自独立以来到 20 世纪 30 年代“罗斯福新政”以前，主要农业支持政策通过公有土地的分配来确定家庭农场制度和建设发达的农业基础设施。

1862 年 5 月美国颁布了《宅地法》，该法规定，凡一家之长或年满 21 岁、从未参加叛乱的合众国公民，在宣誓获得土地是为了垦殖目的并缴纳 10 美元费用后，均可登记领取总数不超过 160 英亩（64 公顷）的宅地，登记人耕种并居住满 5 年后成为该宅地的所有者。于是，大批移民涌入美国西部，耕地面积迅速扩大。这种西进的浪潮持续到 19 世纪末，直到土地被分完。这个法令解决了美国建

国以来一直未能彻底解决的西部土地问题，使美国建立了大量的家庭农场。

1862 年和 1887 年，美国政府先后颁布了《莫里尔法案》和《哈奇法案》，根据这些法案，政府免费拨赠土地给各州建立农业高等院校和拨款兴建农业试验站。

1862 年和 1864 年，美国国会通过了两项建筑横贯大陆铁路的方案，为鼓励私营公司向铁路投资，联邦政府实行补贴制度，规定每修筑 1 英里（1.6 千米）铁路，便拨给铁路公司路线两旁各 10 英里（16 千米）的土地，并发给 16 000~48 000 美元的补助金，还给予铁路公司特殊的银行信贷便利，允许铁路公司享有长期或短期的免税特权。同时政府还拨款资助兴办灌溉工程，加强农地改良工作等，这些政策有力地促进了美国农业基础设施的建设，为后来美国农业的发展奠定了良好的基础。

（二）1933~1995 年，限制农产品产量、稳定农场主收入，政府调控、价格支持

美国近现代农业政策的发展过程也是美国农业立法的过程。美国第一部系统的农业法产生于 1933 年，称为《1933 年农业调整法》，此后该法案又经过多次修订。《1933 年农业调整法》试图通过限制农产品产量、提供有利的贷款支持来提高农产品价格，稳定农场主收入。该法案采取的主要措施是制定“限额耕种”计划，政府与农场主签订合同，通过无追索权贷款具体执行农产品的价格与收入支持政策。

“限额耕种”计划是指政府依据上一年度的农产品期末库存及对下一年度国内市场需求和单产的预测，估计出下一年度的总产量和播种面积总数，凡是和政府签订合同按计划休耕或生产的农场主，都会得到政府相应的价格支持。

无追索权贷款是政府给参加“农产品计划”的农场主提供的低息或无息的短期贷款，实际是对合同面积内生产的农产品实行的价格支持政策，由联邦政府的商品信贷公司执行。具体操作是：商品信贷公司对属于价格支持政策范围内的农产品规定一个“贷款率”，也称抵贷价格（抵押单位农产品所获得的贷款）。当市场价格低于贷款率时，农场主可以以农产品为抵押，从商品信贷公司获得一笔贷款。在规定的贷款期限内，如果市场价格低于贷款率，农场主就不必归还贷款，这样就相当于农场主将农产品按贷款率卖给了商品信贷公司；如果市场价格高于贷款率，农场主可以将农产品赎回并在市场上出售，以现金形式偿还贷款本金及利息。无追索权贷款规定的贷款率实质上是农场主可以得到的最低保证价格，保证了农场主可以得到的农产品价格不低于贷款率，以上价格支持政策取得了明显的效果，农民收入水平显著提高，保证了农场主的生产积极性。

20 世纪 70 年代，美国新修订的《农业法》中提出了目标价格和差额补贴。目标价格是被认为合理的农产品价格，最早的目标价格是以生产成本为基础加上合理利润，1970 年的《农业法》中对目标价格的认定做了修改。当市场价格低于规定的目标价格时，政府就对那些参加“农产品计划”的农场主进行差额补贴。与直接的价格支持政策相比，价格支持调节的是农产品市场价格；目标价格和差额补贴的好处在于其是一种收入支持政策，理论上不影响农产品市场价格，市场价格仍能反映市场供求关系，面对国内巨额的农业补贴与农产品过剩的矛盾日益突出的情况，美国政府还采取了对外援助、对内发放食品券等措施缓解矛盾。

20 世纪 80 年代的农业法案虽然继续维持着价格支持、政府调控种植面积及差额补贴等传统的政策工具，但里根总统强力主张自由市场经济，减少政府财政赤字，削减了农业补贴。在拓展海外市场方面，美国则以国际多边贸易谈判为手段，逐渐削减世界市场的贸易障碍，促进农产品的市场流通（王华巍，2005）。

（三）1996~2001 年，加快农业市场化进程，分散农业生产风险

1996 年，克林顿政府制定了《联邦农业完善和改革法》，并于当年开始执行。该法对自 20 世纪 30 年代以来沿袭了多年的传统农业支持政策做了重大变革和调整，改革原来的农产品价格和收入支持政策，实行 7 年（1996~2002 年）过渡性的政府补贴，加快了美国农产品市场化进程，使美国农产品在世界上的竞争力进一步提高，同时财政负担也有所减轻。

这次农业政策调整有两大原因：一是美国政府财政包袱沉重，仅 1995~1996 年，政府对农场主的直接补贴就达 1 081 亿美元，为了减轻财政赤字，美国政府不得不削减对农场主的补贴；二是为实现美国倡导和积极参加的乌拉圭回合谈判所达成的限期实现农产品贸易自由化的允诺。具体政策如下。

（1）在 7 年过渡期（1996~2002 年），政府停止对农场主有关价格和收入支持方面的补贴，《联邦农业完善与改革法》规定，自 1996 年起逐步取消长期实行的农产品目标价格和差额补贴政策，同时取消农场主在播种面积和种植品种上的限制，2002 年后将停止向农场主提供农产品价格和收入支持方面的补贴，使美国农业“完全过渡到市场经济”。

（2）为保证农场主收入稳定，美国政府采取种种措施引导农场主在市场中分散风险，同时在过渡期实行“弹性生产合同补贴”，只要农场主自愿执行政府制定的环境资源保护计划和沼泽地保护条款等法规，并一次性签订 7 年“弹性生产合同”，就可得到这种补贴，补贴额按平均补贴基准和农民种植合同面积计算。

（3）保留了对主要农产品的“无追索权贷款政策”，方法上有所创新，并规定将贷款利率在原有基础上提高一个百分点。

（四）2002~2013 年，实施全面的农业补贴，加大收入支持力度

2002 年的农业支持政策主要措施包括目标价格与反周期支付。《农业安全和农村投资法案》（又称新农业法）所提出的反周期支付，从字面上看是新名词，但从本质含义上讲，仍然是 1996 年《农业法》的翻版，具体操作原理同样是前面分析过的目标价格，这项政策从具体操作上看，与直接支付同时进行，是一种“捆绑式”支付，大大提高了直接支付的额度（几乎翻了一番）；但从所具作用看，则是一种极为有效的变相出口补贴。

根据新农业法的解释，单位产品的反周期支付由各种产品的目标价格与有效价格二者之差决定。只有当有效价格低于目标价格时，农场主才能获得反周期支付；当有效价格不低于目标价格时，农场主不能获得反周期支付。

2008 年，美国政府发布的《食品、保护和能源法》进一步完善了农场安全网，更加注重食品安全、环境保护和能源安全，新增生物质能源发展项目，美国政府在生物质能源方面谋得了农业发展的新动力。这一阶段农业支持政策的主要措施有直接支付、反周期支付、平均作物收入选择等。

（五）2014~2018 年，实施农业保险方案，取消农业直接补贴项目

2014 年 2 月，美国发布了 2014 年《食物、农场及就业法案》，这次法案与之前相比重大变化是：增加了新的作物保险方案，简化了资源保护计划，修改补充了营养援助计划的一些规定，并扩展了对特种作物、有机农业、生物质能源、农村发展、新生代农场主和牧场主计划的一些内容；2014 年法案消除了农业生产政策的不确定性，包括取消农业直接补贴项目和为农业生产防范风险提供保险支持等一系列重要改革，在保障低收入家庭食品补助的同时降低了政府财政赤字。2014 年政策主要集中于商品计划、生态保护、营养、农村发展、研究与推广、能源、作物保险、特种作物、有机农业等多方面。

主要政策变化体现在以下一些方面。

（1）调整政府财政支出的分配比例。美国 2014 年《农业法案》规定，2014~2018 财政年度，联邦政府计划每年农业开支约为 1 000 亿美元，其中近 80%用于资助营养计划，8%用于资助农作物保险计划，6%用于资助资源保护项目，5%用于资助农产品计划，剩下的 1%用于资助所有其他项目，包括贸易、信贷、农村发展、研究和推广、林业、能源、园艺和其他项目。

（2）构建保障美国农民收入的安全网，农业保险的作用得到扩展。消除了直接财政补贴，加强了农业风险保障补贴；建立了一个永久的牲畜灾难援助计划；新建了保险项目“补充保障选择计划”；“补充营养援助项目”继续为数百万低

收入家庭提供补充营养援助项目。

（3）增减促进农村发展的相关项目经费。通过农村微型企业援助计划，支持农村企业发展，增加高附加值农产品市场开发赠款，每个财政年度的拨款由 1 500 万美元增加到 6 300 万美元。

（4）创建非营利性基金组织。为食品和农业科学研究创建一个非营利性基金组织，作为科研研究的筹资渠道。

（5）鼓励农业生产者及其合伙人设计资源保护项目。将基本资源保护项目与农作物保险补贴结合在一起，为易受侵蚀的土地和湿地提供农作物保险补贴。

（6）继续发展可再生能源和提高能源效率。

（7）发展特种作物和有机农产品。美国 2014 年《农业法案》规定，每年安排 725 万美元用于特种作物田块奖励项目，主要目的是为有机农场提供新的支持，包括每年安排 1 150 万美元用于有机成本份额（organic cost share）项目。

2017 年，美国对外贸易战略从“多边”转向“双边”，制定“维护美国主权”的贸易政策，主要目标是扩大美国出口。同年 1 月，美国正式宣布退出 TPP，宣布重谈北美自由贸易协定和美韩自由贸易协定；5 月，中国和美国达成“百日计划”，中国对美国牛肉进口实质性开放，并推进对美国转基因作物评审进程；12 月，美国发布税改法案，该法案有利于增加美国农场主经营利润、扩大农业投资意愿，吸引了海外食品加工企业回美国本土进行生产和投资。

三、具体农业支持政策分类

（一）农产品价格支持政策

1. 支持价格

1929~1933 年的经济危机，使美国几百万农民破产。在此背景下，美国国会通过了《1933 年农业调整法》，提出支持价格或贷款事宜，即由政府设置一个最低价格，即使在市场供过于求的情况下，也要使市场价格保持在这一最低价格上，以保护农民利益。支持价格政策由联邦政府的商品信贷公司（Commodity Credit Corporation，CCC）实施，主要实施手段是无追索权贷款和政府购买。

无追索权贷款是由商品信贷公司给参加农产品计划的农场主提供为期 10 个月的短期贷款。贷款目的是使农场主可不急于在收获后价格较低的时候就把农产品卖掉，而在价格比较有利时再出售。在贷款到期前，如果市场价格高于贷款率，农场主可以在市场上按市场价格出售农产品，然后以现金归还贷款本金及利息，如果市场价格低于贷款率，农场主可以不归还贷款而将农产品交给商品信贷公司，并且不用负担任何费用或罚款。这种手段因此被称为无追索权贷款。

这里的贷款即单位农产品应得的贷款额，实际就是支持价格或最低价格。贷款率最初是按平价确定的，平价是指农民出售农产品的价格，这种价格与1910~1914 年的农产品价格有相等的购买力。之所以采用 1910~1914 年的农产品价格，是因为这一时期的工农产品比价被认为是公平的。随后，1973 年美国改用参考生产成本确定贷款率的方法；1981 年改为根据《农业法》为各种主要农产品规定最低贷款率的方法；1985 年改为根据该产品最近 5 年市场平均价格的基础上再减少 15%确定贷款率的方法。

当市场上供给大于需求时，由商品信贷公司在市场上收购多余的农产品，即政府购买。目标是把市场价格提高到支持价格水平。20 世纪 50 年代末、60 年代初，政府购买是维持支持价格的基本手段，主要用于支持牛奶价格，有时也支持其他商品价格。20 世纪 80~90 年代只用于牛奶和糖料两种产品。

理论与实践表明，实施农业支持政策的同时必须控制生产，以防止生产过剩加剧、支持价格政策弱化及政府开支增加（秦富，2005）。

2. 目标价格与反周期支付

根据 2002 年新农业法的解释，单位产品的反周期支付由各种产品的目标价格与有效价格二者之差决定。新农业法对有效价格进行了明确界定：若市场价格高于贷款率，则有效价格等于全国市场平均价格与直接支付率之和；若市场价格低于贷款率，则有效价格等于贷款率与直接支付率之和。

2002 年新农业法确定的目标价格，受国内利益集团压力和国际上 WTO 规则的双重压力，与 1996 年《农业法》相比，适当调低；在目标价格的品种上却扩展到大豆、花生和其他油料作物。只有当有效价格低于目标价格时，农场主才能获得反周期支付；而当有效价格不低于目标价格的情况时，农场主不能获得反周期支付。

农场主可以获得的反周期支付总额，是单位产品反周期支付额与支付面积和支付单产的乘积。其中支付面积和支付单产的确定与直接支付相同，由基期情况决定；单位产品反周期支付额则与当年的市场价格情况直接相关。对已包含农产品，农业部长在作物年度结束后即可提供反周期支付。高达 35%的第一次反周期支付将在收获作物当年的 10 月发放，剩余 70%的第二次反周期支付在下一年的 2 月 1 日后发放，最终支付在农作物生产周期结束后完成。

3. 支持价格与贷款差额支付

2002 年的支持价格与贷款差额支付同 1996 年《农业法》非常类似，尽管从名字上讲与支持价格有些区别，但没有实质性变化。其中，支持价格仍然是通过农产品的营销援助贷款率来操作的，补贴仍然是用市场价格与贷款率的差额来实现的。从本质上讲，贷款差额支付仍然是无追索权贷款的延续。

所不同的是，2002 年新农业法对营销援助贷款的农产品及贷款率做了调整，不仅提高了大多数贷款农产品（大豆、大米除外）的贷款率，而且将花生、羊毛、马海毛、蜂蜜、小鹰嘴豆、小扁豆和干豌豆列入营销援助贷款农产品之列。

（二）农业生产补贴政策

1. 土地休耕补贴

为控制农产品过剩，美国实行限制生产的计划，最初使用的是播种面积配额和销售配额，执行结果并不理想。20 世纪 50~60 年代，农产品库存急剧增加，1956 年《农业法》提出自愿迟耕计划，鼓励农场主短期或长期休耕一部分土地。短期休耕主要是为了控制面积和产品总量，长期休耕主要是为了保持水土。

为减少饲料作物的库存，1961 年美国开始实施紧急饲料作物计划，要求农场主在停耕至少 20%耕地的情况下，可从政府得到停耕土地正常产量 50%的现金或实物补贴，如果停耕土地超过 20%，政府可以把补贴比例提高到 60%。与以前的播种面积配额不同，这些停耕的土地必须用于土壤保护目的。由于补贴比例高，该计划吸引了许多农场主。

1965 年《农业法》对饲料谷物实行双重停耕计划。根据这个计划，农业部长要求参加计划的农场主以停耕一定比例的土地为条件，换取计划的各种好处；还要求农场主停耕额外的一部分耕地，政府付给农场主一定的补贴，称为有偿转耕计划。播种面积削减计划通常都包括无偿停耕计划和有偿转耕计划两种，前者指限制一个农场主的总耕地基数，农场主只有按计划停耕土地，才有资格参加农产品信贷计划或得到差额补贴；后者指减少某种计划作物的播种面积，这部分停耕土地可以获得政府补贴。

为了减少商品信贷公司的储藏，从而减轻财政负担，1983 年美国政府开始实行实物补贴计划，即在 1982 年宣布的停耕 20%土地的计划外，要求种植小麦、玉米、高粱、稻谷和棉花的农场主再停耕基本面积的 10%~30%，其损失由政府以商品信贷公司拥有的农产品按基准单位面积产量（一般按前三年平均收成计算）的 80%支付。休耕的土地不能抛荒，农场主负责保持水土。从 1985 年起，对水土流失严重的土地实施“土壤保护储备计划”，参加计划并与政府签订为期 10~15 年合同的农场主，每年可以从政府得到补贴，其数额相当于全部地租、绿化成本及土壤保护性措施成本的一半。

休耕计划把生产控制与稳定农民收入和保护资源紧密结合起来。1996 年《农业法》结束了供给管理，取消小麦、稻谷、饲料粮和棉花种植减耕计划，解除大部分作物的种植限制。农场主可以完全根据市场需求，用 100%的土地种植除水果和蔬菜以外的任何作物（美国规定，除那些有种植水果和蔬菜传统的地区和农场外，其他地区与农场不得种植水果和蔬菜）。这样，农场主会有更大的生产经营自主权，长期休耕的一部分土地有可能复耕，美国农产品总量得以增加。

2. 生产灵活性合同

为减少财政预算赤字，适应农业生产与技术变化的新形势及《农业协议》的要求，美国 1996 年《农业法》对传统农业政策进行了调整和改革，计划在 7 年过渡期（1996~2002 年）后，停止对农场主有关价格和收入支持方面的补贴，取消对播种面积和作物品种的限制，取消有关目标价格、差额补贴和农民自储计划等。在过渡期间，用生产灵活性合同的方式补贴农民收入，向农场主提供为期 7 年的生产灵活性合同补贴，从 1996 年开始到 2002 年作物年度结束，最终实现无补贴（事实上不仅没有减少，而且成倍增加）。

1996 年《农业法》规定，凡在 1991~1995 年任一作物年度，至少以 1 英亩耕地参加一种生产调整计划的农场主，或在过去 5 年内虽没有参加政府计划，但持有被认为是根据政府计划规定耕种土地的农场主，都有资格与政府签订一种生产灵活性合同，从而取得政府补贴。合同一旦签订，农场种植面积就成为合同约定的面积。生产灵活性合同要求农场主承诺继续执行现有的农业资源保护计划和湿地保护条款，不能将现有受保护的土地用于耕种。

如果在 7 年合同期内，农场主转让了签订生产灵活性合同的土地，则新的农场主必须继续履行原合同条款，并且必须于该财政年度 8 月 1 日前通知农场服务局。

如果农场主违反合同条款，USDA 将根据其违反合同情节的严重性，做出是否与其中止合同的决定。若中止合同，农场主将丧失今后获得补贴的权利，USDA 还将同时做出决定，农场主是否需要全额或部分偿还其在违反合同期间所获得的补贴。农场主在合同期内每年获得固定且不断下降的政府补贴。

补贴计算公式是，按照某一作物合同面积的 85%乘以单位面积产量计算出需要补贴的数量，然后该数量乘以补贴率，即可计算出某一作物的补贴数额。单位农产品应得的补贴率在不同年份是不同的，取决于联邦政府规定的每年用于收入支持的总金额。

具体来说，先将每年政府可用于收入支持的总金额在不同的农产品之间进行分配，从而得到美国每种农产品应得的补贴总额，然后用这个补贴总额除以该种农产品的总产量，就得到该种农产品在某一年份的补贴率。农场主可以根据自身要求进行选择，在各财政年度 9 月 30 日前接受全额补贴，或向农场服务局申请在

12 月 15 日或下一年度的 1 月 15 日预先支付 50%的补贴。

对于单位面积产量，1996 年《农业法》规定其大小固定在 1995 年的水平上。这样，政策手段就转向了与生产和市场价格脱钩的收入支持政策。由于农产品价格下跌，政府按生产灵活性合同对农场的补贴并没有下降，反而有所上升。1996 年美国政府实际补贴水平为 51.9 亿美元，1998 年政府为了提高农民收入，导入了销售损失援助政策，主要包括销售损失援助支付和销售援助贷款。1999 年，包括销售损失援助支付在内的补贴达到 6 亿美元，平均每个农场从政府直接得到的补贴达 9 386 美元，大约为 1996 年 3 351 美元的 3 倍。而根据合同规定，所有生产者都可申请销售援助贷款，其利率为商品信贷公司从财政部获得的贷款利率加上一个百分点。

3. 生产灵活性合同与直接支付

2002 年新农业法的生产灵活性条款与 1996 年《农业法》相同，并且必须继续遵守各项土地保护计划。

生产灵活性合同下的直接支付，实质上就是前面所讲的直接补贴，同样是 1996 年《农业法》的延续，支付额度为支付率与该产品的支付面积和支付单产的乘积。2002 年新农业法对各种农产品的支付率又做了重新规定：支付面积是农场基期种植面积（1998~2001 年 4 年的平均值）的 85%，支付单产仍延续 1995 年确定的水平。新增加的大豆和其他油料作物的支付单产根据该农场 1998~2001 年 4 年的平均值乘以一个系数，该系数是全国大豆和其他油料作物 1980~1985 年平均单产与 1998~ 2001 年平均单产之比。

所不同的是，2002 年新农业法的支付品种范围扩大，增加了大豆、花生和其他油料作物，同时，维持或适当降低了已涵盖农产品的直接支付率。

4. 保护土地补贴

2002 年新农业法中的一系列土地保护计划仍是 1996 年《农业法》的延续，不过其加大了补贴资助力度，如用于帮助作物和畜牧生产者改善和保护农场环境的环境质量激励计划。

（1）由 1996 年《农业法》规定的 1996~2002 年 7 年资助 13 亿美元提高到 2002~2007 年资助 46 亿美元，各年支持力度分别为：2002 年财政年度为 4 亿美元，2003 年财政年度为 7 亿美元，2004 年财政年度为 10 亿美元，2005 年和 2006 年两个财政年度合计为 12 亿美元，2007 年财政年度为 13 亿美元。

（2）加大对新农场主或牧场主的资助力度，继续保留 75%的公用分摊支付，但允许生产者资源有限或是刚起步的农场主或牧场主保留 90%的费用分摊率。

（3）加大对畜牧业的支持力度，1996 年《农业法》中要求至少 50%的计划资助被用于与畜牧生产相关的环境保护事项，在 2002 年新农业法中这个比例提高到 60%。

另外，2002 年新农业法中增加了新的保护计划，如草地储备计划。该计划通过长期合同或地役权帮助土地所有者恢复草地，保护天然草地，2003~2007 年资助费用为 2.54 亿美元。对于长期合同，每年的租金支付等于放牧价值的 75%。永久地役权按公平市场价值购买，减去放牧价值；30 年地役权按 30%的公平市场价值购买，减去放牧价值。对恢复的草地，费用分摊高达恢复费用的 75%；对天然草地，费用分摊高达恢复费用的 90%。

（三）农业支持政策

1. 目标价格和差额补贴

美国 1973 年《农业法》提出了目标价格，是政府为保证农场主收入而规定的补贴价格，或者说是理论上合理的农产品价格。它最初以生产成本为基础，用以补偿农场主的生产成本并取得一定的利润。由于不同利益集团有不同的生产成本计算方法，对生产成本的计算存在争议，1981 年《农业法》放弃了以生产成本确定目标价格的方法，改为在原有基础上每年调高 6%，1985 年又降低了农产品的目标价格。

当市场价格低于目标价格时，那些参加政府生产限制计划的农场主就可获得差额补贴。差额补贴为目标价格与市场价格或贷款率两者中的较高者之差，这里的市场价格为前 5 个月的平均市场价格，1990 年《食品与农业贸易保护法案》规定为前 12 个月的平均市场价格。

如果估计当年市场价格低于贷款率而必须支付差额补贴，农业部长应公布并向参加者预先支付一部分差额补贴（通常为估计数的一半）。例如，1985 年《农业安全法案》规定，农业部长必须为 1987~1990 年的小麦、饲料谷物、棉花和大米预支差额补贴。1985 年《农业安全法案》还规定，在国际市场价格低于贷款率的情况下，允许农场主将农产品出售到国际市场，以比原来贷款率低的优惠条件偿还无追索权贷款，差额由政府补贴，实际上这也是一种直接支付或补贴。

对于某个农场主来说，在某一年度得到的差额补贴取决于三个因素：补贴率，即单位农产品补贴额；合法的播种面积；正常产量。1985 年《农业安全法案》规定将正常产量固定下来，因而正常产量是固定产量而不是实际产量。这样，差额补贴实际就是一种固定的农业补贴。

目标价格的实施使收入支持与价格支持区别开来，支持价格调节的是农产品市场价格，而目标价格和差额补贴调节的是农场主收入，理论上讲，对农产品市场价格没有直接作用。

但实行目标价格明显有利于美国农产品的出口，在无追索权贷款水平等于或略低于世界市场价格的情况下，差额补贴实际上成了出口补贴。

与支持价格政策一样，目标价格政策通常与限制生产措施配合使用。享受差额补贴的农场主必须参加政府的休耕计划，如 1990 年《食品与农业贸易保护法案》规定参加休耕计划的农场主必须将 7.5%的耕地退出生产，15.0%的耕地实行自由种植，不享受补贴，77.5%的耕地可以享受政府的直接补贴。

2. 储藏补贴

为了稳定和提高农产品价格从而稳定农民收入，以及为应付当时美国谷物库存再次达到高点，1977 年《食物和安全法》确立了农民自储计划，鼓励农场主把谷物储存起来，退出市场供应。具体办法是让农场主与商品信贷公司签订合同，有效期 3 年。按合同规定，农场主可以获得高于无追索权贷款的贷款，称储入价格。在自储的第一年，贷款是无息的，有时在以后的年份也不收利息。另外，农场主还可获得约等于平均储藏费用的补贴。而农场主则以自储的谷物做担保，并保证谷物质量。

谷物储藏后，农场主不得随意出售，除非市场价格超过储备计划规定的释放价格。当市场价格达到释放价格时，农场主可出售自储农产品，也可以不出售，但政府会取消利息补贴和储藏费用补贴。如果农场主继续储藏，农业部长有权要求其归还贷款。当市场价格达到收回贷款价格时，农场主必须归还贷款。

农民自储计划实质上是通过控制销售来干预市场价格的，农民自储计划与生产控制计划配合实施。1996 年《联邦农业完善和改革法》取消了农民自储计划。

农业税对农场主来说是一种负担，考虑到农业的特殊性，美国对农业税做了特殊的规定，并给予一定的税收优惠，从而增加农场主收入，提高他们对农业投资的积极性。农场主得到的税收优惠主要表现在以下几个方面。

（1）延期纳税。通过对农业部门采用现金记账法，农场主可将一部分尚未出售或虽已出售但未收到现金的产品收入延至下期纳税，同时也可从当年收入中扣除提前购买下一年度使用的化肥、农药、种子及其他供应物资的办法减少应纳税收入，从而减少税赋。

（2）减税。通过资本开支扣除法，农场主可以将购买机器设备、生产用房、饲养一年以上的牲畜开支等作为资本开支从当年收入中一次性全部扣除，由于实行的是累进税，因而农场主可以减少税赋。

（3）免税。通过资本收益税额减免，农场主出售农业固定资产的所得可以免除 60%收入的税赋，只按 40%的收入纳税。

此外，与非农业遗产相比，农场遗产的纳税方面也有较大的优惠，如按使用价值估算、延缓遗产税的支付期限等。1986 年《税收改革法》对农业税收做了改革。

（四）农业一般服务支持体系

1. 农作物保险补贴与农作物收入保险

由于农业的弱质性和农业生产的高风险性，美国于 20 世纪 30 年代开始对农作物进行保险，目的是帮助农业摆脱大萧条和产品过剩的困境。

保险最初主要在美国的农作物主产区进行，保险对象是美国农作物主产区的主要农作物，农场主自愿投保。农作物保险原为产量保险，针对各种气候因素导致的减产损失进行投保。《1980 年联邦农作物保险法》获得通过后，农作物的保险范围扩大，保险对象也扩大到美国更多地区的更多种农作物。由于 1988 年发生旱灾、1993 年发生冷湿灾害，美国国会又分别颁布了《特别灾害法》，对受灾农场主给予特别援助，并于 1994 年通过《1994 年联邦农作物保险改革法》。

1996 年《农业法》导入了生产灵活性合同支付政策。这是一种由农民自己承担风险管理的手段，USDA 扩展了农作物保险，推行了农作物收入保险。收入保险是在产量保险的基础上，考虑了价格因素，以春季农作物种植时的价格为基础，若收获季节价格下降，则价格的变动为保险对象。从 1996 年推出收入保险到 2001 年，美国已经能为各种主要农作物提供至少一种形式的收入保险。

1938 年，根据一项国会立法，美国成立了联邦农作物保险公司，为各州的各类保险公司提供再保险，并为农业信贷机构提供贷款保险。《1980 年联邦农作物保险法》将联邦农作物保险公司的股金增加了两倍多，规定了综合农作物保险的范围和条件，承保范围几乎覆盖了所有的粮食作物。1994 年美国还成立了风险管理署，负责管理联邦农作物保险公司实施的保险项目。联邦农作物保险公司通过 60 多家代理公司经营农作物保险业务，还有 48 家再保险公司经营该项业务，联邦农作物保险公司通过和保险公司谈判，签订标准再保险协议，确定经营、推销费用和理赔费用补贴。

联邦政府对投保的农场主提供补贴，补贴比例为农场主所交保险费的 50%~80%，农场主只需交纳少量保费就可得到全额保险。但农场主只有在参加农作物保险后，才能获得农业贷款等其他好处。

一般地，农场主在种植农作物之前投保，保险费的支付期限可以延长，既可在农作物生长期支付，也可在农作物即将收获时支付。保险费的高低是影响农场主者是否投保的最关键因素。由于《1994 年联邦农作物保险改革法》强制要求农场主参加保险，农场主可以获得价格支持项目中的差额支付、特定贷款和其他保险赔偿费。同时，《1994 年联邦农作物保险改革法》还推出了灾害险，灾害险的保险费全部由联邦政府承担。该险种向损失超过平均产量 50%的农场主提供补贴，补贴额为受灾作物当年目标价的 60%。1996 年，美国国会废除了《1994 年联邦农作物保险改革法》强制要求农场主参加保险的条款，但是接受其他保险赔偿费的农场主需要购买农作物保险，否则将不能获得灾害险赔偿。

《1994 年联邦农作物保险改革法》实施后，农场主参与农作物保险项目的比例显著提高，1998 年有 1.8 亿英亩的农田参加了保险，是 1988 年的 3 倍、1993 年的 2 倍，占美国田间作物面积（不包括草）的 2/3，保险额达 280 亿美元，保险赔偿额也创纪录地达到 9.5 亿美元。到 2001 年，超过 70%种植面积的玉米、大豆、小麦和棉花参加了农作物保险。可见，保险补贴的增加，使得参与农作物保险的生产者大幅增加。2000 年的《农业风险保护法》规定，2001~2005 年额外提供 82 亿美元的保险费补贴。

2002 年新农业法增加了对佐治亚州生产的美洲山核桃的保险、对堪萨斯州小麦等连作作物的保险，对土豆和红薯给予同等的保险对待。在 2004 年之前继续执行 1999 年开始执行的调整总收入农作物保险示范项目，为传统农作物保险不适用作物提供保险，在 2002 年 17 个州的基础上，2003 年至少增加加利福尼亚州的 8 个县和宾夕法尼亚州的 8 个县（秦富，2005）。

2. 灾害补贴

农业生产受自然灾害的影响很大，为保障农业收入，当农场主遭受严重自然灾害后，美国政府都给予补贴。对于因干旱、洪涝等自然灾害而不能播种或严重减产的饲料谷物、大米、小麦和陆地棉等作物生产者，联邦政府均给予补贴。这种补贴也可以从严重自然灾害年份制定的特别灾害援助计划中取得。1977 年《食物和安全法》授权农业部长，当牲畜和家畜生产者由于灾害而得不到适当饲料供应时，可以向他们提供高达饲料购买成本 50%的补贴。《1981 年农业和食品法》规定，凡是根据《1980 年联邦农作物保险法》可以获得农作物保险的生产者，不能自动取得灾害补贴。《1985 年食品安全法》规定，如果出现干旱、洪涝及其他自然灾害或生产者无法控制的原因而使花生、大豆、甜菜、甘蔗不能完成一定比例播种计划的生产者，可以取得未播灾害补贴，其数额等于：受影响的面积（不超过上年播种面积）×单产的 75%×贷款率的 50%。

2002 年后，对低收入移民和季节农民工的紧急资助额不受《1990 年食品、农业、资源保护和贸易法》规定的每年 2 000 万美元的限制。政府增加对海草和海燕麦等两种非保险作物的灾害补助，继续对遭受灾害的种子生产者提供补助，对畜牧生产者由于牲畜死亡、饲料短缺、生产成本突然增加等遭受的损失给予补助。政府设立基金，向美国东北部的商业化捕鱼业提供紧急灾害救济，使用基金购买捕鱼许可，从而最大限度地降低对东北部地区多种鱼类的捕捞能力。自然灾害引起的果树死亡率超过 15%时，果农可申请援助，获得补种果树所得成本的 75%，由农业部长决定给果农提供种苗。每个果农最高可获得 7 500 美元的支付额或同等价值的种苗，获得补偿的最高面积为 500 英亩。

3. 信贷支持

随着农业生产的现代化，农民越来越不可能完全依靠自身的资本来发展生产；而农业生产风险高、利润低，私人金融机构一般不愿向农民提供贷款。为此，政府需要对农场主提供农业信贷支持。

美国政府成立了规模庞大的农业信贷体系，包括 12 家联邦土地银行及地方联邦土地银行协会、12 家联邦中间信贷银行、12 家生产信贷公司，以及由它们组成的地方生产协会、13 家合作银行。它们的职能分别为：向农场主提供不动产抵押贷款、生产和销售的中/短期贷款、生产贷款。

联邦政府对某些农业信贷机构提供资助，使之能按有利的条件向农场主提供贷款，联邦政府还通过商品信贷公司、农场主家庭管理局和小企业局执行政府的多种计划，如向与政府合作的农场主提供贷款。

农场主家庭管理局是政府向农场主提供担保贷款和直接贷款的重要机构，提供的直接贷款主要有：农场主贷款，包括紧急灾害贷款、经济紧急贷款、农场所有权贷款、农场经营贷款、土壤和水贷款等；农村住房贷款，包括农业工人住房贷款、农村出租住房贷款、农村宅基地和自助开发贷款；农村社区贷款，包括水和废物处理贷款、商业和工业发展贷款、农村社区设施开发贷款。农场主家庭管理局的担保贷款由私人信贷机构提供，这些机构在提供这类贷款时，农场主家庭管理局提供了高达贷款额 90%的担保。

多渠道的贷款资金来源、优惠的利率及较长的还贷期对农场主扩大再生产、增加收入起到了重要的支持作用。同时，政府通过信贷调节农业生产规模和发展方向，对农业实施有效的引导与控制。

2002 年新农业法提出了“美国农场信贷体系”的概念，定义为“一个由许多合作拥有的金融机构组成的统一体”。这些金融机构专门提供农村住房贷款、农地贷款、经营贷款，以及向农场主所有的供应合作社、销售合作社和加工合作社提供贷款。在参与超出规定范围之外的贷款活动时，协会和农场信贷银行不必预先得到另外一个成员的许可。以合作社为经营对象的银行获得了更大的向用于储存和处理农业用品和农产品的农业生产资料、农业生产设备、农产品加工设备和其他资本货物的进出口提供融资的权利。

根据 1996 年《农业法》，农业部长有权向无法以合适的条件从其他渠道获得足够贷款的家庭农场提供“农场所有权贷款”，包括担保贷款、不动产贷款、经营贷款和紧急贷款。2002 年新农业法中有关这部分的很多内容都只是在时间上把过去的法定时期从 2002 年延长到 2006 年或 2007 年,并且在贷款额度上也有明显的增加。

根据 2002 年新农业法，直接经营贷款借款人的借款权限可以延长 2 年，每次借款分别计算。印第安保护区之内的农场或者牧场的本土美国人可以免受直接经营贷款期限的限制，获得的担保经营贷款则从 90%提高到 95%。USDA、州、县和地区委员会的雇员也拥有获得农场服务署农业贷款的资格。

借款人的条件是：必须拥有或者经营一个农场或者牧场，且至少已有 3 年时间，这样才有资格获得直接农场所有权贷款。直接农场所有权贷款不得用于偿还商业债务。如果在等待已经得到批准的直接农场所有权贷款的时候，借款人为了农场采购而借债，那么直接农场所有权贷款可以用来偿还商业债务。如果借款人由于声明了的主要紧急情况或自然灾害而被免除了债务，他还有权获得新的直接或担保经营贷款。除了被指定为自然灾害的区域以外，接受动植物检疫的区域也有权获得低息紧急贷款。

根据 2002 年新农业法，“担保贷款每年可以减除 4%的利息”的规定将永久化。每年 7.5 亿美元借款授权中，15%被用于新的农场主，直到每个财政年度的 3 月 1 日。2002 年新农业法对刚起步的农场主有一些新的规定：获得直接农场所有权贷款的土地面积的上限从“县中等规模的 25%”扩大到 30%。新农场主以 4%的比例扩大到 30%。新农场主以 4%的固定利率获得的支付贷款的期限从 10 年延长到 15 年，数额稍低于售价或估价的 40%（原来为 30%）。新农场主拥有 135 天（原来只有 75 天）的优先购买农场服务局所有农场的权利。

农业部对该项目的资助总额，每个财政年度为 7.5 亿美元。这对新进入农业经营的年轻农场主有很多益处。2002 年新农业法在“贷款授权水平”方面亦有大幅度的提高。2003~2007 年的每个财政年度，农业部长可以提供的农业信贷基金达到 37.96 亿美元（1996 年《农业法》为 34.35 亿美元），其中每个财政年度的直接贷款为 7.7 亿美元。

4. 技术、设施、信息、科研支持政策

农业是经济效益低、社会效益高的特殊产业。美国政府在基础设施建设、信息服务、农业科研等方面进行了大量投资，为提高农业投入产出比及农民收入水平创造了良好的环境。主要支持政策包括以下方面。

（1）加强农村基础设施建设。联邦政府向农业地区提供或资助发展交通运输、供电和通信事业，资助兴建和维修水利设施。美国的大型灌溉设施均由联邦政府和州政府投资兴建，中小型灌溉设施由农场主个人或联合投资，USDA 给予一定资助。为保护土地，政府出资修造梯田等。政府的投资使得农民在不增加农业生产要素投入的情况下，即可获得更多的收入。

（2）构建农业现代化所必需的、完整的农业科研、教育与推广体系。1862~1917年，美国大体上构建了一整套农业科研、教育和推广体系，该体系由农学院、农业试验站和合作推广站三个系统组成，执行美国的农业教育、科研和推广政策。农业教育除由政府赠地兴办农学院外，还由政府提供资金在贫困地区兴办中小学校，在农村中学开办农业课程，在农学院开办成人教育及期限不同、内容不一的各种培训班。农业科研始终坚持基础研究与应用研究并重的方针。在农业推广体系中，除农学院外，各州的研究中心、试验站也单独或联合举办以农业生产者为对象的各种培训班，普及农业科技知识，推广应用农业科研成果，还免费为农民提供各种技术咨询服务。

农业科研、教育与推广体系使农业科研成果很快应用到农业生产实践中去，使之变为现实生产力。1950 年，USDA 预算中用于农业科研、教育与推广等服务项目的投资为 4 680 万美元；1985 年上升为 10.5 亿美元。政府对农业科技的投入占投资总额的 45%左右，2000 年的实际水平为 21.5 亿美元，2001 年为 23.2 亿美元。

（3）加强信息服务建设。美国大多数农场主都依靠联邦政府为其提供基本市场行情及预测。USDA 及各州的市场人员每分钟都免费为农场主、批发商、经销商提供农产品的价格、供求情况的最新信息，市场信息系统覆盖美国农产品主要集散中心及产区。

美国 2002 年新农业法中涉及农业教育、科研与推广的部分有 39 个项目将原有经费补贴条款延长至 2007 年，撤销了 8 个项目。2002 年新农业法的调整主要体现在以下几个方面：增加科研、教育与推广经费，改进科研经费管理措施，加强农业科研设施建设和人才培养，调整重点科研与推广领域，促进有机农业发展。

四、农业政策资金规模

美国向农业生产者提供的支持一直低于 OECD 的平均水平，并且随着时间的推移呈下降趋势。市场价格支持已成为美国的一个难题。近几十年来，美国对农业支持的比例大大降低。预算支持的重要性随着时间的推移而增加，主要是由于不需要生产的付款增加，在较小程度上，增加了投入支付。然而，作为生产商收入的支持份额随着时间和商品的不同而有很大变化，反映出许多农业政策与市场价格是反周期的，支持水平与市场价格成反比。因此，当世界商品价格低迷时（以美元计算），支持水平达到顶峰，而 2007~2008 年以来的高商品价格导致了较低的支持水平。

根据美国三种指标对比趋势图（图 14-1）和表 14-4，1986~2017 年美国 TSE 呈现波动上升的趋势；但 PSE 近年来有所下降；GSSE 有上升趋势，但增长缓慢，而且其所占比例较低。

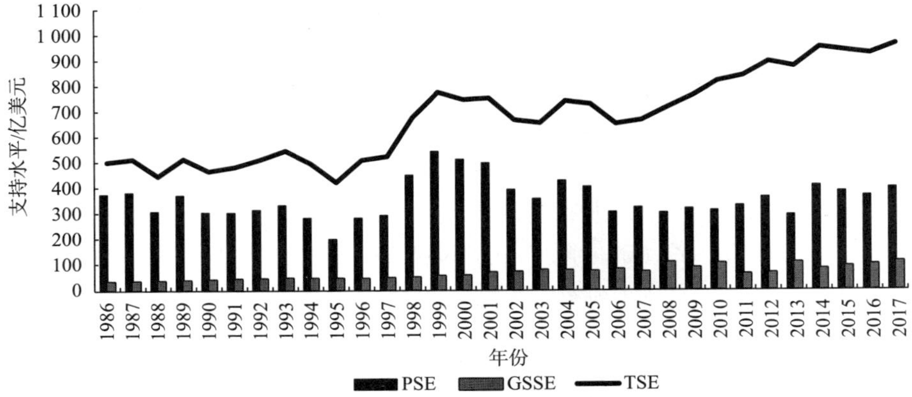

图 14-1 1986~2017 年美国三种指标对比趋势图

资料来源：OECD

表 14-4 1986~2017 年美国农业政策资金规模表 单位：亿美元

年份	TSE	PSE	GSSE
1986	500.527 1	373.293 2	30.029 5
1987	510.874 9	380.271 6	30.892 1
1988	444.607 4	306.535 1	32.320 7
1989	511.850 7	369.415 5	34.494 8
1990	464.292 2	301.978 1	36.641 3
1991	479.844 1	300.701 8	39.703 6
1992	508.775 4	311.677 7	41.304 8
1993	544.102 5	329.999 5	42.658 5
1994	494.094 2	279.885 8	42.372 5
1995	419.796 3	197.534 5	41.984 1
1996	507.638 3	280.495 6	41.519 9
1997	521.335 5	290.465 1	43.658 0
1998	674.812 0	447.491 6	45.846 0
1999	773.886 4	540.287 1	50.907 0
2000	745.627 3	508.805 0	53.018 5
2001	750.890 5	495.147 3	64.855 5
2002	665.559 6	390.447 5	67.041 4
2003	653.326 1	354.055 6	73.730 3
2004	739.343 1	424.848 5	72.451 5

续表

年份	TSE	PSE	GSSE
2005	726.666 0	400.685 9	69.296 6
2006	648.828 0	301.739 4	76.323 5
2007	664.564 6	320.589 2	66.002 9
2008	713.495 0	299.543 1	103.037 3
2009	758.674 2	315.346 5	82.627 3
2010	817.240 4	307.743 5	99.500 0
2011	837.942 2	326.838 2	57.510 0
2012	892.840 4	360.399 3	60.938 7
2013	874.657 6	290.563 3	101.981 8
2014	949.468 6	405.171 0	77.201 4
2015	936.466 6	382.245.3	86.910 0
2016	924.401 9	364.846 8	94.134 2
2017	961.609 0	396.064 9	104.707 2

资料来源：OECD

第二节　欧盟农业支持政策

一、农业政策管理部门

欧盟实施的是共同农业政策。1992 年 6 月，欧盟部长会议正式通过了新的共同农业政策，对旧的共同农业政策进行了自创立以来最为激进的改革，为深化这项改革，欧盟 1998 年又通过了《欧盟 2000 年议程》，对农业支持政策进行了更为彻底的改革。欧盟管理农业的机构组织结构如表 14-5 所示。尽管欧盟实行的是共同农业政策，但各成员负责管理各自的农场和国际贸易。各成员农业部门的设置不尽相同，而且都根据经济全球化的趋势和共同农业政策的改革对国内农业部门的职能进行相应调整。

表 14-5 欧盟农业机构的组织结构表

部门名称	机构名称	职能领域
欧洲议会	农业和农村发展委员会	共同农业政策执行；农业原料及产品领域；农村金融发展；立法
	渔业委员会	渔业资源及政策管理
欧洲联盟理事会	农业和渔业综合理事会	粮食生产、农村发展和渔业管理
欧洲经济和社会委员会	农业、农村发展和环境科	农业、农村相关环境问题
欧盟其他机构	消费者、卫生、农业和食品执行机构	卫生、消费者保护和食品安全领域；农产品信息及推广
	欧洲食品安全局	食品安全领域
	社区植物品种办公室	植物品种信息及系统管理
	欧洲环境局	环境政策制定

（一）农业和农村发展委员会

农业和农村发展委员会主要负责：①共同农业政策的运行和发展；②农村发展，包括有关金融工具的活动；③立法，包括提供兽医和植物保健事项和动物饲料（但这些措施并非旨在保护人类健康不受危害），畜牧业和福利；④提高农产品质量；⑤农业原料供应；⑥社区植物品种办公室；⑦林业和农林复合经营。

（二）渔业委员会

渔业委员会负责：①共同渔业政策及其管理的运作和发展；②养护渔业资源、管理渔业和捕捞渔业资源的船队、海洋和应用渔业研究；③渔业和水产市场的共同组织及其加工和销售；④渔业和水产养殖部门的结构性政策，包括支持这些部门的金融工具和渔业指导基金；⑤综合海事政策。

（三）农业和渔业综合理事会

农业和渔业综合理事会在若干与粮食生产、农村发展和渔业管理有关的领域通过了立法，农业和渔业综合理事会召集了来自欧盟每个成员的部长。大多数成员方都由一名部长代表农业和渔业综合理事会，有些成员方派出两名部长，一名负责农业，另一名负责渔业。农业和渔业综合理事会召开会议时，参加人员有欧盟农业和农村发展专员、欧盟卫生和食品安全专员、欧洲海事和渔业专员。关于农业和渔业的相关政策方面，农业政策下的领域包括共同农业政策，关于农业、林业、有机生产、生产质量及食品和动物饲料安全的内部市场规则，其中与共同农业政策有关的措施旨在提高农业生产率，提高农业群体生活水平，稳定市场。

农业和渔业综合理事会还通过了关于渔业政策的立法，制定每年允许捕捞总量和每个物种的配额，以及分配捕捞机会的立法。一个关键挑战是让渔业在环境上更具可持续性，在经济上更具可行性，同时解决过度捕捞和船队过剩等问题。

在农业领域，2018 年以来的议题是就 2020 年后共同农业政策的现代化和简化进行谈判，讨论《上限改革方案》的三项立法建议：对上限战略计划的规定；单一共同市场组织；在融资、管理和监控上限方面的横向监管。

（四）农业、农村发展和环境科

农业、农村发展和环境科负责较为广泛的问题，如共同农业政策、粮食可持续性、环境保护、循环经济、联合国可持续发展目标的实施和气候变化空气质量、生物多样性、废物管理、渔业、林业、有机农业、食品安全、动物福利和公民保护是其工作的一些具体主题，因为经济危机对欧洲的经济增长、就业和购买力产生了破坏性影响，需要提出更好的农业和环境政策为经济危机提供解决办法。

该部门面对的主要问题是保障农业部门提供 4 000 万个就业岗位，保护森林和农村，减少粮食浪费，进一步实施限额改革、平衡的领土发展、可持续的粮食系统、气候变化、执行《巴黎协定》、向可持续发展的目标前进。

（五）消费者、卫生、农业和食品执行机构

消费者、卫生、农业和食品执行机构成立于 2005 年 1 月 1 日。2013 年该机构的任务期限被延长至 2024 年，并扩大到包括在卫生、消费者保护和食品安全领域的行动；2016 年该机构扩大授权管理范围，管理改革后欧盟的农产品信息和推广。该机构实施了欧盟卫生项目、消费者项目、更好的食品安全培训计划和促进农业项目。通过提供专业服务，该机构执行欧洲委员会交付的任务和活动，与保健和食品安全发展部、司法和消费者发展部及农业和农村发展部密切合作。

（六）欧洲食品安全局

欧洲食品安全局是一个由欧盟资助的欧洲机构，独立于欧洲立法和行政机构（委员会、理事会、议会）和欧盟各成员运作。在 20 世纪 90 年代末发生一系列食品危机后，该组织于 2002 年成立，旨在就与食物链相关的风险提供科学咨询和

沟通。欧洲食品安全局承担风险评估和风险管理的责任，同时保证食品安全。

由于这一制度，欧洲消费者在食品链风险方面处于世界上最受保护和最有知情权的行列。作为风险评估者，欧洲食品安全局提供科学的意见和建议，为欧洲的政策和立法奠定基础，主要职责具体包括食品和饲料安全、营养动物健康和福利、植物保护、植物卫生。

自成立以来，欧洲食品安全局就牛海绵状脑病、沙门氏菌、阿斯巴甜等食品添加剂、过敏性食品成分、转基因生物、杀虫剂及禽流感等动物健康问题提供了科学建议。同时，其在收集和分析数据方面发挥了重要作用，以确保欧洲风险评估得到最全面的科学信息支持。

（七）社区植物品种办公室

社区植物品种办公室是一个自筹资金的欧盟机构，负责管理社区植物品种权利体系，自 1995 年 4 月开始运作。社区植物品种办公室内部分为三个单位（技术、行政和法律）。它的任务是管理欧洲的植物品种权制度，拥有世界上最大的植物系统，为植物新品种提供了知识产权保护。

社区植物品种办公室下辖行政委员会及质量审核服务机构。

行政委员会拥有预算权威，它负责监视社区植物品种办公室的活动和总的管理，允许非政府组织在行政委员会下的植物品种保护领域内进行活动，行政委员会是由理事会条例（EC2100/94）设立的，通常每年开两次会，由每个会员国的两名代表组成。其特别负责机构预算、检查总裁管理报告、验证技术协议、授予强制许可。质量审核服务机构独立于社区植物品种办公室的管理，对社区植物品种办公室进行评估。

2015 年 9 月 30 日，行政委员会决定，自 2016 年 1 月 1 日起 5 年内，社区植物品种办公室在内的 5 个委员会将维持不变，其职能分别如下。

委员会 1：决定一项关于集体植物品种权的无效宣告申请或者撤销该申请，以及与该申请有关的法律程序所引致的诉讼费用的裁定。

委员会 2：决定强制使用权或者非专属使用权的申请。

委员会 3：决定申请社区植物品种权；赋予异议权利。

委员会 4：决定有关品种名称的建议及其后对品种名称的任何修订。

委员会 5：决定上诉的权利及上诉程序所产生的诉讼费用的裁定。

（八）欧洲环境局

欧洲环境局是欧盟的一个机构，其任务是为参与制定、采用、执行和评价环境政策的成员及一般公众提供关于环境的可靠、独立的资料，旨在通过向决策机构和公众提供及时、有针对性、相关和可靠的信息，帮助欧洲实现环境的显著和可衡量改善，从而支持欧洲经济可持续发展。

欧洲环境信息和观测网络（Eionet）是欧洲经济区及其成员国和合作国的伙伴网络，通过与33个成员国的密切合作，收集欧洲经济区数据并就与环境有关的广泛主题进行评估。截至21世纪初，欧洲经济区有32个成员国和6个合作国，欧洲环境信息和观测网络负责发展网络和协调成员国和合作国的活动，与国家联络中心密切合作，通常是国家环境机构或环境部委，它负责协调涉及许多机构的国家网络（总共约350个）。公众可通过欧洲经济区网站获得有关环境的相关知识，并构成专题和综合环境评估的基础，用于支持环境管理过程、环境决策和评估及公民参与活动。

二、农业支持政策演化特征

欧盟共同农业政策从建立至今，已有近60年的历史，并且始终把保护农民利益、发挥农民积极性作为政策的主要目标和宗旨，但其政策在不断调整和改革。欧盟每年要从各成员收取其国民生产总值的1.27%作为欧盟共同基金，其中大部分基金用于共同农业政策的贯彻落实（表14-6）。

表14-6　欧盟农业支持政策演化表

基本特征	时间	政策名称	政策内容
实现农业现代化、解决农业支出过高、农产品过剩问题	1962年	共同农业政策	基本思想：在欧共体区域内，废除一切补贴、配给、两国间协定、关税等一切国际贸易障碍，以谋求农业的共同发展，并尽快实现农业现代化 目的：通过扩大市场的办法，解决各成员因农业条件差异而产生的各种困难
	1968年	“曼斯霍尔特计划”	目的：提高农产品产量及生产效率，以应对第二次世界大战后初期的食品短缺状况 措施：鼓励小农场之间的兼并重组，实现农业规模化生产等
	1972年	农业现代化改革及“贫困地区计划”	目的：加快欧洲农业现代化进程 措施：加强农民的职业培训，鼓励青壮年农民参与劳动，让老年人退出劳动力大军；给予偏远山区的贫困居民财政补贴
	1985年	《共同农业政策前景》绿皮书	目的：解决欧共体的生产过剩及财政负担问题 措施：制定牛奶生产配额、对生产过剩农民征收罚金及对食糖生产者征收出口所需的所有费用等，限定农业预算额度
	1988年	启用预算稳定机制	目的：调整农产品供求关系 措施：对大多数农产品实行最大保证数量机制、自愿休耕、粗放经营、多样化经营等

续表

基本特征	时间	政策名称	政策内容
减少农业补贴、实现农业市场化、推动农业和农村社区全面发展	1992年	共同农业政策改革（麦克萨里改革）	基本目标：实现内部市场生产与消费、供给与需求的良好平衡 措施：降低价格支持水平，变为对农民的直接收入补贴；推进农民植树造林活动；农业绿色生产，减少杀虫剂和化肥的使用；引入改进了的针对年近55岁农民的提前退休计划
	1999年	《欧盟2000年议程》	主要目标：在1992年开始的共同农业政策改革的基础上，通过进一步的开放市场和结构调整措施，增强欧盟农业在国际市场的竞争力，并推动欧盟农业和农村社区的全面发展 措施：强调农业的多功能性和可持续性，补贴形式逐步由生产控制型转向服务型，即将“黄色补贴”和“蓝色补贴”逐步转变为“绿色补贴”，重点是降低对价格支持和出口补贴的依赖程度，减少政府干涉
简化补贴机制、促进农业生产自由市场化、推动农业可持续发展	2003年	“农业政策改革”	目的：使农业生产更趋于自由市场化 措施：提出与产量脱钩的农场单一支付措施，减少对大农场主的直接补贴，增加农村发展投入，转变农业直接补贴方式
	2007年	“农业政策改革”	目的：重点关注如何使补贴机制更简化、更直接和更有效率
	2008年	“农业政策改革”	基本思想：既将农业补贴与产量脱钩，又将环境保护、食品安全考虑其中
	2011年	“农业政策改革”	基本内容：直接支付，单一共同市场组织，各成员的农村发展计划可视具体情况相应提高对小农户、青壮年农户的扶持力度
提升农村发展活力，建立环境友好型农业	2013年	“2014~2020年农村发展框架”	基本目标：促进欧盟农村的平衡发展和增加农村活力
	2014年	“2014~2020年改革”	基本目标：提升农业部门的生产力和竞争力，增加环境和气候友好型农业生产地区数量，提高相关政策的有效性和执行效率

资料来源：作者整理，2011年以前内容参考付岩岩（2013）

（一）实现农业现代化、解决农业支出过高、农产品过剩问题

1. 1962年共同农业政策

欧共体成立后，各成员之间经过多次磋商，在平衡各方面利益的基础上，1962年制定并实施了共同农业政策，该政策是在欧洲缺乏食物性农产品的背景下制定的，主要是为了解决食物短缺问题，宗旨是维护欧盟内部价格和收入的稳定，价格支持是实施这一宗旨的主要工具。共同农业政策以“在欧共体区域内，废除一切补贴、配给、两国间协定、关税等一切国际贸易障碍，以谋求农业的共同发展，并尽快实现农业现代化”为基本思想，其目的是通过扩大市场的办法，解决各成员因农业条件差异而产生的各种困难。

主要内容包括：①建立各种农产品的共同市场组织，实行统一的价格支持和干预制度；②推动欧共体的农业结构改革；③建立农业指导和保证基金。

2. 1968 年“曼斯霍尔特计划”

欧洲委员会于 1968 年实施“曼斯霍尔特计划”进行农业结构重组改革，该计划是为了提高农产品产量及生产效率，以应对第二次世界大战后初期的食品短缺状况。为此，该计划采取一些措施来促进农业生产，如鼓励小农场之间的兼并重组，实现农业规模化生产等。但是，由于改革损害了大量家庭农场的利益，许多措施最终未能付诸实践。并且，改革未触及市场价格支持，欧共体农业开支严重超出预算，导致 1980 年农业开支在欧共体总支出的比重达 73%。

3. 1972 年农业现代化改革及“贫困地区计划”

1972 年欧盟实行了农业现代化改革，目的在于加快欧洲农业现代化进程，并采取了一系列措施，如加强农民的职业培训，鼓励青壮年农民参与劳动，让老年人退出劳动力大军。之后欧共体又实行了“贫困地区计划”，给予偏远山区的贫困居民财政补贴。随着农业现代化进程的推进，农畜产品过剩及农业财政支出过高的问题陆续出现，同时，在欧共体农业补贴政策和进口政策的双重保护下，欧共体大大提升了农业生产能力和竞争力，从而大大刺激了欧共体的农业发展，但农产品过剩问题和农业开支过大问题也成为欧共体面临的艰难问题，这些都成为下一时期改革的重点。

4. 1985 年《共同农业政策前景》绿皮书

1985 年《共同农业政策前景》绿皮书的发表，标志着共同农业政策在解决欧共体的生产过剩及财政负担问题方面所做的努力。为了抑制农业过快生产，欧共体出台了一系列办法，如制定牛奶生产配额、对生产过剩农民征收罚金及对食糖生产者征收出口所需的所有费用等。为了解决农业预算严重超支的问题，欧洲委员会通过限定农业预算额度的措施，使得农业支出在财政预算中所占比例明显下降。但是一系列措施并没有有效地解决问题，欧共体的粮食产量仍然超过最高保证量，农产品的供给远远超过市场容纳。

1985 年，欧共体农业支持政策支出占到欧共体总支出的 75%。与 1982 年相比，1988 年欧共体的农业支出从 124 亿欧元增加到 252 亿欧元，增加了 1 倍多，欧共体沉重的农业支出，使得欧共体濒临破产。在国际上，美国、加拿大等农产品出口大国给予欧共体很大的压力，要求其削减农产品补贴并降低进口税。尤其是美国，为了抵消欧共体出口补贴政策的影响，实施了针对性的出口补贴措施，这不仅加剧了欧共体的财务压力，并且大大减弱了欧共体的出口补贴效果。

5. 1988 年启用预算稳定机制

自 20 世纪 70 年代中期至 80 年代中期，欧共体农业支持政策支出翻了一番。并且，补贴政策进一步刺激了农产品剩余的增加，从而引起补贴总额的增加，欧共体农业面临着严峻危机，农业政策改革再一次被提上日程。1988 年 2 月，欧共体开始启用预算稳定机制，对大多数农产品实行最大保证数量，当超过最大保证数量时，将自动实行价格调整机制。除此之外，欧共体还进行了一系列改革，如自愿休耕、粗放经营、多样化经营等，以调整农产品供求关系。

（二）减少农业补贴、实现农业市场化、推动农业和农村社区全面发展

1. 1992 年共同农业政策改革

1992 年的共同农业政策改革又称麦克萨里改革，20 世纪 90 年代之前的共同农业政策改革主要涉及缩减农业支出和解决农产品过剩两个方面，欧共体采取了一系列的措施，但成效不明显。这次改革是一次较系统且深入的改革，有效地解决了农产品过剩和农业支出负担过重的问题。欧共体在实行价格支持的同时又发展了收入直接补贴，多层次地增加了农民收入。1992 年的乌拉圭回合谈判将农业纳入谈判范围，降低关税、关税化进程、减少农业补贴成为市场准入、国内支持、出口竞争三大谈判焦点的具体表现。欧共体鉴于内部的财务困境和外部的国际压力，将减少农业补贴、增强农业市场化倾向作为欧共体农业改革的方向。这次改革最大的特点是降低价格支持水平，变为对农民的直接收入补贴。基本目标是实现内部市场生产与消费、供给与需求的良好平衡，改革的重心是欧共体乡村的发展。

为了实现这一目标，欧共体采取了一揽子改革方案，主要包括：①减少补贴农产品对象并降低补贴幅度。削减一些关键农产品的支持价格，使得内部市场价格更接近世界市场价格。谷物的支持价格下降 29%，牛肉下降 15%，乳制品下降 5%。为了解决农产品过剩问题而降低支持价格水平起到了控制生产的作用。②导入对农业支持的直接支付方式。对目标价格降低引起的农民收入损失，采取直接补贴的方式给予弥补。实行与产量脱钩的直接支付方式，使欧共体的收入政策目标不再通过支持价格来实现，而是通过直接收入转移机制来实现。为了增加农民收入，对农场主给予收入补贴。③对农村及农业结构进行调整，导入生产结构调整计划。土地被进行留置计划，退出生产的土地至少为轮作土地面积的 15%，为此欧共体必须向参加留置计划的农民支付补贴。④对受改革措施冲击的农户提供财政补贴，同时倡导促进粗放式的农耕方式。

除此之外，欧共体又引入三个新的财政支持计划：一是推进农民植树造林活动，二是采用更有利于环境的农业生产方式，减少杀虫剂和化肥的使用；三是引入改进了的针对年近 55 岁农民的提前退休计划。

2. 1999 年《欧盟 2000 年议程》改革

欧盟的共同农业政策包括第一支柱（市场支持和直接支付）和第二支柱（农村发展）两部分。20 世纪末期欧盟不断扩张，由于中东欧国家的农业所占比例较高，农业支出负担严重。21 世纪以来农村发展越来越受重视，为了解决上述问题，同时考虑到下一轮 WTO 农产品贸易谈判的影响，欧盟于 1999 年 3 月通过了《欧盟 2000 年议程》的共同农业政策再改革方案。该议程除了提出降低农业支持价格、提高对农民的收入补贴等措施外，还确定了农业预算支出额（2000~2006 年农业支出将保持在 420 亿欧元水平），同时还提出发展生态农业、保护农业环境，鼓励青壮年农民参与劳动，开展劳动培训等措施。这次的共同农业政策改革涉及经济、环境及农村发展等方面，是较为全面的一次改革，有利于欧盟农业经济的自由化发展。

这次改革的主要目标是在 1992 年开始的共同农业政策改革的基础上,通过进一步的开放市场和结构调整措施，增强欧盟农业在国际市场的竞争力，并推动欧盟农业和农村社区的全面发展。

这次改革突出强调了农业的多功能性和可持续性，继续保持对农民的直接收入补贴，但补贴形式逐步由生产控制型转向服务型，即将“黄色补贴”和“蓝色补贴”逐步转变为“绿色补贴”。改革方案的重点是降低对价格支持和出口补贴的依赖程度，减少政府干涉，更多地运用直接收入支持手段。具体内容主要有以下几点。

（1）谷物：2000~2002 年，谷物的支持价格每年降低 7.5%，两年内共降低 15%；继续维持 10%的生产调整计划；价格下调损失的一半通过直接支付方式给予补贴。

（2）牛肉：2000~2002 年，价格支持水平下调 20%；价格下调损失的 80%通过直接支付方式给予补贴；维持必要时由政府购买等干预政策。

（3）乳业：从 2000 年开始，分 3 年使支持价格水平下降 15%；从 2005 年开始导入对奶牛的直接支付制度，对支持价格下调部分的损失给予补贴；将各国的生产配额制度延长到 2006 年，生产配额数量增加 2.4%。

（三）简化补贴机制、促进农业生产自由市场化、推动农业可持续发展

1. 2003 年“农业政策改革”

2003 年的农业政策改革是对《欧盟 2000 年议程》的一个补充，是欧盟为了符合 WTO 农产品贸易协定的要求与适应欧盟的东扩做出的改革。这次改革提出与产量脱钩的农场单一支付措施，改变过去对农民补贴的方式，使农业生产更趋于自由市场化，同时减少对大农场主的直接补贴，从而挤出更多资金用于农业发展。改革主要从增加农村发展投入与转变农业直接补贴方式两方面着手，减少对大农场主的直接补贴，将更多资金投入农业发展。

2. 2007 年、2008 年“农业政策改革”

2007 年的农业政策改革重点关注如何使补贴机制更简化、更直接和更有效率，并使当初适用于市场的支持工具适应不断变化的形势。

2008 年，欧盟各成员就农业补贴政策达成一致意见，既将农业补贴与产量脱钩，又将环境保护、食品安全考虑其中，而且 2008 年的农业补贴政策改革更加彻底和深入。

3. 2011 年“农业政策改革”

2011 年，欧盟委员会对共同农业政策进行改革，通过了共同农业政策法律草案，该草案包含了直接支付、单一共同市场组织、农业发展等方面的内容，其中直接支付是重点内容。该草案要求各成员实施统一标准的直接支付，这次的改革草案使农业发展成为共同农业政策框架的重要组成部分，该草案要求各成员的农村发展计划可视具体情况相应提高对小农户、青壮年农户的扶持力度。

（四）提升农村发展活力，建立环境友好型农业

1. 2013 年“2014~2020 年农村发展框架”

2013 年，欧洲议会和理事会正式通过了有关欧盟共同农业政策新一轮改革的方案，即“2014~2020 改革”的方案，设立了“2014~2020 年农村发展框架”，并决定于 2014 年开始实施。2013 年欧盟在过渡措施方面就农业支付的封顶水平、各成员直接支付的资金转移及分配问题达成政治协议，明确共同农业政策下一步的改革方向为调低农业补贴预算。

在 2014~2020 年农村发展框架中，欧洲农业农村发展基金（European Agricultural

Fund for Rural Development，EAFRD）对共同农业政策第二支柱（农村发展）的预算是 996 亿欧元，但这期间两个支柱间的资金可以相互转换，各成员可以将 15%（特殊情况下可以提高到 25%）的资金转移到另一个支柱，以使其更好地实现特定的需要和目标。为了提升农村发展政策的有效性，欧盟做出了明确规定和要求：一是明确农村发展的优先方面，并明确这些领域的干预政策。优先方面主要包括投资、知识转移、咨询服务和欧洲创新伙伴关系，农业-环境-气候问题、森林、青年农民、小农场主和受自然条件限制的地区、风险管理。二是明确创新、环境和气候变化 3 个跨领域的目标，此外，为了提高欧洲结构与投资基金（European Structural and Investment Funds，ESIF）之间的协调性，欧盟建立了共同战略框架（Common Strategic Framework，CSF）。

2. 2014 年“2014~2020 年改革”

2014 年的“2014~2020 改革”通过对共同农业政策框架进行合理调整，以应对经济、气候环境、区域发展方面的诸多挑战，改革的具体目标如下。

（1）通过有效措施促进共同农业政策提升农业部门的生产力和竞争力。具体措施包括：通过农业农村发展基金完善有关技术咨询体系，构建包括农户、科研人员、食品企业、消费者等在内的知识与创新技术研发转化网络；鼓励农户联合行动，促进资源高效利用、农产品开发及市场化；建立风险管理和防范机制。

（2）增加环境和气候友好型农业生产地区数量，并鼓励各成员农户采用环境友好型农业生产方式和技术，从而推进共同农业政策对改善环境和应对气候变化发挥积极作用。

（3）提高相关政策的有效性和执行效率。具体措施包括：直接补贴支持的再平衡，使直接补贴政策凸显其收入支持目的和对环境保护的有效支持；减少各成员及农户之间直接补贴标准的差距。

三、农业支持政策具体分类

（一）农产品价格支持政策

从 1962 年到 20 世纪 90 年代初，实行高于世界市场价格的内部市场价格支持政策，一直是欧共体共同农业政策的核心。这种价格支持政策的主要工具是目标价格、门槛价格和干预价格。

目标价格作为最高限价，是依据某种农产品在欧盟内部最稀少地区或供不应求地区所形成的市场价格而定的，包括储藏费和运输费，它会因为地区不同和运输费用不同而变化，是供生产者和消费者参考的价格。

门槛价格是对欧盟以外的第三国设立的，是第三国农产品进入欧盟港口时的最低进口价。如果第三国农产品的到岸价格低于门槛价格，就征收两种价格之间的差价税，即“撇油关税”。这是对进口农产品征收的一种调节关税，它保护欧盟内部的农产品贸易，使各成员农民免受进口农产品的竞争压力。

干预价格，也叫保护价格，是农民出售农产品可以得到的最低价格。欧盟制定干预价格时是以最大的产粮区——法国奥尔姆的粮食生产成本和市场状况为基础的，一般比目标价格低 6%~9%。

与干预价格相联系的是差价补贴，当某类农产品供过于求，市场价格低于干预价格时，生产者在市场上出售农产品后可以从欧盟设在各成员的干预中心领取市场价格与干预价格的差价补贴，或者以干预价格将农产品卖给干预中心。享受干预价格的有 14 类农产品，其品种、规格和生产限额由欧盟统一规定并审核执行，费用由农业指导和保证基金提供。干预价格可以保证生产者收回生产成本并获得微利，稳定和支持农民收入，保护农民利益。

1992 年，共同农业政策对价格支持政策进行了比较激进的改革，分阶段大幅度降低了农产品的干预价格，使欧共体内部市场价格更接近世界市场价格。在具体措施上，逐步降低种植业和饲养肉牛领域的支持价格水平，同时控制生产。例如，粮食和牛肉的价格 3 年内降到接近国际市场水平，谷类价格降低 29%，牛肉价格降低 15%；实施耕地面积削减计划，冻结 15%的谷物耕种面积。

《欧盟 2000 年议程》对价格政策进行了进一步的改革，将 2000~2006 年的农业预算支出固定在每年 405 亿欧元的水平上，同时分步骤、分阶段地削减对主要农产品的价格补贴。在具体商品上，2000~2001 年，谷物和其他重要农作物的支持价格降低 15%，其后是否削减支持价格依据市场条件决定，农民的播种面积必须削减 10%；2000~2003 年，牛肉支持价格分三个阶段降低 20%；奶制品从 2000 年开始分三步将支持价格降低 15%。

（二）农业生产补贴政策

1. 种植业直接收入补贴政策

对种植业实行补贴是欧盟的一贯做法。《欧盟 2000 年议程》决定，对以往种植业补贴的具体做法进行一定的修正，其实质性的修正内容为，对谷物仍然保持价格干预，但逐步降低干预价格的程度，2000 年降低 7.5%，2001 年继续降低 7.5%，两年合计降低 15%。对油料作物、蛋白作物和纤维作物不再保留干预价格，向世界市场价格看齐，也就是说，其价格将由市场决定。为了补偿农场降低干预价格或取消价格补贴导致的收入损失，欧盟将与产品产量挂钩的价格补贴改为与产量脱钩、与面积挂钩的直接收入补贴，即人们所说的面积补贴。

面积补贴是根据符合补贴条件的作物面积和/或休耕面积来发放的，面积补贴分为作物面积支付和休耕面积补贴。

1）作物面积支付

（1）符合补贴条件的作物种类。欧盟规定只有谷物作物、油料作物、蛋白作物、纤维作物可享受面积补贴。

谷物作物包括软粒小麦、硬粒小麦、大麦、燕麦、黑麦、小黑麦、高粱、谷子、荞麦、玉米（包括甜玉米和饲料玉米）。油料作物包括向日葵、大豆、部分油菜和芜菁品种（部分饲用的油菜和芜菁品种不能享受补贴）。蛋白作物包括豌豆、蚕豆、甜羽蚕豆。纤维作物包括亚麻。其他作物如甜菜、饲用块根、马铃薯、草籽、芥菜等均不给予面积补贴。

（2）相应的可享受补贴的作物面积。这是指部分或全部种植谷物、油料、蛋白作物和纤维作物的农地面积。种植上述作物的非农地和 1991 年 12 月 31 日这一天处于长年绿地、长年作物或林地状态的面积不能申请面积补贴。各国都有一个享受作物面积支付的基础面积数额，超过基础面积的部分也不能申请作物面积支付。

（3）确定生产区及生产区各作物的平均单产，欧盟以 1989~1991 年的平均产量作为各国享受作物面积支付的平均单产。在计算各种作物面积支付的补贴额时需要用到各作物的平均单产数据。欧盟将各种享受作物面积支付的作物单产都折算成谷物单产。

各国可以在保持国家平均单产的基础上根据本国的情况划分生产区，从而确定各生产区不同的单产水平。例如，德国原则上以联邦州为生产区，但有两个联邦州（勃兰登堡州和下萨克森州）又将联邦州划分为几个生产区。这样做既考虑到计算的简捷性，又兼顾客观的单产差异。2000 年和 2001 年欧盟的油料作物仍处于调整过渡阶段，油料作物单产折算为谷物单产时，欧盟采用系数 1.95 加以校正。系数 1.95 是欧盟历史平均谷物单产（4.6 吨/公顷）与欧盟历史平均油料单产（2.36 吨/公顷）的比值。

（4）根据欧盟确定的公式计算出作物面积支付补贴金额。计算公式如下：

某作物每公顷面积支付金额=该作物每吨补贴额×生产区平均单产

某农场的作物面积支付总金额=∑各作物面积支付金额=∑（各作物每公顷面积补贴金额×享受补贴的各作物面积）

每年各作物的每吨补贴金额为：谷物补贴 58.67 欧元、蛋白作物补贴 72.50 欧元、纤维作物（亚麻）补贴 80.26 欧元。油料作物的补贴略微特殊一点，2000 年和 2001 年作为油料作物折算的过渡期，2000 年每吨补贴 81.74 欧元，2001 年每吨补贴 72.37 欧元。由于各生产区的谷物平均单产不一样，各国各作物的每公顷作物面积支付的补贴金额也是不一样的，欧盟作物面积支付的基本思路是每公顷作物面积支付的补贴金额基本相等。

2）休耕面积补贴

欧盟依据符合条件的休耕面积的数量来发放补贴。相关的因素包括以下几方面。

（1）休耕类型。欧盟规定，如果申请补贴作物面积上的折合谷物总产量大于 92 吨，该农场必须休耕至少 10%的耕地；如果申请补贴作物面积上的折合谷物总产量等于或小于 92 吨，该农场没有强制性休耕义务，但可以自愿休耕。由此，享受作物面积支付的农场就相应地分成两类：有强制性休耕义务农场和无强制性休耕义务农场，后者又称为自愿性休耕农场。

（2）休耕面积规定。有强制性休耕义务农场的休耕面积至少要达到申请作物补贴面积的 10%。在此规定比例的基数上，如果该农场还自愿增加休耕面积，则该农场的总休耕面积为强制性最少休耕面积与自愿休耕面积之和。但总休耕面积最多不能超过申请作物补贴面积的 33%。超过 33%以上的休耕面积部分不能得到休耕补贴。无强制性休耕义务农场可自愿参加休耕计划，从而获得同样的休耕补贴。其休耕数量不受 10%的下限限制，但休耕面积上限也同样不能超过 33%，否则也不能得到休耕补贴。

（3）休耕地块要求。成块连片休耕地的最小休耕面积为 0.3 公顷，以德国的标准计算，即休耕地块的宽度至少为 20 米。但如果休耕地块受到环境（如墙体、岩石、水道等）的限制时，可以作为特殊例外而小于 0.3 公顷。另外一种例外情况是，休耕地是由一块或几块自然地块组成时，其宽度也可以小于 20 米。

（4）休耕面积补贴金额。不同国家和不同生产区的休耕面积补贴金额是不一样的。每公顷休耕地的休耕面积补贴金额与当地的谷物（包括玉米）产量的作物面积支付补贴金额相当。

（5）休耕期。2000 年的休耕期是 2000 年 1 月 15 日~8 月 31 日。但如果不打算继续参加下一年的休耕行动的话，农场从 2000 年 7 月 15 日起可以在休耕地上为下一年度的作物做秋播准备（如施肥、植保等工作）。

（6）关于休耕的其他要求。2000 年休耕期结束后至 2001 年 1 月 15 日，休耕地上禁止生产用于销售的作物（如蔬菜）。但农场可以在其上种植自用的饲料，但禁止将该饲料出售给他人。休耕面积上可以种植符合规定的原料作物，但原则上这些产品不能是食物性的或饲料性的。对此，欧盟有一整套严格的备查作物目录和限制条件。

（7）惩罚性措施。对于申报材料不实的申请者依据欧盟《刑法》第 264 款和《补贴法》第 2 款，一般有 3 种惩罚措施：取消或部分取消当年的补贴；取消当年及下一年的补贴；罚款或法律惩罚。

2. 畜牧业直接收入补贴政策

欧盟将原与产量挂钩的价格补贴改为与产量脱钩、与饲料面积挂钩的直接收入补贴。相关的因素包括以下几方面。

（1）可享受补贴的牲畜。可享受欧盟牲畜补贴的牲畜只有两类：牛和母羊。其他牲畜如马、猪、鹿、禽等均不能作为牲畜补贴对象。

（2）牲畜补贴的种类。纳入牲畜补贴范围的农业补贴主要有 6 种：粗放化经营补贴、公牛补贴、母牛补贴、牛的屠宰补贴、补充款项补贴和母羊补贴。其中，母羊补贴在 2000 年改革中基本未变,其单位补贴金额仍根据欧盟农业委员会确定的基准价格与欧盟的市场平均价格之间的差额来确定。因此，本书涉及的牲畜补贴实际上是牛的补贴。

（3）申请牲畜补贴的前提条件。农场在申请任何牲畜补贴时，必须满足下述基本申请条件（此外，针对不同类别的牛、羊还要满足特定的申请条件）：申请人提出牲畜补贴申请（填写申请书）；所有的牲畜有耳记标识；有存栏登记注册；所有数据已依规定输入中央数据库；畜龄证明；牲畜买卖时，依规定向中央数据库登记牲畜的进出资料；在国内屠宰牲畜时，屠宰企业依规定向中央数据库登记屠宰数据（屠宰重量、活重、屠宰日、目录等）；牲畜被售往各成员内外时，需递交相关证明。

（4）与牲畜补贴相关的一些参数。农场在申请牲畜补贴前还必须了解一些计算牲畜补贴的参数和计算方式。牲畜补贴的计算主要与 7 项参数或术语有关：大牲畜单位、牲畜存栏密度、牲畜存栏密度因子、牛奶推荐量、补贴申请上限、饲料面积及具体的牲畜参数（如类别、畜龄、头数等）。

大牲畜单位及其折算：欧盟将各类牲畜统一折合成标准的大牲畜单位，这与我国计算标准牲畜总量时统一折算为羊单位一样。

牲畜存栏密度：每公顷饲料地上的各类牲畜的存栏载畜量（依标准的大牲畜单位计算）。

牲畜存栏密度因子：欧盟认为，标准的牲畜存栏密度应当是每公顷饲料地饲养 2 个大牲畜单位的牲畜。

牛奶推荐量：这原是欧盟 1992 年以前分配给各畜牧农场的牛奶配额。通过牛奶推荐量和当年的标准牛奶单产（如德国 2000 年的标准牛奶单产是 5 800 千克），可以将各个农场的牛奶推荐量折算成标准奶牛头数。

补贴申请上限：指一个农场允许申请牲畜补贴的大牲畜单位上限。

（5）可申请的牲畜补贴的大牲畜单位数量的计算。计算出农场的申请补贴上限：

$$补贴申请上限=农场的饲料面积\times牲畜存栏密度因子$$

从申请补贴上限中扣除标准奶牛数量得出实际可申请的牲畜补贴数量：实际可申请的牲畜补贴数量=补贴申请上限-标准奶牛数量=补贴申请上限-（牛奶推荐量÷当年的标准牛奶单产）［如果母羊也要申请补贴的话，还需要再扣除母羊量（折合成大牲畜单位）］。

根据实际可申请的牲畜补贴数量（大牲畜单位）折算成相应类别的牛的头数。

3. 结构调整补贴

1972 年，共同农业政策开始引入一些结构性措施，运用补贴手段鼓励青年农民从事农业生产，鼓励老年农民提前退休以更新农业劳动力队伍。1975 年，欧共体采取了一些措施向在恶劣条件下从事生产的农民提供补贴，扶持山区和条件差的地区发展农业。1992 年，欧共体导入生产结构调整计划，规定获得直接收入补贴的农民必须参加减少 15%种植面积的生产结构调整计划，但不包括耕地面积 20 公顷以下的农场；对休耕地给予每公顷 253 欧元的补助。

2000 年的共同农业政策改革进一步加强了结构调整政策，如改善提前退休制度，促进青年农民安置，通过生产者退休计划提供结构调整援助，优先发展落后地区经济，逐步消除地区间的不平等；通过建立基金，用于结构性调整行动；等等。

（三）农业支持政策

1. 税收优惠

除了价格支持及各种补贴外，欧盟还对农民提供税收优惠，间接地对农民收入进行支持。例如，德国政府向农民收取的税种和税率比向其他职业的从业人员收取的少得多、低得多，农民只缴纳土地税和所得税，不用缴纳其他税种，更不用交一些其他费用。法国对购置农机具给予 10%的税收返还，对购买的农机燃料免税，减少农业土地税 9%，对安置青年务农的土地 5 年内减免 50%的土地税。意大利对农业机械的进口减税 11%，对农用动力燃料油的增值税也由 12%减为 6%，新辟的橄榄园在规定年限内享受免税待遇。

2. 环保补贴

20 世纪 60 年代后，随着农业生产的发展，农业生产对环境的不利影响越来越显著，环境保护的压力越来越大。1992 年共同农业政策改革中加强了环保方面的内容，将环保作为欧盟共同农业政策的主要组成部分之一。《欧盟 2000 年议程》更加注重环保，并将其作为 WTO 的“绿箱”政策中保护农民利益、稳定农民收入的一项重要措施。欧盟环保补贴的具体措施主要包括以下几方面。

（1）对自愿在种植业中大大减少化肥、杀虫剂、灭草剂的使用而受到经济损失的农民，给予每公顷农田最高 250 欧元的补贴。

（2）对在畜牧业中努力减少牛和羊的存栏而受到经济损失的农民，给予粗放化经营补贴。

（3）对养殖业中减少存栏后的每个大牲畜单位补贴 210 欧元。

（4）对农业利用价值不高的土地进行粗放化经营耕作、退耕还林或不采用排水、灌溉、开垦荒地等有损环境的生产方式的农民，同样给予补贴；对一年只种一季的土地，给予每公顷最高 250 欧元的补贴。

（5）对以其他有利于环保的方式利用休耕土地的农民，每年给予每公顷最高 250 欧元的补偿。

（6）对农田休耕达 20 年并专门用于环保目的的土地，如休耕的农田用作环境保护区或改建为生态公园或小型的自然公园，除给予休耕补贴（每公顷最高可达 600 欧元）外，还给予每公顷 100 欧元的补贴。

（7）对私有林和乡镇所有林给予补贴，每公顷补贴 40~120 欧元，以保护林业资源，发挥森林的经济、生态和社会功能。

（8）对农用土地进行绿化，除给予种植费外还给予补贴，补偿绿化引致的收入损失。

（9）对生态农业栽培、与自然和谐的生活区域的维护，以及传统的果树和树篱种植、高山牛养殖和潮湿地区维护等需要农民付出额外努力的劳务，给予加倍的财政支持。

（10）对实施环保措施造成巨大收入损失的地区，加大财政资金投入。

这些形式多样的环保补贴对改善和保护环境、稳定农民收入起到了重要作用，对维护农村地区可持续发展也具有重要意义。因此，欧盟决定，凡是以保护和改进环境为目的的措施，都将被列入欧盟支持的范畴。欧盟还建议，凡是符合环境要求的农业种植政策措施，各成员根据各自的国情设立专门的机构负责咨询、管理和监督。

（四）农业一般服务支持体系

1. 基础设施建设补贴

基础设施建设补贴主要是对农业基础设施建设提供资金，以改善农业生产条件，提高农业生产力，使农民在保障食物供应的同时维持与其他行业劳动力相当的收入水平。欧盟规定，凡是符合环境要求的农业和休耕地，各成员都应给予直接补贴。凡是购置大型农业机械、土地改良、兴修水利等，欧盟提供25%的资金，其余75%由各成员解决。英国对田界围栏、树篱、农场建筑、农业机械、农田排水设施及农村道路建设提供补贴，对于修建农场的道路、堤坎、供电系统，国家承担修建费用的2/3。法国政府对农村基础设施建设工程的投资一般占工程费用总额的25%以上。

2. 支持建立农业合作组织

农业合作组织为农民提供各种市场信息、销售、技术等方面的服务，对农民收入的增加起到间接支持作用。法国政府规定，创办各种为农业服务的合作社，政府给予大约25%的投资补贴，并免除合作社平时应缴纳的工业利润税、商业利润税、营业税和地产税。

3. 信贷支持

信贷支持运用银行信贷手段，向农民提供大量优惠贷款，是欧盟农业现代化的重要资金来源，同时也为农民提供了间接的补贴及增加收入的机会。例如，法国农业信贷银行和地区农业互助信贷银行是面向农业的专业金融机构，提供短期、中期和长期贷款。短期贷款年限为1年左右，不得超过1.5年，主要用于购买种子、化肥、饲料和临时雇用劳动力；中期贷款年限不超过15年，主要用于购买农机具和牲畜；长期贷款年限不超过30年，主要用于购买土地和兴建建筑物。农业贷款的利率比较低，一般为6%~8%，大约是非农业贷款利率的50%。用于购买某些农机具和土地的中长期贷款利率则更低，仅为3%~4%。银行的利息差额由财政负责补贴，补贴金额随贷款的增加而不断上升。

四、农业政策资金规模

自20世纪90年代中期以来，欧盟逐渐减少了对农业的支持。在一系列不以生产产量补贴为主的新的支持工具上增加了权重，价格扭曲的现象已经大大减少。同时，欧盟的支持款主要用于环境保护，对生产者的支持约有50%取决于强制性的环境限制，对生产者的额外8%的支持用于超出强制性要求的自愿环境计划。

2010年以来，对生产者的支持在农业总收入（%PSE）中所占的比例已稳定在20%左右，不以生产产量为主的支持补贴约占支持量的45%。2016年，与生产挂钩的支持有所增加，主要反映了欧盟农业经济的增长，在较低的世界价格、与生产有关的预算付款的背景下，对生产行业的支持大约有85%流向了生产者；2017年，与生产相关的支持有所减少，主要是世界农产品价格上涨导致市场价格支持下降，而不是因为制定政策的改变，与生产挂钩的预算支出略有下降。对农业部门的总体支持中，最大的一部分用于生产者（约 88%），对知识和基础设施的投资是向整个部门提供一般服务支持的主要组成部分，占 TSE 其余的 12%。

根据欧盟三种指标对比趋势图（图 14-2）和表 14-7，可以看出，1986~2017 年欧盟 TSE 变化不大；PSE 占据 TSE 的主要部分；GSSE 平稳发展。

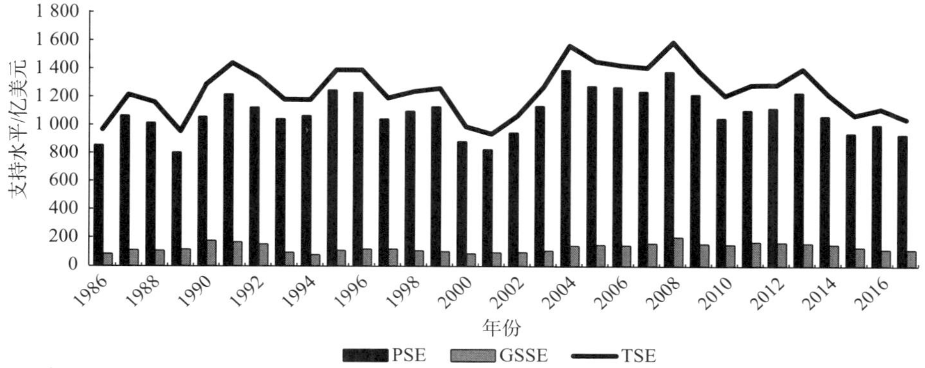

图 14-2　欧盟三种指标对比趋势图

资料来源：OECD

表 14-7　欧盟 1986~2017 年农业政策资金规模表　　单位：亿美元

年份	TSE	PSE	GSSE
1986	968.848 2	850.823 3	73.976 8
1987	1 214.696 8	1 060.454 3	102.477 4
1988	1 161.914 8	1 010.107 1	97.854 4
1989	955.347 0	799.497 5	107.893 2
1990	1 287.421 2	1 054.269 4	168.806 3
1991	1 439.748 4	1 213.927 4	160.465 9
1992	1 338.472 6	1 120.268 9	145.399 9
1993	1 182.617 2	1 039.630 9	86.308 4
1994	1 180.694 2	1 060.719 7	69.541 0
1995	1 391.975 7	1 242.549 3	100.956 3
1996	1 390.930 5	1 226.362 5	108.913 1
1997	1 193.624 4	1 039.676 9	109.206 3
1998	1 238.900 4	1 094.794 6	98.690 8
1999	1 261.782 9	1 125.734 3	93.510 7
2000	991.272 8	878.248 6	77.694 0
2001	939.146 6	821.013 4	84.666 9
2002	1 068.037 7	942.565 1	88.161 8
2003	1 273.574 3	1 131.962 0	97.703 2
2004	1 566.158 9	1 388.814 1	133.218 8

续表

年份	TSE	PSE	GSSE
2005	1 455.638 6	1 274.823 0	140.817 6
2006	1 426.641 8	1 267.595 1	137.262 8
2007	1 410.743 2	1 235.898 6	151.995 1
2008	1 592.342 7	1 376.697 7	196.466 7
2009	1 383.891 0	1 215.192 9	148.986 5
2010	1 212.497 0	1 047.120 9	143.287 7
2011	1 287.755 7	1 104.605 7	161.716 5
2012	1 288.970 3	1 118.148 3	157.831 6
2013	1 400.929 7	1 227.903 1	152.879 6
2014	1 216.852 5	1 061.565 0	143.174 9
2015	1 072.666 3	937.713 7	121.713 1
2016	1 115.914 8	999.873 0	106.816 6
2017	1 045.009 0	931.496 8	105.799 8

资料来源：OECD

具体来说，欧盟农业政策资金规模有以下特点。

（1）对生产者的支持（%PSE）在长期内逐渐持续下降。自 2010 年以来，支持资金占农业总收入的 20%，远远高于 OECD 的平均水平。

（2）%PSE（基于商品产量的支持和不受投入约束的可变投入）在 2014~2016 年占 PSE 的 27%，远低于 OECD 的平均水平。

（3）农民的平均生产者价格指数（生产者名义保护系数）比 2014~2016 年的世界市场高 5%。大米、牛肉、小牛肉和家禽的国内价格使全球物价上涨了 20% 以上，其他商品价格与边境价格密切相关。

（4）与农业增加值相比，GSSE 相当于 TSE 的 5%。2014~2016 年的农业增加值与 OECD 的合计数字相符。农业知识与创新体系、发展和维护基础设施的投资是 GSSE 的主要组成部分。

第三节　日本农业支持政策

一、农业政策管理部门①

日本是实行地方自治的国家，政府机构设中央政府和地方政府。中央政府设

① 转引自：张红宇（2003）。

农林水产省，主管日本农业，农林水产省成立于1881年，负责育养、食品科研及保证国家基本政策实施、食品供应及储备，成立之初称“农商务省”，后改为农林和商工两省、农商省、农林省等，1978年改为农林水产省。

农林水产省在各地有各种派出机构，在地方政府中，都、道、府、县一级设有农林水产部，市町村一级根据所在地经济类型，设农林水产科，或与工商管理合一设产业课。农林水产省依据日本的《国家行政组织法》和《农林水产省设置法》建立。为适应经济全球化，日本政府于1997年正式成立“粮食、农业、农村基本问题调查组”机构，广泛征集各界对新基本法的意见，并于1999年正式出台了新基本法，即《食品、农业和农村基本法》。根据新基本法，日本也对农林水产省的有关职能进行了相应调整，日本农业的发展和现代化的实现并不是自发进行的，而是日本政府有计划、有步骤地进行的。因此，日本现代农业的管理机构必然发挥着重要作用。

日本农业管理部门的组织机构十分庞大，在中央一级设立农林水产省，农林水产省由五个局、三个厅及一个大臣官房（也称办公厅）组成。除此之外，还设有农林水产技术会议、农业生产各方面的审议会等咨询机关（表14-8）。

表14-8 日本农业机构的组织结构表

<table>
<tr><th>级别</th><th>类型</th><th>部门</th><th>主要职能</th></tr>
<tr><td rowspan="11">中央机构</td><td rowspan="9">农林水产省（主体机构）</td><td>经济局</td><td>负责管理农村金融和保险事业，管理农业团体组织，办理进出口等国际事务</td></tr>
<tr><td>结构改善局</td><td>负责农地管理和开发工作、水利工程建设、农业区域规划、农业结构改善、救灾等</td></tr>
<tr><td>农蚕园艺局</td><td>负责与农业、养蚕、园艺等部门相关的技术进步、病虫害防治、植物检疫等</td></tr>
<tr><td>畜产局</td><td>负责畜产品加工、畜牧业生产技术改进、饲料生产、牲畜的健康等</td></tr>
<tr><td>食品流通局</td><td>负责农产品交易的管理、流通的管理、市场的管理</td></tr>
<tr><td>粮食厅</td><td>负责收购和销售粮食、加工和保管粮食、粮食的进口、粮食的定价</td></tr>
<tr><td>水产厅</td><td>负责水产资源的保护、渔港的建设、水产品的交易、远洋捕鱼</td></tr>
<tr><td>林业厅</td><td>负责森林保护、治山造林、林产品的生产和流通、林区的建设</td></tr>
<tr><td>大臣官房</td><td>负责制定农林水产的发展政策、进行预算、审查法令、综合事务、行政事务</td></tr>
<tr><td>技术会议机构</td><td>农林水产技术会议</td><td>专门管理农业科研、农业试验，并协调中央和地方的科学试验单位、科研机构</td></tr>
<tr><td>咨询机关</td><td>农产品的批发、农业机械化、农业生产、粮食价格等几十个审议会</td><td>参加的主体是各界的科学家和专家。对农林水产相关的政策定期提出建议，为农林水产省提供参考和依据</td></tr>
<tr><td>地方机构</td><td>地方农政局</td><td>东北、关东、九州、四国、近畿、东海、北路七个地方农政局</td><td>属于农林水产省的派出办事处，主要是贯彻农林水产省的政策</td></tr>
</table>

内部机构和各部门的职能分别为：负责财政预算；制定政策法规；编制计划；负责农林水产省的机构编制和人事任免事宜；负责对外公关、对内协调等事务。

五个“内局”，分别为经济局、结构改善局、农蚕园艺局、畜产局和食品流通局。经济局负责管理农村金融和保险事业，管理农业团体组织，办理进出口等国际事务；结构改善局负责农地管理和开发工作、水利工程建设、农业区域规划、农业结构改善、救灾等；农蚕园艺局负责与农业、养蚕、园艺等部门相关的技术进步、病虫害防治、植物检疫等；畜产局负责畜产品加工、畜牧业生产技术改进、饲料生产、牲畜的健康等；食品流通局负责农产品交易的管理、流通的管理、市场的管理。

三个直属“外局”，即粮食厅、林业厅、水产厅，分别分管有关业务。

从这些部门的职能可看出，农林水产省的主要职能包括四个方面：一是促进农林水产业的稳定发展，最大限度地发挥农林水产业的作用；二是保证农产品的正常供给，不断提高国民的生活水平；三是推动农、林、牧、副、渔业的发展，推动农村、山村、渔村的经济建设及全面发展和振兴；四是保证国家的各项政策，包括产业政策、区域政策、国际合作政策的实施。

农林水产省对农业的产供销实行一体化管理，全面负责农产品的生产、流通、加工、进出口及农业生产资料的供应（张红宇，2003）。

二、农业支持政策演化特征

日本农业支持政策的演化如表 14-9 所示。

表 14-9　日本农业支持政策演化表

<table>
<tr><th>基本特征</th><th>时间</th><th>政策名称</th><th>政策内容</th></tr>
<tr><td rowspan="3">提高农业生产力，维护第二次世界大战后社会稳定</td><td>1945 年</td><td>土地改革制度</td><td>内容：废除封建半封建土地所有制，确立自耕农体制；实行“耕者有其田”的小规模家庭占有和经营；使农地所有权和使用权相结合</td></tr>
<tr><td>1949 年</td><td>《土地改良法》</td><td>内容：建设和修复农业生产基础设施</td></tr>
<tr><td>1953 年</td><td>《农林牧渔金融库存法》</td><td>措施：金融制度改革、低息农业金融制度</td></tr>
<tr><td rowspan="2">农业结构改革，缓和农产品价格波动幅度</td><td>1961 年</td><td>《农业基本法》
（旧基本法）</td><td>基本目标：提高农业劳动生产率，与其他产业达到同等效率；缩小工农收入差距
措施：改革结构政策（实际上是扩大经营规模）和农业劳动力转移政策；农产品价格支持政策</td></tr>
<tr><td>1993 年</td><td>“认定农业者制度”</td><td>目标：改革农业经营培育对象，推进农业结构改革，确立“理想农业结构”</td></tr>
</table>

续表

基本特征	时间	政策名称	政策内容
保护粮食安全，稳定食品供应，弄懂农业可持续发展	1994 年	《食品法》	措施：保护农业农村；加强农业基础设施建设
	1995 年	“关于主要粮食供需平衡及价格稳定的法律”	措施：改进粮食流通管理体制
	1997 年	《大米流通法》	措施：改进大米价格形成机制；减少对粮食流通的直接补贴规模
	1999 年	《食品、农业和农村基本法》（新基本法）	四个理念：食品稳定供应；农业多方面功能；农业可持续发展；农村振兴 一个目标：提高农产品自给率
关注农业多功能性，扩宽农业产业链，发展友好型农业	2001 年	《农业经营政策大纲》	目标：提高国内农产品的价格竞争力；改善农产品的销售与流通环节；促进农产品出口国与进口国贸易规则的平衡
	2009 年	水稻追踪体系，修正《农地法》	措施：明确水稻和水稻加工产品的信息；降低土地租约门槛
	2010 年	《食品、农业和农村基本纲要》	措施：制定农产品自给率水平；农业支持政策从仅限于某些核心农民转向所有农民；2011 年执行农民收入支持支付政策；农业生产体系向能够满足消费者对质量和安全的需求转变；鼓励农民向食品制造和零食业扩展，给农村带来更多收入
	2011 年	“振兴农林牧渔及食品行业基本政策”	措施：对环境友好型农业实施直接补贴 目的：加速土地整合，扩大规模；增加农业后继者，鼓励年轻的农民投入生产
	2012 年	“农业后继者支持政策”	措施：培训补助
创造农林牧渔及地方社区活力，提高农业竞争力	2013 年	“创造农林渔业及地方社区活力计划”	目标：农业产业及团体的收入翻倍；食物出口翻倍；新进入的年轻农民数量翻倍；将耕地的 80%集中到核心农民手中；让核心农民生产水稻的成本降低 40%。主要在强化农业生产、改革农业补贴政策、农业多功能性、建立食品价值链、提高对食品及其他农产品的需求方面做出努力
	2015 年	第四次修订的《食品、农业和农村基本法》	目标：农地集成化、集聚化；增强食物供给功能的一体化；促进农业和食品产业发展
	2016 年	提高日本农业竞争力的“一揽子”政策（纲要）	目标：增加农民收入；营造自由经营环境；增强农业竞争力
	2018 年	《农林水产业及地区的活力创造计划》	目标：推动六次产业化；促进出口；活跃创新环境

资料来源：笔者整理

（一）提高农业生产力，维护第二次世界大战后社会稳定

1. 1945 年土地改革制度

明治维新后，日本走上资本主义道路，但农业领域内的封建生产关系仍严重

存在，这种封建的土地所有制严重阻碍了农业的发展，也给日本的工业化、市场化和现代化建设带来威胁。1945 年，为了把日本改造成和平民主的国家，日本开始致力于土地制度改革。土地改革制度的主要内容包括：政府采取强硬措施废除封建半封建土地所有制，确立自耕农体制；实行“耕者有其田”的小规模家庭占有和经营；使农地所有权和使用权相结合。

具体措施：政府在两年之内，强制收买在外地地主的全部耕地，并在原则上将这些土地再度卖给佃户，支付期限为 30 年，并有利息；规定农地价格，全国平均 0.1 公顷水田 60 日元,旱地 450 日元。为了巩固该次土地改革成果,日本于 1952 年制定了《农地法》，把以上规定用法律形式固定下来，从此日本形成了以小规模家庭经营为特征的农业经营方式。

这次土地改革取得了巨大的成功，对第二次世界大战后日本的重新崛起发挥了积极的作用。首先，农村获得了前所未有的稳定，刺激了农民对农业的投资，提高了农业生产力。其次，农业的发展和农民生活水平的提高，为工业的发展提供了丰富的原料和广阔的市场，耐用消费品在农村逐渐流行。再次，农业的发展使大量劳动力得以解放出来，涌向城市和工业，为城市和工业提供了丰富的人力资源。最后，土地改革产生的农协成为农民利益的代言人和保护者，为维护农民利益发挥了极为重要的作用，成为第二次世界大战后日本农村一个基本的社会组织（韩鹏和许惠渊，2002）。

2. 1949 年《土地改良法》与 1953 年《农林牧渔金融库存法》

1949 年，日本实施了《土地改良法》，在国内进行关于农业生产基础设施的建设和修复工程；1953 年，日本发布《农林牧渔业金融库存法》，在金融制度的改革方面引进了长期低息的农业金融制度，给予农民一定的金融支持和帮助，刺激农林牧渔业的稳定生产。

（二）农业结构改革，缓和农产品价格波动幅度

1. 1961 年《农业基本法》

1961 年日本政府制定了《农业基本法》（即旧基本法）。《农业基本法》有两大目标：一是提高农业劳动生产率，与其他产业达到同等效率。第一个目标采取的措施是改革结构政策（实际上是扩大经营规模）和农业劳动力转移政策。二是缩小工农收入差距。第二个目标采取的措施是农产品价格支持政策。

《农业基本法》的第一个目标没有实现，结构政策改革没有顺利实现目标。扩大经营规模难以进行，主要是土地私有化使得土地难以转移和兼业现象严重，

因而难以形成大规模经营。第二个目标基本实现。日本在保证收入平等方面是有成效的，在稳定农业经营方面也起到了一定的作用，但是价格支持政策只考虑生产者，不考虑消费者，一方面使得农产品的价格维持在极高的水平上，造成消费者向生产者的收入转移；另一方面使得农产品过剩，部分农产品在市场上不受欢迎，而且难以把供需状况与消费者需求转递给农业生产者，妨碍了生产者改善农业生产结构及缩小国内外价格差异。

2. 1993 年"认定农业者制度"

1993 年，日本开始实施"认定农业者制度"。日本政府承诺逐步实现农产品关税化和削减国内补贴，对农业政策做出调整和改革。该次改革实施目标为：改革农业经营培育对象，推进农业结构改革，确立"理想农业结构"，使农产品价格正确反映农产品质量和供求关系，缓和农产品价格大幅度变化对新农业经营体系带来的影响，实现农业的可持续发展。

（三）保护粮食安全，稳定食品供应，弄懂农业可持续发展

1. 1994 年《食品法》

1994 年 12 月，日本通过的《食品法》取代了执行半个世纪的《食品控制法》，着手对以追求高自给率来保证粮食安全的农业支持政策进行根本性的改革，一方面尽量减少《农业协议》对农业和农村的影响，另一方面大力加强农业基础设施的建设，为农村注入活力，力图把农业发展为自立的骨干产业。

2. 1995 年"关于主要粮食供需平衡及价格稳定的法律"与 1997 年《大米流通法》

1995 年 1 月，日本开始实施的"关于主要粮食供需平衡及价格稳定的法律"，取代了施行 54 年之久的《粮食管理法》，标志着日本的粮食流通管理体制正式进入了在国家宏观调控上以民间流通为主，实行部分管理、间接控制的新时期。

日本 1997 年出台的《大米流通法》，改进了"政府米"与"自由流通米"的价格形成机制，改变了过去长期保留下来的对粮食价格保护的方式，减少了政府对粮食流通的财政直接补贴规模。

3. 1999 年《食品、农业和农村基本法》

1999 年 7 月，日本开始实施《食品、农业和农村基本法》（即新基本法），取代了 1961 年制定的《农业基本法》。日本删除了《农业基本法》中制约农业的自然因素、经济因素和社会因素的规定，提出四个理念（食品稳定供应，农业多

方面功能，农业可持续发展，农村振兴）和一个目标（提高农产品自给率）。《食品、农业和农村基本法》的理论基础就是农业的多功能性，不仅要求农业的经济功能，也强调其政治功能、社会功能和生态功能。《食品、农业和农村基本法》突出了日本对自身粮食安全的重视，以及在人多地少的国家里，农业具有贸易之外的多种功能的认识。在逐步减少对粮食直接补贴的同时，日本加大对养护农业资源环境、培养农业人才、农民对农业基础设施建设投入、农民调整种植结构的财政支持力度，以实现日本农业的可持续发展。

（四）关注农业多功能性，扩宽农业产业链，发展友好型农业

1. 2001 年《农业经营政策大纲》

2001 年的《农业经营政策大纲》，确定了日本农业生产的三个重点目标：提高国内农产品的价格竞争力，选定并重点扶持 40 万户发展规模经营，通过 3~4 年的改革，推广无化肥农业；改善农产品的销售与流通环节，关注农业的多功能性，确保食品的安全稳定；促进农产品出口国与进口国贸易规则的平衡，较多关注发展中国家农业的利益。

2. 2009 年水稻追踪体系，修正《农地法》

2009 年，日本实行了水稻追踪体系，修正了《农地法》。日本要求水稻及水稻加工产品的生产者、批发商、零售商记录交易处理的所有准确信息，并且保存 3 年，同时，零售商和餐厅要直接（贴标签）或者间接（印刷指定的联系方式）注明水稻和水稻加工品的原产地。允许任何公司获得土地租约；放宽最低地区条件，为新入者购置土地；对非法土地转为非农业用途的处罚较高；将农地的租用期限从 20 年延长到 50 年。

3. 2010 年《食品、农业和农村基本纲要》

2010 年，日本确定了《食品、农业和农村基本纲要》。措施：制定农产品的自给率水平；农业支持政策从仅限于某些核心农民转向所有农民；2011 年执行农民收入支持支付政策；农业生产体系向能够满足消费者对质量和安全的需求转变；鼓励农民向食品制造和零食业扩展，给农村带来更多收入。

4. 2011 年“振兴农林牧渔及食品行业基本政策”与 2012 年“农业后继者支持政策”

2011 年，日本开始实施振兴农林牧渔及食品行业基本政策，对环境友好型农

业实施直接补贴。该次政策的目的是：加速土地整合，扩大规模；增加农业后继者，鼓励年轻的农民投入生产。

2012 年，日本开始实施农业后继者支持政策，培训者如果满足某些基本条件，如最低培训年限，就可以获得补助以支付他们的基本生活成本，但是若要获得补助必须满足一定的条件。

（五）创造农林牧渔及地方社区活力，提高农业竞争力

1. 2013 年“创造农林牧渔及地方社区活力计划”

2013 年 11 月，日本颁布了一项新计划——“创造农林渔业及地方社区活力计划”。该计划的基本目标是：农业产业及团体的收入翻倍；食物出口翻倍，到 2020 年达到 1 万亿日元（102 亿美元）；新进入的年轻农民数量翻倍；将耕地的 80%集中到核心农民手中；让核心农民生产水稻的成本降低 40%。主要在强化农业生产、改革农业补贴政策、关注农业多功能性、建立食品价值链、提高对食品及其他农产品的需求方面做出努力。具体的政策变化有以下几方面。

（1）水稻生产配额会在 2018 年 3 月取消，政府部门将会提供更多的市场信息及对水稻供需的预测信息，让农民可以自主进行生产决策。

（2）补贴标准下调。从 2014 年开始，达到政府设定产量目标的水稻种植户，每 0.1 公顷的补贴从 15 000 日元减半为 7 500 日元（约 77 美元）。该补贴在 2018 年取消。

（3）对耕地作物农户的补贴从 2015 年开始，将会瞄准核心农民，根据他们的种植面积予以发放。

（4）从 2015 年开始，收入基本补助仅仅向核心农民发放，该补助与他们的规模无关。该补助用于补偿农民收入损失的 90%，根据 3 年的平均收入计算得到。

（5）收入保险在中长期将会得到探索和实践。

（6）促进农民种植多样化的补助也在探索，即帮助以前的水稻种植户改种其他作物。

（7）2014 年开始一项新的多功能补助。

2. 2015 年第四次修订的《食品、农业和农村基本法》

2015 年，日本发布第四次修订的《食品、农业和农村基本法》，在新基本法的背景下综合地、有计划地推进有关农业政策。为了实现新基本法所提出的基本理念，日本政府将农地集成化、集聚化作为农业结构改革的目标，通过满足新领

域的国内外需求，谋求加强农业和食品产业的竞争力。食品具有的多功能给国民带来很多惠泽，应增强食物供给功能的一体化，因此，利用新的需求进行农业结构改革，促进农业和食品产业发展，以及推动农业结构改革的同时，促进农业、农村的多方面功能的维持和发展。

具体有下面几方面目标：保持粮食生产的稳定发展；进行食品供给的各种风险评析，进行国民双向交流；应对多样且高度的消费者需求，推进生产性的提高，保证食品安全质量；引进先进农业人才，完善农业经营发展体制环境；推进以地域社区进行环境管理及引导资源循环型和谐的农业；实现可持续的农业、农村发展，对农业生产、流通环节的开发技术进行革新，推动技术的普及建设。

具体措施包括在农业、食品产业中推进农业生产工程管理，把关食品安全和质量检测环节；提高和扩大六次产业化的质量，启动“活动地域资源”“六次产业化·产地销售法”，在六次产业化中重新缔造产业创新价值；将尖端技术应用到农业生产中，增加农业的自然循环功能；在农业灾害补偿制度中导入收入保险制度，在农协系统中组织“农业共济团体”。

3. 2016年提高日本农业竞争力的“一揽子”政策（纲要）

2016年，日本实行了提高日本农业竞争力的“一揽子”政策（纲要），包括2013年的《日本复兴战略》和《农林水产业地区活力创造计划》、2014年的《实现进取的农林水产业最新政策纲要》、2015年修改的《食品、农业和农村基本纲要》、2016年的《农业竞争力强化计划》等。为了增加农民收入，必须营造一个让农民自由经营的环境，同时解决农民无法解决的结构性问题。为实现上述目标，日本政府通过以下13项措施进一步增强农业竞争力。

降低农业投入成本（肥料、农药、机械、饲料等）；分销和加工的结构改革（与批发相关的供应商、大米批发商、大规模零售商等）；人力资源开发公司在各地区举办“农业管理研讨会”，以提高农民的管理技能，除了国外技术实习生培训项目外，还进行国外人力资源计划；发展战略出口，系统实施“加强农业、林业和渔业出口能力的战略”（2016年5月），到2019年实现1万亿日元的出口额，成立一个新的组织，通过品牌和推广日本产品来支持出口，以增加农民收入；尊重原料原产国及支持消费者的选择，所有加工食品将按重量顺序列出第一重量比成分，原则上设立一个可行的规则制度；在行业内寻求引入检查点计划（主动向生产者募集资金以促进销售），建立学习程序；引入税收保险制度，引入一个针对农民整个农业收入的安全网体系，在农民整个农业收入中，当收入低于一定百分比时，补偿收入损失，根据平均收入将保险计划与储备计划相结合，修订现行农业保险制度，将水稻、大麦强制保险制度改为自愿保险制度；修订土地改良制度，取消农用地蓄积库业主的整理成本，使项目的实施能够在未经同意的情况下得以推进；改善农村就业结构，促进服务业和工业企业的新发展，以确保农民的就业；促进饲料大米的生产，通过引进高产饲料稻，通过农场主与畜牧农户的合作，提高畜产品的附加值，以降低生产成本；加强肉牛和奶牛场的生产结构；管理复合饲料价格稳定系统，为了保证奶牛、牛奶和奶制品的稳定供应，增加饲养肉牛的数量，保证奶牛的数量，提高产品质量，并在养牛业和奶牛业增加饲料作物的产量；对原料奶配送系统进行改革，使农民能够灵活地选择他们出售生奶的渠道，取消对乳品补贴的限制，使补贴不再局限于委托的农民。

4. 2018 年《农林水产业及地区的活力创造计划》

2018 年 6 月 1 日，日本修订了《农林水产业及地区的活力创造计划》。日本大胆地开展创新计划措施，提出与计划相对应的“挑战农林水产经营者”措施，完善经营者创新活力的环境，发挥其潜在能力，以六次产业化和促进出口为导向，提升高附加价值的新商品的开发，推进国内外市场的需求开拓等。同时，促进农地密集化等生产成本、流通成本的节约以实现收入增加，从促进农林水产业发展方面进一步增强农林水产业的竞争力。

在进行结构改革的同时，日本将森林等地区资源和地区产品作为核心基础创造就业，发挥地区循环经济结构的良好作用，由府省联合推进，并将产业政策和地域政策做共同推进。

具体措施包括：促进国内外需求的出口，推进地产营销，推进世界的饮食产业化，推进农林渔业的产业化成长，活用农林渔业产业化成长基金，加强农商工联合、医服食农联合，导入地理显示保护制度、推进多领域融合研究，加强新品种和新技术的开发、普及知识产权；强化农地中间管理机构等的农业结构改革，各个都道府县进行农地中间管理机构调整，通过推动促进农业自立的政策，确保各种各样的人才的培养，培养有能力的经营主体；调整经营收入稳定政策和日本型直接支付制度；推进农协、农业委员会等改革；降低生产材料价格，对农产品的流通、加工结构进行改革，对土地改良制度重新评估；提高地域社区活力水平，进行城市农业振兴，维持商业中“农宿”的反弹需求；新的森林管理系统的构筑和木材的生产流通结构改革；推动以确立渔业者的收入提高和年龄平衡的渔业工作为结构目标的水产政策；复兴日本大地震中的东京东北灾区。

三、农业支持政策具体分类

（一）农产品价格支持政策

日本为履行在《农业协议》中所做的承诺，对价格支持政策进行了调整，主要体现在1942年的《粮食管理法》（即旧粮食管理法）的废除和《主要粮食供求价格稳定法》（即新粮食管理法）的出台。

《农业基本法》体制下，日本农产品价格管理有五种类型：大米等的管理价格制度；猪肉、蚕茧等的稳定价格制度；甘薯的保证最低价格制度；牛奶、大豆等的差价补贴制度；蔬菜、鸡蛋的价格安定基金制度。大米是日本的主食，仅大米价格补贴就占整个农产品价格补贴的70%以上。因此，大米是日本价格支持政策的核心，保护手段就是《粮食管理法》下的价格机制，其中生产和流通一直是日本农业支持政策最敏感的领域。

《粮食管理法》始于1942年，是战争时期粮食不足的产物，目的是确保粮食的生产供给和价格的稳定，向城市消费者提供低价粮食。在《粮食管理法》之下建立的一套粮食管理制度的特点是由政府对粮食供需和价格进行直接管理，类似于我国20世纪50年代实行的统购统销制度，目的是稳定粮食价格和保护消费者利益。随着农业生产力的提高和国民经济结构的变化，日本对《粮食管理法》做了数次调整,实质上是不同时期根据不同阶段农业发展和国际农产品贸易的特点，确立的保护本国农民收入的法制化手段。修改后的《粮食管理法》，规定政府对粮食收购的价格采用“生产成本+收入补偿”的方式来制定，即大米价格以前三年的生产成本与劳动力成本为基础，劳动力成本按工业的平均工资水平计算，目的是缩小工农收入差距。

第二次世界大战后，日本经济经历了高速发展，日本的粮食价格也相应地上升到世界最高水平。随后，日本政府为了消除越来越庞大的粮食财政赤字，不得不改变政府全量收购的做法，实行一种自主流通的制度，即政府只收购部分大米，其余的则实施自主流通米制度，类似于我国20世纪80年代中期由统购统销向双轨制的转变。自主流通米价格往往由买卖双方参考政府收购价格水平后确定，一般比政府收购价格高。如果农民不能按照市场价格卖掉手中的粮食，还可以卖给政府，政府收购价格则成了保底价格。

由于《粮食管理法》的价格保护机制，日本大米的价格一直居高不下，远远高于国际市场价格水平。日本政府为了避免外国大米扰乱国内农业市场的稳定，采取了一系列保护措施，如粮食进出口的国家贸易制度，这些非关税的保护措施在贸易自由化的潮流中成了被攻击的主要对象。

乌拉圭回合谈判后，日本原有的《粮食管理法》已无法适应新的国际环境。日本政府于1995年废除了《粮食管理法》，取而代之的是《主要粮食供求价格稳定法》。与旧法相比，《主要粮食供求价格稳定法》更强调市场机制的作用，取消了政府对大米等粮食作物生产和流通的直接管理，允许农民自由地销售大米，也允许流通商自由地进入粮食流通市场；政府只管理储备和进口，仍然保留了宏观调控的职能。对于大米的市场供求，政府也取消了直接干预，农产品供求也日益成为多渠道的市场自主调节模式。自主流通米价格是在“自主流通米价格形成中心”按照供需状况确定的，是一种自由竞争的市场价格，政府收购价格不再是自主流通米价格之下的保底价格，反过来，政府收购价格还得参考自主流通米价格水平来确定，因而政府收购价格也跟着受影响，从而接近一种准市场价格。《主要粮食供求价格稳定法》促进了大米的自由化流通，这可以通过大米的市场价格来反映。1995年以来日本大米市场价格下跌超过20%。

由此可见，《主要粮食供求价格稳定法》已经不再具有保护农民利益的收入支持功能。政策调整的结果是，对农民的收入支持方式由价格支持方式转变为直接和间接的收入补贴方式（石泓，2010）。

（二）农业生产补贴政策

如前所述，《主要粮食供求价格稳定法》已不再具有保护农民利益的收入支持功能，日本政府积极寻找其他保护农民利益的对策，使之既能保证农民收入的稳定，又不违背WTO的原则。现在的情况认为类似保险的措施比较可行。

这种尝试的结果是日本设立了“稻作安定经营对策”。对策的目的是防止自主流通米价格下跌给生产大米的农户造成过大的冲击，实质是利用农户和政府共同出资建立的基金，对价格下跌带来的收入损失进行补贴的一项制度。政府设立这项对策的意图是将“稻作安定经营对策”逐渐发展成收入保险制度，充分利用WTO的“绿箱”政策做到既能支持农民收入稳定，又可以使“稻作安定经营对策”作为被免于削减的对象。

“稻作安定经营对策”的补贴对象是100%完成政府规定的生产调整任务的农民。补贴资金的来源是由农民提供大米基准价格2%的资金，以及由政府提供基准价格6%的资金共同建立的稻作安定经营基金。补贴的办法是根据前3年的自主流通米价格平均数算出基准价格，然后从稻作安定经营基金中支付基准价格与当年价格差额的80%。

（三）农业支持政策

1. 农户直接支付制度

日本山区耕地面积占全国耕地面积的40%，由于历史原因和自然条件的限制，山区、半山区的农业发展相对落后于平原地区，抛荒现象严重，农业的多功能性降低，日本面临着经济、社会发展的停滞甚至倒退。为了振兴山区、半山区经济，日本政府把振兴山区、半山区经济纳入了《食品、农业和农村基本法》中，并于2000年出台了《针对山区、半山区地区等的直接支付制度》，对这些地区的农户进行直接收入支付补贴，目的是补贴这些地区和平原地区生产成本之间的差异。

从实施区域看，《针对山区、半山区地区等的直接支付制度》指的是山区、半山区。日本根据1993年的《特定农山村法》等8项政策对支付的区域进行界定。从支付的标准和额度看，具体标准是支付生产成本差异的80%，对每个农户的补贴上限为100万日元，补贴规模为每年700亿日元，补贴对象的面积大约为90万公顷，相当于平均每公顷补贴7.8万日元左右。从实施期限看，由于该制度的最终目标是将实施区域的生产力水平提高到邻近的非对象地区的水平，因而没有最终期限，第一期暂定为5年。

从支付的对象看，该制度要求至少有1公顷以上毗邻的农田，且满足下列5个条件之一才可接受直接支付：坡度大的农田；因自然条件制约，农田地块小且形状不规整；草地比例在70%以上区域的草地；有坡度的人工草地；其他坡度小，但人口老龄化比例和抛荒比例高的农田，由基层政府长官指定。

但是，如何确定直接支付农户，以及如何确定重点扶持的对象引起了争议。农业团体认为国家不应对农户进行分类选择；农林水产省则认为如果国家不能对农户进行选择，而按平均主义，那么农业就会崩溃。农林水产省与农业团体进行了多次协调，尽管结果未定，但方向基本明确，即不是由国家来选择农户，而是由农户来选择农户，然后向基层政府申报。最终由中央到地方，再由地方到农户进行直接支付。

从实施办法看，该制度要求接受补贴的村落签订“村落协议”，以村落为单位，全体农户参与；对于不能签订村落协议的地方，由单个农户签订“个别协议”，要求接受补贴的农户根据协议的规定，进行农业生产活动。日本农林水产省2000年已开始对山区农民进行直接收入补贴，总额达740亿日元。

2. 生产资料购置补贴

日本农林水产省规定，凡是按一定标准联合起来集体进行平整耕地、区划田块或养猪、养鸡、用温室生产蔬菜的农户，在购置农业机械、建造农用设施方面的费用，50%可以从中央财政得到补贴，25%可以从都府县得到补贴，其余 25%则可从接受国家补贴的金融机构得到贷款，有些地方市町村财政还要补贴 12.5%。

（四）农业一般服务支持体系①

1. 农业保险补贴

农业本身是受自然因素影响最大的产业，由于日本的地理位置和气候条件的特殊性，农业生产经营活动对保险的需求非常强烈，但是一般的商业性保险公司无力承担保险补贴，因而只有通过政府的预算补贴来解决。日本农业保险制度的特点是由政府直接参与保险计划，并具有强制性，凡是生产数量超过规定数额的农民和农场都必须参加保险。保险额根据每千克保险额乘以标准产量的 70%计算得到。每千克保险额每年由农林渔业部规定，标准产量由农业互助社按田块情况确定。稻农缴纳相当于正常年景收入 10%的保险费，政府对农作物保险的保费补贴为 50%~80%。保费补贴和损失赔偿对农民收入的稳定起到了重要的支持作用。

2. 制度贷款

日本政府的农业信贷政策主要表现为农贷利息补贴制度，亦即“制度贷款”。制度贷款是指按照法律、政令、条例及纲要，国家、地方公共团体或相当于地方公共团体的机构成为贷款的当事人，通过利息补贴、损失补贴、债务担保及其他类似的优惠措施进行干预的那部分贷款。制度贷款为长期低息贷款，按政策干预的方式不同分为三种：吸收各银行的资金投入农业，政府给予债务担保；利用农协的资金，政府给予利息补贴、损失补贴和债务担保；政府通过国家金融机构直接发放财政资金贷款。制度贷款主要用于农业政策所鼓励的生产事业，主要项目有农村渔业贷款、农业改良贷款和农业现代化贷款。

3. 灾害补贴

日本是一个自然灾害频繁的国家。从灾害额看，以 2001 年为例，对农业的损害额占 32%，对农业设施的损害额占 67%，其他损害额占 11%。

根据日本相关法律，灾害补贴的对象包括被灾害损害的公共设施及农地、农业设施。灾害补贴的费用主要由国库承担，这样可以减轻农民负担，降低农产品的生产成本，使农民不会因自然灾害损失而过分地影响收入和生活水平。

灾害补贴不会对农产品价格或者贸易产生扭曲作用，因此属于“绿箱”政策的范围，不需要做出减让承诺。

---

① 本部分转引自张淑荣（2005）。

4. 农业基础设施建设政策

日本政府对农业基础设施建设非常重视，设立了各种资助和补贴项目。对于农田水利建设补贴，20%用于大型公共水利设施建设，80%直接投入农田基本改造。对于一般的农田改造项目，只要通过一定的审批程序并达到一定的标准，费用的50%由中央财政从农业预算中补贴，都道府县和市町村财政补贴25%和15%，剩余部分由农户自己负担，而这一部分资金往往也能得到有关金融机构的优惠贷款。

1990~1995年，日本农业财政预算支出增加了37%，其中强化农业基础设施建设的支出增加了175%。农业农村基本建设预算占农业预算的比重由1980年的29.5%提高到1995年的49.1%。1993~2002年实施的“第四个土地改良长期计划”的总投资规模为41万亿日元，主要包括农田水利、道路建设、国土保护、防灾、开垦和农地开发等事业。

5. 农业科研和推广体系及人才培养政策

日本农业科研和推广体系比较完善。科研机构由国立和地方公立科研机构、大学、民间科研机构（企业）三部分组成。2002年前后，中央政府和地方政府对农业科研经费的投入占农业国内生产总值的2.2%；民间科研经费也迅速增长，占全国科研经费的40%左右。日本农业推广服务则主要通过政府改良普及事业和农协的营农指导来开展。

日本政府把加强农技推广组织建设与提高推广人员业务水平和服务水平放在重要位置，并从财政预算中给予大力支持。1995年，日本政府的农业科研经费预算为772亿日元，占农业财政预算的2.3%，农业推广经费为356亿日元，占农业财政预算的1.4%。乌拉圭回合谈判后，日本政府又制定了新的农业科技发展政策，旨在提高日本农业的国际竞争力，其中的培育水稻新品种和开发水稻生产技术作为“日本奇迹”计划被付诸实施。此外，日本政府还将培养农业“接班人”纳入农业支持政策制定范畴。

6. 农协发展政策

1947年《农协法》颁布以后，为了支持农协的事业，日本政府规定农协不用缴纳所得税、营业收益税和营业税。因此，日本农民加入农协可以享受税收优惠。而且，加入农协还可享受“捆绑式优惠”。一方面，政府给予农协的垄断本身就是最大的优惠，而农协的垄断又会产生更多的优惠，这就是常说的集体谈判、规模经济等效果。另一方面，农协在建设仓库、增加固定设施及进行固定资产投资等方面，可得到政府高达80%的补贴。因此，政府对农协的扶持也间接地支持了农民的收入。

农协作为农民合作组织在日本的农业发展中无疑起到了举足轻重的作用。但是，长期以来，日本农协的垄断性和由此滋生的低效率弊端也遭到日本国内人士的批评。

1993 年 12 月，日本政府宣布接受《农业协议》后，农协统一了认识，开始了新的行动。农协本身的结构在发生变化，不仅出现了横向的联合，而且出现了纵向的精简和综合化趋势。1994 年 4~10 月，农协连续向政府提出新的农业预算和有关政策的请求，在日本实施的“关联对策”大纲中基本包括了农协的要求。

四、农业政策资金规模

1986 年以来，日本逐渐减少了对农业的支持，但变化相对温和，对生产者的支持（%PSE）逐渐持续下降，但与 OECD 的平均水平相比，总体支持程度仍然很高。生产者支持占农业总收益的百分比（%PSE）在 2015~2017 年约为 46%，低于 1986~1988 年的 63%，但仍远高于 OECD 的平均水平。

虽然市场价格支持（基于产量的支持和不受投入约束的可变投入）的份额已经下降，但它仍占 PSE 的 85%，仍然是 PSE 的主要内容。市场价格支持仍然是 PSE 的主要内容。市场价格支持主要是贸易壁垒，特别是大米、猪肉和牛奶的贸易壁垒，生产商收到的价格平均比世界市场价格高出 72%。2006~ 2011 年，PSE 的直接支付份额增加，特别是以地区和收入为基础的支付形式。

根据日本三种指标对比趋势图（图 14-3）和表 14-10，可以看出，1986~2017 年，日本农业的 TSE 在 1995 年达到最高峰值，总体呈现下降趋势，在 2014~2016 年有所上升；但 PSE 与 TSE 发展趋势基本贴合；GSSE 有所减少但基本保持稳定。

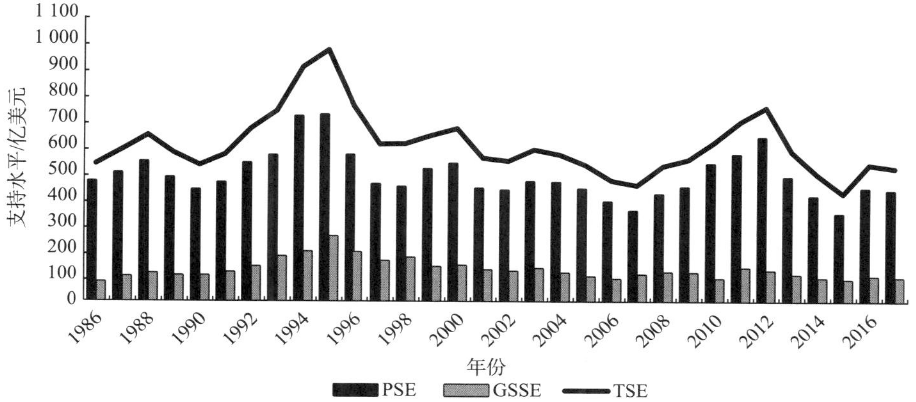

图 14-3　日本三种指标对比趋势图

资料来源：OECD

农业的 TSE 占日本 2015~2017 年 GDP 的 1.0%。PSE 在 2015~2017 年占 TSE 的 82%，而向农业提供的 GSSE 则占 18%。约 85%的 GSSE 用于发展和维护基础设施（灌溉设施和防灾等），11%的 GSSE 为农业知识与创新体系提供资金。

表 14-10 日本 1986~2017 年农业政策资金规模表 单位：亿美元

年份	TSE	PSE	GSSE
1986	525.422 5	457.205 4	69.041 0
1987	579.091 6	489.554 2	90.684 7
1988	634.522 9	532.461 4	103.337 6
1989	567.838 6	471.655 1	94.175 9
1990	521.607 5	425.849 0	93.866 2
1991	562.035 5	452.470 2	107.550 4
1992	659.779 4	527.818 7	129.837 2
1993	728.172 0	557.279 0	168.482 5
1994	895.369 2	705.359 8	187.524 7
1995	960.630 7	712.118 4	245.737 7
1996	747.001 3	559.348 8	185.299 9
1997	601.300 6	447.715 4	151.510 7
1998	603.517 2	437.629 9	164.856 0
1999	635.040 2	505.059 0	129.182 2
2000	661.480 5	526.829 5	134.178 1
2001	549.127 7	431.304 1	117.543 7
2002	537.526 2	424.742 4	112.496 4
2003	581.462 0	457.537 1	123.588 5
2004	562.575 2	455.953 9	106.251 5
2005	523.163 4	430.464 9	92.498 8
2006	464.370 8	381.297 3	82.907 7
2007	446.097 6	346.030 4	99.905 8
2008	519.749 5	410.012 8	109.552 9
2009	545.342 8	437.505 5	107.634 3
2010	611.806 9	527.530 5	84.139 6
2011	689.234 8	563.191 7	125.937 7
2012	743.630 9	627.955 3	115.584 2
2013	574.793 0	475.936 0	98.782 2
2014	488.387 0	402.828 5	85.481 0
2015	414.524 8	334.947 2	79.503 2
2016	526.002 8	433.052 0	92.884 6
2017	512.805 8	424.943 2	87.800 2

资料来源：OECD

第四节　韩国农业支持政策

一、农业政策管理部门

韩国管理农业的部门是韩国农林部，韩国政府对韩国农林部的内部设置和职能进行过多次调整，尤其是亚洲金融危机的爆发加快了对韩国农林部有关职能调整的步伐。总体来看，韩国对农业实行的是一体化的管理体制。韩国农林部主要包括以下机构。

（1）公共信息局：负责为农业政策项目提供公共信息服务。

（2）检查局：负责对有关机构进行审计。

（3）救灾计划局：负责制订抗灾救灾计划。

（4）公共服务局：负责管理人事、安全、政府财产、预算和公共事务。

（5）计划管理局：负责综合协调农业政策，以及预算、立法和统计事宜。

（6）农业信息统计局：负责调查、管理农业统计和信息。

（7）农业政策局：负责制定和实施中长期农业发展政策、农场管理政策，培训农村劳动力，负责农业信贷计划。

（8）粮食政策局：负责粮食生产基础设施的政策和供求管理。

（9）农村发展局：负责农村生活环境的改善和农业水资源的管理。

（10）国际农业局：负责有关国际合作的农产品贸易方面的政策。

（11）市场政策局，负责改善市场结构，稳定市场价格，促进加工业的发展。

（12）农业生产和园艺局：负责粮食生产政策、农业技术、可持续农业、农业机械，负责蔬菜、特殊谷物、水果和花卉的供需管理。

（13）畜牧局：负责管理畜牧饲养、饲料和兽医等。

（14）农业经营管理局：负责研究农业技能和技术，指导农场管理。

（15）林业管理局：负责林业政策计划和管理。

（16）全国农产品等级标准和检测办：负责农产品检测、农业统计和信息服务的质量控制。

（17）全国兽医和动物检疫总站：负责动物和畜禽检疫服务、动物疫病治疗、疫病控制服务。

（18）全国植物检疫局：负责植物检疫服务。

二、农业支持政策演化特征①

韩国农业支持政策演化如表 14-11 所示。

表 14-11 韩国农业支持政策演化表

基本特征	时间	政策重点	政策内容
保证食物供给，促进农业生产	1948~1967 年	制度构建	建立了农村振兴庭、韩国林业局、渔业局；制定了与农业、林业、渔业相关的法律；农业政策的优先领域是确保食物的供给
	1968~1977 年	提高生产效率	政府将 47.5%的投资投向农业部门，目标是增加食物供给；制定工农业平等发展的政策
	1978~1988 年	农业保护政策	制定主粮自给的农业政策；通过促进非农收入和多种经营，来增加农村的收入；农业迅速转变，朝着商业化、专业化和大规模方向发展
推动农业农村综合发展，提高农业竞争力	1989~1993 年	开放式农业政策	1989 年制定农村发展综合措施；1990 年颁布专门的《农渔民发展特别措施法》；1991 年制定了 1992~2001 年 10 年长期财政计划；乌拉圭回合谈判后，农业支持政策发生了转折，可概括为两个核心：①提高农产品竞争力。将零散的小农向规模化经营转化；将资本集中向高价值的畜产、园艺转移。②维持农民的收入水平。关键措施是将直接价格补贴转化为符合 WTO 规则的“绿箱”和“黄箱”政策
调整政府宏观干预范围，增强市场活力	1994~1998 年	提高国民经济活力	1994 年制定“农业与渔业开发计划”，目的是改进农民福利，它限制了政府的干预、减少了政策的不确定性；《农地基本法》放宽了农户及农业法人拥有土地的上限，放宽了土地买卖与租赁限制，鼓励土地集中和规模化经营 1996 年将稳定水稻产量作为首要目标，增强韩国农业竞争力 1997 年制定《农地强制条例》，推出“退休支付计划”
农业多功能，家庭农业，地域化、国际化农业时代	21 世纪	《农业农村基本法》	将农业当作生命产业，确保农业所具有的粮食供给、环境保护等多方面的功能；促进以家庭农业为中心的农业发展；确立适应于地域化、国际化时代的农业推进体制 主要包括：①主要粮食的稳定自给和农业多功能的扩充；②培育有竞争力的农业；③改善农村生活环境及增进农民福利

（一）保证食物供给，促进农业生产

1. 1948~1967 年为第一阶段，重点是制度构建

这一阶段建立了农村振兴庭、韩国林业局、渔业局；制定了与农业、林业、渔业相关的法律，包括《粮食管理法》（Grain Management Law）、《土地改革法》（Lind Reform Law）、《农业合作社法》等。农业政策的优先领域是确保食

① 本部分参考强百发和黄天柱（2008）。

物的供给。

2. 1968~1977 年为第二阶段，重点是提高生产效率

一是政府将 47.5%的投资投向农业部门，目标是增加食物供给（其中 49.7%用于扩展和重整农田，35.1%用于扩展灌溉设施，15.2%用于化肥、道路及政府的购销差价）。

二是制定工农业平等发展的政策。启动农村发展公司，实施增加农民和渔民收入的专项工程。政府采取大米的高价收购政策，对大麦也采取了高价收购、低价销售的双重价格。

1972 年，韩国进入经济发展的第三个五年计划，强调经济的和谐增长、稳定和区域平衡发展。

3. 1978~1988 年为第三阶段，主要侧重于农业保护政策

一是制定主粮自给的农业政策；二是通过促进非农收入和多种经营，来增加农村的收入；三是减轻农民的债务，增加非农收入，尤其是随着 20 世纪 70 年代后期主要食物自给目标的实现，农业迅速转变，朝着商业化、专业化和大规模方向发展。

（二）推动农业农村综合发展，提高农业竞争力

1989~1993 年为第四阶段，重点是开放式农业政策。

韩国 1989 年制定农村发展综合措施，1990 年颁布专门的《农渔民发展特别措施法》。

1991 年为实施《农渔民发展特别措施法》，韩国专门制定了农业和农村结构改进措施，这就是 1992~ 2001 年 10 年长期财政计划，42 兆韩元的投资主要用于改进农业（包括渔业）和农村的结构，包括基础设施等。之后韩国政府又追加了 15 兆韩元，专门用于强化农业和渔业的竞争能力。

1991 年开始，韩国政府陆续制定和实施了一系列新的国内农业政策。这些农业政策的目的或指导思想就是将过去以收入或价格支持为主转为以市场、竞争力和效率为主。

1992 年底，韩国政府制定一项为期 10 年的“农业与渔业结构调整计划”。根据该计划，韩国政府将拨款 550 亿美元用于提高农业部门的劳动生产率和竞争力，其中 470 亿美元用于调整农业结构，其余资金用于提高农村居民的生活质量和收入水平。

1993 年 2 月韩国新政府执政后，强调国民经济活力的重要性，制定了一个“新

农业计划”，并于 1993 年 6 月 24 日起实施。该计划旨在进一步提高农业部门的效率和竞争能力。

1993 年，韩国政府又制定了 5 年新农业支持政策计划，以确保农业支持政策计划的继续实施。

乌拉圭回合谈判后，韩国的农业支持政策发生了转折，可概括为两个核心：一是提高农产品竞争力。这项政策同农业结构调整一起进行，关键措施是将原来零散的小农向规模化经营转变；伴随着农业人口比重的下降、农业在国民经济中份额的减少，将资本集中向高价值的畜产、园艺转移。二是维持农民的收入水平。关键措施是将原来的直接价格补贴转化为符合 WTO 规则的“绿箱”和“黄箱”政策。

（三）调整政府宏观干预范围，增强市场活力

1994~1998 年为第五阶段，重点是提高国民经济活力。

1994 年，韩国政府又制定了一项新的计划，即“农业与渔业开发计划”。这项计划的主要目的是改进农民福利。总体来讲，该计划与 1992 年的“农业与渔业结构调整计划”并无本质差别，只是在水稻价格制度和其他谷物购销差价上有所改进，但它奠定了农业政策从制定到实施的一个基本框架，也严格限制了政府的干预，从而减少了政策的不确定性。

1994 年，韩国政府制定了《农地基本法》，废除了 1949 年《土地改革法》规定的农户最大土地拥有量的限制。新法不仅放宽了农户及农业法人拥有土地的上限，还放宽了土地买卖与租赁限制，鼓励土地集中和规模化经营。

1996 年，韩国政府又进一步调整了农业支持政策，将稳定水稻产量作为首要目标，原因是工业用地面积扩大，使水稻播种面积下降，水稻产量也减少到 506 吨，两者分别下降了 11.3%和 9.1%。1995 年韩国不得不进口 5.1 万吨水稻以满足国内需求。此外，增强韩国农业竞争力也是该政策的目标之一。

1997 年，韩国制定《农地强制条例》，规定在“农业振兴区”不再批准超过一定规模的工厂、生活或娱乐设施用地。为推动农地流转，1997 年起韩国政府推出农民“退休支付计划”，规定年龄超过 65 岁的农民，如果愿意把土地出售或出租给专业农民 5 年以上，可一次性获得一定数量的补贴。

（四）农业多功能，家庭农业，地域化、国际化农业时代

21 世纪为第六阶段，重点是《农业农村基本法》。

1998 年，韩国颁布了《21 世纪农业和农村通法》，同年，直接支付方案成为

主要的农业支持计划。

2002 年，韩国计划投资 45 兆韩元，目标是预防新一轮 WTO 谈判带来的冲击。

21 世纪，面临世纪之交的新挑战，韩国新一届政府制定了《农业农村基本法》作为 21 世纪指导农业的蓝本，于 2000 年 1 月开始实行。在新法规中制定了以下的新农业观："将农业当作生命产业，确保农业所具有的粮食供给、环境保护等多方面的功能；促进以家庭农业为中心的农业发展；确立适应于地域化、国际化时代的农业推进体制。"这一农业政策主要包括如下内容。

（1）主要粮食的稳定自给和农业多功能的扩充。在保全优良的农田和确保最大栽培面积的基础上不断推进耕地整理、水利开发、灌洒改善；推进大米综合处理和生产的专业化与系列化，形成品种统一、共同作业、品牌销售，从而达到节约经费和提高品质，进而提高国产米竞争力的目的；建立尽量减少使用农药、化学肥料的亲环境型的农业管理体制，对于实践环境农业的农户实行直接补贴。

（2）培育有竞争力的农业。为提高农业的竞争力，在改善农产品流通体系的同时提高农民的经营和技术能力，培育出口农业。推进稳定价格的自动调整农民、消费者、商人和政府的共同生产、消费的流通协约，在产销严重失衡时采取封闭产地等的强制性流通命令。导入批发市场的电子拍卖制和运输预约制，构建批发市场间的信息网，改善运输及输送体系。支援流通设施的建设，扶持农民和出口企业的协约市场体制。

（3）改善农村生活环境及增进农民福利。积极开发农村的观光农业，扩大城市和农村间的交流。维持农村地域多样化的第二、第三产业，扩充道路、住宅、用水等生活基础设施。通过综合医疗保险制度的实行，减少农民的医疗费负担，扩充医疗设施。此外，为稳定农业经营，实施降低政策资金金额、延长贷款偿还期限等农民负债偿还缓解制度。

三、农业支持政策具体分类

（一）农产品价格支持政策

1. 价格支持

同日本一样，大米也是韩国最主要的农产品，韩国 80%的农业人口参与稻谷生产，全国耕地的 54%用于生产稻谷，因而大米价格支持政策是韩国农产品价格支持政策的核心。

20 世纪 70 年代，韩国实行购销倒挂的粮价双轨制，即高价从农民手中收购稻谷，廉价供应给城市居民，差价由政府补贴。大米价格支持政策主要用于确保粮食产量、提高稻农所得。政府收购大米的价格根据生产成本、政府财力、农民收入等因素制定。由于受到最低进口承诺和削减补贴等因素的影响，高米价的政策已不被大众接受，韩国政府于 1984 年开始委托农业协同组合中央会收购大米。至 1994 年，农业协同组合中央会一直按照政府收购价格收购大米。

从 1995 年开始，按照政府收购价格收购大米改变为根据市场价格收购大米，农业协同组合中央会只支付市场价格与政府收购价格的差价及其他成本。韩国的畜产品价格，尤其是牛肉价格，也得到了政府的价格支持。为了达到稳定牛肉价格的目的，韩国政府不惜利用直接或间接干预国内生产和销售及外贸限制等手段，造成国内牛肉价格高于国际市场价格的局面。

2. 稻田直接支付计划

在水稻生产中，韩国过去只有价格支持。由于 WTO 规则，从 2001 年起韩国开始对大米进行直接支付，同时开展对农作物的保险，即以收入支持为目标的政策。

2001 年开始实施的稻田直接支付，主要目标是减少政府购买，产生收入支持效果，减少水稻种植土地，发挥稻田的多功能性，制定以市场为导向的农业政策，并进一步发展亲环境农业。

这项直接支付的总额，2001 年为 2 100 亿韩元，划分为农业振兴计划与农业非振兴计划，直接用现金支付。单位面积的支付额度为 20 万~25 万韩元/公顷（其中转为农用非水稻生产的补助金为 25 万韩元/公顷，转为非农用的补助金为 20 万韩元/公顷）。支付的条件是：其一，必须种植水稻而非别的作物；其二，对化肥、农药的使用量要符合规定，超过规定标准者不予补贴；其三，水田中的水要维持 2 个月，目的是防洪并增加地下水。

支付的依据是耕地面积，只按面积支付而不考虑单产水平、收入状况等。同时，对耕地面积还有要求，只对耕地面积范围在 0.1~2.0 公顷的稻农补贴，0.1 公顷以下的不予补贴，2.0 公顷以上的也不予补贴。

2002 年，直接支付的额度进一步提高到 3 920 亿韩元，补贴额度也提高到 40 万~50 万韩元/公顷（其中转为农用的稻田补贴为 50 万韩元/公顷，转为非农用的稻田补贴为 40 万韩元/公顷）。但补贴的条件也强化了：①考虑农业的多功能性，对稻农的直接支付不是为了增加产量，而是为了保护环境，是保证用于亲环境的。②考虑到大米的供过于求，政府不鼓励种植水稻，只对转产给予直接支付；由水稻改种别的农作物或发展温室也可以得到补贴，但原来不是种水稻的，即使转产也不予补贴。

3. 亲环境农业直接支付

韩国的亲环境农业并非起始于政府的综合支持计划，而是起始于实施有机和天然农业的个体及组织。亲环境农业直接支付是对农民的一种直接支付，从 1999 年开始，亲环境农业直接支付不再局限于稻农，也包括蔬菜等类型的亲环境生产者，目的是保护环境。补贴用于 3 年期间的自然公园、上游水资源保护区、国立或省立公园等，面积超过 1 万公顷；每年补贴金额为 57 亿韩元，补贴强度为 52 万韩元 / 公顷。

在补贴条件方面，2001 年较为宽松，只要是农药和化肥的使用不超过标准的农业生产，就可以得到补贴。2002 年则开始强化为不使用农药，或者是获得绿色认证的农产品才能得到补贴，相当于对不使用化肥、农药等化学物而导致产量减少的补偿。补贴面积的下限和上限范围为 0.1~5.0 公顷。

（二）农业支持政策

1. 提前退休农民的直接支付计划

提前退休农民的直接支付计划的目标是稳定年迈农民的收入，扩大农地的经营规模。该计划的对象是达到 60 岁的农民；直接支付的期限为 5 年（农民应为 65 岁退休，但他们不愿出租土地，更不愿转让土地）。直接支付的水平为：1997 年、1998 年、1999 年、2000 年分别为 258 万韩元/公顷、268 万韩元/公顷、268 万韩元/公顷、281 万韩元/公顷。直接支付水平的提高，一是为鼓励年迈农民提前退休，二是因为物价上涨。

2. 农业生产鼓励保障政策

以韩国的京畿道为代表，2002 年其对农业支持的主要政策包括以下几方面。

（1）构建生活环境优美的农村、渔村。一方面，扩展农村、渔村的基础设施，不仅包括生产性的基础设施，如耕地整理、排水改善、水利设施等的更新修复，以及管井开发、渔港设施等，而且包括道路建设、田间机械化耕作路的建设等，方便农产品的运输并减少运输成本（道、郡各负责 50%）；另一方面，对周边农村、山村、渔村观光休闲资源的开发。

（2）新知识农业人才的培养。这包括青壮年农业经营人才和妇女农业经营能力的提高、扩大、参与。在对专门农业经营人才的培养中，中央政府支付 50%的培训资金，农民支付 50%。在农业发展基金中，道、郡各支持 50%进行设施资金融资支持，以 3%的低息融资于农民，远低于当时市场的贷款利率（5%）。

（3）扩充多样化的农业外收入来源。一方面，建设绿色农村体验示范村或基地，这是对村庄的整体改造，让市民体验农村的文化与环境等，不仅提高了妇女的经营能力，而且增加了农民的农业外收入。另一方面，建立周末农庄，促进市民与农民的交流。交流途径是农协租车将市民带到农户，由农户招待市民，租车费、餐费由道费支付。

（4）扩大品质高级化的京畿米生产。确保栽培面积，确保优良种子的全量供给。其中政府对建成的京畿米示范基地（2.3 万公顷）进行合同栽培，并全量高价收购，主要是通过确保竞争力来保证水稻生产者的收入。

（5）推进同时满足生产者和消费者的流通改革。一方面，预算用 2 300 亿韩元（50%来自国费，25%来自道费，25%来自郡费）支持农产品直销的持续与灵活性，推进物流体系。另一方面，投资 2 600 亿韩元用于农产品直销的超市。此外，韩国还加强了网上农产品流通，由道费 100%支持。

（三）农业一般服务支持体系

1. 政府对农协的支持及农协对农民的支持

韩国的农业政策基本上是通过农协来实施的。政府在资金上支持农协，通过农协向农民提供低息贷款，利息差额由政府补贴。政府还依靠农协来实现政府制订的多项计划，如农业生产结构调整方案、农产品收购计划和农业技术推广等。政府通过农协间接支持农民的收入。

重要的是，韩国的农协还是农业政策贷款的唯一金融机构。其资金来源一是农协向政府收取的手续费，二是农协银行存款的自筹部分。2001 年韩国执行的农业政策贷款为 8.4 亿韩元（48%为农协自有资金），2002 年为 7.7 亿韩元（51%为农协自有资金）。

农协对农民的支持，实质上一是由政府支付利差，以低息贷款给农民，政府补贴贷款利息与市场利息的差额。二是农协产业产生的利润，以指导事业费的形式返还给农民，对农民进行补贴。用指导事业费援助农民，主要有两种方式、三条渠道。两种方式是指接受援助的对象可以是农民，也可以是会员组合。三条渠道是指到达农民或会员组合的途径，第一条是农业协同组合中央会直接到农民；第二条是农业协同组合中央会到地方农协，再由地方农协到农民；第三条是由农业协同组合中央会到会员组合，再补贴到农民。

2. 韩国的农村振兴厅，从研究和推广应用等方面支持农民

首先，农民得到的新技术是免费的（如果是为企业所用，则需要购买该项技

术专利的使用权）。其次，所有农民参加的技术培训也都是免费的。

3. 韩国的农业科研机构和大学对农民的支持

一是经费主要来源于国家预算的农业科研机构和大学的研究成果，不论是新的品种还是新的栽培技术，都要上缴给韩国农林部，然后由农林部按成本价转让给农民使用，通过降低农民的生产成本来提高农民的收入。

二是农业科研机构和大学应农民的要求，按照市场的发展趋势，用政府拨款进行农业生命科学、高品质园艺畜产及亲环境技术的开发与研究；为农民提供技术支持和市场咨询等服务。

4. 农业技术推广机构对农民的支持

韩国的农业技术推广机构主要是将科研和教学机构的研究成果，以及所采集的市场信息和情报，在政府补贴的基础上（一般在50%左右）向农业生产者普及。其通常是以示范、推广专用补贴的形式，给予县郡级农业技术推广站，农业技术推广机构经过3~5年示范后，普及到农户。但对农民无特殊补助。

四、农业政策资金规模

从长远来看，韩国逐渐减少了对农业的支持，在更加面向市场的政策方面取得了一些进展。2015年以来，韩国对农产品的所有进口限制都采用关税和关税配额的形式。在降低价格支持的同时，韩国政府从20世纪90年代后期开始实施一系列直接支付计划，从2005年开始实行农业保险计划，并从2003年开始对大米实行可变支付。2003年，农业支持水平略有下降，主要原因是国内和边境价格差距缩小，但预算支出的适度增加部分抵消了这一差距。

根据韩国三种指标对比趋势图（图14-4）和表14-12，可以看出，1986~2017年，韩国农业的TSE总体呈现波动上升趋势，尤其是在进入21世纪以后比较明显；PSE与TSE的发展趋势基本贴合；GSSE保持稳定发展。

具体来说，韩国农业政策资金规模有以下特点。

（1）对农业的TSE占GDP的百分比已从1986~1988年的8.6%大幅下降到2015~2017年的1.8%。然而，PSE在2015~2017年占农业总收入的52%，几乎是OECD平均水平的3倍。

（2）对农民的大部分支持是以市场价格支持的形式进行的，2015~2017年，市场价格支持占PSE的90%。生产者价格与边境价格之比已从1986~1988年的3.3%降至2015~2017年的2.0%；2015~2017年，转移到农民个人的资金占TSE的89%。

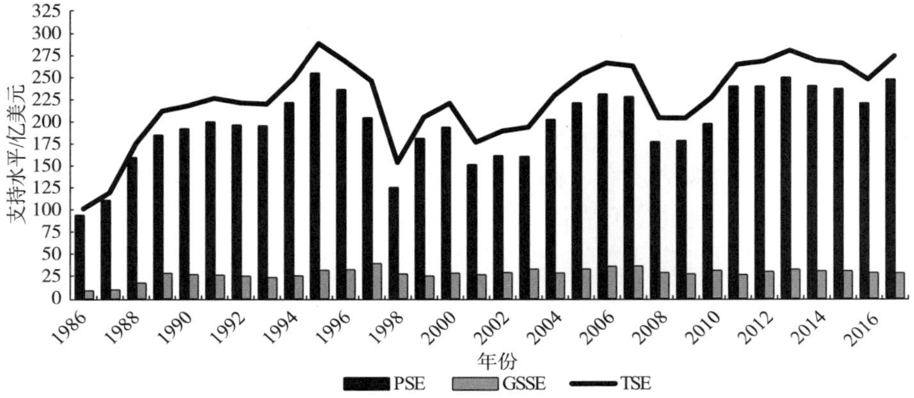

图 14-4　韩国三种指标对比趋势图

资料来源：OECD

（3）%PSE（基于输出的支持，不需要输入约束的变量）正在逐渐减少，但仍然占主导地位。2014~2016 年，对农民的支持约占 TSE 的 90%。

（4）生产者价格与边境价格之比（生产者名义保护系数）逐渐降低。总的来说，根据 2014~2016 年的测算，支付给农民的大多数价格都比世界市场价格高出 2 倍，最高的是大豆、猪肉和大麦。

（5）GSSE 于 2014~2016 年占农业增加值的 9%，略低于 20 世纪 90 年代中期的价值，但依旧很高。GSSE 占 TSE 的 12.5%，其中发展和维护基础设施支出最多，占全球社会保障指数的 52%，农业知识与创新体系次之。

（6）TSE 占 GDP 的比重（%TSE）大幅下降，主要原因是农业部门以外的快速增长，2014~2016 年为 1.7%，尽管这样，它仍然比 OECD 的平均数高 3 倍左右。

表 14-12　韩国 1986~2017 年农业政策资金规模表　　单位：亿美元

年份	TSE	PSE	GSSE
1986	101.155 0	93.000 0	7.527 8
1987	118.984 9	109.808 0	8.270 7
1988	175.216 4	158.386 3	16.174 1
1989	211.847 8	183.967 4	27.068 5
1990	217.764 7	191.001 2	25.608 3
1991	226.156 4	198.749 7	25.203 1
1992	220.957 0	1953.20 8	23.930 9
1993	219.553 4	194.288 5	22.388 1
1994	247.978 0	220.458 2	24.115 3

续表

年份	TSE	PSE	GSSE
1995	287.923 5	253.507 9	30.304 4
1996	268.116 7	235.136 4	31.137 3
1997	245.618 1	203.223 4	39.082 8
1998	153.520 9	124.169 2	26.245 8
1999	204.832 9	180.019 4	23.874 0
2000	220.499 2	192.485 1	27.114 1
2001	176.431 6	149.995 8	25.438 0
2002	189.056 9	160.422 5	27.741 7
2003	193.489 4	159.350 9	31.612 4
2004	229.089 8	201.200 1	27.045 9
2005	252.014 9	219.740 1	31.505 7
2006	265.559 5	229.806 1	34.766 5
2007	261.990 2	226.597 5	34.902 3
2008	203.782 4	175.790 8	27.478 7
2009	203.481 7	177.054 7	25.921 4
2010	226.414 7	196.067 0	29.935 9
2011	263.856 6	238.506 7	24.930 0
2012	267.514 2	238.384 4	28.693 1
2013	279.715 2	248.364 5	30.915 2
2014	268.400 6	238.711 6	29.263 2
2015	264.876 3	235.359 9	29.164 6
2016	246.737 1	219.303 4	27.121 7
2017	272.998 1	245.712 7	26.933 4

资料来源：OECD

第五节　巴西农业支持政策

一、农业政策管理部门

巴西农业、畜牧和供应部门负责管理农业的公共政策，调整巴西农业部的服务。农业综合企业作为农村生产者，将商品和服务的供应活动与农业生产、加工和销售联系在一起，最终提供给消费者。巴西农业部在生产部门的营销、技术、科学、环境和组织方面，以及供应、储存和运输部门，对农业经济和金融政策进行管理。巴西农业部协调 28 个所属部门和 8 个主题室的行动，随着可持续发展和竞争力的整合，巴西农业部的主要目的是保证巴西的粮食安全，出口过剩的农产品，加强国家各生产部门之间的联系。

巴西农业研究公司（Embrapa）和国家供应公司（Conab）是在政府干预和协调下运作的公共企业。它们还分散了巴西农业部的权力，以混合经济公司的形式，在米纳斯吉拉斯州建立供应工厂。

在巴西，农业、畜牧和供应部门主要负责以下 15 个领域事项：①农业政策的制定，包括生产、销售、供应、储存和最低价格保证；②农业生产和推广，包括养生活动；③市场、市场营销和农业供应，包括监管和战略储备；④农业信息；⑤动物和植物健康保护；⑥监测用于农业活动和在该部门提供服务的投入；⑦对产品及其衍生物、动物和植物的分类和检查，包括对财政部在对外贸易方面进行活动的支持；⑧土壤保护、养护和管理，贯穿农业和畜牧业的生产过程；⑨农业和畜牧业的技术研究；⑩气象学和气候学；⑪农村合作；⑫农村能源和农业能源；⑬技术援助和农村扩展；⑭咖啡、糖和酒精政策；⑮计划和执行政府对农业、工业部门的活动。

巴西的农业、畜牧和供应部门由直接向部长提供咨询的机构组成，并在下属单位、联邦监督机构和其他联邦单位的业务支持下，向社会提供服务，同时，该部门包括巴西农业研究公司（Embrapa）、国家供应公司（Conab）和混合经济企业（Ceagesp）等公共企业。

以下为巴西农业、畜牧和供应部门各职能部门的设置。

（1）直接向农业、畜牧和供应国务部长提供支持部门，包括部长内阁，战略规划处、行政部门，规划预算管理处、法律处、公共交流活动处。

（2）职能机构部门，包括农牧保护司，农牧发展和合作司、农业政策司、农业农园生产司，国际关系司、可可收获计划委员会、农业计量所。

（3）科学咨询机构部门，包括资源委员会、农业政策委员会、咖啡委员会、育马协调委员会。

（4）独立特殊机构，包括国家农牧实验室（若干家）、联邦农牧食品监察（若干家）。

（5）附属绑定机构部门，包括农牧研究公司、国家供应公司、圣保罗储备公司、米纳斯储备公司、米纳斯食品供应中心、食品供应中心。

二、农业支持政策演化特征

巴西农业支持政策演化如表 14-13 所示。

表 14-13　巴西农业支持政策演化表

基本特征	时间	政策名称	政策内容
优先发展农业和粮食生产，推动农业经济增长	1965~1984 年	农业直接补贴政策、农业信贷体系	1965 年第 4829 号法令确立了“巴西国家农业信贷体系”，向农业提供低于市场利率的信贷资金 1975 年以后，改变农业结构单一的局面，开始对大豆、大米、玉米和小麦等各类主要农产品进行支持 20 世纪 80 年代末，农产品“进口替代”模式
激励性农业政策，推动农产品贸易市场发展	1985~1995 年	农产品价格支持政策、农业信贷政策	1985 年，巴西政府取消了长达 20 年的农业直接补贴政策，采取农产品价格支持政策 20 世纪 80 年代末到 90 年代初，调整农业结构，引进、提高农业生产技术，降低关税，进一步开放巴西农产品市场；减少对农业信贷领域的投资，逐步转变为农业信贷政策的推动者和制定者，积极地为农业信贷寻求各种资金来源，建立农业信用合作社，为农业信贷融资 1994 年，巴西开始实施雷亚尔①计划，创造了良好的外部环境 1995 年，加入 WTO 以后，对外市场更加开放自由
稳定农民基本收入，提高农业造血能力	1996~2007 年	“作物保险计划”、“农村保费计划”、“农村基础设施建设增长加速计划”	2000 年，平衡和调整了银行利率，开拓了新的信贷融资渠道，减少了农业信贷票据使用 2002~2003 年，开始执行作物保险计划，主要面向加入家庭农业保险的干旱地区农户、种植非灌溉型主要农作物和棉花的农户 2004 年 8 月，开始实施家庭农业保险计划，为小农户提供农业保险 2005 年，开始实施农村保险费计划，该计划是为与政府指定保险公司建立合同的农产品商业生产者提供补贴 2007~2008 年，先后发布了政府最低价购买计划、公开期权计划、生产者价格保护措施、生产者价格保护、政府采购计划，主要是为了稳定农民的基本收入 2007 年，制定了“农村基础设施建设增长加速计划”，旨在吸引更多的私人投资和提高公共部门在基础设施建设上的投资，包括公共投资灌溉设施计划、农村供电计划、生物燃料管道铺设计划等，这些措施都直接有效地提高了农业的“造血”能力，推动了农业的发展
农业可持续健康发展	2008 至今	债务重订计划、家庭农业支持计划、食品增产计划	2008 年，制定了相关的发展计划，其基本目标是促进农业发展和提高农民收入，促进经济环境可持续发展、增加就业、降低区域发展不均衡性；采取了债务重订计划解决气候灾害、雷亚尔计划及虫灾带来的成本上升所造成的损失问题；在家庭农业支持计划方面进行了改革，主要针对缺乏竞争力的家庭农户，该计划覆盖生产者支持和一般服务支持 2008~2009 年，提高了农户收入的支持限制水平，扩大了支持群体范围；新增了“食品增产计划”，提升了农业产出水平和生产效率 2009~2010 年，农业的信贷规模日益变大，通过农业一体化计划提供特殊贷款支持环境保护类项目等

资料来源：笔者整理

① 雷亚尔为巴西的流通货币。

（一）优先发展农业和粮食生产，推动农业经济增长

进入 20 世纪以后，世界各国都开始加快各国的工业化步伐，巴西也不例外。为了解决工业化所需的资金短缺问题，巴西政府一方面大量借取外债，另一方面积极地发展进口替代的经济发展模式。巴西政府在 20 世纪 70 年代改变了重工轻农的经济发展模式，优先发展农业和粮食生产。农业已是巴西重要的支柱产业，巴西政府对农业十分重视，并制定了一系列农业支持政策。巴西农业支持政策的主要目标是进一步实现以促进经济快速发展、保持环境可持续、提升农业人口就业水平、调整国民收入分配，减缓区域不均衡发展为主旨，通过制定具有特定目标的农业发展计划来实现具体的农业发展。巴西不同时期的农业支持政策各不相同，但总体目标是促进农业发展和提高农民收入（康鹏辉，2016）。

1965 年第 4829 号法令确立了“巴西国家农业信贷体系”，向农业提供低于市场利率的信贷资金。

1975 年以后，巴西开始对木薯、豆类和大豆进行价格上的支持，转变了以咖啡为主要农产品进行补贴的农业结构单一的局面，开始对大豆、大米、玉米和小麦等各类主要农产品进行支持。

截至 20 世纪 80 年代末，巴西政府已全面掌控了巴西的对外贸易，同时，还制定了一系列政策措施积极地配合农产品“进口替代”的模式。作为一种宏观经济的调整手段，巴西政府根据巴西的经济情况决定是限制还是支持巴西农产品的出口和外国农产品的进口。巴西政府采取的主要农业贸易干预手段有进口许可证的办理、进口定金的交纳、关税的减免等。巴西政府推行“进口替代”的经济发展模式后，国内经济就一直被严重的通货膨胀和高额的外债困扰，甚至一度还使经济陷入停滞不前的泥潭。

（二）激励性农业政策，推动农产品贸易市场发展

1985 年，巴西政府取消了长达 20 年的农业直接补贴政策，巴西用于农业支持和农业直接补贴的资金庞大到 310 亿美元。一方面，由于采取农业直接补贴政策的财政压力过大，另一方面，由于农业市场化的需要，巴西审时度势地采取了农产品价格支持政策。

20 世纪 80 年代末到 90 年代初，巴西政府对巴西的贸易体制进行了大刀阔斧的改革。特别是乌拉圭回合谈判以后，巴西政府调整农业结构，引进、提高农业生产技术，降低关税，进一步开放巴西农产品市场，许多农业支持政策都转变为激励性质。面对巨大的外债危机，再加上财政开支较大，巴西政府继续减少对农业信贷领域的投资，逐步转变为农业信贷政策的推动者和制定者，积极地为农业

信贷寻求各种资金来源，并建立了农业信用合作社，为农业信贷融资。

1994年，巴西开始实施雷亚尔计划，许多农产品贸易保护政策被废除，为巴西的农产品贸易创造了良好的外部环境。

1995年，巴西自加入WTO以后，对外市场更加开放自由，尤其是对南方共同市场更加开放。

（三）稳定农民基本收入，提高农业造血能力

2000年以来，巴西平衡和调整了银行利率，开拓了新的信贷融资渠道，减少了农业信贷票据使用，巴西农业信贷规模出现迅猛增长。

2002~2003年，巴西开始执行作物保险计划，主要面向加入家庭农业保险的干旱地区农户、种植非灌溉型主要农作物和棉花的农户。参加该计划的农民，只要每人每年缴纳5.5雷亚尔，当他们遭受自然灾害并有超过一半的作物受到损失时，就可以得到550雷亚尔的赔偿。参加该计划的农民从2004~2005年的17.8万人增加到2006~2007年的34.6万人，通过该计划发放给农民的赔偿金总额由1 479万美元上升到9 000万美元。

2004年8月，巴西开始实施家庭农业保险计划，这是家庭农业支持计划中最重要的子项目，旨在为小农户提供农业保险，这项计划向参加计划的农户提供保险，确保农户在遭受30%以上的损害时可以得到全额赔偿。

2005年，巴西政府开始实施农村保险费计划，该计划是为与政府指定保险公司建立合同的农产品商业生产者提供补贴。到2006年该计划已覆盖种植业、畜牧业、林业和水产养殖业的所有生产活动。2007~2008年巴西政府先后发布了政府最低价购买计划、公开期权计划、生产者价格保护措施、生产者价格保护、政府采购计划，主要是为了稳定农民的基本收入。

2007年，巴西政府制定了更为具体的“农村基础设施建设增长加速计划”，该计划旨在吸引更多的私人投资和提高公共部门在基础设施建设上的投资。在该计划中，修复、铺砌、维护和建设高速公路，延伸铁路网，加强南里奥格兰德州、巴拉那、圣保罗等重要港口的运输能力等计划都与农业有着密切的关系。该计划还制定了15亿美元的公共投资灌溉设施计划、农村供电计划、生物燃料管道铺设计划等，这些措施都直接有效地提高了农业的“造血”能力，推动了农业的发展。

（四）农业可持续健康发展

2008年4月，巴西制定了相关的发展计划，其基本目标是促进农业发展和提高农民收入，促进经济环境可持续发展、增加就业、降低区域发展不均衡性。巴

西政府还采取了债务重订计划解决气候灾害、雷亚尔计划及虫灾带来的成本上升所造成的损失问题。政府还提出解决债务问题的一揽子计划，包括减少对过期债务的附加税，给予过期债务的提前偿还折扣，以及削减投资贷款、生产贷款的利率等，这一系列措施的主要目的不仅在于帮助农民解决债务问题，还在于在长期内帮助他们获得贷款。7 月，巴西政府在家庭农业支持计划方面进行了改革，主要针对缺乏竞争力的家庭农户，该计划覆盖生产者支持和一般服务支持，包括基础设施建设、农业信贷、教育培训和技术支持三方面措施，该计划消除了以前繁杂的贷款申请人分类。

2008~2009 年，巴西政府提高了农户收入的支持限制水平，并增加了对从事渔业、林业和水产养殖业农民的支持，扩大了支持群体范围。另外，巴西政府还增加了对采用可再生能源技术、环境保护技术生产方式的农户的资助。家庭农业支持计划新增了“食品增产计划”，涵盖玉米、大豆、水稻、木薯、蔬菜、水果和奶制品等。由此可以看出，家庭农业支持计划直接和间接地增加了中小农户对农业生产的投入，这是巴西农业支持水平上升的重要因素，也是农业产出水平和生产效率提升的重要原因。

2009~2010 年，为了减少金融危机对农业的影响，巴西政府加大放贷力度，农业的信贷规模日益变大；巴西政府在农业信贷中的直接参与度越来越低，转而变成间接主体。另外，国家农村信贷在增加信贷数量和降低信贷利率的基础上，还采取了其他一系列调整措施，如支持农民通过农机现代化计划购买二手农业机械；通过农业一体化计划提供特殊贷款支持环境保护类项目；等等。这些措施极大地增加了农产品投入的补贴，提高了农民从事农业生产的积极性。

三、农业支持政策具体分类

（一）农产品价格支持政策

1. 最低保证价格

最低保证价格是指在农业耕种之前两三个月，政府给农产品定的一个最低保障价格，这个最低保障价格高于农产品的生产成本，低于市场的预测价格。农业生产者可以在农产品耕种之前和政府签订协议将农产品以最低保证价格出售给政府。如果真正的销售价格低于最低保障价格，农户的利益不会遭受损失；如果真正的销售价格高于最低保障价格，那么农户也会受益。这是一个保护农产品价格的政策，它由巴西生产资助委员会制定，由巴西农业部和国家委员会审议，最终经总统批准后才能生效。2000 年以来，巴西政府对一些特定农产品的价格支持力度不断增强，但是，对于农产品价格支持的总量比重不断下降，特别是价格支持的品种也在明显下降。到了 2012 年，巴西价格支持的农产品种类仅剩下豆类、大米、剑麻、甘蔗、小麦五种。

2. 产品售空计划

产品售空计划是指政府转移给大宗商户和加工厂商的价格差额补贴。产品售空计划也称为价格差额补助，价格差额是指政府规定的参考价格减去实际市场价格的差值。其中，参考价格是政府对农产品要求的最低价格，或者是期权合约中要求的固定价格。为了保障农业生产者的利益，巴西政府鼓励批发商和加工企业去中西部地区以不低于参考价格的收购价格收购农产品，并且，在此过程中给加工企业和批发商造成的亏损由政府以“差价”补贴的方式买单，这部分差价相当于农产品生产地到消费地的运输费用（康鹏辉，2016）。

然而，产品售空计划的额度非常有限，巴西政府为了解决这一难题采用额度分配制度，以竞标拍卖的方式进行额度分配，分到额度的就给予补贴，没有分到的就不给予补贴。由于这种价格支持计划覆盖的范围有限，支持的力度较小，这种价格支持计划的作用并不大，效果也并不明显。例如，在实际运行中，除了棉花、玉米、小麦这三种农产品以外，其他的大多数农产品很少从中受益。

3. 期权合约补贴

期权合约补贴实质是一种农产品售价保护制度。这种制度就像是购买一种保险，是人们在一段时间内预先确定农产品的市场价格，到期之后，如果实际的农产品市场价格高于预先确定的市场价格，就按照实际价格卖出农产品；如果农产品的市场价格低于预先确定的市场价格，政府就补助这部分价格差额给农民，来保障农民的收入。

这样做的最终目的，一方面是为了减轻政府财政负担，因为以往市场价格低于预先确定的市场价格时，政府就会直接购买大量农产品来支持农民的收入水平。而采用期权合约补贴的方式就大大降低了政府的财政支出。另一方面，该补贴可大范围地稳定农民的收入，使得农民“旱涝保收”。然而，在现实的运作当中，由于大多数时候市场价格是高于期权价格的，这种期权合约的保险制度并不常用。

（二）农业生产补贴政策

1. 保障规模经营的土地政策

巴西的农业土地主要特征是大地产制，这种大地产制最早形成于葡萄牙殖民统治时期，随后经历了奴隶制大地产制、租佃制大地产制和现代雇佣大地产制三个主要发展阶段。现代雇佣大地产制是巴西农业经济发展的中坚力量，不仅为巴西农业的现代化和科技化创造了良好的物质条件，而且提供了更多的就业机会。尽管巴西政府为了解决无地或者少地农民的土地问题，采取“征收土地”的土地政策，但是没有触及大地产者的利益，并且还在某种程度上进一步保护了现代雇佣大地产制。巴西政府没有分割大地产主和大农场主的土地，而是开垦新的荒地，通过土地征收政策，将这些土地分给那些没有土地或者少地的农业生产者，以解决其就业和提高老百姓的生活水平。

2. 针对外国资本的土地政策

在 1999 年以前，外国资本要在巴西直接购买土地，必须与巴西的企业合资注册公司才能直接购买土地，否则便是非法的。然而，到了 1999~2000 年前后，尽管巴西政府的法律仍然规定外国资本不能在巴西境内直接购买土地，但是可以设立独资公司，独资公司可以在巴西境内经营土地的买卖业务。凡是境外资本要在巴西设立公司都必须到中央银行进行注册，注册之前外国资本不能随意流入或流出，只有注册以后，外国资本才可以自由地往返于国内外。

外国资本的收益额在返回国外时还要缴纳四分之一的所得税，这部分所得税就相当于个人所得税。外国资本的进入不仅为巴西农业的发展带来了充足的资金，而且带来了先进的管理经验和技术。这种资金的自由流动，能够使巴西境内外的土地、资本、人力、技术等方面的资源得到合理优化的配置，同时，也为巴西和国外农业的发展合作打下了坚实的基础。

（三）农业支持政策

1. 减轻农民偿债负担

20 世纪 80 年代初到 90 年代中期，巴西政府提供的资本在农业信贷中的份额不断下降，直至达到将近一半，而私人资本在农业信贷中的比例却不断上升。随着大量私营银行的涌入，农业信贷的利率不断提高，使得农业信贷的利率长期居高不下，从而加重了农民的负担。到了 1995 年，巴西政府为了减轻农民的经济负担、提升农民的积极性、促进生产发展，开始采取一些应对措施。这些措施主要包括两个方面：第一，以立法的形式延缓那些无力偿债的农业生产者的偿债期限。第二，改变农业生产者的偿债方式。农业生产者可以农产品来偿还购置的农机具的贷款，这样不仅有利于减轻农业生产者的偿债压力，还能够增加农机具的销售量；预先出售农产品，就是按照最低保障价格将农产品提前出售，这不仅可以减少农民偿还贷款的利息，也可以使农民用所得资金提前购买农业生产所需的物品。此外，家庭农业支持计划是另一项农业支持政策，该计划专门针对缺乏竞争力的家庭农户，以保障其能够获得稳定的收入。根据 OECD 政策分类框架，家庭农业支持计划覆盖生产者支持和一般服务支持，包括基础设施建设、农业信贷、教育培训和技术支持三方面措施。

2. 农业低税政策

在巴西，农业税相对于其他行业的税率来说非常低，而且较为合理的农业税率也是巴西农业健康、迅猛发展的重要原因之一。巴西政府对农业征税的税种主要包括土地税和个人所得税两个方面。如果农业生产者在城里没有房产且拥有的土地面积少于 30 公顷，就可以免缴土地税；在中西部偏远地区，如果拥有的土地面积达到 50~100 公顷，也可以免除土地税。大农场主和大庄园主缴纳的土地税，也是由除绿地面积以外的土地耕种面积决定的，土地的种植面积越大，缴纳的土地税就越少；土地的种植面越小，缴纳的土地税就越多。

个人所得税一般分开计算，在个人收入中，巴西政府对于来自农业收入所得的部分征收较低的税，对于其他行业中所得的收入征收相对较高的税。农产品在出售以前不缴纳个人所得税，在出售以后用于农业扩大再生产的部分要从个人所得税中扣除。总体来说，巴西的农业税收政策采取“抓大放小”的基本方针，对大农业生产者征收相对较高的税，对小农业生产者征收相对较低的税。这样不仅能够提升农业土地的利用率，也有利于增加农业生产的投入。

3. 金融服务支持政策

巴西政府在金融服务支持方面出台了一系列政策，主要包括农村信贷体系和优惠贷款、家庭农业支持计划和债务重订计划。农业贷款主要由国家农村信贷体系依据土地占有面积、农业产值、农业生产率和农业现代化水平确定贷款额度来提供。巴西政府针对缺乏国际竞争力的家庭农户，采取了包括基础设施建设、农业信贷、教育培训和技术支持等在内的一系列家庭农业支持计划；通过重新确定还债期限，支持由于气候灾害、雷亚尔升值及虫灾等带来的生产成本上升、资金困难、债务偿还能力不足的生产者。

4. 信贷支持政策

为了给农业生产发展提供足够的资金支持，巴西政府以农户的农业生产总值和土地耕种面积确定发放贷款的额度。土地面积越小，发放贷款的数额占所需资金的百分比就越大，相应的利率就越低；土地面积越大，银行发放贷款的数额占所需资金的百分比就越小，相应的利率就越高。一方面，巴西政府制定相应的法律，规定商业银行必须将活期存款的四分之一用于农业贷款；另一方面，巴西政府对农业发展提供政策性的贷款支持。这两项重要举措不仅从根本上保证了小农户能够得到充足的农业生产发展所需资金，而且保障了农村经济的健康发展。巴西的农业信贷主要以商业银行的信贷为主。从农业信贷的资金来源方面来看，贷款数额的九成来自商业银行，仅有一成来自政府；从农业信贷的用途方面来看，贷款主要用于农业生产、农产品销售、农业基建和购买农机具四个方面；从农业信贷的额度方面来看，主要根据种植面积来限定贷款额度。贷款还有特殊要求，如平均生产率连续三个季度超过生产基准线的农业生产者可以自愿申请贷款。

为了促进生产规模较小农户的发展，巴西政府制定了一系列相应的优惠信贷政策，其主要目的是保障低收入农户和家庭农场的利益。特别是近几年，巴西对家庭农业生产者的优惠和金融支持力度不断加强。

（四）农业一般服务支持体系

1. 加强对农村公共基础设施建设

基础设施落后是制约巴西农业经济发展的一个重要因素。从交通运输方面来看，巴西主要是以海上运输的方式，将其农业产品输送到世界其他地方。然而，巴西中西部地区的农产品要输送到消费地，就必须穿越马托格罗索和东部草原地带到达桑托斯港，这需要各种良好的运输设施才能够完成。不仅如此，落后的交通运输网络也大大提高了农产品的运输成本，使得农产品的价格大幅上升，严重损害了农业生产者的利益。从农业灌溉和储存能力方面来看，灌溉网络的不完善和仓储设施的不健全，严重阻碍了巴西农业的进一步发展。

针对这些问题，巴西政府制订了“北方产品出口长廊建设计划”和“北部地区灌溉计划”，同时也增加了对仓库储存设施的建设投资。2007 年，巴西政府制订了一系列支持农村基础设施建设的增长计划，在这些项目中，巴西政府计划大力修建全国高速公路交通网，特别是中西部地区的高速公路干线；进一步扩大铁路的运输范围，使其将巴拉那、圣保罗、南里奥格兰德等地区的重要港口连成一体。除此以外，还有公共投资灌溉计划、生物燃料管道铺设计划、农村供电计划等，都为农业生产的发展铺平了道路。

2. 大力研发和推广农业新技术

一直以来，巴西都非常重视农业科研的开发和农业先进技术的使用。巴西拥有规模庞大、设备齐全、科研水平处于世界先进行列的农牧业研究公司。近些年来，农牧业研究公司给巴西的生物工程、转基因、有机农业的发展提供了大量的科技支持。巴西设立了专门的科研机构，如农业科技组。同时，巴西还加大对农业的科技投入，其中，农业科研投入占国家财政收入的 15%以上，国际农业科研项目研究经费、农业科研机构经费和农业院校经费等主要来源于巴西政府的财政收入，特别是农业新科技的开发和应用资金所占比例最高。不仅如此，各州政府、各城市的农业资金也主要用于科技开发应用方面。在农业治虫、治害方面，巴西采用以虫治虫、以菌治虫的方法，这样一方面有效地消除了病虫害给巴西农业带来的危害，另一方面减缓了农药和化学物品给生态环境带来的巨大压力。

巴西不仅拥有世界上较为先进的农牧业研究公司，还拥有更为完善的农牧业技术推广体系和强大的农业技术推广团队，如巴西的农业技术联合体是主要的农业技术推广组，巴西在全国有 20 000 多个推广员工，3 000 多个推广站点，累计共推广了 10 000 多件农牧业科研成果。

为了使农业发展和生态环境相适应，巴西确立了大力发展生态农业的基本农业政策，如《生物安全法》主要是为了保护巴西的生物资源，防止在大量国外资本、技术人员涌入巴西后，造成生态环境恶化和生物资源恶化。这些政策使得农业的发展不但不会损害生态环境，还能够服务于生态环境、保护生态环境。

3. 覆盖范围广且费率低的保险政策

巴西的再保险公司主要由中央银行独家经营，其他商业银行只能代为经营。再保险公司的经营范围包括水产保险、森林保险、农村抵押保险、农业财产或产品保险、畜牧业保险等主要方面。进行再保险的阶段主要包括备耕、耕种、管理和营销四个大的阶段，为了最大限度地保障农业生产者的利益，保险金额一般都以农业生产成本作为自己的最大上限。当自然灾害发生时，保险公司经过实地考察以后会立即给予赔偿。

农业保险的运行机制主要包括两个方面：第一，农业保险体系以国家财政为基础，通过国家再保险公司进行操作运行；第二，农业保险运行机制建立在农业保障基金基础之上。尽管农民的保险费用很低，但是每年也要向农业保障基金缴纳一定数额的保险费，若巴西农业保障基金有亏损，则由国家财政来承担。这些保险政策实施后效果非常显著，短短几年内巴西的农业产量大幅度提高，农业生产得到进一步发展。农村保险体系主要包括家庭农业保险、作物保险计划和农村保险费计划等。

4. 促进产业化经营的农业合作社和中介组织政策

巴西的农业合作社最早诞生于 1969 年，经过 20 多年的发展，到 20 世纪 90 年代初已在全国范围内建立了大大小小四千多个农业合作社，并且为了建立这些农业合作社，巴西政府给予了大量的资金支持。

巴西农业合作社大体上可以分为供销合作社、渔业合作社和农村电气化合作社三个阶段。供销合作社为农业的生产发展提供技术和市场信息，给农民购置相应的农业生产设备，培训农业技术人才，为农产品提供仓储、运输、销售等一条龙服务；渔业合作社购买并且提供相关的渔业设备器材，建立统一的加工、冷冻、储藏等设施，给渔业生产提供人员和技术支持，建立渔业产品的运输和销售的完整体系；农村电气化合作社负责修建农村的电气化设施，推动经济开发区发展，提高农村生活质量，改善农民生活条件。

巴西农业的中介组织不仅是巴西农业生产的重要组织形式，还是连接巴西政府和农业经营主体的主要纽带和桥梁。一方面，这些中介组织为了决策部门的政策制定和实施，前往农业生产群体中收集相关意见，传达农产品贸易的新政策；另一方面，当农业生产发展出现问题时，这些中介组织可以及时向有关部门提供一些建议。

5. 设立地方开发银行和基金

为了进一步推动农村基础设施建设，巴西政府颁布相应的政策鼓励各地成立地方性的开发银行。这些地方性的开发银行给各地区（尤其是中西部地区）的仓储、运输网络、灌溉网络等基础设施提供资金支持，从时间上缩短了农产品生产地和市场的距离，提高了农业物品的储存能力，完善了交通运输网络和灌溉网络。1999 年，巴西政府还成立了土地银行，其主要目的是向那些为了购买农村地产的农民提供信用贷款。到了 2000 年，土地银行的信贷额已经高达 2.7 亿雷亚尔，并且从土地中获益的家庭超过了 15 000 户。巴西政府还设立了特别基金，不仅加强了农村基础设施建设，也在很大程度上促进了农村的经济繁荣。

6. 债务重订计划

气候灾害、雷亚尔升值及虫灾等带来生产成本上升，使得很多农业生产者面临资金困难。针对这种严重的债务问题，巴西政府提出了解决债务问题的一揽子计划，包括减少对过期债务的附加税、给予过期债务的提前偿还折扣，以及削减投资贷款和生产贷款的利率，等等。这一系列措施的主要目的不仅在于帮助农民解决债务问题，还在于在长期内帮助农民获得贷款。

四、农业政策资金规模

根据巴西三种指标对比趋势图（图 14-5）和表 14-14，巴西对农业的支持和保护相对较低，这反映了巴西作为一个有竞争力的出口国的地位。PSE 的水平是

2015~2017 年农业总收入的 2.7%，远低于 OECD 的平均水平。农业总支持率（%TSE）为 GDP 的 0.4%，农场的 PSE 占同期该部门 TSE 的全部支持的 50%。基于投入使用的转移支付是 PSE 中最突出的要素。农业知识与创新体系支出是 GSSE 的主要组成部分，在 2015~2017 年占 GSSE 的近 90%。

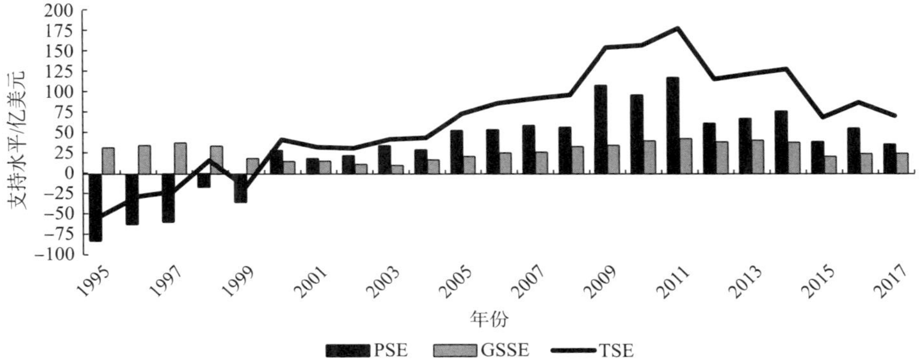

图 14-5　巴西三种指标对比趋势图

资料来源：OECD

对生产者的支持有一半以上通过可变的投入使用措施提供，主要是优惠信贷和作物保险补贴。优惠信贷可用于农业营销和营运资本，也可用于固定资本投资。自 2008 年以来，所有基于投入使用的转移支付都以环境标准为条件。向生产者提供的支持有三分之一是通过扭曲农业产出价格的措施提供的，如区域最低保证价格和不足付款。虽然巴西农产品的国内价格在 20 世纪 90 年代中期低于世界价格，从而产生了负的市场价格支持，但 21 世纪的价格几乎与国际市场保持一致。在一般服务的农业增加值支出中，GSSE 相当于 2014~2015 年农业增加值的 2.6%，低于 1995~1997 年的 7.3%，其中农业融资所有权、农业知识与创新体系占全球社会保障体系的五分之四。

表 14-14　巴西 1995~2017 年农业政策资金规模表　　单位：亿美元

年份	TSE	PSE	GSSE
1995	−52.295 5	−82.930 0	30.634 5
1996	−28.760 4	−62.354 5	33.551 6
1997	−22.355 1	−59.499 3	36.755 3
1998	15.836 8	−17.352 7	32.594 9
1999	−16.992 9	−34.272 0	17.235 2
2000	41.218 6	27.275 7	13.631 9
2001	31.829 9	17.473 8	13.807 1

续表

年份	TSE	PSE	GSSE
2002	30.655 3	20 759 5	9.816 4
2003	41.662 2	33.033 2	8.628 9
2004	43.534 1	28.026 0	15.348 3
2005	72.916 4	51.560 7	19.458 3
2006	86.260 4	52.421 2	23.940 4
2007	91.620 5	57.663 2	24.907 7
2008	96.356 8	55.695 4	31.774 2
2009	154.495 8	107.168 7	33.310 1
2010	157.505 0	95.322 0	38.850 7
2011	178.297 9	116.827 2	41.514 5
2012	116.013 3	60.476 4	37.640 3
2013	122.137 4	66.390 4	39.306 7
2014	128.276 4	75.457 1	37.080 5
2015	68.775 2	38.018 2	19.459 5
2016	87.152 2	54.225 9	23.075 6
2017	70.631 9	34.790 2	23.280 0

资料来源：OECD

第六节　俄罗斯农业支持政策

一、农业政策管理部门

俄罗斯联邦农业部是在农工产业、农业、原料和食品市场、食品和加工工业、农村地区可持续发展、农业土地等领域的国家政策和监管机构的联邦机构，负责协调和监督联邦服务部门的活动，主要包括以下部门。

（1）畜牧育种部。畜牧育种部的结构：粮食资源司、工业猪和家禽司、乳品与肉牛育种与生物技术司、部落资源司、畜牧工业发展部。

（2）食品加工工业部。食品加工工业部的结构：食品加工业国家支助司、葡萄栽培、葡萄酒和烟草制品司、食品加工业发展部、技术法规司。

（3）行政部门。行政部门的结构：监控、校准和性能归档部，政府和一般通信部，国务院公共服务司和人员活动司，预防、防止腐败和其他罪行司，人力资源部与下属合作机构，经济福利部。

（4）财政政策司。财政政策司的结构：财务和会计部中央办公室、支持合同和财务控制部、协议的形成部门、合并报告工商司、合并报告司附属机构。

（5）填海署。填海署的结构：国家复垦系统与水工建筑物划分部门、土地复垦领域规范性法律规制司、联邦目标项目销售部、方案活动司。

（6）渔业和水产养殖领域管理司。渔业和水产养殖领域管理司的结构：渔业和水产养殖领域的区域战略规划合作司（鱼类养殖）、水产养殖领域国家管制司（养鱼）、渔业领域国家管制司。

（7）政府信息资源开发与管理司。政府信息资源开发与管理司只有一个部门，即项目管理司。

（8）信息政策和特别项目部。信息政策和特别项目部的结构：部门工会、协会与各区域的互动协调司，特别项目部，展览和大会活动部。

（9）市场监管部。市场监管部的结构：分配基础设施和家庭粮食援助司、国家干预司、农业食品市场分析与预测司、管理和法律支助司。

（10）国际合作司。国际合作司的结构：对外经济活动部和世贸组织、独联体分部和伊玛、国际组织司、美洲司、澳大利亚司、非洲司、欧洲司、亚洲司、领事及签证科。

（11）兽医系。兽医系的结构：流行病安全领域的规范性法律法规司，兽医立法部，动物药品、饲料和饲料补充剂流通领域规范性法律法规司、监管司，兽医卫生部。

（12）土地政策、财产关系和国家财产司。土地政策、财产关系和国家财产司的结构：农场和消费者合作社发展司、发展个人附属地块的监测指标司、小农和农村就业发展司、农村住房计划司、农村基础设施发展司、农村地区政府支助措施协调司（综合）。

（13）农村发展司。农村发展司的结构：农村社区综合发展和赠款支助行动司。

（14）农工综合经济与国家支持部。农工综合经济与国家支持部的结构：农业、工业综合体项目活动和优先项目管理司，金融信贷活动司，优惠贷款司，国家计划实现的资源分工司，战略发展与空间规划司，投资发展司。

（15）法律支助司。法律支助司的结构：农业食品市场、渔业和食品加工业管制领域法律支助司，司法工作的分工司，畜牧兽医领域法律支助司，农村发展的立法工作分工与法律支助司，财政关系法律支持部和腐败性专家审查司，法律支助司中央办事处，土地关系、土地复垦和农作物生产领域法律支助司，财产和劳资关系领域法律支助司。

（16）植物生产、机械化、化学和植物保护部。植物生产、机械化、化学和植物保护部的结构：植物产业分部，种子养殖部，植物保护检疫司，监测部门，消除和预防紧急情况司，园艺、马铃薯和水果种植部，技术政策司，能源协调司，技术政策司。

（17）科技政策与教育。科技政策与教育系的结构：农业咨询和再培训司、研究司、教育部、科学与创新司。

二、农业支持政策演化特征

俄罗斯农业支持政策演化如表 14-15 所示。

表 14-15 俄罗斯农业支持政策演化表

基本特征	时间	政策名称	政策内容
发展市场经济，推动农业经济增长	20 世纪 90 年代到 2006 年	《农业土地改革法》、对农业领域重点扶持	2001 年通过《农业土地改革法》，为创建农业土地市场和解决土地的所有权、购买、出售、出租等问题铺平了道路；通过立法简化了税收制度，并且降低了税率；将卫生、教育、住房和农业确定为国家重点扶持领域
建立农业支持体系，发展可持续农业	2007~2016 年	《俄罗斯联邦农业发展法》《2008—2012 年农业发展、农产品市场调节、农村发展规划》	2007 年 1 月 11 日，俄罗斯新农业法《俄罗斯联邦农业发展法》颁布生效。该法将政府零散的农业措施整合成一个完整的系统，为在农业发展领域实施社会经济政策确立了法律基础 2007 年 7 月，俄罗斯颁布了《2008—2012 年农业发展、农产品市场调节、农村发展规划》。具体目标：①可持续性农村发展，其中包括扩大农村就业和提高农村生活水平；②改进俄罗斯农业的竞争力，其中包括加大财政支持、实现现代化和加快重点领域发展以替代进口；③保护和恢复自然资源，确定拨款资金的重点投入方向；④可持续性农村发展；⑤为发挥农业功能创造良好条件；⑥发展重点农业领域；⑦农业资金可持续性；⑧加强农产品市场调节 2009 年 3 月，俄罗斯总统宣布成立“联合粮食公司”，主要使命是加强在国内市场上的购销能力，增加粮食出口，以及改造和修建粮食仓库和港口设施
发展农业、工业综合体	2017 年至今	《2013—2020 年农业、原材料和食品市场的国家农业发展计划》	2017 年，俄罗斯通过了《2013—2020 年农业、原材料和食品市场的国家农业发展计划》。该计划强调对俄罗斯牲畜养殖业的优先支持；将以往对农民生产的利率补贴变为对农民的直接支付补贴，提供资助和分配给农村地区公民的赠款方案；加强农村地区的社会和工程基础设施建设，建设和重建公路；促进区域农业、工业发展；提高乳制品的生产能力；实施农业土壤改良和农村可持续发展两个次级方案

资料来源：笔者整理

（一）发展市场经济，推动农业经济增长

20 世纪 90 年代初，随着国内经济从计划经济转成市场经济，俄罗斯农业生产和贸易结构发生了巨大变化，俄罗斯已经从一个世界主要牲畜产品生产国、粮食和油籽进口国，转变成主要牲畜产品进口国和粮食出口国。

2000 年以来，俄罗斯农产品进口增长迅速，已经成为新兴市场国家中仅次于中国的第二大农产品进口国。

2008 年，俄罗斯农产品出口增长速度比较缓慢，主要出口的农产品是粮食（小麦和大麦）。俄罗斯农业进口迅速增长的主要原因包括：①2000~2008 年国内生产总值年均增长率达到 7%，带动消费者收入水平和食品购买能力不断提高；②卢布[1]不断增值（已经大大高于 1998 年经济危机之前的水平），导致进口产品价格低于国内产品；③俄罗斯农业贸易政策对农产品进口的限制不是特别严格。2008 年的全球金融危机使得俄罗斯农业进口前景出现不确定性。从中短期来看，影响俄罗斯农业进口的主要因素包括一是国内生产总值增长态势；二是卢布兑换率变化；三是世界农产品价格变化；四是国内农业生产情况；五是国内农业政策。俄罗斯国内经济在 2008~2010 年趋于稳定，而国内农业生产难以在短期内迅速大幅提高，因此，俄罗斯农业进口预计仍将保持不断增长势头。

进入 21 世纪以来，随着国内经济逐年好转，俄罗斯政府对农业领域的扶持力度也不断增强。

2001 年，俄罗斯通过了《农业土地改革法》，为创建农业土地市场和解决土地的所有权、购买、出售、出租等问题铺平了道路，政府还通过立法简化了税收制度，并且降低了税率。

2005 年，俄罗斯政府将卫生、教育、住房和农业确定为国家重点扶持领域。

2005~2007 年，国家财政对农业的支出增长 87%，国家农业政策的主要目的是扩大牲畜业生产，以减少不断增加的肉类进口（尹红，2010）。

（二）建立农业支持体系，发展可持续农业

2007 年 1 月 11 日，俄罗斯新农业法《俄罗斯联邦农业发展法》颁布生效。该法将政府零散的农业措施整合成一个完整的系统，并且首次将农业政策纳入政府的社会经济政策之中。该法规定了农业发展的定义，规定了包括个人和法人团体在内的农产品生产者与其他个人、法人团体和政府部门之间的关系，阐述了政府农业政策的总体目标、原则、方向和措施，为在农业发展领域实施社会经济政

① 俄罗斯货币单位。

策确立了法律基础。该法还规定，政府必须每 5 年制定一个农业发展和市场调节规划，以确定具体的配套措施和预算。

2007 年 7 月，俄罗斯颁布了《2008—2012 年农业发展、农产品市场调节、农村发展规划》。该规划是俄罗斯自独立以来颁布的第一个农业发展 5 年规划。该规划提出以下具体目标：①可持续性农村发展，其中包括扩大农村就业和提高农村生活水平；②改进俄罗斯农业的竞争力，其中包括加大财政支持、实现现代化和加快重点领域发展以替代进口；③保护和恢复自然资源，确定拨款资金的重点投入方向；④可持续性农村发展；⑤为发挥农业功能创造良好条件；⑥发展重点农业领域；⑦农业资金可持续性；⑧加强农产品市场调节。

该规划要求，为了方便各类农业生产者获得贷款，要进一步发展俄罗斯农业银行及其支行网点；为了更新已有的农业机械，要创建鼓励私人投资的良好环境；为了降低自然灾害导致的收入风险，要强化国家对农业作物的保险，将作物保险土地面积占全国耕地总面积的比例提高，政府为粮食、油籽、工业作物、饲料作物、土豆、蔬菜，以及多年生作物提供 40%的作物保险费；为了稳定粮食市场价格、增加生产者收入和促进粮食出口，要通过平衡生产与消费、提供农产品干预信息和支持粮食出口来实现粮食供求平衡；为了帮助农业生产者提高生产效率，要创建“国家农业信息发布系统”；在 2009 年以后将继续对进口肉类实施税率配额制度，废除税率配额制度中的国家分配，提高超配额税率。

2009 年 3 月，俄罗斯总统宣布新成立一个联邦粮食公司，即“联合粮食公司”。该公司的主要使命是加强在国内市场上的购销能力，增加粮食出口，以及改造和修建粮食仓库和港口设施。该公司以管理粮食市场的联邦食品市场管理局为基础，联合国内 19 个地区的 31 个粮食企业组建而成，其粮食储存能力可达到 300 万吨，并可控制国内 50%以上的粮食市场。

俄罗斯农业政策的变化对该国农业的未来发展产生重大推动作用，其主要意义在于：一是农业被正式列为俄罗斯未来经济发展重点领域之一；二是农业政策立法逐步成为体系；三是政府对农业生产财政支持力度不断加大；四是国家重新在农业发展中占据指导地位。

（三）发展农业、工业综合体

2017 年，俄罗斯通过了《2013—2020 年农业、原材料和食品市场的国家农业发展计划》，该计划有 5 个基本的指数目标。

（1）保证俄罗斯联邦的粮食安全，考虑到农产品、工业产品的经济和领土可用性，农业生产指数（可比价格指数）在 2018 年达到 105.9%~106.6%；2019 年达到 107%~108.5%；到 2020 年达到 108.6%~110.8%。

（2）实现农业增值，2015 年（基准年）为 3 200 亿卢布；2018 年为 3 600 亿卢布；2019 年为 3 750 亿卢布；到 2020 年为 3 890 亿~4050 亿卢布。

（3）在 2020 年，农产品、工业产品的出口增长在 2018 年达到 117.3%~123.5%；在 2019 年达到 124.6%~128.4%；到 2020 年达到 132%~133.3%。

（4）指数投资：主要农业资本投资在 2018 年达到 111.1%~111.7%；在 2019 年达到 111.2%~112.4%；到 2020 年达到 111.3%~113.1%。

（5）在农村地区（平均为 1 个家庭成员）的工资收入，2015 年（基准年）为 16 743.4 卢布；2018 年达到 17 100~17 450 卢布；2019 年达到 17 460~17 800 卢布；到 2020 年达到 17 900~18 300 卢布。

该计划强调对俄罗斯牲畜养殖业的优先支持，如 2013 年 3 月 6 日批准的“俄罗斯联邦养殖”方案和 2013 年 1 月 14 日批准的“北方驯鹿养殖”方案；将以往对农民生产的利率补贴变为对农民的直接支付补贴，提供资助和分配给农村地区公民的赠款方案；加强农村地区的社会和工程基础设施建设，建设和重建公路；促进区域农业、工业发展；提高乳制品的生产能力；实施农业土壤改良和农村可持续发展两个次级方案。

俄罗斯通过实施该计划，达到发展农业、工业综合体，以加速进口主要农产品、原材料和粮食；促进农业、工业综合体的投资；农业、工业综合体技术现代化；农业、工业产品出口；俄罗斯农业土壤改良；可持续农村发展；管理国家方案；确保业务连续性；农业、工业部门发展科学技术保障；以高质量的农业原料为基础的初级商品基础设施发展等 10 个最终项目目标。

三、农业支持政策具体分类

（一）农产品价格支持政策

1.“国家采购干预”和“国家商品干预”

完善农产品市场调节机制。为了确保农业稳定发展，稳定农产品价格，维护农业生产者和消费者的利益，俄罗斯政府加强了对农产品流通市场的调控；为了维护农业商品生产者收入水平，俄罗斯政府实行了相关的国家干预政策。“国家采购干预”是指在农产品销售价格下降至低于最低的结算价格时，国家从自主进行农产品生产的农业商品生产者或以抵押其产品方式进行农业产品生产的农业商品生产者那里采购农产品；“国家商品干预”是指在农产品销售价格上涨至高于最高的结算价格时，国家出售所购买的农产品。为稳定粮食市场，政府可以对食用小麦、饲料、饲料大麦、黑麦和玉米实行国家采购干预和国家商品干预。

2. 农产品出口政策

俄罗斯鼓励农产品出口，2008年之后，俄罗斯开始实施刺激农产品出口的政策，主要政策措施包括以下几方面。

（1）成立国有联合粮食公司，使其成为政府支持粮食出口的重要工具。

（2）降低粮食的铁路运费和港口倒装费用。

（3）提供出口补贴，简化粮食出口增值税的退税程序，为俄罗斯粮食和面粉进口商提供进口信贷等。

（4）为了保护农民利益，建立政府干预粮食市场制度，每当粮价走低时，政府就收购余粮；而当粮价过高时，政府即出售储备粮食以平抑粮价。

3. 农产品价格补贴和价格调节政策

俄罗斯政府实行农产品价格补贴和价格调节政策扶持农业发展，价格补贴政策主要面向农业企业和小型农场，包括购买化肥补贴、良种补贴、用于农业播种的燃料补贴等。此外，俄罗斯政府还提供用于农场建筑和改善土地灌溉的补助金，也对化肥价格进行控制，对采购化肥的支出进行部分补贴。从1999年起，俄罗斯政府采取措施调节工农业产品的价格比例，解决工农业产品价格“剪刀差”，即工农业产品价值的不等价交换问题，为此制定了专门的政策纲要。进入20世纪以来，俄罗斯政府通过限定最低和最高粮食价格来制定价格区间，调节和稳定国内农产品价格。

（二）农业生产补贴政策

2001年，俄罗斯采取了一系列措施推进农业规模化经营，支持土地、资本等生产要素的适当集中。俄罗斯政府部门颁布了《农业土地改革法》，为解决土地的所有权等各种问题奠定了法制基础。针对农民无力购买农业机械问题，俄罗斯政府又成立了农业机械设备租赁公司，农民支付低廉的租金就可以使用农业机械。

（三）农业支持政策

1.《统一农业税法》

2004年，俄罗斯政府通过了《统一农业税法》，降低了农业产业的各项税率。

缴纳统一农业税后，农业企业不再缴纳利润税（企业所得税）、增值税、财产税和统一社会税，而个体农户则不再缴纳个人所得税、增值税、用于生产经营的个人财产税、统一社会税。除此之外，农业企业和个体农户应缴纳的其他税费按照一般规定缴纳。实行统一农业税总的原则是减轻税负，农业商品生产者的纳税额应相当于被该税取代的上一年所缴纳全部税费总额的 1/4。农业企业可选择缴纳统一农业税，也可按原来的税制纳税。俄罗斯规定统一农业税按农业企业总收益与其总成本之差的 6%征收，实行这一税率使农业企业和个体农户每年少缴 150 亿卢布的税款。政府还免除了农产品生产企业的一些税务负担，政府对农业企业的补贴远远超过企业上缴的税收。

2. 农产品生产配额制

俄罗斯政府利用农产品生产配额制和关税等手段保护俄罗斯的农产品生产者，对一些食品，如肉类和食糖等实行进口配额，俄罗斯将农业确定为国家重点扶持的领域，并不断增加对农业的投入，对农业提供长达 8 年的贴息贷款 1 910 亿卢布。2007 年以来，俄罗斯政府不断加大对农业的支持力度，鼓励对农业的投资，进一步增加对农业贷款利息的补贴，推动农业生产现代化，同时为大、中、小型农业企业参与竞争创造平等条件。

3. 农作物保险补贴政策

俄罗斯从政策上支持发展农作物保险，建立农作物产量保险机制。2005 年，俄罗斯政府决定成立国家保险公司，负责执行农业保险政策。《俄罗斯联邦农业发展法》规定：影响农产品生产的自然灾害造成的农产品风险损失或部分损失，其中包括农作物（粮食作物、油料作物、经济作物、饲料作物、瓜类作物等）的收成，以及多年生植物的种植和收获，均在国家支持实施的农业保险范围内。农业商品生产者从财政资金中按保险合同缴纳的保险金（保险费）的 50%获得补助金，俄罗斯联邦农业部力图改变农业补贴模式，将购买燃料、化肥、种子的补贴和农业贷款补贴等按照播种面积发放。

（四）农业一般服务支持体系

1. 信贷优惠政策

俄罗斯通过信贷优惠政策改善农业融资条件，政府专门成立了为农业、工业综合体企业融资的俄罗斯农业银行，还成立了国家保险公司为农业提供保险服务，主要方式是为设施投资提供低利率信贷。鉴于一般商业银行不愿意向收益低、风险高的农业发放贷款，加之农民也无力支付高额贷款利息，俄罗斯政府出面成立了俄罗斯农业银行，专门负责分配使用国家对农业的投资、发放农业贷款，并将长期贷款的期限从原来的 8 年延长到 10 年，同时还加大了对长期贷款的补贴额。农民可以凭抵押土地的方式申请贷款，政府补贴贷款利息。

2. 农村社会发展专项规划

俄罗斯实施农村社会发展专项规划以解决农村家庭住房问题。俄罗斯政府不断加大对农业的资金投入和支持力度，以解决农业企业与农户生产和发展的资金需求。此外，俄罗斯政府在保证对农业企业允许的直接补贴的同时，还充分利用 WTO 允许的“绿箱”补贴政策扶持农业。其中的一些主要措施包括：扶持农业科研与教育；支持农村基础设施建设；生态工程和农业环保补贴；对农业企业的法律咨询服务；等等。

四、农业政策资金规模

长期来看，俄罗斯对生产者的支持波动不定，但 2010 年之后，对生产者的支持（%PSE）一直保持在 12%~15%（图 14-6 和表 14-16）。对生产者的最大支持（74%）来自最扭曲的支持形式，如市场价格支持和基于商品产量和可变的投入使用的补贴。然而，总体市场价格支持掩盖了各商品之间支持程度的巨大差异：它是进口畜产品和糖的边境保护与出口谷物和油籽的隐性征税之间的混合体；牲畜生产者还受益于国内粮食价格低于世界水平；在一般服务支助范围内，农业知识与创新体系、发展和维护基础设施、检验和控制等吸收了最大份额的资金。

2015~2017 年，对农业的 TSE 的 86%左右被提供给 PSE，其余的被提供给农业的一般服务（12%）和支持农业商品购买者（2%）。与农业增加值相比，GSSE 相对于农业增加值总体呈下降趋势。这在一定程度上反映了农业产值的增长，因为生产已从 20 世纪 90 年代中期的低水平恢复过来。

2015~2017 年，俄罗斯对农业的支持总额相当于该国 GDP 的 0.8%。这一比例比 20 世纪 90 年代中期低了 3 倍，这在很大程度上反映了 GDP 增长和农业部门份额的下降。纳税人提供了 41%的支持转移，其余的 59%来自消费者，消费者对农业支持的贡献是由于农产品价格平均比国际水平高出 10%。

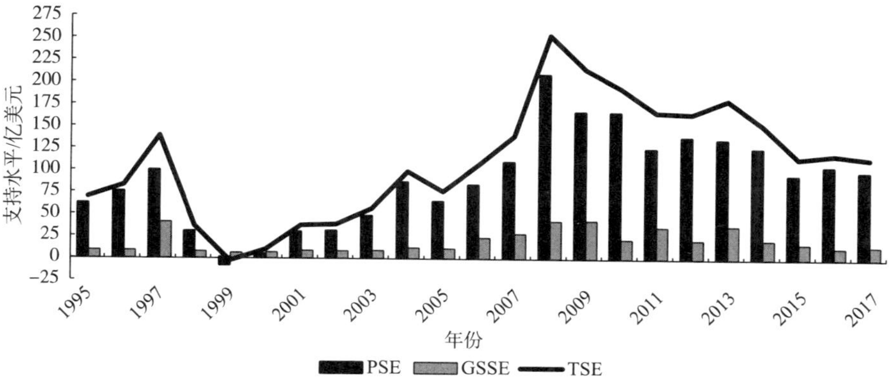

图 14-6　俄罗斯三种指标对比趋势图

资料来源：OECD

表 14-16　俄罗斯 1995~2017 年农业政策资金规模表　单位：亿美元

年份	TSE	PSE	GSSE
1995	69.347 6	61.386 6	7.871 7
1996	82.724 7	75.103 4	7.615 5
1997	139.088 4	99.205 7	39.882 7
1998	36.225 1	29.681 3	6.543 8
1999	−3.312 3	−8.250 9	4.938 6
2000	9.172 2	3.693 9	5.469 4
2001	37.094 3	29.219 4	7.653 1
2002	38.242 5	30.322 1	7.394 6
2003	56.328 7	47.603 5	8.012 9
2004	98.740 4	86.420 2	11.143 5
2005	75.759 4	64.086 8	10.092 9
2006	106.443 3	83.047 4	22.511 9
2007	139.664 9	109.419 4	27.359 1
2008	253.761 2	208.838 7	41.688 0
2009	215.045 0	166.851 8	42.242 7
2010	193.726 1	166.185 7	21.023 2
2011	166.462 4	124.782 2	35.110 8
2012	165.096 3	138.130 7	20.423 2
2013	180.572 8	135.364 8	36.395 5
2014	152.272 4	125.271 9	20.265 6
2015	114.296 3	94.771 8	16.125 5
2016	118.719 0	104.921 9	11.924 9
2017	114.107 2	98.636 0	13.591 5

资料来源：OECD

第十五章　结论与政策建议

第一节　主要研究结论

农业发展离不开国家的政策支持，发达国家的经验和中国经历都证明了这一点。现在的问题不是农业发展要不要政策支持，而是树立什么样的政策目标、选择什么样的政策工具、采取什么样的实施方式，以提高政策效力。本书综合运用农业经济学、国际贸易学、发展经济学、公共政策学等学科的基本理论、原理和方法，借鉴国外相关研究的最新成果，构建我国农业政策支持体系分析框架（图 1-1）。

图 1-1 中黑体字为本书重点关注的问题。本书的第三章至第五章分析农产品价格支持政策，第六章至第八章分析农业补贴政策，第九章至第十二章分析农业一般服务支持政策，其余各章分别介绍本书研究概况（第一章）、中国农业支持政策变迁制度（第二章）、农业政策的国际经验（第十三章和第十四章），以及本书的结论与政策建议（第十五章）。

通过前文分析，我们得到以下主要结论。

一、中国的农业政策目标多元，政策工具繁多，但支持水平仍较低，且存在结构性不平衡问题

中国农业政策的目标是多元的，包括提高粮食产量（保障粮食安全）、促进农民增收、引导农业可持续发展、提高农业产业竞争力等。在不同的发展阶段、不同的时期，各个目标的重要性是不同的。在粮食供不应求阶段，提高粮食产量是主要的政策目标。在粮食供求总体平衡但农民收入水平低下阶段，促进农民增收成了政策目标的重点，保障粮食安全成了约束条件。在全球化、市场化竞争下，在保障粮食安全和农民收入的前提下，提高农业产业竞争力又成了农业政策的优先目标。不同政策目标下的政策工具不同。同时，中国在长期重工业优先、城市

发展偏向的战略下，农业基础薄弱，农业支持政策的欠账太多。因此，2004 年之后涌现了一系列农业支持政策，这些政策工具的目标各异，并由不同政府部门负责实施，农业政策具有复杂性。

这种复杂性使得农业支持政策的研究往往具有问题导向，缺乏系统性。本书则比较分析了 WTO 和 OECD 农业支持政策框架，并结合中国农业支持政策实际情况，按照价格支持、生产者补贴和一般服务支持三个方面划分农业支持政策，并对不同类型经营主体的支持政策纳入一般服务支持进行比较研究。

研究发现，中国对农业的总体支持水平仍然较低，且存在重价格支持、轻一般服务支持的结构性不平衡问题。价格支持政策有助于提高粮食产量，也在短期内有利于农民增收，但是不利于农民收入长期增长，也不利于农业产业竞争力提升。一般服务支持通过提供农业公共产品，有助于提高农业产业竞争力，对于提高粮食产量和促进农民增收具有长期的积极影响，但是短期效果不明显。农业补贴则需要看具体的政策内容，仅从政策工具名称很难判断其政策影响。基于实证分析我们发现，粮食补贴能够促进农民增收，但是对于提高粮食产量则仅限于存在流动性约束的农民。农机购置补贴对于农业机械化水平的提高有积极作用。

二、价格支持政策短期效果显著，长期不能偏离市场定价

价格支持政策是一项重要的农业支持政策，具有易操作、见效快的优点，但是长期使用会有很强的副作用。价格支持政策可以刺激粮食生产，有助于粮食顺利销售和农民的收入增长，但是扭曲了农业资源配置，导致粮食生产过剩，农民出现卖粮难、国家财政压力大，削弱了粮食产业的竞争力。从发达国家的经验看，在遇到经济危机和农业萧条时，政府首先想到的是出台价格支持政策，并且在实现政策目标后退出，或者设定低于市场价格的最低收购价格。过去十几年，中国也经历了粮食价格支持政策带来的积极影响和负面影响，也通过目标价格改革和降低最低收购价格来减少政府对资源配置的扭曲，发挥市场在资源配置中的基础作用。

三、农业补贴是精准支持的载体，但其效果取决于政策设计的好坏

农业补贴是农业支持政策中的基础性工具，具有目标导向、副作用小的优点，但是存在操作成本较高、易引起国际争议的缺点。从发达国家的农业支持

政策调整历程来看，很多国家在退出价格支持政策之后变相增加了新的农业补贴项目，一方面是为了更好地发挥市场定价，另一方面则是规避《农业协议》的约束。从中国的农业补贴实践来看，粮食直接补贴、农资综合补贴和良种补贴从名称上看容易被定性为“黄箱”补贴，但是从实际的补贴操作来看，其实际上是“绿箱”补贴，即总体上对粮食生产不存在影响。这些政策在最初设计的是“黄箱”补贴，但是由于真正做到种粮才给补贴、使用良种才给补贴等政策的实施成本太高，在实践中变为“绿箱”补贴。因此，一定要清楚这些政策的实质，减少国际争议。农机购置补贴政策是一项重要的“黄箱”政策，在推进农业机械化水平中发挥了重要作用，虽然在操作中存在一些问题，但总体上对农业发挥了积极作用。中国应该用足从 WTO 谈判中争取来的“黄箱”额度。

四、一般服务支持日益重要，对提高农业竞争力具有全局影响

一般服务支持支出的对象属于公共品，具有很强的正外部性，对于降低农业生产成本、提高农业竞争力具有长期、全局的作用。同时，一般服务支持的“绿箱”属性使得其在国际贸易协定中不存在纠纷，容易被国际社会接受。发达国家的经验表明，一般服务支持在农业支持政策中的比重越来越高。近年来，中国农业支持政策中的一般服务支持比重也在不断提高。农业科研投入、农田基础设施建设、农业生态环境支持和农民培训支持已成为中国农业一般服务支持的重要内容，是提高中国农业长期竞争力的根本举措。与价格支持的操作容易且见效快速不同，具有公共品属性的一般服务支持的工作任务比较艰巨，且其短期效果并不明显，需要政府有长期的规划，并持之以恒地推进。对不同经营主体的支持政策也应该以公共品支持为主。以往对龙头企业、农民合作社等的倾斜支持方式并没有提高这些扶持对象的竞争力，反而因为支持不当带来一些激励扭曲。因此，对龙头企业、农民合作社的支持应该是一次性的非对称支持，进而发挥市场机制作用，提高农业竞争力。另外，还要加强对小农和农村集体经济组织经营活动中的公共品供给。

第二节　乡村振兴战略下的农业政策优化

党的十九大报告提出乡村振兴战略，以实现农业农村现代化。因此，直观地

看，农业支持政策不能仅仅停留在产业政策层面，要与区域政策、福利政策和环境政策等结合起来。考虑到乡村振兴战略在我国三农工作中的重要纲领地位，农业支持政策应该在乡村振兴战略的目标下进行优化，具体包括以下几个方面。

一、农业支持政策要从问题导向转为目标导向

从过去的农业支持政策的变迁可以看出，不管是最低收购价政策、农业补贴政策，还是农业基础设施等一般服务支持政策，都是问题导向的，政策因现实问题的出现而出台，也因问题的解决或者转移而停止或者调整，并且不同政策之间缺乏耦合，政策系统性不强。在新时代乡村振兴战略的指引下，农业支持政策需要改问题导向为目标导向，按照乡村振兴战略的目标要求，多予少取放活、越来越突出市场机制，科学设计出既符合国情又不违反国际规则的政策支持体系，提高农业竞争力和附加值，促进农业农村可持续发展，实现乡村振兴。

二、农业支持政策要从生产环节扩大到产前、产中、产后等全产业链

乡村振兴战略要求产业兴旺的主要方式是农村第一、第二、第三产业融合，需要通过产前、产后带动产中，带动农民。因此，农业支持政策需要在支持农业生产的基础上，进一步加大对产前的科研、土地、农业基础设施、金融、保险、劳动等多方面的支持，也要进一步加强对产后加工、流通环节的支持，尤其是加强对粮食作物产后干燥处理环节的支持，以及果蔬园艺作物产后商品化处理环节的支持，进一步加强对农产品流通市场、农产品品牌和农产品电子商务中有公共品属性领域的支持。

三、农业支持政策要对小农支持

乡村振兴战略的实施虽然有政府部门、企业和其他社会力量等参与，但是其主体是农民，是千家万户的小农。因此，农业支持政策虽然要照顾到农业企业等规模化经营主体，但是重心应该是支持小农。一方面，支持小农自家的经营；另一方面，支持以小农为主体的合作经营和集体经营。对农业企业等规模化经营主体的支持，为了不扭曲企业经营激励，应该采取一次性支持，之后则是公平的市场竞争。而对小农的支持，为了避免给市场带来扭曲，应该利用市场化的手段，即通过提供公共品和保险产品的手段，关注农业经营中的公共品，利

用保险产品来降低小农的经营风险和收入风险，政府要把有限的财政资金用于有公共属性的公共品上面。

四、农业支持政策需要扩展到农业农村支持政策

乡村振兴战略要求乡村生态宜居、乡风文明、治理有效，可见乡村振兴的主战场是农村，从发达国家的经验来看，农业支持政策和农村支持（发展）政策是密不可分的。因此，仅有农业支持政策是不够的，还需要农村支持政策支持乡村生态环境建设、提供乡村公共产品、完善乡村治理、提升乡村文化建设及缩小城乡居民差距的农村居民福利政策。从 WTO 农业支持分类来看，农村支持政策大多属于“绿箱”政策，不受 WTO 规则约束，因此有很大的政策空间。

第三节　新时代农业支持政策调整方向

总结而言，在实施乡村振兴战略大背景下，我国农业支持政策未来可以进行以下几方面的调整。

一、政策目标要从保供增收向提高农业竞争力调整

过去的农业肩负着保障国家粮食安全、增加农民收入等重任，这在无形中影响了农业作为一个产业的正常发展。作为一个产业，在全球化的背景下，在市场经济条件下，有了竞争力才有生存之本。提高农业竞争力有两个途径，一个是降低农业生产成本，另一个是提高农业附加值。这两个途径与保障粮食安全、增加农民收入之间并不完全一致，增加粮食供给有可能是以增加边际生产投入实现的，这样就会导致生产成本上升，同时带来市场扭曲；提高农业竞争力会通过市场竞争淘汰竞争力弱的经营者，从而对这些农民的收入带来负面冲击。因此，我们需要意识到农业支持政策目标的这种转变所带来的影响。但是，保障粮食安全、增加农民收入，甚至可持续发展目标，以及目前的促进乡村发展，这些都是重要的目标，不能因为农业支持政策目标的调整而放弃，而是应该通过其他政策来实现。因此，从国家层面来看，与其说是农业支持政策目标的调整，不如说是给农业支持政策的减负，不用承担太多农业以外的负担。相应地，粮食安全应该是国家安全政策的一个目标，农民增收应该是国家就业和福利政策的一个目标，可持

续发展应该是环境政策的一个目标，与农业相关的农村基础设施改善应该是区域发展政策的一个目标，遵守 WTO 等国际规则应该是贸易政策的一个目标。这样，农业支持政策应该在与国家其他政策的协调中，聚焦于提高农业竞争力。

二、政策工具从价格支持为主向提供公共品为主调整

价格支持政策虽然能短期提高产量，但是也会增加消费者负担，并扭曲市场资源配置，尤其是在国内外价差增大的条件下，会加重政府财政负担。从我国农业发展条件来看，农业基础设施落后、农业科技仍不发达、农产品产后加工和销售公共设施投入不够、公共品牌建设不足，这些都是提高我国农业竞争力的重要阻碍。因此，农业支持政策应该增加对与农业相关的公共品供给。在农业投入环节，加强种子、农药、化肥等农业科技研发，创新农地制度、金融制度、人才支持方式，吸引更多优质资源进入农业；在农业生产环节，加强高标准农田等农业基础设施建设，完善农业技术服务，提高农业保险水平，实现农业生产的规模经营，并以市场化手段降低自然风险和市场风险。在农产品加工环节，要加强产地的公共加工平台建设，包括粮食作物的干燥储藏设施建设和果蔬、园艺产品等的商品化处理设施建设，给予土地、资金和税收优惠政策，根据各地情况采取有效的运作模式，提高资源利用率。在农产品流通服务环节，要加强农产品批发市场和农贸市场的公共平台建设、农产品电子商务和品牌建设，以及营销支持，规范农产品市场秩序。这也是在 WTO 规则下农业支持政策由“黄箱”政策转为“绿箱”政策的重要内容。

三、政策手段从计划手段为主向市场化手段为主调整

计划手段虽然能在短期内扶持一些大企业,但是从长期来看扭曲了市场激励，并可能带来寻租行为，导致支持政策的失败。对于农业经营者的支持，应该采取不对称支持，即给予一次性支持以补偿市场失灵带来的劣势，或者引导农业经营者进入政策导向行业，之后不再给予支持，使农业经营者能够完全参与市场化竞争，以避免支持政策带来新的市场保护和垄断，导致得到支持政策的农业经营者不再创新，而未得到支持政策的农业经营者又处于不公平的市场竞争状态。

为了帮助农业经营者应对自然风险和市场风险，应扩大保险等市场化工具的覆盖面，提高保险水平，降低农业经营者获得这些市场化工具的交易成本。应持续简政放权、创新监管机制、优化政府服务，进一步深化“放管服”改革，重点为农业生产经营主体、农业企业、农业科研院所等经营主体做好公共服务，为市

场机制能够得到有效发挥营造氛围；政府应积极维护市场秩序，防止出现“搭便车”行为，尤其是在区域公共农产品品牌建设过程中，除了授权使用、制定生产标准等，政府应通过公共投入，对后续市场品牌使用情况再监督，防止区域公共品牌被滥用后出现“公地悲剧”。

四、政策对象从普惠补贴为主向精准补贴为主调整

虽然保障国家粮食安全是国家安全政策的一部分，但其目标的实现离不开已有的农业支持政策工具。正因为如此，相比其他行业，农业是国际贸易谈判中各国政府力争且最难达成共识的领域。在当前 WTO 规则下，我国农业支持政策仍有一定的“黄箱”政策空间，应该合理利用。从国际经验可以看出，一些发达国家在采取“黄箱”政策支持时既有计划性，也有应急性，根据农业所面临的问题实施既不违反《农业协议》，又能有效解决农业问题的政策工具。因此，应该保留和创新农业支持政策工具，有计划地实施“黄箱”政策工具。

对关系国家安全的农产品，应该保留完善的支持政策工具，在遭遇自然灾害或者国际市场冲击的情况下，应采取增加补贴或提高已有支持价格等措施，等危机过后及时中止这些政策。应完善农业监测和预警体系，根据农业产业受冲击的危害程度，及时出台保护性措施，待冲击过后及时中止这些政策。

第四节　新时代完善农业支持政策的政策建议

随着我国社会经济发展，结合考虑我国农业的弱质性及其正外部性，我国农业支持政策的总量仍应保持增长态势。但在农业支持总量增长的过程中，我们也应根据国际农业支持政策的转型方向，调整我国农业支持政策的重心。在后续农业支持政策调整过程中，我们应明确向采用市场化的手段过渡，进一步减弱政策的扭曲效果。对于我国农业中存在的特殊需要，仍应采取精准补贴。总结而言，在实施乡村振兴战略的背景下，我国农业支持政策未来可以下面几方面为着力点。

一、加快推进农业科研体制机制创新，提高农业科技水平

为满足国家产业政策及农业农村现代化对农业科技的需求，发挥后发优势，加快推进我国农业科研体制机制创新，需要以去行政化为主线，加快推进农业科研机构和科研人员资金配置的去行政化，构建以公共品属性为导向的资金配置方式和以成果为导向的考核激励方式，加快推进农业科研机构的合理分工，发挥不同科研机构的协同作用。

第一，加快推进农业科研机构资金配置的去行政化，构建以公共品属性为导向的资金配置方式。改变科研资金投入以科研机构行政权力大小为依据的配置方式，按照科研活动的属性配置资金。对具有公共品性质的基础科研，政府应该集中财政资金重点支持，打破部门分割，避免重复建设。针对农业基础科研的跨学科性质，在研究投入中要加强与其他领域基础科研的协调整合。对应用基础研究，应该根据产品的应用范围，由对应层级的公共财政投入来支持。对于具有全国性应用价值的农业科技，需要中央财政负责投入；对于省级及以下区域有应用价值的农业科技，需要省级财政负责投入；针对跨省的区域性农业科技，需要中央财政和地方财政协调投入。

第二，加快推进农业科技人员资金配置的去行政化，构建以成果为导向的考核激励方式。改变科研经费按照科技人员行政级别大小分配的局面，要科学设立人才评价指标，根据不同类型的农业科技研究实行差异化考核机制。要实行人员岗位竞争机制，定员定编，保障机构活力。对基础研究人员应该给予宽松的科研环境，对其成果的考核以学术论文为导向，追求国际领先，而不需要考核是否有专利和成果转化。对应用基础研究，因为产品仍具有公共属性，政府按照计划出资并获得专利。对其研究人员不需要考核论文，而是考核专利技术完成情况、技术推广应用情况；对一般应用研究，应以企业研究为主，政府按照国家政策对部分技术以补贴或采购方式进行支持，农业科技人员考核完全以市场为导向。要注重个人评价与团队评价相结合，尊重和认可团队所有参与者的实际贡献。完善同行评议机制在项目支持和人才评价过程中的作用，打破科研“小圈子”，让更多的科研工作者有机会参与科研攻关项目，激发农业科技人才创新活力。

第三，加快推进不同农业科研机构的合理分工，提高农业科研机构协同创新能力。从发达国家的经验来看，一国内部设置不同农业科研机构既要发挥单个机构的专业性，也要发挥不同机构之间的协同作用，这就需要对农业科研机构有一个合理分工。按照农业科研投入与产品属性，对相应的科研机构与平台进行改革，整合利用科技创新资源，推进农业科研体制机制创新。对基础性研究应尽量做到

“少而精”，集中在高校和一些科研机构完成，提高农业科技自主创新能力；其中，对于全国乃至全球公共品性质的农业科研，需要组建平台集中力量攻关，对于具有区域性公共品性质的农业科研，应该在主产区组建研发中心，以优化农业科技创新布局。地方农业科学院等科研单位应聚焦应用型研究，抓住农业技术的市场需求，配置资源与开展研究。以县域为单位配置农业科技推广力量。高校与农业科学院系统应该有所分工，高校专注基础研究，农业科学院系统专注应用基础研究。一般应用研究由企业来做。对科研机构要去行政化，要实行人员岗位竞争机制，定员定编，保障机构活力。

二、加快建立基于市场化的农产品价格形成机制，优化资源配置

《中共中央关于全面深化改革若干重大问题的决定》指出，“完善主要由市场决定价格的机制。凡是能由市场形成价格的都交给市场，政府不进行不当干预”。我国农产品价格支持政策应当坚持市场化改革取向与保护农民利益并重，采取“量能分治、市场定价、价补分离、脱钩补贴”的改革思路。

第一，要建立多层次的粮食安全保障体系，以保障国家粮食安全。在具体实施方面，可以价格为依托，将生产的粮食分为三种情况。第一种是等外粮（不合格粮），采取政府加保险的举措，通过保险的赔付部分补偿农民的种植成本，同时，政府制定等外粮收购的政策，防止农民无法卖粮的困境出现。第二种是合格粮，通过国家政策以保成本的方式托底收购，可以继续实行最低收购价政策，只是应完善该政策的定位和形成机制，使合格粮价格水平不干扰市场价格水平，由此，这种情况下的托底收购可以更好地缓解最低收购价格扭曲市场价格的状况。第三种是优质粮，通过扶持政策，鼓励优质优价，培养品牌和市场，解决市场对粮食需求结构不均衡的问题。对不同品质下的粮食实行不同的托底收购价格，形成差异化的最低收购价格，能够起到鼓励农民生产优质粮的作用。

第二，坚持短期市场定价和长期政府调控相结合。应当充分贯彻国家农业供给侧改革的大政方针，坚持农产品价格的市场定价，同时，合理发挥主观能动性。农产品价格宏观调控必须遵循农产品市场供求规律，允许价格在合理区间波动，关键是防止价格大起大落，注重农产品价格的长期稳定。在农产品供求趋紧的情况下，应保持农产品价格的适度上涨。市场定价，是指在保障农民利益的前提下，最大限度地减少最低收购价政策对市场价格的影响，价格根据市场的供求形成，农民随行就市卖粮，各类市场主体自主入市，粮食收购由过去的“政策市”变为“市场市”。同时，市场作为“一只看不见的手”，在长期的市场配置中也有很

大的局限性，在长期内必须要对农产品进行适当的调控，当粮食出现短缺时，市场应立即做出反应，价格上涨，刺激生产者，潜在的生产能力就会变成现实，实现增产。

第三，完善配套政策体系，增强补贴政策合力。增加应对灾害的一系列补偿措施，结合期货市场的价格发现功能，推动棉花向大宗农产品商业化、产业化方向发展。政府应通过保险、援助、贷款等多种形式降低棉农的种植风险，同时提高违法成本，严厉惩罚骗保、骗贷等行为。完善目标价格制定方式，制定更合理的目标价格。价格要有利于引导产业进步，并能主动应对国际贸易争端。建议在后续的改革试点工作推进中，各级政府部门继续坚持协调机制，进一步加强沟通与协调，统一思想，增加各部门的共识，确保步调一致，合力推进改革试点工作。同时，还需要为保护农户利益对农户进行农产品补贴，应充分考虑农产品平均成本、农民收入保护目标、国内外市场价格、农产品生产规划及提高农产品竞争力等多方面因素，制定合理价格。

三、探索支持设立农业保险制度，稳定农民收入

在农产品价格形成交由市场决定的基础上，为避免农产品行情较大幅度波动对农民收益带来危险，我国可参照美国的农业保险制度，探索设立符合我国国情的农业保险制度。针对不断扩大的农业经营规模，我国农业经营风险也在逐渐上升，应顺应市场需求，积极开发适应新型农业经营主体需求的保险品种，并探索开展重要农产品目标价格保险，以及收入保险、天气指数保险试点，支持地方发展特色优势农产品保险、渔业保险、设施农业保险。在此基础上，逐渐把农业保险作为支持农业的重要手段，扩大农业保险覆盖面、增加保险品种、提高风险保障水平，稳定农民收入。

第一，加快立法，使农业保险补贴法制化。针对我国农业保险立法不完善的情况,应当加快制定和出台相关农业保险法律和政策性农业保险的相关实施细则。农业保险法律的健全可以规范农业保险市场和经营方式，可以避免政府对于农业保险支持的低效和财政支持不连续的问题。具体的立法重点应包括：一是明确政策性农业保险的概念、原则、目标、承保范围、承保险种等；二是明确政策性农业保险的组织形式、承办保险机构形式和资质；三是明确政府在农业保险中的责任范围及与农业保险相关的主管部门；四是明确农业保险的监管原则、监管要点和监管程序；五是划清农业保险与商业保险之间的边界，厘清两者之间的关系。

第二，增加农业保险补贴方式，扩大农业保险补贴规模。首先，应当尝试农业保险经营费用的补贴。虽然这容易使得保险公司获得额外理赔，引起风险责任淡化和保险工作效率不高等问题。但是，在进行管理费用补贴之时，需要因地制

宜，对不同地区政策性农业保险业务的费用有一定把握，并以此实行差别费用补贴。其次，要加强对农业保险的税收优惠。应通过立法明确对农业保险业务在营业税和所得税方面实行一定的优惠政策，并且可将减免的税收和费用转入巨灾风险准备金，用作未来的农业巨灾补偿。同时，应通过立法明确对农业再保险业务提供税收优惠，如营业税和所得税的减免等。最后，要加快财政支持的农业巨灾风险分散机制。要尽快确立在保费补贴之外建立单独预算的农业巨灾保险准备金和巨灾再保险保障体系。要加快确定巨灾资金规模、筹集方式、政府与保险公司出资比例、基金适用范围等；政府应向提供农业再保险业务的保险公司提供一定额度的补贴，支持国内外保险公司在再保险业务上的沟通与合作。目前，我国农业保险比率虽已远超世界其他各国，但保险品种处于较少的状态。建议应适当增加财政补贴农业保险品种的范围，同时允许不同地区根据当地情况灵活地对补贴品种有所侧重和选择。

第三，结合强制投保和经济手段提高农业保险覆盖率。我国在发展农业保险的同时，应当在一定程度上进行强制性的投保措施，以增加我国农业保险的有效需求。另外，我国可以在农村金融组织不断健全和发展的基础之上，建立农村农业信贷和农业保险的联动机制。例如，可以向参与农业保险的农户提供一定的信贷优惠政策，以调动农户投保积极性；可以将农业保险与其他农业支持政策相挂钩，即不参与农业保险的农户无法享受政府在其他方面的农业支持政策福利，从而有效地提高农业保险的覆盖率。

四、加快推进农村第一、第二、第三产业融合，提高农业竞争力

农村第一、第二、第三产业融合是乡村振兴战略中实现产业兴旺的重点。

第一，完善利益联结机制，发挥农民主体作用。农民是农村第一、第二、第三产业融合的主体，建立和完善农民与企业、合作社的利益联结机制，使农民通过农村第一、第二、第三产业融合发展真正得到实惠，增加收入。引导农民合作社发展，鼓励龙头企业和农民合作社拓展营销市场，支持农民合作社及农民合作联社在城郊建立农产品直销店，支持农民合作社和农村集体经济组织开展农产品产地初加工和冷链仓储，增强农民合作社与龙头企业的利润创造能力；进一步完善订单带动、利润返还、股份合作等新型农业经营主体与农户的利益联结机制，以利益共享为基础，构建农村第一、第二、第三产业融合发展模式。

第二，突出产品的差异化，通过建立品牌实现优质优价。引导推进农产品差异化建设，充分调动农民的智慧，注重发展和挖掘各地区的资源优势，因地制宜

地推出区域农产品品牌。加强对农产品品牌的保护，挖掘农产品品牌的历史、地理、传统、风俗等文化特征，寻找品牌传统文化与现代文化的结合点，实现农产品与消费者之间的情感沟通，形成农产品特色文化。建立农产品质量认证体系和品牌建设促进机构，开展农产品品牌推广活动，多层次、多渠道地展示农产品品牌形象，提高农产品品牌的知名度和美誉度。

第三，明确三产融合重点，培育农村新业态。在农村第一、第二、第三产业融合发展中，农业生产是产业融合发展的基本前提，发展农产品加工是融合发展的切入点，要推动农产品初加工、精深加工及综合利用加工协调发展。引导新型农业经营主体发展农产品电商，鼓励发展农业生产资料网上直销。挖掘乡村生态休闲、旅游观光、农耕体验、康体养生、教育科普、文化节庆等价值。扶持创意农业发展，推动农业产品符号化、品牌化、仪式化，创新应用科技、人文、节庆等创意元素，因地制宜发展农田艺术景观、农业主体公园、农业节庆活动和农业科技创意。鼓励社区支持农业、农业众筹、个性化订制农业等新业态发展，开展农产品会员配送和集中配送服务。

第四，完善工商资本进入农业相关政策。划定工商资本进入农业的分类区域，出台工商资本投资农业的负面清单，鼓励和引导工商资本进入农村第一、第二、第三产业融合互动的新品种研发，新技术推广，生产性服务，农产品加工、储藏、物流、销售、品牌建设等领域；秉承自由出入、规范经营的原则，强化工商资本进入农业的土地用途管制，建立有效的土地流转风险预防、控制和处置办法，探索形成工商企业与农户之间长效、紧密、公平的利益联结机制。对农业企业采取一次性财政支持，而不是通过“戴帽子”方式给予农业企业长期支持导致最终扭曲市场激励。

第五，实施农村第一、第二、第三产业融合的扶持政策。加强农村第一、第二、第三产业融合在村级层面的规划设计，在县（市）设立支持中心，指导农村第一、第二、第三产业融合的农业品牌建设，促进加工和销售，补贴开发新产品，开拓优质农产品销路，对新开展的加工销售所需设施、设备进行补贴，给予资金支持农业生产者与流通加工业者合作开展第一、第二、第三产业融合发展活动。

五、加强农村公共品供给，大力改善农村生态环境，提高农民福利

在城乡融合中加大整合财政支农的方向和力度，为推进乡村振兴战略提供保障。由于乡村在非经济价值方面的公共品效应不断提升，不仅要扭转城镇偏向的财政政策，还要建立长期稳定的向乡村倾斜的财政制度。要建立城乡融合的公共

财政制度，优化保障公共财政对乡村公共项目的支出。

第一，加强农村公共品供给。进一步加强高标准农田建设和农业基础设施建设，完善农村生产基础设施，为乡村产业兴旺提供物质基础。提高乡村道路标准，完善水、电、灯、网等公共设施服务，加强乡村生活基础设施的建设，使农民生产变得高效、便利。

第二，大力改善农村生态环境。提高乡村环境的整治力度，为“绿水青山也是金山银山”提供物质激励，为乡村生态宜居提供财力保障。加强农业生态保护和修复。总体而言，农业支持政策应支持实施并完善治理农业环境突出问题的总体规划；加大农业面源污染防治力度，支持实施化肥、农药零增长行动，以及种植业和养殖业废弃物资源化利用、无害化处理区域示范工程；支持探索实行耕地轮作休耕制度试点，通过轮作、休耕、退耕、替代种植等多种方式，对地下水漏斗区、重金属污染区、生态严重退化地区开展综合治理；支持实施山、水、林、田、湖生态保护和修复工程，进行整体保护、系统修复、综合治理。

第三，提高农民福利。加强对乡村教育、医疗等基本公共事业和服务的投入，提高对乡村文化和体育等事业的支持力度，营造文明乡风。把乡村工作经费纳入城市统一社区工作经费，保障乡村基层治理平台的有效实施。通过财政支持提高农民的养老保险、医疗保险等社会保障水平，降低乡村社会风险，提高乡村生活富裕水平。

参 考 文 献

安德森 J，速水佑次郎，蔡昉，等. 1996 农业保护的政治经济学[M]. 天津：天津人民出版社.
蔡昉. 1993. 论农业保护及其替代政策[J]. 中国农村观察，（2）：1-8.
蔡昉. 1997. 农业保护政策：国际经验与中国现实[J]. 当代经济科学（陕西财经学院学报），（1）：10-15.
曹俊杰，徐俊霞. 2006. 日本和韩国农业多功能性理论与实践及其启示[J]. 中国水土保持，（6）：18-20.
曹俊杰. 2009. 韩国农业多功能性建设的经验及其借鉴意义[J]. 学术研究，（3）：77-81.
陈强. 2014. 高级计量经济学及 Stata 应用[M]. 2 版. 北京：高等教育出版社.
陈秋珍，Sumelius J. 2007. 国内外农业多功能性研究文献综述[J]. 中国农村观察，（3）：71-79.
陈诗一，张军. 2008. 中国地方政府财政支出效率研究：1978—2005[J]. 中国社会科学，（4）：65-78，206.
陈伟忠. 2013. 日本土地改良区的农田基础建设及其对中国的启示[J]. 世界农业，（12）：22-27.
陈锡文. 1993. 中国农村改革：回顾与展望[M]. 天津：天津人民出版社：178-180.
陈锡文. 2015. 社会化服务助推家庭经营现代化[N]. 中国科学报.
陈锡文. 2017. 加快推进小麦和稻谷定价机制、补贴政策和收储体制改革[J]. 农村工作通讯，（23）：51.
陈永福. 2005. 中国粮食供求预测与对策探讨[J]. 农业经济问题，（4）：8-13.
陈永福，韩昕儒，朱铁辉，等. 2016. 中国食物供求分析及预测：基于贸易历史、国际比较和模型模拟分析的视角[J]. 中国农业资源与区划，（7）：15-26.
陈永福，韩昕儒. 2016. 全球化背景下中国玉米市场过剩原因分析及对策探讨[J]. 经济问题探索，（3）：164-171.
陈云燕. 2003. WTO 框架下的中国农业保护[J]. 财经科学，（S1）：159-161.
程国强. 1993. 农业保护与经济发展[J]. 经济研究，（4）：27-34.
程国强. 1994. 论农业贸易保护政策[J]. 世界经济，（5）：24-29.
程国强. 2012. 中国粮食调控：目标、机制与政策[M]. 北京：中国发展出版社.
程国强. 2015. 中国粮食安全的真问题[J]. 农经，286（3）：10.
程晓波. 2017. 加快推进农业支持政策转型，确保农业供给侧结构性改革取得实效[J]. 宏观经济管理，（12）：61-63.
程郁，叶兴庆. 2017. 借鉴国际经验改革中国农业支持政策[J]. 学习与探索，（3）：113-119.
崔宝玉，刘学. 2014. 政府财税扶持、企业异质性与经营绩效——来自 482 家国家级农业龙头企业的经验证据[J]. 经济管理，36（10）：11-23.

戴军. 1999. 试析美国农业保护政策的特点[J]. 求索，（1）：10-13.
董利苹，李先婷，高峰，等. 2017. 美国和欧盟农业政策发展研究及对中国的启示[J]. 世界农业，（1）：91-97.
杜志雄，金书秦. 2016. 中国农业政策新目标的形成与实现[J]. 东岳论丛，37（2）：24-29.
冯丁树. 2003. 谷物干燥技术[M]. 台北：财团法人农业机械化研究发展中心.
冯海发. 2014. 对建立我国粮食目标价格制度的思考[J]. 农业经济问题，（8）：4-6.
冯海发，李溦. 1993. 日本农业保护政策评析[J]. 中国农村经济，（5）：53-59.
冯海发，李溦. 1994. 论经济发展过程中的农业保护问题[J]. 中国农村观察（1）：12-16.
付岩岩. 2013. 欧盟共同农业政策的演变及启示[J]. 世界农业，（9）：54-57.
龚锋，卢洪友. 2013. 财政分权与地方公共服务配置效率——基于义务教育和医疗卫生服务的实证研究[J]. 经济评论，（1）：42-51.
顾卫平，魏星，张弓女，等. 2005. WTO 框架下我国农业保护政策：依据、空间、调整[J]. 上海经济研究，（9）：30-35.
郭建军. 2010. “十二五”期间我国农业支持和保护政策体系[J]. 经济研究参考，（45）：14-23.
郭建宇. 2008. 农业产业化的农户增收效应分析——以山西省为例[J]. 中国农村经济，（11）：8-17.
郭丽，侯雯嘉，朱思柱. 2017. 临时收储政策对我国玉米供求影响的实证分析[J]. 中国畜牧杂志，（3）：141-146.
韩华为，苗艳青. 2010. 地方政府卫生支出效率核算及影响因素实证研究——以中国 31 个省份面板数据为依据的 DEA-Tobit 分析[J]. 财经研究，（5）：4-15，39.
韩俊. 2010. 农民工培训实态及其“十二五”时期的政策建议[J]. 改革，（9）：74-85.
韩鹏，许惠渊. 2002. 日本农地制度的变迁及其启示[J]. 世界农业，（12）：14-15.
韩喜平，蔄荔. 2007. 我国粮食直补政策的经济学分析[J]. 农业技术经济，（3）：80-84.
何安华，刘同山，张云华. 2013. 中国粮食产后损耗及其对粮食安全的影响[J]. 中国物价，（6）：79-82.
何梁，刘维忠. 2015. 关于新疆试点棉花目标价格的思考[J]. 农村经济与科技，（2）：117-118.
贺伟. 2010. 我国粮食最低收购价政策的现状、问题及完善对策[J]. 宏观经济研究，（10）：32-36，43.
侯军岐，李平. 2006. OECD 与 WTO 农业支持政策衡量的比较与应用[J]. 仲恺农业技术学院学报，（3）：51-55.
胡凌啸，周应恒. 2016. 农业综合开发、农技推广培训与农机购置补贴效率[J]. 经济与管理研究，（8）：87-95.
胡凌啸，周应恒. 2018. 提升小农竞争力：日本农业新政策的指向及启示[J]. 中国农村经济，（2）：126-138.
胡岳岷，刘元胜. 2013. 中国粮食安全：价值维度与战略选择[J]. 经济学家，（5）：50-56.
扈立家，李强，刘强. 2000. 现阶段我国粮食价格政策的选择[J]. 经济纵横，（9）：8-10.
黄季焜，王丹，胡继亮. 2015. 对实施农产品目标价格政策的思考——基于新疆棉花目标价格改革试点的分析[J]. 中国农村经济，（5）：10-18.
黄季焜，杨军，仇焕广. 2012. 新时期国家粮食安全战略和政策的思考[J]. 农业经济问题，（3）：4-8.
黄季焜，杨军. 2014. 玉米科技进步及其对玉米和其他主要农产品的供需影响[J]. 农林经济管理学报，（2）：117-123.
黄青青，胡亚光. 2016. 基于农户视角的粮食最低收购价政策效应研究——以江西为例[J]. 价格月刊，（8）： 29-33.
纪月清，钟甫宁. 2013. 非农就业与农户农机服务利用[J]. 南京农业大学学报：社会科学版，(5)：47-52.
金京淑. 2011. 中国农业生态补偿研究[D]. 吉林大学博士学位论文.
金荣学，宋弦. 2012. 新医改背景下的我国公共医疗卫生支出绩效分析——基于DEA和Mulmquist生产率指数的实证[J]. 财政研究，（9）：54-60.
康鹏辉. 2016. 巴西农业支持政策的研究[D]. 吉林大学硕士学位论文.
科埃利 D J，拉奥 D S P，奥唐奈 C J，等. 2008. 效率与生产率分析引论[M]. 2版. 王忠玉译. 中国人民大学出版社.
柯炳生. 2015. 用土地补贴取代现有的农业补贴. 农村经营管理，（4）：35.
兰录平. 2013. 我国粮食最低收购价政策的效应和问题及完善建议. 农业现代化研究[J].（5）：513-517.
冷博峰，李谷成，冯中朝. 2017. 对国家油菜籽临时收储政策的几点思考——效果、问题及其取消后的影响[J]. 农业现代化研究，（4）：632-639.
黎东升，曾靖. 2015. 经济新常态下我国粮食安全面临的挑战[J]. 农业经济问题，36（5）：42-47，110.
李邦熹，王雅鹏. 2016. 小麦最低收购价政策对农户福利效应的影响研究[J]. 华中农业大学学报（社会科学版），（4）：47-52，129.
李波. 2016. 我国粮食最低收购价政策效果与评价研究[J]. 价格理论与实践，（11）：70-73.
李登旺，仇焕广，吕亚荣，等. 2015. 欧美农业补贴政策改革的新动态及其对我国的启示[J]. 中国软科学，（8）：12-21.
李光泗，郑毓盛. 2014. 粮食价格调控、制度成本与社会福利变化——基于两种价格政策的分析[J]. 农业经济问题，（8）：6-15，110.
李庆海，李锐，汪三贵. 2012. 农户信贷配给及其福利损失——基于面板数据的分析[J]. 数量经济技术经济研究，（8）：35-48.
李燕凌，欧阳万福. 2011. 县乡政府财政支农支出效率的实证分析[J]. 经济研究，(10)：110-122.
李永江. 1987. 美国农业政策的新发展及其影响[J]. 国际贸易，（8）：31-33.
李永友. 2010. 我国财政支出结构演进及其效率[J]. 经济学（季刊），（1）：307-332.
梁世夫，姚惊波. 2008. 农业多功能性理论与我国农业补贴政策的改进[J]. 调研世界，（4）：7-11.
林万龙，张莉琴. 2004. 农业产业化龙头企业政府财税补贴政策效率：基于农业上市公司的案例研究[J]. 中国农村经济，（10）：33-40.
刘斌. 2013. 我国粮食最低收购价政策研究[D]. 中国农业科学院硕士学位论文.
刘传江. 2000. 中国粮食流通的制度安排及变迁[J]. 经济评论，（2）：48-50.
刘合光，2012. 中国农业支持政策演变与农村发展[J]. 中国农业信息，（15）：24-25.
刘克春. 2010. 粮食生产补贴政策对农户粮食种植决策行为的影响与作用机理分析——以江西省为例[J]. 中国农村经济，（2）：12-21.
刘宪法. 2011. 台湾农地重划制度及其对中国大陆的启示[J]. 中国农村经济，（11）：82-91.
刘妍杉. 2016. 国家粮食临时收储政策问题研究[D]. 中央民族大学硕士学位论文.

刘颖. 2006. 市场化形势下我国粮食流通体制改革研究[D]. 华中农业大学博士学位论文.
龙文军. 2003. 法国农业保险制度及经验[J]. 世界农业，（5）：35-37.
鲁德银，雷海章. 2002. “入世”后的中国农业财政支持政策[J]. 财经研究，28（2）：8-13.
陆文聪，祁慧博，李元龙. 2013. 中国世界农业区域市场均衡模型及其应用[J]. 系统科学与数学，33（1）：20-35.
罗小锋. 2012. 农户参与农业基础设施建设的意愿及影响因素——基于湖北省 556 户农户的调查[J]. 中南财经政法大学学报，（3）：29-34，142.
吕耀，谷树忠，王兆阳. 2004. 农业多功能性与国际农产品贸易政策改革——兼论我国世贸谈判的应对策略[J]. 经济地理，24（6）：838-841.
马九杰，张象枢，顾海兵. 2001. 粮食安全衡量及预警指标体系研究[J]. 管理世界，（1）：154-162.
马晓春. 2010. 中国与主要发达国家农业支持政策比较研究[D]. 中国农业科学院博士学位论文.
倪洪兴. 2013. 中国农业支持政策研究[R]. ICTSD 农业贸易及可持续发展项目第 47 号研究报告.
牛松. 2013. 完善粮食托市收购政策[J]. 宏观经济管理，（11）：46-47.
《农业投入》总课题组. 1996. 农业保护：现状、依据和政策建议[J]. 中国社会科学，（1）：56-71.
潘烜，何青青，潘俊溯，等. 2017. 我国粮食最低收购价政策效果评价与定价合理性研究[J]. 价格理论与实践，（6）：71-74.
彭乙申，易福金. 2017. 玉米临时收储改革的可能选项与影响分析[J]. 江苏农业科学，45（16）：351-357.
齐皓天，徐雪高，王兴华. 2016. 美国农产品目标价格补贴政策演化路径分析[J]. 中国农村经济，（10）：82-93.
钱加荣，赵芝俊. 2015. 现行模式下我国农业补贴政策的作用机制及其对粮食生产的影响[J]. 农业技术经济，（10）：41-47.
钱森，王伟，郑丹. 2013. 日本农业的多功能性与实质作用分析[J]. 世界农业，（2）：34-38.
强百发，黄天柱. 2008. 韩国农业支持政策及其启示[J]. 吉林工商学院学报，24（5）：11-13.
秦炳涛，陶玉. 2017. 粮食最低收购价政策效果评价与合理定价[J]. 农业经济与管理，（3）：27-36.
秦富. 2005. 解决“三农”问题的国际经验[J]. 调研世界，（3）：6-9.
秦中春. 2016. 新疆棉花目标价格制度改革分析研究[J]. 区域经济评论，（6）：46-57.
清水徹朗. 2017. TPP の日本農業への影響と今後の見通し[J]. 農林金融，（1）：45-58.
仇焕广，张世煌，杨军，等. 2013. 中国玉米产业的发展趋势、面临的挑战与政策建议[J]. 中国农业科技导报，（1）：20-24.
全国总工会新生代农民工问题课题组. 2010. 关于新生代农民工问题的研究报告[J]. 江苏纺织 A 版，（8）：8-11.
神田健策. 2016. 日本における農協をめぐる動向と総合農協の評価[R]. 中国社会科学院农村发展研究所“国际合作社发展系列讲座”演讲报告.
石泓. 2010. 中国公共财政支持现代农业发展问题研究[D]. 东北林业大学博士学位论文.
施勇杰. 2007. 新形势下我国粮食最低收购价政策探析[J]. 农业经济问题，（6）：76-79.
宋海英，周应恒. 2004. 美国实行直接定额补贴政策的经济学分析[J]. 中国农村经济，（2）：72-77.
苏杭，李智星. 2017 日本“进攻型农业”政策的实施及启示[J]. 现代日本经济，（2）：12-20.

速水佑次郎，神门善久. 2003. 农业经济论[M]. 沈金虎，周应恒，张玉林，等译，北京：中国农业出版社.
孙兰生. 2006. 关于订单农业的经济学分析[J]. 农业发展与金融，（6）：35-37.
田聪颖，肖海峰. 2016. 农产品目标价格补贴政策的国际比较与启示[J]. 经济纵横，（1）：123-128.
田建民，孟俊杰. 2010. 我国现行粮食安全政策绩效分析[J]. 农业经济问题，（3）：11-15.
佟福全. 2002. 自由贸易政策的大倒退——美国农产品贸易保护新政策及负面影响[J]. 国际贸易，（6）：28-31.
万宝瑞. 2018-05-29. 农业发展四十年 政策保障是根本——学习系列中央一号文件体会[EB/OL]. http://journal.crnews.net/ncgztxcs/2018/dshiq/snlt/96876_20180529113044.html.
王长春. 2017. 粮食目标价格对粮户种粮收入的影响及对策研究——以东北大豆为例[J]. 河南工业大学学报（社会科学版），（3）：17-23.
王德文，黄季焜. 2001. 中国粮食流通体制改革：双轨过渡与双轨终结[J]. 改革，（4）：99-106.
王德文，蔡昉，张国庆. 2008. 农村迁移劳动力就业与工资决定：教育与培训的重要性[J]. 经济学（季刊），（4）：1131-1148.
王海港，黄少安，李琴，等. 2009. 职业技能培训对农村居民非农收入的影响[J]. 经济研究，（9）：128-139.
王华巍. 2005. 世界主要发达国家农业政策的比较研究[D]. 吉林大学博士学位论文.
王军杰，申莉萍. 2017. 论欧盟农业国内支持制度的演进及晚近发展趋势[J]. 财经理论与实践，38（2）：133-138.
王欧，杨进. 2014. 农业补贴对中国农户粮食生产的影响[J]. 中国农村经济，（5）：20-28.
王士海，李先德. 2012. 粮食最低收购价政策托市效应研究[J]. 农业技术经济，（4）：105-111.
王双正. 2008. 粮食流通体制改革 30 年：回顾与反思[J]. 财贸经济，（11）：111-124.
王学渊，赵连阁. 2008. 中国农业用水效率及影响因素——基于 1997—2006 年省区面板数据的 SFA 分析[J]. 农业经济问题，（3）：10-18，110.
王应贵. 2015. 当代日本农业发展困境、政策扶持与效果评析[J]. 现代日本经济，（3）：51-60.
王哲. 2013. 基于农业支持视角的中国农业环境政策研究[D]. 中国农业科学院博士学位论文.
魏众. 2004. 健康对非农就业及其工资决定的影响[J]. 经济研究，（2）：64-74.
吴海峰. 2016. 推进农业供给侧结构性改革的思考[J]. 中州学刊，（5）：38-42.
吴连翠，谭俊美. 2013. 粮食补贴政策的作用路径及产量效应实证分析[J]. 中国人口·资源与环境，23（9）：100-106.
吴强，付永利. 2013. 中国近年通胀原因与 2013 年 CPI 预测分析[J]. 经济问题，（3）：51-55.
吴晓华. 1995. 市场经济条件下的农业保护政策下[J]. 管理世界，（6）：166-174.
吴学兵，乔娟. 2016. 临时收储政策对玉米产业的影响分析[J]. 中国畜牧杂志，（6）：15-19.
武舜臣，吴闻潭，蒋文斌. 2017. 目标价格是应对“托市困局”的良方吗?——对当前国内价格改革效果的再思考[J]. 当代经济管理，（1）：36-40.
向东梅，周洪文. 2007. 现有农业环境政策对农户采用环境友好技术行为的影响分析[J]. 生态经济，（2）：88-91.
谢凤杰，吴东立，陈杰. 2016. 美国 2014 年新农业法案中农业保险政策改革及其启示[J]. 农业经济问题，（5）：102-109.
徐翠萍，史清华，Holly W. 2009. 税费改革对农户收入增长的影响：实证与解释——以长三角

15 村跟踪观察农户为例[J]. 中国农村经济，（2）：22-33.
徐建青. 2002. 建国前期的市价与牌价——从价格机制到统购统销[J]. 中国经济史研究，（2）：45-58.
徐雪高，吴比，张振. 2016. 大豆目标价格补贴的政策演进与效果评价[J]. 经济纵横，（10）：81-87.
徐志刚. 2011. 浅议中国玉米产业发展的若干热点问题[J]. 农业工程技术：农产品加工业，(11)：22-25.
徐志刚，习银生，张世煌. 2010. 2008/2009 年度国家玉米临时收储政策实施状况分析[J]. 农业经济问题，（3）：16-23，110.
杨波. 1994. 市场经济与我国农业保护政策[J]. 农业技术经济，（2）：55-58.
杨春华，杨洁梅，彭超. 2017. 美国 2014 农业法案的主要特点与启示[J]. 农业经济问题，（3）：105-109.
杨金风，史江涛. 2006. 人力资本对非农就业的影响：文献综述[J]. 中国农村观察，(3)：74-79.
杨艳涛，吴敬学. 2014. 基于市场均衡模型的中国玉米供需变化与趋势预测[J]. 经济问题，(12)：98-103.
杨乙丹. 2006. 粮食统购统销制度研究[D]. 西北农林科技大学硕士学位论文.
姚科艳，刘珍珍. 2018. 基于生态服务付费的秸秆机械化还田补贴政策探析[J]. 农业学报，(6)：92-95.
姚志，谢云. 2016. 玉米临时收储价格政策实施效果与改制原因分析[J]. 价格月刊，(11)：26-30.
叶兴庆. 1998. 改革以来我国粮食保护价政策的回顾与思考[J]. 调研世界，（12）：3-6.
叶兴庆. 2016. 演进轨迹、困境摆脱与转变我国农业发展方式的政策选择[J]. 改革，(6)：22-39.
叶兴庆. 2017. 我国农业支持政策转型：从增产导向到竞争力导向[J]. 改革，（3）：19-34.
叶兴庆，伍振军，周群力. 2017. 日本提高农业竞争力的做法及启示[J]. 世界农业，（9）：4-10.
易福金，周询，陆五一. 2018. 流动性约束视角下的粮食补贴政策效应评估[J]. 湖南农业大学学报（社会科学版），（2）：1-9.
尹成杰. 2007. 农业多功能性与推进现代农业建[J]. 中国农村经济，（7）：4-9.
尹红. 2010. 改革进程中的俄罗斯农业[N]. 粮油市场报.
于晓华，武宗励，周洁红. 2017. 欧盟农业改革对中国的启示：国际粮食价格长期波动和国内农业补贴政策的关系[J]. 中国农村经济，（2）：84-96.
俞雅乖. 2013. 我国农田水利财政支出效率的省际差异分析[J]. 农业经济问题，（4）：55-63，111.
苑鹏. 2013. “公司+合作社+农户”下的四种农业产业化经营模式探析——从农户福利改善的视角[J]. 中国农村经济，（4）：71-78.
郧文聚，杨华珂. 2010. 土地整理为农村土地流转搭建基础平台——浙江省慈溪市土地流转调查与思考[J]. 资源与产业，（6）：58-61.
詹琳，蒋和平. 2015. 粮食目标价格制度改革的困局与突破[J]. 农业经济问题，（2）：14-20，110.
曾福生，郭珍，高鸣. 2014. 中国农业基础设施投资效率及其收敛性分析——基于资源约束视角下的实证研究[J]. 管理世界，（8）：173-174.
张改清. 2014. 粮食最低收购价政策下农户储售粮行为响应及其收入效应[J]. 农业经济问题，（7）：86-93，112.

张红宇. 2003. 中国农业管理体制：问题与前景——相关的国际经验与启示[J]. 管理世界，(7)：90-99.
张慧琴，韩晓燕，吕杰. 2016. 粮食补贴政策的影响机理与投入产出效应[J]. 华南农业大学学报（社会科学版），15（5）：20-27.
张建杰. 2013. 对粮食最低收购价政策效果的评价[J]. 经济经纬，（5）：19-24.
张杰，杜珉. 2016. 新疆棉花目标价格补贴实施效果调查研究[J]. 农业经济问题，37(2)：9-16，110.
张宁宁，潘勇辉. 2014. 种业跨国并购与我国种业应对策略的均衡分析[J]. 农业技术经济，(2)：57-67.
张培刚，廖丹青. 2002. 二十世纪中国粮食经济[M]. 武汉：华中科技大学出版社.
张世伟，武娜. 2013. 农民工培训的收入效应[J]. 财经科学，（12）：65-72.
张淑荣. 2005. 加入 WTO 后我国农业扶持政策存在的问题及对策研究[D]. 中国农业大学硕士学位论文.
张爽. 2013. 粮食最低收购价政策对主产区农户供给行为影响的实证研究[J]. 经济评论，（1）：130-136.
张巍，佟丹丹. 2017. 我国农产品目标价格补贴制度的优点、风险与完善对策[J]. 改革与战略，（10）：82-85.
张晓恒，朱战国，刘余，等. 2017. 职业技能培训与新生代农民工收入增长[J]. 统计与信息论坛，32（3）：114-120.
张雅光，赵艳芹，刘坚. 2006. 我国财政支持保护农业的路径选择[J]. 探索，（2）：93-97.
张莹莹. 2016. 我国玉米临时收储价格政策的成效、问题与对策[J]. 价格月刊，（10）：37-40.
张照新，陈金强. 2007. 中国粮食补贴政策的框架、问题及政策建议[J]. 农业经济问题，28(7)：11-16.
张照新，宋洪远. 2002. 中国农村劳动力流动国际研讨会主要观点综述[J]. 中国农村观察，(1)：75-79.
张哲，和丕禅. 2002. 农业保护与农业支持辨析[J]. 中国农村经济，（1）：30-32.
张忠法，李文. 1996. 中国实施农业保护的基本理论依据和政策特征[J]. 经济研究，(1)：50-54.
张仲芳. 2013. 财政分权、卫生改革与地方政府卫生支出效率——基于省际面板数据的测算与实证[J]. 财贸经济，（9）：28-42.
赵冬缓，龚春刚. 1995. 我国实施适度农业保护的思路及对策[J]. 中国农村经济，（11）：7-10.
赵昕. 2013. 粮食直补政策与农民增收问题研究[J]. 财政研究，（5）：51-54.
赵哲. 2017. 中国农业环境政策研究[D]. 吉林财经大学硕士学位论文.
赵延东，王奋宇. 2002. 城乡流动人口的经济地位获得及决定因素[J]. 中国人口科学，（4）：8-15.
甄霖，王超，成升魁. 2017. 1953—2016 年中国粮食补贴政策分析[J]. 自然资源学报，32（6）：904-914.
郑风田. 2015. 我国粮食价格政策改革取向辨析——我国主粮价格前景展望[J]. 价格理论与实践，（1）：15-17.
郑风田，普莫喆. 2015. 我国粮食最低收购价政策的社会福利影响分析——以小麦为例[J]. 价格理论与实践，（9）：23-26.
郑志冰. 2007. 进一步完善我国农业补贴政策的思考[J]. 中央财经大学学报，（12）：18-22.

钟甫宁. 2003. 进攻还是防御？略论农业支持政策重点的战略选择[J]. 农业经济问题，（1）：55-59.
周四成. 2002. 建国初期反封锁反禁运斗争述论[J]. 北京党史，（1）：18-20.
周应恒. 2012. 现代农业发展战略研究[M]. 北京：经济科学出版社.
周应恒，胡凌啸. 2016a. 农业投入的财政核算：2010~2015年[J]. 改革，（8）：87-97.
周应恒，胡凌啸. 2016b. 中国农民专业合作社还能否实现"弱者的联合"？——基于中日实践的对比分析[J]. 中国农村经济，（6）：30-38.
周应恒，胡凌啸. 2016c. 对我国农田基础设施建设的思考[J]. 华中农业大学（社会科学版），（2）：23-29.
周应恒，赵文，张晓敏. 2009. 近期中国主要农业国内支持政策评估[J]. 农业经济问题，30（5）：4-11.
周应恒，胡凌啸，严斌剑. 2015. 农业经营主体和经营规模演化的国际经验分析[J]. 中国农村经济，（9）：80-95.
周应恒，刘余. 2017. 中国农业发展大趋势与新三农发展路径[J]. 现代经济探讨，（4）：32-37.
周应恒，严斌剑. 2014. 发展农业适度规模经营既要积极又要稳妥[J]. 农村经营管理，（11）：16-17.
周应恒，张蓬，严斌剑. 2016. 农机购置补贴政策促进了农机行业的技术创新吗？[J]. 农林经济管理学报，15（5）：489-499.
周章跃，陈良彪. 1995. 从"保量放价"到"提价定购"——1994年中国粮食收购制度改革的进程与评价[J]. 改革，（5）：55-58.
朱浩，傅强，魏琪. 2014. 地方政府环境保护支出效率核算及影响因素实证研究[J]. 中国人口·资源与环境，（6）：91-96.
朱满德. 2014. 农产品价格支持和直接补贴政策功能与效果的比较—— 一个经验性的综述[J]. 贵州大学学报（社会科学版），（2）：29-34.
朱满德，程国强. 2015. 中国农业的黄箱政策支持水平评估：源于WTO规则一致性[J]. 改革，（5）：58-66.
朱满德，李辛一，程国强. 2017. 美国农业国内支持：WTO多哈农业谈判的绊脚石[J]. 国际贸易问题，（2）：61-71.
朱四海. 2005. 我国农业政策演变的两条基本线索[J]. 农业经济问题，（11）：9-15.
Adamopoulos T，Restuccia D. 2014. The size of farms and international productivity differences [J]. American Economic Review，104（6）：1667-1697.
Afonso A，Schuknecht L，Tanzi V. 2005. Public sector efficiency：an international comparison [J]. Public Choice，123（3）：321-347.
Afonso A，Fernandes S. 2006. Measuring local government spending efficiency：evidence for the Lisbon region [J]. Regional Studies，40（1）：39-53.
Afonso A，Schuknecht L，Tanzi V. 2010. Income distribution determinants and public spending efficiency[J]. Journal of Economic Inequality，8（3）：367-389.
Ahmad D P，Ubaidill A H Z. 2013. The government expenditure efficiency towards the human development [J]. Procedia Economics & Finance，5：615-622.
Ali A，Abdulai A. 2010. The adoption of genetically modified cotton and poverty reduction in Pakistan [J]. Journal of Agricultural Economics，61（1）：175-192.

Anderson K, Cockburn J, Martin W. 2010. Agricultural Price Distortions, Inequality, and Poverty[M]. Washington: World Bank.

Anderson K, Nelgen S. 2013. Updated national and global estimates of distortions to agricultural incentives, 1955 to 2011[R]. The World Bank.

Anderson K, Rausser G, Swinnen J. 2014. Agricultural policy: a global view[J]. Encyclopedia of Agriculture & Food Systems, 1: 179-194.

Anderson K, Valenzuela E. 2008. Estimates of distortions to agricultural incentives, 1955 to 2007[R]. The World Bank.

Andrew W. 2000. Cost efficiency in Australian local government: a comparative analysis of mathematical programming and econometric approaches[J]. Financial Accounting and Management, 16 (3): 201-221.

Angrist J D, Krueger A B. 2001. Instrumental variables and the search for identification: from supply and demand to natural experiments [J]. Journal of Economic Perspectives, 15 (4): 69-85.

Assuncao J J, Ghatak M. 2003. Can unobserved heterogeneity in farmer ability explain the inverse relationship between farm size and productivity [J]. Economics Letters, 80 (2): 189-194.

Boussard J M, Trouvé A. 2010-07-11. For a new European agriculture and food policy: that meets the challenges of this century[EB/OL]. http://aardeboerconsument.nl/wp/wp-content/uploads/2008/11/10-07-29-Annexes-Proposal-for-a-New-EU-agr-and-food-pol-A%E2%80%A6.pdf.

Brown J P, Weber J G. 2013. The off-farm occupations of U.S. farm operators and their spouses[R]. Economic Information Bulletin, Economic Research Service, US Department of Agriculture.

Charnes A, Cooper W W, Rhodes E. 1978. Measuring the efficiency of decision making units [J]. European Journal of Operational Research, (2): 429-444.

Daugbjerg C, Swinbank A. 2015. Three decades of policy layering and politically sustainable reform in the European Union's agricultural policy[J]. Governance, 29 (2): 265-280.

Dong F, Lu J, Featherstone A M. 2012. Effects of credit constraints on household productivity in rural China[J]. Agricultural Finance Review, 72 (3): 402-415.

Faltermeier L, Abdulai A. 2009. The impact of water conservation and intensification technologies: empirical evidence for rice farmers in Ghana[J]. Agricultural Economics, 40 (3): 365-379.

Gale H F, Tuan F, Wang X, et al. 2009. China is using more corn for industrial products [EB/OL]. https://naldc.nal.usda.gov/download/38075/PDF.

Gertler P J, Martinez S W, Rubio-Codina M. 2012. Investing cash transfers to raise long-term living standards[J]. Policy Research Working Paper, 4 (1): 164-192.

Glauber J W, Effland A. 2016. United States agricultural policy: its evolution and impact[R]. International Food Policy Research Institute Discussion Paper 1543.

Gupta S, Verhoeven M. 2001. The efficiency of government expenditure: experiences from Africa [J]. Journal of Policy Modeling, 23 (4): 433-467.

Heckman J, Ichimura H, Smith J, et al. 1998. Characterizing selection bias using experimental data [J]. Econometrica, 66 (5): 1017-1098.

Heckman J, Vytlacil E. 2007. Econometric evaluation of social programs, part Ⅱ: using the marginal treatment effect to organize alternative economics estimators to evaluate social programs and to forecast their effects in new environments. [J]. Handbook of Econometrics, (6): 4875-5143.

Herrera S, Pang G. 2005. Efficiency of public spending in developing countries: an efficiency frontier approach [Z]. Policy Research Working Paper NO. 3645, The World Bank.

Hsu Y C. 2013. The efficiency of government spending on health: evidence from Europe and Central Asia [J]. The Social Science Journal, 4（50）: 665-673.

Huang J, Wang X, Zhi H, et al. 2011a. The impact of grain subsidy on agricultural production[J]. Agro-technical Economics（In Chinese）, 1（4）: 4-12.

Huang J, Wang X, Zhi H, et al. 2011b. Subsidies and distortions in China's agriculture: evidence from producer-level data[J]. Australian Journal of Agricultural and Resource Economics, 55（1）: 53-71.

Klaus M, Josling T. 2014. Adding value to applied policy models: the case of the WTO and OECD support classification systems[J]. Journal of Modern Accounting and Auditing, 10（4）: 460-478.

Lucas R E Jr. 1978. On the size distribution of business firms[J]. The Bell Journal of Economics, 9（2）: 508-523.

Mittenzwei K, Josling T E. 2014. Adding value to applied policy models: the case of the WTO and OECD support classification systems[J]. Modern accounting and auditing, （4）: 460-478.

OECD, FAO. 2015-10-30. OECD-FAO Agricultural Outlook 2015-2024 [EB/OL]. https://www.doc88.com/p-9019795984586.html.

Philippe V E, Henry T, Marie A J. 1993. Cost efficiency in Belgian municipalities[J]. The Measurement of Productive Efficiency, （34）: 300-334.

Prieto A, Zofio J. 2001. Evaluating effectiveness in public provision of infrastructure and equipment: The case of Spanish municipalities[J]. Journal of Productivity Analysis, 15（1）: 41-58.

Rausser G, Zilberman D. 2014. Government agricultural policy, United States[C]//van Alfen N K. Encyclopedia of Agriculture & Food Systems. Amsterdam: Elsevier: 518-528.

Rosenbaum P R, Rubin D B. 1983. The central role of the propensity score in observational studies for causal effects [J]. Biometrika, 70（1）: 41-55.

Sadoulet E, Janvry A D, Davis B. 2001. Cash transfer programs with income multipliers: PROCAMPO in Mexico[J]. World Development, 29（6）: 1043-1056.

Smith V H, Glauber J W. 2012. Agricultural insurance in developed countries: where have we been and where are we going?[J]. Applied Economic Perspectives & Policy, 34（3）: 363-390.

Sumner D A. 2014. American farms keep growing: size, productivity, and policy[J]. Journal of Economic Perspectives, 28（1）: 147-166.

Sun D, Qiu H, Bai J, et al. 2013. Liquidity constraints and postharvest selling behavior: evidence from China's maize farmers[J]. Developing Economies, 51（3）: 260-277.

Taylor J E, Adelman I. 2003. Agricultural household models: genesis, evolution, and extensions[J]. Review of Economics of the Household, 1（1）: 33-58.

Uchida E, Rozelle S, Xu J. 2009. conservation payments, liquidity constraints and off-farm labor: impact of the grain for green program on rural households in China[J]. American Journal of Agricultural Economics, 91（1）: 70-86.

USDA. 2015. USDA Agricultural Projections to 2024[R].

Xu C, Holly W H, Shi Q. 2012. Farmers' income and production responses to rural taxation reform in three regions in China[J]. Journal of Agricultural Economics, 63（2）: 291-309.

Yi F，Lu W，Zhou Y. 2015a. Cash transfers and multiplier effect：lessons from the grain subsidy program in China[J]. China Agricultural Economic Review，8（1）：81-99.

Yi F，Sun D，Zhou Y. 2015b. Grain subsidy，liquidity constraints and food security—impact of the grain subsidy program on the grain-sown areas in China[J]. Food Policy，50：114-124.

Yu W S，Jensen H G. 2010. China's agricultural policy transition：impacts of recent reforms and future scenarios[J]. Journal of Agricultural Economics，61（2）：343-368.

Zhao J M，Zhang J，Barry P J. 2014. Do formal credit constraints affect the rural household consumption in China?[J]. Social Science Electronic Publishing，33（1）：79-94.